Análise Preditiva Para leigos

Um projeto de análise preditiva combina a execução de detalhes e o pensamento abrangente. Estas dicas práticas e checklists ajudarão a manter seu projeto nos trilhos e livre de problemas.

CONSTRUINDO UM MODELO DE ANÁLISE PREDITIVA

Um projeto de análise preditiva bem-sucedido é executado passo a passo. Conforme você mergulha nos detalhes do projeto, preste atenção nestas etapas importantes:

1. **Definindo os Objetivos do Negócio**
   O projeto começa com a utilização de um objetivo de negócio bem definido. O modelo deve lidar com um problema ou necessidade do negócio. Determinar claramente esse objetivo permitirá a definição do escopo de seu projeto e proporcionará um teste preciso para mensurar seu sucesso.

2. **Preparando os Dados**
   Você utilizará dados históricos para treinar seu modelo. Os dados normalmente estão espalhados em diversas fontes e podem requerer limpeza e preparação. Os dados podem conter registros duplicados e atípicos; dependendo da análise do objetivo do negócio, você decide se quer mantê-los ou não. Os dados também podem ter valores ausentes, precisar de algum tipo de transformação e ser usados para gerar atributos derivados que tenham mais poder preditivo para seu objetivo. De modo geral, a qualidade dos dados é um indicativo da qualidade do modelo.

3. **Criando Amostras de Seus Dados**
   Você terá que dividir seus dados em dois conjuntos: de treinamento e de teste. Seu modelo é construído usando-se o conjunto de dados de treinamento. Use o conjunto de dados de teste para verificar a precisão do resultado do modelo. Esse é um ponto crucial. Caso contrário, corre-se o risco de sobreajustar seu modelo — treiná-lo com um conjunto de dados limitado, a ponto de o modelo selecionar todas as características (tanto o sinal quanto o ruído) que são verdadeiras apenas para aquele conjunto de dados. Um modelo sobreajustado para um conjunto de dados específicos terá um desempenho ineficaz ao executar outros conjuntos de dados. Um conjunto de dados de teste garante um caminho válido para medir o desempenho de seu modelo.

4. **Construindo o Modelo**
   Algumas vezes os dados ou os objetivos do negócio se adaptam naturalmente a um algoritmo ou modelo específico. Em outras, a melhor abordagem não é óbvia. À medida que explora os dados, execute o máximo de algoritmos que puder e compare os resultados. Baseie sua escolha do modelo final nos resultados gerais. Às vezes é melhor executar um conjunto de modelos simultaneamente nos dados e escolher o modelo final comparando seus resultados.

Análise Preditiva

Para leigos

5. **Implementando o Modelo**

   Depois de construir o modelo, é preciso implementá-lo para que se possa colher seus benefícios. Esse processo pode requerer a coordenação com outros departamentos. Tenha por objetivo construir um modelo implementável. Certifique-se também de que sabe como apresentar os resultados para as partes interessadas no negócio de maneira compreensível e convincente, para que seu modelo seja adequado. Depois que o modelo for implementado, é preciso monitorar seu desempenho e continuar a aprimorá-lo. A maioria dos modelos perde eficiência depois de um certo tempo. Mantenha seu modelo atualizado, revigorando-o com novos dados disponíveis.

FONTES DE DADOS PARA PROJETOS DE ANÁLISE PREDITIVA

Os dados para um projeto de análise preditiva podem vir de muitas fontes diferentes. Algumas das fontes mais comuns estão dentro de sua própria organização, e outras incluem dados comprados de fornecedores externos.

Fontes de dados internas incluem:

- Dados transacionais, como as compras dos clientes.
- Perfis de clientes, como as informações obtidas dos clientes a partir de formulários de registro.
- Históricos de campanhas, incluindo se os clientes responderam ou não aos anúncios.
- Dados de sequências de cliques, incluindo os padrões de cliques dos clientes na internet.
- Interações com os clientes, como e-mails, chats, pesquisas e serviços de atendimento ao cliente.
- Dados gerados por máquina, como os obtidos da telemática, sensores e medidores inteligentes.

Fontes de dados externas incluem:

- Mídia social, como Facebook, Twitter e LinkedIn.
- Serviços de assinatura, como Bloomberg, Thompson Reuters, Esri e Westlaw.

Ao combinar os dados de diversas fontes bem diferentes em seus modelos preditivos, você obtém uma melhor visão geral de seu cliente e, assim, um modelo mais preciso.

Análise Preditiva

para **leigos**

Análise Preditiva Para leigos

Tradução da 2ª Edição

**Dr. Anasse Bari
Mohamed Chaouchi
Tommy Jung**

ALTA BOOKS
E D I T O R A
Rio de Janeiro, 2019

Análise Preditiva Para Leigos®
Copyright © 2019 da Starlin Alta Editora e Consultoria Eireli. ISBN: 978-85-508-0897-0

Translated from original Predictive Analytics For Dummies®. Copyright © 2017 by John Wiley & Sons, Inc. ISBN 978-1-119-26700-3. This translation is published and sold by permission of John Wiley & Sons, Inc., the owner of all rights to publish and sell the same. PORTUGUESE language edition published by Starlin Alta Editora e Consultoria Eireli, Copyright © 2019 by Starlin Alta Editora e Consultoria Eireli.

Todos os direitos estão reservados e protegidos por Lei. Nenhuma parte deste livro, sem autorização prévia por escrito da editora, poderá ser reproduzida ou transmitida. A violação dos Direitos Autorais é crime estabelecido na Lei nº 9.610/98 e com punição de acordo com o artigo 184 do Código Penal.

A editora não se responsabiliza pelo conteúdo da obra, formulada exclusivamente pelo(s) autor(es).

Marcas Registradas: Todos os termos mencionados e reconhecidos como Marca Registrada e/ou Comercial são de responsabilidade de seus proprietários. A editora informa não estar associada a nenhum produto e/ou fornecedor apresentado no livro.

Impresso no Brasil — 2019 — Edição revisada conforme o Acordo Ortográfico da Língua Portuguesa de 2009.

Publique seu livro com a Alta Books. Para mais informações envie um e-mail para autoria@altabooks.com.br

Obra disponível para venda corporativa e/ou personalizada. Para mais informações, fale com projetos@altabooks.com.br

Produção Editorial Editora Alta Books	**Produtor Editorial** Thiê Alves	**Marketing Editorial** marketing@altabooks.com.br	**Vendas Atacado e Varejo** Daniele Fonseca Viviane Paiva comercial@altabooks.com.br	**Ouvidoria** ouvidoria@altabooks.com.br
Gerência Editorial Anderson Vieira		**Editor de Aquisição** José Rugeri j.rugeri@altabooks.com.br		
Equipe Editorial	Adriano Barros Bianca Teodoro Ian Verçosa	Illysabelle Trajano Juliana de Oliveira Kelry Oliveira	Keyciane Botelho Maria de Lourdes Borges Paulo Gomes	Thales Silva Thauan Gomes
Tradução Wendy Campos	**Copidesque** Alessandro Thomé	**Revisão Gramatical** Thamiris Leiroza Carolina Gaio	**Revisão Técnica** Ronaldo Roenick Especialista em Data Mining e ferramentas aplicadas em IA	**Diagramação** Luisa Maria Gomes

Erratas e arquivos de apoio: No site da editora relatamos, com a devida correção, qualquer erro encontrado em nossos livros, bem como disponibilizamos arquivos de apoio se aplicáveis à obra em questão.

Acesse o site www.altabooks.com.br e procure pelo título do livro desejado para ter acesso às erratas, aos arquivos de apoio e/ou a outros conteúdos aplicáveis à obra.

Suporte Técnico: A obra é comercializada na forma em que está, sem direito a suporte técnico ou orientação pessoal/exclusiva ao leitor.

A editora não se responsabiliza pela manutenção, atualização e idioma dos sites referidos pelos autores nesta obra.

Dados Internacionais de Catalogação na Publicação (CIP) de acordo com ISBD

B252a   Bari, Dr. Anasse
         Análise Preditiva Para Leigos / Dr. Anasse Bari, Mohamed Chaouchi, Tommy Jung; traduzido por Wendy Campos. - Rio de Janeiro : Alta Books, 2019.
         464 p. : il. ; 17cm x 24cm. – (Para Leigos)

         Inclui índice.
         ISBN: 978-85-508-0897-0

         1. Análise preditiva. 2. Análise de dados. 3. Estatística. 4. Previsões. I. Chaouchi, Mohamed. II. Jung, Tommy. III. Campos, Wendy. IV. Título. V. Série.

2019-543   CDD 658
                                                         CDU 658

Elaborado por Odilio Hilario Moreira Junior - CRB-8/9949

Rua Viúva Cláudio, 291 — Bairro Industrial do Jacaré
CEP: 20.970-031 — Rio de Janeiro (RJ)
Tels.: (21) 3278-8069 / 3278-8419
www.altabooks.com.br — altabooks@altabooks.com.br
www.facebook.com/altabooks — www.instagram.com/altabooks

Sobre os Autores

O **Dr. Anasse Bari** tem doutorado em ciência da computação com ênfase em mineração de dados pela Universidade George Washington. Ele é empreendedor e acadêmico do Programa Fulbright e professor assistente de ciência da computação no Courant Institute of Mathematical Sciences da Universidade de Nova York. Anteriormente, foi professor de ciência da computação da Universidade George Washington, onde recebeu, em 2014, o prêmio de Professor do Ano em Ciência da Computação e foi saudado pela Carnegie Foundation for the Advancement of Teaching por sua indicação para o prêmio de Professor do Ano dos Estados Unidos.

Anasse tem mais de dez anos de experiência no desenvolvimento de aplicações de softwares em larga escala e na engenharia de estruturas analíticas em diferentes plataformas, tanto para o setor público quanto para o privado.

Dr. Bari trabalhou por muitos anos junto aos líderes do Grupo Banco Mundial como cientista de dados. Ele recebeu o prêmio World Bank Spot pelos extraordinários serviços prestados para a organização. Enquanto estava no Banco Mundial, frequentou o programa executivo de design thinking da Universidade de Stanford. Ele é um renomado palestrante, e suas pesquisas focam análise preditiva, mineração de dados e recuperação de informação. É autor de diversos artigos em publicações acadêmicas especializadas em mineração de dados com aplicações práticas em análise financeira, análise de mídia social e mineração de texto.

Anasse mora em Manhattan, na cidade de Nova York.

Mohamed Chaouchi é mestre em ciência da computação pela Universidade George Washington. Tem mais de 15 anos de experiência em desenvolvimento de softwares e gerenciamento de projetos nos setores público e privado.

Ele é arquiteto de aplicações e líder técnico, responsável pelo desenvolvimento de aplicações de softwares com alto impacto e visibilidade em negócios. Sua expertise técnica inclui arquitetura orientada a serviços, serviços de internet e segurança de aplicações.

Mohamed tem vasta experiência em gerenciamento e liderança de TI, participa de conselhos governamentais sobre tecnologia da informação e representa seu departamento em congressos interorganizacionais.

Ele conduziu extensas pesquisas usando a análise preditiva e mineração de dados nas áreas de saúde e finanças, e publicou diversos artigos em periódicos acadêmicos especializados em pesquisa sobre o câncer e integração de dados oceânicos.

Ele também foi o inventor de uma plataforma de mineração de dados patenteada para analisar o desenvolvimento do câncer.

Mohamed atualmente mora em Kensington, Maryland, com sua esposa, Jennifer, e seu filho, Zacharia.

Tommy Jung é bacharel em ciência da computação, empreendedor, investidor e consultor. Passa a maior parte de seu tempo desenvolvendo softwares e analisando dados.

Tommy tem mais de 15 anos de experiência profissional em tecnologia. Por um tempo, trabalhou intensamente no processamento de linguagem natural e aprendizado de máquina em uma empresa de reconhecimento de voz, e depois voltou seu foco para aplicações de internet, otimização e análise. Foi chefe de operações na UmeVoice, onde desempenhou diversos papéis, incluindo operações, engenharia e marketing. Também trabalhou em diversas companhias da Fortune 500 como engenheiro de software ou consultor. Sua expertise abrange análise preditiva, mineração de dados, processamento de linguagem natural, desenvolvimento de internet, testes A/B, base de dados de marketing, otimização de mecanismos de busca e marketing de mecanismos de busca.

Quando não está trabalhando, Tommy gosta de jogar xadrez pessoalmente com suas filhas e online com seus amigos, e às vezes em outros lugares (participa de algumas partidas em praças da cidade). Atualmente mora no Vale do Silício com sua esposa e suas duas filhas.

Dedicatória

Dr. Anasse Bari: Dedico este livro a meus pais, Rachida Bargach e Ali Bari, e a meus irmãos, Nima e Mounir Bari.

Mohamed Chaouchi: Este livro é dedicado a minha esposa, Jennifer, meu filho, Zacharia, e a meus pais, Fatima El Bote e Mohamed Chaouchi.

Tommy Jung: Este livro é dedicado a minhas filhas, Tiffany e Victoria. Tiffany, obrigado por me manter motivado para escrever este livro e sempre pensar em mim. Victoria, obrigado por me fazer companhia tarde da noite (bem depois de sua hora de ir para a cama!) e me fazer rir.

Agradecimentos dos Autores

Fomos capazes de escrever este livro graças à ajuda e ao apoio de pessoas fantásticas da John Wiley & Sons. Obrigado a Susan Spilka pelas conversas iniciais. Obrigado a nossa editora de aquisições, Amy Fandrei, que nos deu a ideia de escrever este livro, e por sua orientação, apoio e incentivo. Agradecemos imensamente o apoio e os conselhos de nosso editor de projeto, Pat O'Brien, que nos manteve focados no objetivo durante a elaboração deste livro.

Obrigado a Barry Childs-Helton, por suas revisões valiosas, e à doutora Smita Rajpal Kachroo e Keith McCormick, pela revisão técnica. Somos muito gratos a Steve Hayes por ajudar-nos sempre que precisamos. E agradecemos a todos os outros membros da equipe da Wiley com quem não tivemos contato direto, mas que ajudaram a produzir este livro.

Dr. Anasse Bari: Meus agradecimentos mais sinceros vão para o professor Abdelghani Bellaachia, da Universidade George Washington, que me apresentou à mineração de dados e despertou meu interesse por ela desde o primeiro dia de meu doutoramento. Sua orientação e engenhosidade me influenciaram profundamente como cientista. Gostaria de agradecer também a Jennifer Fulton pelas observações e sugestões valiosas, e José Pablo Cambronero e Usayd Casewit pelas prestimosas revisões. Gostaria de agradecer a meus queridos amigos, a Família Casewit, Elvina Kamalova, Daron Bedrosyan, Adil Abaz e Amine Chergui, pelo apoio. Também quero agradecer a meus coautores (e amigos) pela dedicação e trabalho árduo, que nos permitiram cumprir todos os prazos.

Mohamed Chaouchi: Gostaria de agradecer a minha amada esposa, Jennifer Fulton, por ser minha cobaia, fazendo-me excelentes perguntas e oferecendo valiosas sugestões. E a meu filho maravilhoso, Zacharia: você é minha fonte de alegria e inspiração para tudo!

Gostaria ainda de agradecer a meus coautores (e amigos) pelo esforço e comprometimento com este projeto.

Tommy Jung: Quero agradecer a minha linda esposa, Jenine, e a minhas filhas, Tiffany e Victoria, por sempre tornarem todos os dias especiais. Obrigado novamente por terem aberto mão de nossos preciosos finais de semana em família para me permitirem escrever esta segunda edição. Agradeço por estarem sempre a meu lado me incentivando a escrever. Sou grato a meus pais, Michael e Holly Jung, por sempre me incentivarem a fazer a diferença, trabalhar com afinco e enfrentar meus desafios de peito aberto. Gostaria de agradecer a meus sogros, Jerry e Joellyn Gor, por sempre estarem presentes para meus filhos quando eu e Janine viajávamos a trabalho e quando eu precisava de um tempo para escrever. A meu irmão, Jimmy Jung, pelas ideias e feedback. Se ele conseguiu entender o que escrevi, qualquer um consegue (claro, irmãos *não* gostam de se provocar).

Gostaria também de agradecer a meus coautores (e amigos) por serem pessoas tão agradáveis com quem trabalhar. É sempre um prazer trabalhar com vocês.

Sumário Resumido

Introdução 1

Parte 1: Apresentando a Análise Preditiva 5
CAPÍTULO 1: Entrando em Campo 7
CAPÍTULO 2: Análise Preditiva na Prática 23
CAPÍTULO 3: Explorando os Tipos de Dados e as Técnicas Associadas 51
CAPÍTULO 4: A Complexidade dos Dados 69

Parte 2: Incorporando Algoritmos em Seus Modelos 89
CAPÍTULO 5: Aplicando Modelos 91
CAPÍTULO 6: Identificando Similaridades nos Dados 117
CAPÍTULO 7: Prevendo o Futuro com Classificação de Dados 151

Parte 3: Desenvolvendo um Roteiro 191
CAPÍTULO 8: Incutindo a Adoção da Análise Preditiva 193
CAPÍTULO 9: Preparando os Dados 215
CAPÍTULO 10: Construindo um Modelo Preditivo 235
CAPÍTULO 11: Visualizando os Resultados Analíticos 251

Parte 4: Programando a Análise Preditiva 273
CAPÍTULO 12: Criando Exemplos Básicos de Predição 275
CAPÍTULO 13: Criando Exemplos Básicos de Predições Não Supervisionadas ... 307
CAPÍTULO 14: Modelagem Preditiva com R 329
CAPÍTULO 15: Evitando as Armadilhas da Análise 365

Parte 5: Executando o Big Data 387
CAPÍTULO 16: Direcionando para o Big Data 389
CAPÍTULO 17: Preparando-se para a Análise Empresarial 405

Parte 6: A Parte dos Dez 417
CAPÍTULO 18: Dez Razões para Implementar a Análise Preditiva ... 419
CAPÍTULO 19: Dez Passos para Construir um Modelo de Análise Preditiva 429

Índice 439

Sumário

INTRODUÇÃO 1

Sobre Este Livro 1

Penso que... 2

Ícones Usados Neste Livro 2

Além Deste Livro 3

De Lá para Cá, Daqui para Lá 3

PARTE 1: APRESENTANDO A ANÁLISE PREDITIVA 5

CAPÍTULO 1: Entrando em Campo 7

Explorando a Análise Preditiva 8

Mineração de dados 8

Realçando o modelo 9

Acrescentando Valor ao Negócio 11

Oportunidades infinitas 11

Empoderando sua organização 12

Começando um Projeto de Análise Preditiva 13

Conhecimento dos negócios 14

A equipe de ciência de dados e a tecnologia 15

Os dados 16

Análise Preditiva Contínua 17

Criando Sua Equipe de Análise Preditiva 18

Contratando profissionais experientes 18

Demonstrando comprometimento e curiosidade 19

Pesquisando o Mercado 20

Respondendo ao big data 20

Trabalhando com o big data 21

CAPÍTULO 2: Análise Preditiva na Prática 23

Marketing e Varejo Online 25

Sistemas de recomendação 25

Compras personalizadas na internet 26

Implementando um Sistema de Recomendação 28

Filtragem colaborativa 28

Filtragem baseada em conteúdo 36

Sistemas híbridos de recomendação 39

Marketing Direcionado 41
  Direcionamento usando modelagem preditiva 42
  Modelagem uplift 43
Personalização 46
  Experiência online do cliente 46
  Redirecionamento 47
  Implementação 47
  Otimização usando personalização 48
  Similaridades da personalização e das recomendações 49
Análise de Conteúdo e de Texto 50

**CAPÍTULO 3: Explorando os Tipos de Dados
e as Técnicas Associadas** 51
Reconhecendo os Tipos de Dados 52
  Dados estruturados e desestruturados 52
  Dados estáticos e dinâmicos 57
Identificando as Categorias de Dados 58
  Dados atitudinais 59
  Dados comportamentais 60
  Dados demográficos 61
Gerando Análise Preditiva 62
  Análise orientada por dados 62
  Análise orientada a usuário 64
Conectando as Disciplinas Relacionadas 65
  Estatística 66
  Mineração de dados 67
  Aprendizado de máquina 67

CAPÍTULO 4: A Complexidade dos Dados 69
Encontrando Valor em Seus Dados 70
  Escavando os dados 70
  Validade dos dados 70
  Variedade dos dados 71
Dados em Constante Mudança 72
  Velocidade dos dados 72
  Alto volume de dados 73
Complexidades na Busca por Dados 73
  Busca baseada em palavra-chave 74
  Busca semântica 74
  Busca contextual 76
Diferenciando Inteligência de Negócios de Análise de Big Data 79
Exploração de Dados Brutos 80

Identificando atributos de dados. 81
Explorando visualizações comuns de dados 81
Visualizações em tabelas. 82
Nuvens de palavras 83
Revoada de pássaros como uma nova
    representação de dados 84
Diagrama de Grafos 86
Visualizações comuns 88

PARTE 2: INCORPORANDO ALGORITMOS EM SEUS MODELOS 89

CAPÍTULO 5: **Aplicando Modelos** 91

Modelando Dados. 92
Modelos e simulação 93
Categorizando modelos. 95
Descrevendo e sumarizando dados 97
Tomando melhores decisões de negócios. 97
Estudos de Caso de Análise de Assistência Médica 97
Google Flu Trends. 98
Preditores de sobrevivência ao câncer. 100
Estudos de Caso de Análise Social e Marketing. 101
Target prevê mulheres grávidas. 101
Preditores de terremoto baseados no Twitter 102
Preditores de resultado de campanhas políticas
    baseados no Twitter. 104
Tuítes como preditores do mercado de ações 106
Prevendo a variação de preços de ações a partir
    de artigos de notícias. 107
Analisando a utilização de bicicletas na
    cidade de Nova York 109
Predições e respostas 111
Compressão de dados. 112
Prognóstico e Sua Relação com a Análise Preditiva 113
Prognóstico e Gestão de Saúde de Máquinas (PHM). 113
A Ascensão dos Dados Abertos 115

CAPÍTULO 6: **Identificando Similaridades nos Dados** 117

Explicando o Agrupamento de Dados. 118
Motivação. 120
Convertendo Dados Brutos em uma Matriz. 122
Criando uma matriz de termos em documentos 122

Sumário   XV

Seleção de Termos 124
Identificando Grupos em Seus Dados. 124
Algoritmo de agrupamento K-means 125
Agrupamento pelo vizinho mais próximo. 129
Algoritmo baseado em densidade. 133
Encontrando Associações em Itens de Dados. 135
Aplicando Técnicas de Agrupamento Biologicamente Inspiradas . 139
Revoada de pássaros: Algoritmo Flock by Leader. 140
Colônias de formigas 147

CAPÍTULO 7: **Prevendo o Futuro com Classificação de Dados** 151

Explicando a Classificação de Dados. 153
Empréstimo 153
Marketing 154
Assistência médica 155
E depois?. 155
Introduzindo a Classificação de Dados em Sua Empresa 156
Explorando o Processo de Classificação de Dados. 158
Usando a Classificação de Dados para Prever o Futuro 160
Árvore de decisão 160
Algoritmo para gerar uma árvore de decisão 163
Máquina de vetores de suporte 167
Métodos Ensemble para Melhorar a Acurácia da Predição 169
Algoritmo de classificação Naïve Bayes. 170
O Modelo de Markov 176
Regressão linear 181
Redes neurais 182
Aprendizado Profundo. 184
O renascimento das redes 185
Apresentando o aprendizado profundo. 185

PARTE 3: DESENVOLVENDO UM ROTEIRO 191

CAPÍTULO 8: **Incutindo a Adoção da Análise Preditiva** 193

Criando um Caso de Negócios 194
Benefícios para o negócio 195
Recrutando o Apoio das Partes Interessadas 201
Trabalhando com seus patrocinadores 202
Obtendo a adesão das equipes de negócio e de operações . . 204
Obtendo a adesão da equipe de TI 206

xvi   **Análise Preditiva Para Leigos**

Prototipagem rápida...211

Apresentando Sua Proposta..............................212

CAPÍTULO 9: Preparando os Dados...................................215

Listando os Objetivos de Negócios........................216

Identificando objetivos relacionados.......................217

Reunindo requisitos do usuário..........................217

Processando Seus Dados..................................218

Identificando os dados...................................218

Limpando os dados......................................219

Gerando dados derivados................................221

Reduzindo a dimensionalidade de seus dados..............221

Aplicando a análise de componentes principais............222

Aproveitando a decomposição em valor singular...........224

Trabalhando com Atributos................................226

Selecionando atributos..................................227

Extraindo atributos.....................................229

Classificando atributos..................................230

Estruturando Seus Dados................................231

Extraindo, transformando e carregando seus dados........231

Mantendo os dados atualizados..........................232

Descrevendo testes e dados de teste.....................233

CAPÍTULO 10: Construindo um Modelo Preditivo...............235

Começando..236

Definindo seus objetivos de negócio......................238

Preparando seus dados..................................239

Escolhendo um algoritmo................................242

Desenvolvendo e Testando o Modelo......................244

Desenvolvendo o modelo................................244

Testando o modelo.....................................244

Avaliando o modelo.....................................247

Colocando o Modelo em Prática..........................248

Implementando o modelo...............................248

Monitorando e mantendo o modelo......................249

CAPÍTULO 11: Visualizando os Resultados Analíticos.........251

Visualizar como uma Ferramenta Preditiva.................252

Por que a visualização é importante.......................252

Obtendo os benefícios da visualização.....................254

Lidando com as complexidades...........................255

Avaliando Sua Visualização...............................256

Sumário xvii

Qual é a relevância dessa imagem?. 256
O quanto essa imagem é interpretável?. 256
A imagem é suficientemente simples? 257
A imagem leva a novos insights acionáveis? 258
Visualizando os Resultados Analíticos de Seu Modelo. 258
Visualizando agrupamentos ocultos em seus dados. 258
Visualizando os resultados da classificação de dados. 259
Visualizando valores atípicos em seus dados 261
Visualização de árvores de decisão. 261
Visualizando predições 263
A Nova Visualização em Análise Preditiva. 265
Algoritmo flock-by-leader para visualização de dados. 265
Ferramentas de Visualização de Big Data. 270
TABLEAU. 270
Google Charts 270
Plotly 271
Infogram 271

PARTE 4: PROGRAMANDO A ANÁLISE PREDITIVA. 273

CAPÍTULO 12: Criando Exemplos Básicos de Predição. 275

Instalando os Pacotes de Software 276
Instalando o Python 276
Instalando o módulo de aprendizado de máquina. 278
Instalando as dependências. 282
Preparando os Dados. 286
Obtendo o conjunto de amostra de dados 286
Rotulando seus dados 286
Fazendo Predições Usando Algoritmos de Classificação. 288
Criando um modelo de aprendizado
supervisionado com SVM 289
Criando um modelo de aprendizado supervisionado
com regressão logística. 296
Criando um modelo de aprendizado supervisionado
com floresta aleatória 303
Comparando os modelos de classificação. 306

CAPÍTULO 13: Criando Exemplos Básicos de Predições
Não Supervisionadas. 307

Obtendo o Conjunto de Dados de Amostra. 308
Utilizando Algoritmos de Agrupamento para Fazer Predições. . . . 309
Comparando modelos de agrupamento 309
Criando um modelo de aprendizado não

xviii   Análise Preditiva Para Leigos

supervisionado com K-means 310
Criando um modelo de aprendizado não
supervisionado com DBSCAN 322
Criando um modelo de aprendizado não
supervisionado com mean shift. 325

CAPÍTULO 14: **Modelagem Preditiva com R**. 329

Programação em R 331
Instalando. 331
Instalando o RStudio 332
Familiarizando-se com o meio ambiente 333
Aprendendo um pouco de R. 334
Fazendo Predições Usando R 339
Predição usando regressão 340
Usando classificação para prever 351
Classificação por floresta aleatória 360

CAPÍTULO 15: **Evitando as Armadilhas da Análise**. 365

Desafios dos Dados 366
Definindo as limitações dos dados 367
Lidando com casos extremos (atípicos) 370
Suavização de dados 373
Ajuste de curva 377
Mantendo as suposições no mínimo 380
Desafios da Análise. 381
Análise supervisionada. 381
Baseando-se em apenas uma análise. 382
Descrevendo as limitações do modelo. 383
Evitando modelos não escaláveis. 385
Pontuando suas predições com precisão 385

PARTE 5: EXECUTANDO O BIG DATA. 387

CAPÍTULO 16: **Direcionando para o Big Data** 389

Principais Tendências Tecnológicas. 390
Explorando a análise preditiva como um serviço 390
Agregando dados distribuídos para análise. 391
Análise orientada por dados em tempo real 393
Aplicando Ferramentas de Código Aberto ao Big Data 394
Apache Hadoop. 394
Apache Spark. 400

CAPÍTULO 17: **Preparando-se para a Análise Empresarial** 405

Sumário xix

Arquitetura Empresarial para Big Data 405

Análise como um Serviço. 409

Google Analytics 409

IBM Watson 411

Microsoft Revolution R Enterprise 411

Preparando-se para a Prova de Valor 412

Prototipagem para análise preditiva 412

Teste seu modelo de análise preditiva 415

PARTE 6: A PARTE DOS DEZ 417

CAPÍTULO 18: **Dez Razões para Implementar a Análise Preditiva** 419

Identificando Objetivos de Negócios 420

Conhecendo Seus Dados. 420

Organizando Seus Dados 421

Satisfazendo Seus Clientes 422

Reduzindo Custos Operacionais. 424

Aumentando o Retorno sobre os Investimentos (ROI). 424

Ganhando Acesso Rápido à Informação. 425

Tomando Decisões Informadas 426

Ganhando Vantagem Competitiva 427

Melhorando o Negócio. 428

CAPÍTULO 19: **Dez Passos para Construir um Modelo de Análise Preditiva** 429

Criando uma Equipe de Análise Preditiva. 429

Recrutando especialistas no negócio 430

Turbinando as habilidades em TI e matemática 430

Determinando os Objetivos do Negócio. 431

Preparando Seus Dados 432

Criando Amostras de Seus Dados 432

Evitando o "Lixo Entra, Lixo Sai" 433

Manter a simplicidade não é burrice. 433

A preparação de dados insere a parte boa 433

Gerando Vitórias Rápidas 434

Promovendo a Mudança em Sua Organização 435

Construindo Modelos Implementáveis 436

Avaliando Seu Modelo 437

Atualizando Seu Modelo 437

ÍNDICE 439

Introdução

Análise preditiva é a arte e a ciência de usar dados para tomar decisões mais bem informadas. Ela o ajuda a descobrir padrões ocultos e relações nos dados para prever com grande confiança o que pode acontecer no futuro e oferecer perspectivas valiosas e úteis para sua organização.

Sobre Este Livro

Nosso objetivo foi transformar este assunto, que é complexo, no mais prático possível, de forma que agrade a todos, desde especialistas técnicos até estrategistas de negócios de áreas não técnicas.

O tema é complexo porque não envolve apenas uma disciplina. É a combinação de alguns campos multifacetados: mineração de dados, estatística e matemática.

A mineração de dados requer uma compreensão de aprendizado de máquina e recuperação de informação. Além disso, a matemática e a estatística precisam ser aplicadas a sua área de negócios, seja em marketing, serviços atuariais, fraude, crime ou sistema bancário.

Grande parte dos materiais existentes sobre análise preditiva é muito difícil de ler se você não tiver conhecimento prévio de algum dos temas mencionados. Eles estão repletos de equações matemáticas complicadas e técnicas de modelagem. Ou são de alto nível, com casos de uso específicos, mas com pouca orientação em relação à implementação. Nós incluímos ambas as abordagens, na tentativa de atender a um público mais amplo.

O foco deste livro é criar um roteiro para a implementação de análise preditiva dentro de sua organização. Seu público-alvo é uma ampla comunidade de gestores de negócios, cientistas de dados e profissionais de tecnologia da informação.

Talvez você seja um gestor de negócios que ouve o burburinho provocado pela análise preditiva. Talvez trabalhe com mineração de dados e queira acrescentar a análise preditiva em seu conjunto de habilidades. Talvez tenha conhecimento em R ou Python, mas seja totalmente novo em análise preditiva. Se alguns desses casos se aplicam a você, este livro é uma boa escolha. Mesmo que não tenha qualquer experiência em análise de dados, mas queira ou precise extrair mais valor dos dados de sua organização, este livro lhe será útil.

Penso que...

Sem simplificar demais, tentamos explicar os conceitos técnicos de forma não técnica, tratando de cada tópico desde o básico.

Mesmo que seja um praticante experiente, você encontrará algo novo, e ao menos obterá confirmação daquilo que já sabe, bem como orientação para estabelecer as melhores práticas.

Esperamos, ainda, contribuir com alguns conceitos e ideias pela primeira vez em uma publicação como esta. Por exemplo, explicamos como você pode aplicar na análise preditiva algoritmos inspirados na biologia.

Presumimos que o leitor não é um programador. Os códigos apresentados neste livro são muito curtos e fáceis de acompanhar. Leitores de todos os níveis de programação se beneficiarão deste livro, pois é mais importante aprender o processo da análise preditiva do que a linguagem de programação.

Ícones Usados Neste Livro

Os ícones, que aparecem nas margens esquerdas do texto, ressaltam conteúdos importantes, que achamos que podem lhe interessar. A seguir descrevemos o significado de cada ícone.

As dicas são as ideias a que gostaríamos que você prestasse atenção. Em geral, são conselhos práticos que podem ser aplicados no referido tópico.

Esse ícone raramente é usado neste livro. Deve ter sido usado uma ou duas vezes no livro todo. A intenção é lhe poupar tempo, chamando sua atenção para algumas armadilhas comuns, que é melhor evitar.

Fizemos um grande esforço para evitar questões muito técnicas. Mas, quando não tivemos escolha, optamos por sinalizá-las. Então, se você não se interessa muito pela parte técnica, basta pular essas partes. Se gosta, pode achar essas seções fascinantes.

Aqui indicamos algo a que é preciso prestar especial atenção. São conceitos ou ideias que achamos importante saber e lembrar. Um exemplo seria a melhor prática que entendemos ser relevante conhecer.

Além Deste Livro

Você acessa a Folha de Cola Online no nosso site, em: www.altabooks.com.br. Procure pelo título do livro/ISBN.

De Lá para Cá, Daqui para Lá

Vamos começar a fazer algumas previsões! É possível aplicar a análise preditiva a praticamente todas as áreas de negócios. Neste exato momento, há um crescimento meteórico no mercado da análise preditiva, e isso é apenas o começo. O palco está aberto, e as possibilidades são infinitas.

Análise Preditiva Para Leigos

1
Apresentando a Análise Preditiva

NESTA PARTE...

Explore a análise preditiva.

Identifique seus usos.

Classifique os dados.

Apresente a informação.

NESTE CAPÍTULO

» Explicando os elementos básicos

» Sondando as possibilidades

» Pesquisando o mercado

Capítulo **1**

Entrando em Campo

Análise preditiva é uma lâmpada poderosa energizada por seus dados.

Novas perspectivas nunca são demais. Quanto mais você consegue enxergar, melhores se tornam suas decisões — e ficar no escuro não é uma boa opção. É preciso saber o que o espera, preferencialmente antes das outras pessoas. É como participar de um programa de TV em que você precisa escolher uma das portas para ganhar um prêmio surpresa. Que porta você escolhe? A Porta 1, a Porta 2 ou a Porta 3? Elas são todas iguais, então tudo o que pode fazer é arriscar seu melhor palpite — a escolha depende de você e da sorte. Mas e se você tivesse uma vantagem — a capacidade de espiar pela fechadura? A análise preditiva proporciona essa vantagem.

Explorando a Análise Preditiva

O que você faria em um mundo em que pudesse saber qual é a probabilidade de se casar com um colega de faculdade? Em que fosse possível prever qual é a profissão mais adequada para você? Em que pudesse prever a melhor cidade ou país para morar?

Resumindo, imagine um mundo em que seja possível maximizar o potencial de cada momento de sua vida. A vida seria produtiva, eficiente e poderosa. Você teria (de certo modo) superpoderes — e pouparia muito tempo. Bem, esse mundo pode parecer um pouco chato para pessoas que gostam de assumir riscos não calculados, mas não para uma organização que visa a lucros. As empresas gastam milhões em gerenciamento de riscos. E se existir algo que as ajude a gerenciar riscos, otimizar operações e maximizar lucros, você com certeza deveria conhecê-lo. Esse é o mundo da análise preditiva.

Mineração de dados

Big data é a nova realidade. Na verdade, os dados estão cada vez maiores, mais rápidos e mais ricos. Ele está aqui para ficar, e é melhor que você lucre com isso.

Os dados são o bem mais precioso de sua organização. Eles estão repletos de valor oculto, mas é preciso escavar um pouco para extraí-lo. *Mineração de dados* é a descoberta de padrões ocultos nos dados através do aprendizado de máquina — e os algoritmos sofisticados são as ferramentas de mineração. *Análise preditiva* é o processo de refinar esses dados, usando conhecimento sobre a área de negócios para extrair valores ocultos desses padrões recém-descobertos.

Mineração de dados + conhecimento de negócios = análise preditiva => valor

As organizações líderes no mundo de hoje estão olhando, analisando e processando seus dados em busca de formas para melhor entender sua base de clientes, aprimorar suas operações, superar seus concorrentes e se posicionar melhor no mercado. Elas estão investigando como podem usar essa informação para aumentar sua participação no mercado e melhorar sua vantagem competitiva. Como é possível impulsionar vendas melhores e direcionar com mais eficiência as campanhas de marketing? Como elas podem servir melhor aos clientes e atender a suas necessidades? O que podem fazer para aumentar os lucros?

Contudo, essas ferramentas são úteis em áreas além dos negócios. Um excelente exemplo é a utilização pelos órgãos de agências de segurança pública para detecção e prevenção de crimes. Determinado indivíduo é suspeito? Um determinado específico reincidirá? Onde ocorrerá o próximo crime?

Outros setores, especialmente aqueles que envolvem responsabilidade financeira, beneficiam-se de um vislumbre do que está por vir. As empresas se interessam em saber se uma transação que estão processando é fraudulenta, se uma solicitação de indenização de seguro é legítima, se uma compra com cartão de crédito é válida, se um solicitante merece ter o crédito concedido... a lista é infinita.

Governos, empresas e indivíduos estão (de diversas formas) tentando identificar tendências em movimentos sociais, detectar o surgimento de problemas de saúde e surtos de doenças, descobrir novas tendências de moda ou encontrar o companheiro de vida perfeito.

Essas perguntas de negócios e pesquisa — e muitas outras — são tópicos que podem ser investigados mais a fundo em busca de respostas através da mineração dos dados disponíveis e da construção de modelos de análise preditiva para orientar futuras decisões.

Dados + análise preditiva = luz.

Realçando o modelo

Um *modelo* é uma representação matemática de um objeto ou um processo. Construímos modelos para simular um fenômeno do mundo real como um passo investigativo adicional, na esperança de entender com mais clareza o que realmente está acontecendo. Por exemplo, para modelar o comportamento de nossos clientes, tentamos reproduzir como eles navegam por nossos sites:

> » Quais produtos visualizaram antes de fazer uma compra?
>
> » Quais páginas visualizaram antes de fazer aquela compra?
>
> » Eles olharam as descrições dos produtos?
>
> » Leram os comentários dos usuários?
>
> » Quantos comentários leram?
>
> » Eles leram tanto os comentários negativos quanto os positivos?
>
> » Compraram algum outro item além do produto que procuravam?

Coletamos todos esses dados de ocorrências passadas. Analisamos essas transações históricas entre nossa empresa e nossos clientes — e tentamos identificar um padrão consistente. Examinamos esses dados para verificar se continham as respostas para nossas perguntas. Coletá-los — com especial atenção à sua largura e profundidade, seu nível de qualidade e valor preditivo — ajuda a criar os contornos que definirão nosso modelo e seus resultados.

Esse processo não deve ser confundido com um relatório de dados apenas, e também é diferente de apenas visualizar os dados. Embora esses passos sejam vitais, eles são apenas o início da exploração dos dados e da obtenção de uma compreensão utilizável deles.

CAPÍTULO 1 **Entrando em Campo** 9

É preciso se aprofundar muito mais quando se trata do desenvolvimento da análise preditiva. Em primeiro lugar, precisamos fazer uma abordagem em três partes:

» Entender integralmente o problema de negócio que estamos tentando resolver.

» Obter e preparar os dados com que queremos que nosso modelo trabalhe.

» Executar análise estatística, mineração de dados e algoritmos de aprendizado de máquina nos dados.

No processo, temos que observar vários *atributos* — pontos de dados que consideramos relevantes para nossa análise. Então executamos vários *algoritmos*, que são conjuntos de instruções matemáticas que permitem que a máquina resolva problemas. Continuamos executando esses algoritmos em possíveis combinações de dados e investigando cenários do tipo "e-se". Eventualmente, construímos nosso modelo, encontramos nossas respostas e nos preparamos para implementá-lo e colher seus frutos.

Como é esse modelo? Bem, em termos de programação, o modelo de análise preditiva pode ser tão simples quanto algumas declarações se... então, que dizem à máquina: "Se essa condição existir, então execute-a."

Veja alguns modelos de negociação baseados em regras:

» Se for mais de 10h e o mercado estiver em alta, então compre 100 ações XYZ.

» Se minhas ações subirem 10%, então as venda.

» Se meu portfólio estiver em baixa de 10%, então saia de minhas posições.

Veja a seguir um sistema de recomendação simples baseado em regra (veja o Capítulo 2):

» Se uma pessoa comprar um livro deste autor, então recomende outros livros dele.

» Se uma pessoa comprar um livro sobre este assunto, então recomende outros livros do mesmo ou de assuntos relacionados.

» Se uma pessoa comprar um livro sobre este assunto, então recomende livros que outros clientes compraram junto com ele.

Acrescentando Valor ao Negócio

Em um ambiente cada vez mais competitivo, as organizações sempre precisam encontrar novas maneiras de ser mais competitivas. A análise preditiva entrou nas organizações como uma dessas ferramentas. Usando a tecnologia na forma de algoritmos de aprendizado de máquina, estatísticas e técnicas de mineração de dados (veja o Capítulo 3 para conhecer as diferenças e sobreposições dessas disciplinas), as organizações descobrem padrões e tendências ocultas em seus dados que as auxiliam em suas operações e estratégias, bem como a suprir necessidades críticas do negócio.

Incorporar a análise preditiva em decisões operacionais melhora o retorno sobre o investimento, pois as organizações gastam menos tempo lidando com decisões operacionais de baixo impacto e baixo risco. Empregados podem, então, focar mais seu tempo em decisões de alto impacto e alto risco. Por exemplo, a maioria das solicitações de indenização de seguro podem ser pagas automaticamente. Porém, quando o modelo preditivo encontra uma solicitação incomum (atípico) ou quando a solicitação apresenta um padrão de fraude, o sistema a sinaliza automaticamente e a envia para que a pessoa responsável tome alguma medida.

Ao usar a análise preditiva para prever um evento futuro ou uma tendência, a empresa pode criar uma estratégia para se posicionar e se beneficiar desse insight. Se seu modelo preditivo lhe diz (por exemplo) que a tendência na moda são blusas de gola rolê pretas, você pode tomar as medidas adequadas para criar mais blusas de gola rolê pretas ou mais acessórios para serem usados com essa peça. A Oitava Lei de Mineração de Dados, de Tom Khabaza, resume isso perfeitamente: "O valor de um modelo preditivo surge de duas maneiras:

As predições do modelo levam a uma ação melhorada (mais eficaz) e

O modelo gera uma perspectiva (novo conhecimento) que leva a uma estratégia aprimorada."

Oportunidades infinitas

Organizações de todo o mundo esforçam-se para se aprimorar, competir e economizar. Buscam tornar seu processo de planejamento mais ágil, investigam como administrar inventários e otimizar as alocações de recursos para ter mais benefícios, e buscam agir nas oportunidades conforme surgem em tempo real.

A análise preditiva pode tornar todos esses objetivos mais atingíveis. Os domínios em que a análise preditiva pode ser aplicada são ilimitados; o campo está aberto, e vale tudo. Que comecem a mineração e a análise.

CAPÍTULO 1 **Entrando em Campo** 11

Peça que sua equipe de analistas minere os dados que coletaram ou adquiriram, visando a encontrar um nicho vantajoso no mercado para seu produto. Inove com os dados. Peça à equipe que o ajude a tomar decisões e gerenciar risco com confiança.

Albert Einstein disse certa vez: "Saber onde encontrar a informação e como usá-la são os segredos do sucesso." Se esse é o segredo, você alcançará o sucesso usando a análise preditiva: a informação está em seus dados, e a mineração vai encontrá-la. O resto da equação dependerá do sucesso de seu conhecimento sobre seus negócios para interpretar essa informação — e, por fim, utilizá-la para criar o sucesso.

Encontrar valor nos dados equivale ao sucesso. Portanto, podemos escrever nossa equação de análise preditiva como:

Mineração de dados + conhecimento dos negócios = análise preditiva => sucesso

Empoderando sua organização

A análise preditiva empodera sua organização proporcionando três vantagens:

>> Visão.
>> Decisão.
>> Precisão.

Visão

A análise preditiva permite que você veja o que é invisível para as outras pessoas — em especial, padrões úteis em seus dados.

Ela oferece dicas poderosas para direcionar as decisões que você está prestes a tomar na busca por reter e atrair mais clientes e maximizar os lucros de sua organização. E é capaz de analisar os dados passados de seus clientes, associá-los com outros e organizar tudo na ordem correta para resolver esse quebra-cabeça de várias maneiras, incluindo:

>> Categorizar seus clientes e especular sobre suas necessidades.
>> Conhecer a lista de desejos de seus clientes.
>> Adivinhar as próximas ações de seus clientes.
>> Classificar os clientes como fiéis, sazonais ou errantes.

Saber de antemão esse tipo de informação permite moldar seu planejamento estratégico e ajuda a otimizar a alocação de recursos, aumentar a satisfação do cliente e maximizar seus lucros.

Decisão

Um modelo de análise preditiva bem-feito oferece resultados analíticos livres de emoção ou viés. O modelo usa funções matemáticas para gerar perspectivas futuras a partir de números e texto que descrevam fatos passados e informações atuais. O modelo oferece perspectivas consistentes e imparciais para apoiar suas decisões.

Considere o cenário de uma aplicação típica para cartão de crédito: o processo leva alguns minutos, e o banco ou a agência toma uma decisão rápida baseada em fatos sobre aumentar ou não o crédito, e está seguro de sua decisão. A velocidade da transação é possível graças à análise preditiva, que prevê a confiabilidade do solicitante do crédito.

Precisão

Imagine ter de ler inúmeros relatórios, extrair insights de fatos passados ocultos neles, analisar linhas de planilhas Excel para comparar resultados ou extrair informações de um grande arranjo de números. Você precisaria de uma equipe para fazer todas essas tarefas, que consomem muito tempo. Com a análise preditiva, as ferramentas automatizadas são usadas para fazer o trabalho para você — economizando tempo e recursos, reduzindo o erro humano e aumentando a precisão.

Por exemplo, é possível focar campanhas de marketing direcionadas ao analisar os dados disponíveis sobre seus clientes, seus dados demográficos e suas compras. Depois de descobrir precisamente quais clientes deve focar, poderá focar diretamente aqueles com maior probabilidade de comprar.

Começando um Projeto de Análise Preditiva

Vamos esquecer, por um momento, os algoritmos e a matemática avançada; as previsões são usadas em todos os aspectos de nossa vida. Pense em quantas vezes você já disse (ou ouviu pessoas dizendo): "Eu disse que isso aconteceria."

Porém, quando queremos prever um evento com alguma precisão, é necessário conhecer o passado e entender a situação atual. Isso requer diversos processos:

CAPÍTULO 1 **Entrando em Campo** 13

- » Extrair os fatos que estão acontecendo no momento.
- » Distinguir os fatos presentes daqueles que acabaram de acontecer.
- » Deduzir possíveis cenários que poderiam ocorrer.
- » Classificar os cenários de acordo com a probabilidade de acontecerem.

A análise preditiva o ajuda em cada um desses processos, para que você saiba o máximo possível sobre o que já aconteceu e tome decisões mais bem informadas sobre o futuro.

As empresas normalmente criam soluções de análise preditiva combinando três ingredientes:

- » Conhecimento de negócios.
- » Equipe de ciência de dados e tecnologia.
- » Os dados.

Embora a proporção desses três ingredientes varie de um negócio para outro, todos são necessários para uma solução de análise preditiva bem-sucedida que resulte em insights acionáveis.

Conhecimento dos negócios

Como todo projeto de análise preditiva é iniciado para atender a uma necessidade dos negócios, o conhecimento específico do negócio e um objetivo de negócio claro são essenciais para seu sucesso. Ideias para um projeto podem surgir de qualquer pessoa dentro da organização, mas depende da equipe de liderança estabelecer os objetivos de negócios e obter a adesão dos departamentos necessários em toda a empresa.

Certifique-se de que os tomadores de decisão de sua equipe estejam preparados para agir. Ao apresentar o protótipo de seu projeto, ele precisará de um defensor interno — alguém que promova sua adoção.

A equipe de liderança ou de especialistas na área precisa estabelecer *critérios de medição* claros — maneiras de quantificar e medir os resultados do projeto. Critérios de medição adequados mantêm os departamentos envolvidos cientes do que precisam saber, do que precisam fazer e se o que estão fazendo ajuda a empresa a alcançar seus objetivos de negócios.

As *partes interessadas no negócio* são aquelas mais familiarizadas com a área de negócios. Elas terão ideias sobre quais correlações — relações entre atributos — dos dados funcionam e quais não funcionam, quais variáveis são importantes para o modelo, e se você deve criar variáveis — na forma de atributos derivados ou atributos — para aprimorar o modelo.

Analistas de dados e outros especialistas da área podem analisar e interpretar os padrões descobertos pelas máquinas, criando um significado prático a partir dos padrões dos dados e deduzindo insights acionáveis.

Esse é um processo *iterativo* (construir um modelo e interpretar suas descobertas) entre negócios e ciência. Durante a construção do modelo preditivo, é preciso experimentar sucessivas versões do modelo para aprimorar seu funcionamento (que é o que os especialistas em dados querem dizer ao se referir a *iterar o modelo ao longo de seu ciclo de vida*). Você pode ter que fazer muitas revisões e repetições até que possa provar que seu modelo está agregando real valor ao negócio. Mesmo depois de os modelos preditivos serem aplicados, o negócio precisa monitorar seus resultados, validar a precisão dos modelos e aprimorar os modelos na medida em que mais dados forem coletados.

A equipe de ciência de dados e a tecnologia

A tecnologia usada na análise preditiva deve incluir pelo menos alguns (se não todos) desses recursos:

» Mineração de dados.

» Estatísticas.

» Algoritmos de aprendizado de máquina.

» Ferramentas de software para construir o modelo.

Os agentes do negócio não precisam entender os detalhes de toda a tecnologia usada ou a matemática envolvida — mas devem ter um bom entendimento do processo que o modelo representa e sobre como ele se integra à infraestrutura geral da organização. Lembre-se, esse é um processo colaborativo; os cientistas de dados e os executivos precisam trabalhar juntos para construir o modelo.

Da mesma forma, oferecer um amplo entendimento do conhecimento dos negócios para os cientistas de dados permite uma melhor chance de criar um modelo preditivo preciso e os ajuda a empregar o modelo de modo muito mais rápido. Depois que o modelo é aplicado, a empresa pode começar a avaliar seus resultados de imediato — e as equipes podem começar a trabalhar no aprimoramento do modelo. Através de testes, as equipes descobrirão juntas o que funciona e o que não funciona.

A combinação de conhecimento dos negócios, exploração de dados e tecnologia leva à aplicação bem-sucedida do modelo preditivo. Assim, a abordagem geral é desenvolver o modelo através de sucessivas versões e garantir que os membros da equipe tenham conhecimento suficiente tanto sobre o negócio quanto sobre a ciência de dados, e que todos estejam de acordo.

CAPÍTULO 1 **Entrando em Campo** 15

Algumas ferramentas analíticas — produtos de software especializados — são muito avançadas, a ponto de requerer pessoas com conhecimento científico para usá-las, e outras são simples a ponto de permitir que qualquer pessoa dentro da organização as use. Escolher a(s) ferramenta(s) certa(s) também é uma decisão que precisa ser tomada com muito cuidado. Cada empresa tem diferentes necessidades, e nenhuma ferramenta única dá conta de todas elas. Mas, uma coisa é certa: todas as empresas terão que usar algum tipo de ferramenta para fazer a análise preditiva.

Escolher o produto de software certo para o trabalho depende de fatores como:

- » O custo do produto.
- » A complexidade do problema de negócios.
- » A complexidade dos dados.
- » A(s) fonte(s) dos dados.
- » A velocidade dos dados (a velocidade com que eles mudam).
- » As pessoas dentro da organização que utilizarão o produto.

Os dados

Os demais fatores sendo equivalentes, você espera que uma pessoa com mais experiência jogue, execute um trabalho ou faça melhor aquilo em que tem mais experiência. O mesmo raciocínio se aplica às organizações. Se pensarmos em uma organização como uma pessoa, os dados equivalem à sua experiência. Ao utilizar essa experiência, você toma decisões de negócios mais informadas e age com maior eficiência. Assim é o processo de transformar dados em valor de negócios com a análise preditiva.

Está cada vez mais claro que os dados são um bem vital para acelerar o processo de tomada de decisões, com respostas e insights mais realistas. A análise preditiva torna as decisões dos negócios mais poderosas ao revelar oportunidades tais como novas tendências, mercados e clientes antes que a concorrência as perceba.

Os dados também apresentam alguns desafios em sua forma bruta. Eles podem estar distribuídos em múltiplas fontes, misturar dados próprios com dados de terceiros e de alguma maneira tornar a qualidade dos dados de entrada muito confusa para serem usados de imediato. Assim, você deve esperar que os cientistas de dados gastem um tempo considerável explorando os dados e os preparando para a análise. Esses processos de *limpeza de dados* e de *preparação de dados* envolvem a identificação de valores ausentes, registros duplicados e valores atípicos gerando valores derivados, e normalização. (Para saber mais sobre esses processos, veja os Capítulos 9 e 15.)

O big data tem as próprias características desafiadoras, que incluem volume, velocidade e variedade: na verdade, surgem muitos dados muito rápido, de muitos lugares e em muitas formas diferentes. O principal problema se torna separar os dados relevantes do ruído a seu redor.

Nesse caso, sua equipe precisa avaliar o estado dos dados e seu tipo, e escolher o algoritmo mais adequado para executar naqueles dados. Essas decisões são parte de uma fase de exploração em que os cientistas de dados obtêm um íntimo conhecimento de seus dados enquanto estão selecionando quais atributos têm maior poder preditivo.

Análise Preditiva Contínua

A análise preditiva não deveria se resumir à implementação de um ou dois projetos, mesmo que esses projetos sejam muito bem-sucedidos. Ela deve ser um processo contínuo que alimenta e é colocado em prática pela administração que supervisiona o planejamento operacional e estratégico de sua organização.

Você deve colocar os dados no primeiro plano do processo de tomada de decisão em sua organização. Os dados precisam apoiar qualquer grande iniciativa. Depois de coletar e obter todos os dados relevantes, peça à equipe de ciência de dados para analisá-los e proponha um modo de ação baseado em suas descobertas. Os resultados desses esforços devem atingir toda a organização, incentivando uma cultura de mudança que aceite o trabalho analítico como uma forma aceitável de tomar decisões informadas.

Seu trabalho com os modelos preditivos não para no momento em que os modelos são implementados. Esse é apenas o primeiro passo. Você deve constantemente buscar novas maneiras de aprimorar esses modelos, pois eles tendem a se tornar obsoletos com o tempo. Portanto, a atualização do modelo é um passo essencial na criação de soluções de análise preditiva. O modelo deve estar em aprimoramento contínuo.

Além disso, você deve ter diversos modelos implementados, e cada um deles deve passar por diversas revisões. Nesse caso, é imperativo ter processos em operação para gerenciar o ciclo de vida dos modelos e supervisionar sua criação, atualização e aposentadoria. Dependendo da área de negócios em que você esteja, pode ser necessário auditar todas as modificações e ser bastante detalhista na documentação de todos os passos envolvidos no processo.

Sua crença na promessa da análise preditiva não deve jamais o impedir de questionar os resultados de um projeto de análise preditiva. Você não pode simplesmente ir em frente e implementar cegamente. Deve certificar-se de que os resultados fazem sentido em termos de negócios. Ademais, quando os resultados são bons demais para ser verdade, provavelmente são. Verifique a correção e a precisão de todos os passos tomados para gerar os modelos. Investigar os resultados dos modelos e se fazer as perguntas difíceis só aumentará sua confiança nas decisões, que finalmente tomará com base nessas descobertas.

Às vezes, os resultados do projeto de análise preditiva são tão óbvios que as partes interessadas o rejeitam completamente sob o pretexto de que "já sabiam disso". Entretanto, tenha em mente que se esforçar para compreender inteiramente os resultados de um modelo pode ser recompensador, não importa o quão óbvios sejam a princípio.

Quando (por exemplo) um modelo mostra que 90% de seus clientes são urbanos e estão entre os 25 e 45 anos, os resultados parecem óbvios. Você pode sentir que desperdiçou tempo e recursos apenas para descobrir o que já sabia. No entanto, é muito mais importante perguntar *o que compõe os outros 10%*. Como é possível aumentar os percentuais *deles*? Pode ser necessário construir um modelo para descobrir mais sobre esse segmento de seus clientes. Ou pode querer saber mais sobre o que atrai 90% de seus clientes para seu produto.

Construir modelos de análise preditiva deve ser um processo contínuo, e os resultados devem ser compartilhados com toda a organização. Você deveria sempre buscar aprimorar seus modelos, nunca se esquivar de experimentar e de se fazer as perguntas difíceis. Com dados pertinentes, uma equipe talentosa de ciência de dados e a adesão de todos os interessados, as possibilidades são infinitas.

Criando Sua Equipe de Análise Preditiva

Uma equipe de análise preditiva bem-sucedida mescla a atitude e as habilidades necessárias. Apostamos que você será capaz de a encontrar dentro de sua organização.

Contratando profissionais experientes

A equipe de ciência de dados deve ser composta por profissionais experientes. Cientistas de dados experientes conhecem as nuances dos dados e sabem quais modelos funcionam melhor para quais problemas de negócios e tipos de dados.

Sua equipe de ciência de dados deve possuir membros com conhecimentos profissionais e experiência comprovada em estatística, mineração de dados e aprendizado de máquina. Essas três disciplinas devem ser obrigatórias para qualquer equipe de ciência de dados. A ideia é a de que essas habilidades existam dentro da equipe, não necessariamente que cada membro precise de todas as três. Entretanto, contratar membros de equipe de contextos diversos apimenta e enriquece a equipe, pois outras experiências e o conhecimento de outras disciplinas tornam a equipe geral mais completa e ampliam seus horizontes.

Entre os membros da equipe contratados para integrar sua equipe de ciência de dados deve haver cientistas de dados que tenham conhecimento em sua área específica de negócios. Esse conhecimento pode ser proveniente de experiências trabalhando em projetos em sua área de atuação ou em campos relacionados. Quanto mais os membros da equipe souberem sobre sua área de atuação, mais fácil será para eles trabalhar com seus dados e construir soluções analíticas.

Existem muitas ferramentas poderosas de diversos fabricantes, além de excelentes ferramentas de fonte aberta disponíveis. Os membros de sua equipe devem ter conhecimento para trabalhar com essas ferramentas. Isso facilitará o ciclo de vida de criação das soluções analíticas. Além disso, esse conhecimento facilitará a colaboração entre os membros da equipe e entre os analistas de negócio e cientistas de dados.

Demonstrando comprometimento e curiosidade

Os administradores seniores devem demonstrar seu comprometimento com os esforços analíticos. Eles precisam se reunir com os membros da equipe e acompanhar o progresso de seus projetos. Devem alocar tempo para serem informados sobre os projetos, seus progressos e suas descobertas finais.

Os membros de sua equipe de dados precisam acreditar na missão e estar comprometidos em descobrir as respostas que procuram para as perguntas de negócios. Manter os membros da equipe motivados e engajados os ajudará a prosperar para entregar as melhores soluções, e eles devem ser curiosos e empolgados para alcançar os objetivos do negócio.

Os membros da equipe devem ser capazes de comunicar suas descobertas em uma linguagem acessível a todas as partes interessadas no negócio. Quando eles são capazes de se comunicar com os interessados, conseguem reunir apoio para as novas soluções e a adesão necessária. Isso é especialmente importante quando os usuários do negócio precisarem mudar a forma como estão fazendo seu trabalho quando começarem a aplicar as novas descobertas.

Os profissionais devem ser curiosos, sempre fazendo perguntas e tentando aprender o máximo que puderem sobre seus projetos. Ao não fugirem das perguntas difíceis sobre os dados, métodos usados e resultados dos modelos, e não se esquivarem de experimentar até mesmo os cenários mais malucos, os membros da equipe entregarão as soluções ideais.

A colaboração entre os membros da equipe e em toda a organização é importante para o sucesso desses projetos. Os membros da equipe devem conseguir ajudar e responder às perguntas uns dos outros. Eles também precisam ser capazes de compartilhar os resultados e obter feedback imediato.

Pesquisando o Mercado

O big data e a análise preditiva vêm proporcionando grandes oportunidades para o mundo acadêmico, mercado de trabalho e em praticamente todas as empresas competitivas. Todos sentirão o impacto. Os sobreviventes encararão isso como uma oportunidade.

Respondendo ao big data

Diversas universidades oferecem graduação e pós em análise preditiva ou análise de big data; alguns desses programas surgiram nos últimos anos. Isso reflete o fantástico crescimento e popularidade desse campo. A profissão de "cientista de dados" está agora sendo vista como a mais popular dos Estados Unidos pelos jornais e sites de empregos.

Estima-se que a demanda por profissionais dessas áreas cresça ainda mais. A projeção é a de que as vagas superem o número de candidatos classificados. Algumas universidades estão mudando seus programas para aproveitar esse crescimento e atrair mais alunos. Algumas oferecem programas analíticos em suas escolas de negócios; outras, em suas escolas de ciências e engenharia. Assim como as aplicações do mundo real que lidam com big data e análise preditiva, as disciplinas que os utilizam transpõem departamentos — você encontra cursos relevantes em negócios, matemática, estatística e ciência da computação. O resultado é o mesmo: programas de graduação mais atraentes e relevantes para a economia atual e mais alunos buscando um campo profissional em crescimento.

20   PARTE 1 **Apresentando a Análise Preditiva**

Trabalhando com o big data

Todos os dias lemos histórias sobre uma nova empresa em ascensão que usa a análise preditiva para resolver problemas específicos — desde prever o que você fará a cada hora do dia até classificar o quanto você é um bom namorado. Maluquice? Não importa o quanto o conceito seja ofensivo, alguém o está colocando em prática. As pessoas e as empresas fazem isso por uma razão muito simples: existe mercado para isso. Há uma enorme demanda por análise social, análise de pessoas, análise de *tudo que é dado*.

Estatísticos e matemáticos — cuja principal tarefa consistia em sentar em suas mesas e analisar os números para empresas farmacêuticas e financeiras — estão agora no fronte da revolução de dados que promete prever praticamente tudo sobre praticamente qualquer pessoa — incluindo você.

Então por que estamos testemunhando essa repentina mudança na análise? Afinal, a matemática, a estatística e seus derivados, a ciência da computação, o aprendizado de máquina e a mineração de dados estão por aí há décadas. Na verdade, a maioria dos algoritmos usados hoje para desenvolver modelos preditivos foi criada décadas atrás. A resposta tem que ser "dados" — montanhas de dados.

Coletamos e geramos enormes quantidades de dados todos os dias. Apenas recentemente fomos capazes de minerá-los com eficiência. O poder de processamento e armazenamento de dados aumentou exponencialmente ao mesmo tempo em que ficou mais rápido e mais barato. Descobrimos como usar o hardware dos computadores para armazenar e processar grandes quantidades de dados.

O campo que abrange os computadores, o desenvolvimento de software, a programação e o uso rentável da internet revelou um novo mundo, em que todos podem se envolver criativamente. A maioria das pessoas no planeta agora está conectada através da internet, das mídias sociais, dos smartphones, tablets, apps, você escolhe. Despendemos incontáveis horas na internet diariamente — e geramos dados a cada minuto. Com todos esses dados online, é natural que as empresas começassem a encará-los como recursos a serem minerados e refinados, em busca de padrões em nosso comportamento online e explorando suas descobertas na esperança de lucrar com essas novas oportunidades. A Amazon (veja o box) é um famoso exemplo disso.

Resumindo, esse é apenas o começo.

UM CRESCIMENTO FANTÁSTICO

Ao longo deste livro, destacamos diversos estudos de caso que ilustram usos bem-sucedidos de análise preditiva. Nesta seção gostaríamos de ressaltar o *crème de la crème* da análise preditiva: a Amazon.

Como uma das maiores lojas online, a Amazon é provavelmente um dos negócios mais conhecidos associados à análise preditiva. A Amazon analisa infindáveis fluxos de dados de transações de clientes tentando descobrir padrões de compra ocultos, assim como associações entre produtos, clientes e compras. Quando quiser ver um sistema de recomendação eficiente em ação, você o encontra trabalhando sem parar na Amazon. A análise preditiva permite que a Amazon recomende produtos que são exatamente aqueles que você sempre quis, até mesmo os que não sabia que queria. Esse é o poder da análise e da modelagem preditivas de enxergar padrões em quantidades gigantescas de dados.

Para criar seu sistema de recomendação, a Amazon usa a *filtragem colaborativa* — um algoritmo que observa a informação de seus usuários e de seus produtos. Ao analisar os itens atualmente no carrinho de compras de um usuário, assim como os itens que compraram, avaliaram e curtiram — ligando-os aos que os outros clientes compraram —, a Amazon faz venda cruzada (cross-sell) de clientes com as recomendações online que todos nós conhecemos, tais como:

Frequentemente Comprados Juntos

Clientes que Compraram Este Item Também Compraram

A Amazon vai ainda além no uso dos dados: não só gera mais lucro ao fazer cross-selling e recomendações de marketing a seus clientes, a Amazon também usa os dados para criar um relacionamento com seus clientes — resultados, sites e serviços ao cliente personalizados. Os dados alimentam todos os níveis de interação da empresa com seus clientes. E os clientes respondem positivamente a isso; a receita da Amazon continua decolando a cada trimestre.

> **NESTE CAPÍTULO**
>
> » Identificando alguns casos de uso comuns
>
> » Implementando sistemas de recomendação
>
> » Aprimorando marketing direcionado
>
> » Otimizando a experiência do cliente com a personalização

Capítulo **2**

Análise Preditiva na Prática

nálise preditiva parece um nome sofisticado, mas usamos muito desse mesmo processo naturalmente em nossas tomadas de decisão diárias. Às vezes ele acontece tão rápido, que a maioria de nós sequer percebe o que está fazendo. Chamamos esse processo de "intuição" ou "instinto": em essência, trata-se de rapidamente *analisar* uma situação para *prever* um resultado — e então tomar uma decisão.

Quando um novo problema pede uma decisão, o instinto trabalha de modo muito parecido ao da análise preditiva quando você já tem alguma experiência em solucionar problemas similares. Todo mundo se baseia na experiência e, assim, resolve ou lida com a situação com diferentes graus de sucesso.

É de se esperar que uma pessoa mais experiente tome decisões melhores, na média, em longo prazo. Na verdade, esse é o resultado mais provável para problemas simples com relativamente poucos fatores influenciadores. Para problemas mais complexos, fatores externos complexos intervêm no resultado.

Um exemplo hipotético é chegar ao trabalho no horário na sexta-feira de manhã: você acorda 15 minutos mais tarde do que o normal. Você prevê — usando dados obtidos de experiência — que o trânsito é melhor na sexta de manhã do que no restante da semana. Você sabe que alguns fatores gerais influenciam o congestionamento:

>> Quantas pessoas estão indo para o trabalho ao mesmo tempo.

>> Se há um evento popular (como um jogo de futebol) programado na área pela qual precisa passar.

>> Acontecimentos inesperados, como acidentes de carro e mau tempo.

É claro, você pode ter considerado os eventos incomuns (*atípicos*), mas negligenciado-os como parte de seu processo normal de tomada de decisão. Em longo prazo, você tomará decisões melhores sobre as condições do trânsito local do que uma pessoa que acabou de se mudar para a região. O efeito concreto dessa boa decisão se acumula: parabéns — ganhou uma hora de sono extra todo mês.

Mas essas vantagens competitivas não duram para sempre. Assim que as outras pessoas percebem esse padrão, também começam a aproveitá-lo — e passam a dormir 15 minutos a mais. Seus retornos da análise do trânsito das sextas-feiras em algum momento começam a diminuir se você não *otimizar* continuamente seu *modelo* "chegar ao trabalho sexta-feira".

Um modelo criado com análise preditiva poderia lidar com muito mais do que apenas algumas variáveis (fatores influenciadores) do que uma pessoa é capaz de processar. Um modelo preditivo construído com árvores de decisão encontra padrões com tantas variáveis independentes quanto acessar, e pode levar à descoberta de que uma certa variável é mais influente do que inicialmente se pensava. Se você fosse um robô e seguisse as regras da árvore de decisão, provavelmente saberia reduzir ainda mais o tempo de deslocamento até o trabalho.

Problemas mais complexos levam, é claro, a análises mais complexas. Muitos fatores contribuem para a decisão final, além do que o problema imediato específico está pedindo. Um bom exemplo é prever se o preço de uma ação vai subir ou descer. No centro do problema está uma pergunta simples: a ação vai subir ou descer? Uma resposta simples é difícil de ser obtida, porque o mercado de ações é muito fluído e dinâmico. Os *influenciadores* que afetam o preço de uma ação em particular são potencialmente ilimitados em número.

Alguns influenciadores são lógicos, e outros, ilógicos. Alguns não podem ser previstos com precisão alguma. Não obstante, Nasim Taleb opera um fundo hedge que aposta em *cisnes-negros* — eventos com alta improbabilidade de ocorrer, mas que, quando acontecem, têm recompensas gigantescas. Em seu livro *A Lógica do Cisne Negro*, ele diz que só se precisa estar certo uma vez a cada década. Para a maioria de nós, essa estratégia de investimento provavelmente não funcionaria; a quantidade de capital necessária para começar teria que ser substancialmente maior do que a maioria de nós ganha — porque ele diminuiria durante o tempo que esperássemos pelo grande evento.

Depois que o mercado fechar, os repórteres e analistas tentarão explicar a movimentação com um motivo ou outro. Foi um *evento macro* (digamos, o mercado todo subiu ou desceu) ou um evento menor, específico de uma empresa (digamos, uma empresa divulgou más notícias ou alguém tuitou negativamente sobre seus produtos)? De qualquer modo, tenha o cuidado de não interpretar demais esses fatores; eles podem ser usados para explicar quando o resultado diametralmente oposto ocorre. Construir um modelo preciso para prever o movimento de uma ação ainda é um imenso desafio.

Prever a direção correta de uma ação com consistência apresenta um resultado fixo: ou você ganha ou perde dinheiro. Mas o mercado não é inflexível: o que é verdadeiro deixa de ser no dia seguinte. Felizmente, a maioria dessas tarefas de *modelagem preditiva* não é tão complicada quanto prever a subida ou a queda de uma ação em um dia de negociação. Análises preditivas são mais comumente usadas para descobrir insights em quase tudo, de marketing a segurança pública:

- » Padrões de compra das pessoas.
- » Preços de mercadorias e serviços.
- » Acontecimentos futuros de larga escala, como padrões no clima.
- » Atividades incomuns e suspeitas.

Esses são apenas alguns exemplos (mais divulgados) da análise preditiva. Suas potenciais aplicações são infinitas.

Marketing e Varejo Online

As empresas que têm usado análise preditiva com sucesso para melhorar suas vendas e marketing incluem Target Corporation, Amazon e Netflix. Relatos recentes da Gartner, IBM, Sloan e Accenture sugerem que muitos executivos usam dados e análise preditiva para impulsionar as vendas.

Sistemas de recomendação

Você provavelmente já se deparou com um dos principais feitos da análise preditiva: *sistemas de recomendação*. Esses sistemas tentam prever seus interesses (por exemplo, o que você quer comprar ou assistir) e lhe dar recomendações. Eles fazem isso combinando suas preferências com itens ou com outras pessoas que pensam igual, usando estatística e logaritmo de aprendizado de máquina.

CAPÍTULO 2 **Análise Preditiva na Prática** 25

Ao navegar na internet, frequentemente você encontra lembretes como estes em sites:

» Pessoas que Pode Conhecer...

» Pessoas que Viram Este Item Também Viram...

» Pessoas que Viram Este Item Compraram...

» Recomendado com Base em Seu Histórico de Navegação...

» Clientes que Compraram Este Item Também Compraram...

Esses são exemplos de sistemas de recomendação feitos por empresas de grande abrangência, como Amazon, Netflix e LinkedIn.

Obviamente, esses sistemas não foram criados apenas para a conveniência do usuário — embora essa seja definitivamente uma das razões. Não, os sistemas de recomendação foram criados para maximizar os lucros das empresas. Eles tentam personalizar as compras na internet, com um algoritmo agindo como vendedor, e foram concebidos para vender, up-sell, cross-sell, manter você envolvido e voltando. O objetivo é transformar cada comprador personalizado em um cliente habitual. (O box "O toque pessoal" explora uma dessas técnicas de sucesso.)

Compras personalizadas na internet

Um software de sistema de recomendação é como um vendedor online que tenta repetir o processo pessoal que experimentamos em feiras de negócios. A diferença do sistema de recomendação é que ele é movido por dados. Ele faz recomendações em volume, com certa sutileza (e até mesmo descrição), com uma pitada de sabedoria não convencional e sem um sentimento de parcialidade. Quando um cliente compra um produto — ou mostra interesse em um produto (digamos, visualizando-o), o sistema recomenda um produto ou serviço que é considerado altamente relevante para o cliente — automaticamente. O objetivo é gerar mais vendas — que não aconteceriam se as recomendações não fossem feitas.

A Amazon é um exemplo muito bem-sucedido da implementação de um sistema de recomendação; sua história de sucesso ressalta sua importância. Quando você navega no site da Amazon em busca de um item, sempre encontra algumas variações de tema de itens relacionados — "Clientes que viram isto também viram" ou "Clientes que compraram itens em seu histórico recente também compraram".

Essa técnica altamente eficiente é considerada um dos recursos "arrasadores" da Amazon — e um grande motivo para esse enorme sucesso como empresa dominante no mercado online. A Amazon adaptou de modo brilhante uma técnica offline de sucesso praticada pelos vendedores — e a aperfeiçoou para o mundo online.

26 PARTE 1 **Apresentando a Análise Preditiva**

O TOQUE PESSOAL

Um dos autores costumava trabalhar para uma empresa de reconhecimento de fala que criava sistemas para administração de ordens para as principais organizações do mercado financeiro. Todos os dias a empresa analisava uma enorme quantidade de mensagens de negociação para aumentar a precisão e a velocidade. Eles desenvolveram um sistema extremamente preciso e rápido. Usando milhões de mensagens de negociação, treinaram e aprimoraram o mecanismo de reconhecimento de fala para se adaptar ao perfil de fala de cada usuário. O conceito-chave era usar a análise de texto e o aprendizado de máquina para prever o que o usuário (nesse caso, um negociante) faria (negociação) com base no que estava dizendo:

- Como era a estrutura gramatical.
- Os atributos quantificáveis, tais como a proporção da negociação.
- Se o negociante estava comprando ou vendendo.

O modelo preditivo, criado com um conjunto de algoritmos de aprendizado de máquina, identificaria padrões nas ordens do usuário — e atribuiria pesos para cada palavra que poderia vir a seguir. Então, depois que o mecanismo de reconhecimento de fala analisasse cada palavra, o sistema começaria a prever qual palavra viria em seguida. O modelo funcionava de modo semelhante a um recurso autocompletar, usando um sistema de recomendação.

A empresa também desenvolveu microfones bloqueadores de ruído e fones que compensam ambientes muito barulhentos, como os das feiras de negócios onde esses produtos são demonstrados. Reiteradas vezes éramos os queridinhos da convenção; nossos estandes ficavam lotados de frequentadores esperando para participar de nossas demos. Começamos a vender os produtos diretamente no estande, e tínhamos filas de clientes o dia todo.

Foi divertido interagir com clientes, fugindo de nossa rotina normal em frente do computador, programando ou analisando dados. Fizemos *cross-selling* [venda cruzada] de acessórios e *up-selling* [venda adicional] de microfones e fones mais caros. Mas as demos e as vendas diretas nas feiras de negócios nos ensinaram lições mais importantes: tivemos muito sucesso não apenas porque oferecemos excelentes demos dos produtos, mas também porque recomendamos os produtos que melhor se adequavam às necessidades de nossos clientes — com base nas informações que eles nos deram. Não éramos apenas demonstradores dos produtos, éramos também vendedores; éramos um sistema de recomendação "em ação".

A Amazon popularizou os sistemas de recomendação para o e-commerce. Esse exemplo de sucesso tornou os sistemas de recomendação tão populares e importantes no comércio eletrônico, que outras empresas estão seguindo o mesmo caminho.

Implementando um Sistema de Recomendação

Há três abordagens principais para criar um sistema de recomendação: filtragem colaborativa, filtragem baseada em conteúdo e uma combinação das duas, chamada de abordagem híbrida. A abordagem da filtragem colaborativa usa as ações coletivas de usuários para alcançar o objetivo de prever o comportamento futuro de um usuário. A abordagem baseada em conteúdo tenta combinar as preferências de um usuário em particular a um item sem considerar a opinião de outros usuários. Há desafios tanto na abordagem de filtragem colaborativa quanto na baseada em conteúdo que a abordagem híbrida tenta resolver.

Filtragem colaborativa

A *filtragem colaborativa* foca as características do usuário e do item com base nas ações da comunidade. Ela permite agrupar usuários com interesses ou gostos parecidos, usando classificação de algoritmos como *k-vizinhos mais próximos* — abreviado como k-NN [*nearest neighbor*, em inglês] (veja o Capítulo 6 para saber sobre k-NN) —, e computa a semelhança entre itens ou usuários com medidas de similaridade como a similaridade do cosseno (discutida na próxima seção).

O conceito geral é encontrar grupos de pessoas que gostem das mesmas coisas: se a pessoa A gosta de X, então a pessoa B também gostará de X. Por exemplo: se Tiffany gosta de assistir a *Frozen*, então sua *vizinha* (pessoa com gosto semelhante) Victoria também gostará.

Algoritmos de filtragem colaborativa geralmente requerem:

- >> Uma comunidade de usuários para gerar dados.
- >> A criação de base de dados de interesses para itens por usuários.
- >> Fórmulas que computem a similaridade entre itens ou usuários.
- >> Algoritmos que combinem usuários com interesses semelhantes.

A filtragem colaborativa usa duas abordagens: baseada em item e em usuário.

Filtragem colaborativa baseada em item

Um dos sistemas de recomendação da Amazon usa *a filtragem colaborativa baseada em item* — divide um imenso inventário de produtos a partir da base de dados da empresa quando um usuário visualiza um único item no site.

28   PARTE 1 **Apresentando a Análise Preditiva**

DICA

Você sabe que está diante de um sistema de filtragem colaborativa baseada em item (ou, frequentemente, um sistema baseado em conteúdo) se ele mostrar recomendações na sua primeira visualização de item, mesmo não tendo criado um perfil.

Parece mágica, mas não é. Embora seu perfil ainda não tenha sido criado (pois você não está logado ou não tem um histórico de navegação naquele site), o sistema usa o que tem para um palpite: ele baseia sua recomendação no *próprio item* e *no que outros clientes visualizaram ou compraram depois (ou antes) de comprarem aquele item*. Assim, você verá mensagens como:

Clientes que compraram este item também compraram...

Clientes que compraram itens em seu histórico recente também compraram...

Que outros itens os clientes compraram depois de visualizar aquele?

Na essência, a recomendação é baseada na similaridade entre o item atualmente visualizado e outros, a partir das ações da comunidade de usuários.

Na Tabela 2-1 há uma amostra de matriz de clientes e dos itens que compraram. Ela será usada como exemplo de filtragem colaborativa baseada em item.

TABELA 2-1   Filtragem Colaborativa Baseada em Item

Cliente	Item 1	Item 2	Item 3	Item 4	Item 5	Item 6
A	X	X	X			
B	X	X				
C			X		X	
D			X	X	X	
E		X	X			
F	X	X		X	X	
G	X		X			
H	X					
I						X

A Tabela 2-2 mostra a similaridade de itens calculada usando a fórmula de similaridade do cosseno. A fórmula para *similaridade do cosseno* é (A · B)/(||A|| ||B||), onde A e B são itens a comparar. Para ler a tabela e descobrir o quanto um par de itens é similar, basta localizar a célula em que os itens se cruzam. O número estará entre 0 e 1. Um valor de 1 significa que os itens são perfeitamente semelhantes; 0, que não o são.

CAPÍTULO 2 **Análise Preditiva na Prática**   29

O sistema pode oferecer uma lista de recomendações que estão acima de um certo valor de similaridade ou recomendar os *n* principais itens. Nesse cenário, podemos dizer que qualquer valor maior ou igual a 0,40 é similar; o sistema recomendará esses itens.

TABELA 2-2 ## Similaridade de Item

	Item 1	Item 2	Item 3	Item 4	Item 5	Item 6
Item 6	0	0	0	0	0	
Item 5	0,26	0,29	0,52	0,82		0
Item 4	0,32	0,35	0,32		0,82	0
Item 3	0,40	0,45		0,32	0,52	0
Item 2	0,67		0,45	0,35	0,29	0
Item 1		0,67	0,40	0,32	0,26	0

Por exemplo, a similaridade entre o item 1 e o 2 é 0,67. A similaridade entre o item 2 e o 1 é a mesma. Portanto, a tabela é uma imagem espelhada entre a diagonal inferior esquerda e a superior direita. Você também pode ver que o item 6 não é similar a nenhum outro, porque seu valor é 0.

Essa implementação de um sistema de recomendação baseado em item está simplificada para ilustrar seu funcionamento. Para simplificar, usamos apenas um critério para determinar a similaridade do item: se o usuário o comprou. Sistemas mais complexos poderiam esmiuçar muito mais detalhes:

» Usando perfis criados por usuários, que representem seus gostos.

» Fatorando o quanto um usuário gosta (ou classifica bem) um item.

» Ponderando quantos itens semelhantes ao potencial recomendado o usuário comprou.

» Fazendo suposições sobre se um usuário gosta de um item com base apenas em sua visualização, mesmo que não o tenha comprado.

Eis duas maneiras comuns de usar o sistema de recomendação:

» **Offline**, por meio de uma campanha de e-mail marketing ou quando o usuário está logado no site.

O sistema poderia enviar anúncios de marketing ou fazer estas recomendações no site:

- **Item 3 para o Cliente B**

Recomendado porque o Cliente B comprou os Itens 1 e 2, similares ao 3.

30 PARTE 1 **Apresentando a Análise Preditiva**

- **Item 4, então Item 2, para o Cliente C**

  Recomendado porque o Cliente C comprou os Itens 3 e 5. O Item 5 é similar ao 4 (valor de similaridade: 0,82). O Item 2 é similar ao 3 (0,45).

- **Item 2 para o Cliente D**

  Recomendado porque o Cliente D comprou os Itens 3, 4 e 5. O Item 3 é similar ao Item 2.

- **Item 1 para o Cliente E**

  Recomendado porque o Cliente E comprou os Itens 2 e 3, ambos similares ao Item 1.

- **Item 3 para o Cliente F**

  Recomendado porque o Cliente F comprou os Itens 1, 2, 4 e 5. Os Itens 1, 2 e 5 são similares ao Item 3.

- **Item 2 para o Cliente G**

  Recomendado porque o Cliente G comprou os Itens 1 e 3. Ambos são similares ao Item 2.

- **Item 2, depois Item 3, para o Cliente H**

  Recomendado porque o Cliente H comprou o Item 1. O Item 1 é similar aos Itens 2 e 3.

- **Item indeterminado para o Cliente A**

  Idealmente, você deveria ter muito mais itens e usuários. E deveria haver alguns itens que o cliente comprou que são similares a outros itens que ele ou ela ainda não comprou.

- **Item indeterminado para o Cliente I**

  Nesse caso, os dados são insuficientes para servir de base para a recomendação. Esse é um exemplo de problema partida a frio (saiba mais sobre esse problema adiante neste capítulo).

» **Online**, por meio de visualização de página quando o usuário não está logado.

LEMBRE-SE

Problemas de pedido — as recomendações precisam começar a partir da similaridade mais alta, a menos que existam outros fatores prioritários, como inventário ou lucratividade.

O sistema recomendaria itens similares quando o usuário estivesse visualizando um de seus itens:

- Se o Item 1 estiver sendo visualizado, o sistema recomenda os Itens 2 e 3.
- Se o Item 2 estiver sendo visualizado, o sistema recomenda os Itens 1 e 3.
- Se o Item 3 estiver sendo visualizado, o sistema recomenda os Itens 5, 2 e 1.
- Se o Item 4 estiver sendo visualizado, o sistema recomenda o Item 5.
- Se o Item 5 estiver sendo visualizado, o sistema recomenda os Itens 4 e 3.
- Se o Item 6 estiver sendo visualizado, os dados são insuficientes para fazer uma recomendação. Esse é um exemplo de problema partida a frio (descrito mais adiante neste capítulo).

LEMBRE-SE

O usuário estar ou não logado afeta a recomendação feita pelo sistema. Afinal, você precisa evitar recomendar um item que o cliente já comprou. Quando o usuário está logado, o sistema usa o perfil criado pelo usuário (ou que ele criou para o usuário). Dentro do perfil, o sistema terá um registro das compras anteriores; ele remove os itens comprados da lista de recomendações.

No exemplo, a Cliente H comprou apenas um único item (Item 1). Entretanto, o item que comprou era similar a outros que apareceram nos dados de compras de outros clientes.

Um cliente visualizando o Item 6 é um exemplo de problema partida a frio: o Item 6 ainda não foi comprado por um número suficiente de pessoas, talvez porque seja novo ou não muito popular. De qualquer forma, o sistema não tem o suficiente para prosseguir. A filtragem colaborativa requer um pouco de treinamento com os dados para ser eficiente. Nesse caso, o sistema pode empregar uma abordagem que torna o item mais comprado (ou lucrativo, ou preferido) a recomendação padrão.

Inicialmente, é claro, essas tabelas de dados serão esparsas, até que entrem dados suficientes. Conforme mais pontos de dados são incluídos no algoritmo de filtragem colaborativa, mais preciso fica o sistema de recomendação.

Filtragem colaborativa baseada em usuário

Com a abordagem baseada em usuário na filtragem colaborativa, o sistema é capaz de calcular a similaridade entre pares de usuários com a fórmula da similaridade do cosseno, uma técnica muito parecida com a abordagem baseada em item. Normalmente esses cálculos levam mais tempo e precisam ser feitos com mais frequência do que os baseados em item. Isso se deve a:

» Você tem muito mais usuários do que itens (idealmente).
» Você espera que os itens mudem com menos frequência do que os usuários.
» Com mais usuários e menos mudança nos itens oferecidos, você usa muito mais atributos do que apenas o histórico de compras ao calcular a similaridade do usuário.

Um sistema baseado em usuário também usa algoritmos de aprendizado de máquina para agrupar todos os usuários que demonstraram ter os mesmos gostos. O sistema constrói vizinhanças de usuários que têm perfis, padrões de compra ou de avaliação similares. Quando uma pessoa compra e gosta de um item, o sistema de recomendação o indica para os demais da vizinhança.

Assim como a filtragem colaborativa baseada em item, a abordagem baseada em usuário requer dados suficientes de cada usuário para ser eficiente. Antes de o sistema fazer recomendações, precisa criar um perfil do usuário — então ele ainda requer que o usuário crie uma conta e esteja logado nela (ou armazene informações da sessão no navegador por meio de cookies) enquanto visualiza um site. Inicialmente o sistema pode pedir explicitamente que o usuário crie um perfil, preencha um perfil fazendo perguntas e depois otimize suas sugestões depois que seus dados de compra se acumularem.

A Netflix é um exemplo de criação rápida de um perfil para cada cliente. Eis o procedimento geral:

1. **A Netflix convida seus clientes a configurarem uma lista de filmes a que já assistiram.**

2. **Os filmes escolhidos são analisados, para se aprender sobre os gostos do cliente em filmes.**

3. **O modelo preditivo recomenda mais filmes para os clientes assistirem com base nos que já estão na lista.**

DICA

A Netflix descobriu que quanto mais filmes existem na sua lista, maior é a probabilidade de você permanecer cliente.

A Tabela 2-3 — uma amostra de matriz de clientes e seus itens comprados — é um exemplo de filtragem colaborativa baseada em usuário. Para fins de simplificação, usamos a regra de que uma vizinhança de usuário é criada a partir de usuários que compraram pelo menos dois itens em comum.

TABELA 2-3 **Filtragem Colaborativa Baseada em Usuário**

Cliente	Item 1	Item 2	Item 3	Item 4	Item 5	Item 6
A - N1	X	X	X			
B - N1	X	X				
C - N2			X		X	
D - N2			X	X	X	
E - N1		X	X			
F - N1	X	X		X	X	
G - N1	X		X			
H - N3	X					
I - N3						X

CAPÍTULO 2 **Análise Preditiva na Prática** 33

Há três vizinhanças de usuários formadas: N1, N2 e N3. Cada usuário nas vizinhanças N1 e N2 comprou pelo menos dois itens em comum com mais alguém na mesma vizinhança. N3 são usuários que não atenderam aos critérios e não receberão recomendações até que comprem outros itens para atender aos critérios.

Veja um exemplo de como usar esse sistema de recomendação:

Offline através de uma campanha de e-mail marketing ou quando o usuário está logado no site. O sistema envia anúncios ou faz recomendações no site da seguinte forma:

> » Item 3 para o Cliente B.
> » Item 4 para o Cliente C.
> » Item 1 para o Cliente E.
> » Item 3 para o Cliente F.
> » Item 2 para o Cliente G.
> » Item indeterminado para os Clientes A e D.
>
> O ideal é que você tenha mais do que seis itens. E sempre deve haver alguns itens na vizinhança de um cliente que ele ainda não comprou.
>
> » Item indeterminado para os Clientes H e I.
>
> Nesse caso, os dados são insuficientes para servir de base de recomendação.

Inicialmente esse sistema recomenda todos os itens que outros membros do grupo já têm e que o membro individual, não. Nesse exemplo simples, as recomendações são similares àquelas produzidas por uma abordagem de filtragem colaborativa baseada em item. Espera-se que as recomendações divirjam entre as abordagens quanto mais usuários, itens e pontos de dados houver.

Uma importância muito diferente é que, desde que o cliente pertença a um grupo, qualquer compra futura que um membro faça será recomendada para os outros, até que o filtro seja retreinado. Assim, os Clientes A e D começaram a receber recomendações rapidamente porque já pertencem a uma vizinhança, e certamente os outros vizinhos comprarão algo em breve.

Por exemplo: se o Cliente B compra o Item 6, então o sistema de recomendação recomendará o item 6 para todos em N1 (Clientes A, B, E, F e G).

O Cliente F pode potencialmente pertencer à N1 ou N2, dependendo de como o algoritmo de filtragem colaborativa seja implementado. Escolhemos agrupar o Cliente F na vizinhança N1 porque o usuário é mais similar ao Cliente B (que pertence à N1) usando a medida de similaridade do cosseno. De qualquer forma, o Item 3 será recomendado com base nesse cenário.

Os Clientes H e I oferecem exemplos de *problema partida a frio:* o cliente simplesmente não gerou dados suficientes para ser agrupado a uma vizinhança de usuário. Na ausência de um perfil de usuário, um novo cliente, com pouco ou nenhum histórico de compras — ou que somente compra itens ambíguos (vagos) —, sempre apresentará um problema para o sistema, independentemente de qual abordagem de filtragem colaborativa seja usada.

O Cliente I ilustra um aspecto do problema partida a frio que é exclusivo da abordagem baseada em usuário. A abordagem baseada em item começaria a encontrar outros itens similares ao que o cliente comprou. Então, quando os outros usuários começassem a comprar o Item 6, o sistema começaria a fazer recomendações. Não será preciso que qualquer outra compra seja feita pelo usuário; a abordagem baseada em item pode começar a recomendação. Em um sistema baseado em usuário, entretanto, o Cliente I tem que fazer compras adicionais para pertencer a uma vizinhança de usuários, pois o sistema ainda não é capaz de fazer recomendações.

Certo, existe uma presunção implícita nesses exemplos simples — que o cliente não apenas comprou o item, mas que gostou o bastante para fazer compras similares. Mas e se o cliente não gostou do item? O sistema precisa, pelo menos, gerar maior precisão em suas recomendações. Você pode adicionar um critério para o sistema de recomendação para agrupar pessoas com avaliações semelhantes de itens que compraram. Quando o sistema encontrar clientes que gostam e que não gostam dos mesmos itens, a suposição de alta precisão será válida. Em outras palavras, há uma probabilidade maior de que os clientes compartilhem gostos parecidos.

Filtragem colaborativa baseada em usuário versus baseada em item

Em geral, a filtragem colaborativa baseada em item para sistemas de e-commerce de larga escala é mais rápida e mais escalável. Encontrar usuários similares, entretanto — especialmente entre usuários com muitas características — leva mais tempo do que encontrar itens semelhantes.

DICA

Criar vizinhanças de usuário pode ser muito demorado para grandes conjuntos de dados, e pode não ser apropriado para sites de e-commerce que dependem de recomendações em tempo real.

O sistema baseado em usuário também sofre mais do que o baseado em itens com outros dois desafios: o problema partida a frio (mencionado anteriormente) e a *escassez* — essencialmente o fato de que não se pode esperar que mesmo os clientes mais prolíficos comprem sequer uma fração de um percentual de todo o catálogo de produtos. Assim, construir vizinhanças com base em históricos de compras limitados pode não gerar recomendações muito precisas.

A abordagem baseada em usuário ainda vem com uma restrição importante: todos os usuários precisam estar logados (ou ter um perfil em seu histórico de navegação) para que a filtragem baseada em usuário funcione. Antes que o sistema faça uma recomendação, tem que conhecer o cliente em potencial.

Filtragem baseada em conteúdo

Um sistema de recomendação *baseado em conteúdo* combina principalmente *características* (palavras-chave tagueadas) entre itens similares e o perfil do usuário para fazer recomendações. Quando um usuário compra um item que contém características tagueadas, itens com características que combinam com as do original são recomendados. Quanto mais características coincidirem, maior é a probabilidade de o usuário gostar da recomendação. Esse grau de probabilidade é chamado de *precisão*.

A filtragem baseada em conteúdo usa várias técnicas para combinar os atributos de um item em particular com o perfil do usuário. Essas técnicas incluem algoritmos de aprendizado de máquina para determinar um perfil de usuário sem ter que perguntar. Essa técnica é chamada de *coleta implícita de dados*. Uma abordagem mais direta é usar a *coleta explícita de dados:* use um questionário para perguntar aos usuários que características eles gostam em um item. Um exemplo seria perguntar, na primeira vez que se cadastram em um serviço de assinatura de filmes, de que gênero de filmes ou de quais atrizes eles gostam.

Criando tags para descrever itens

Em geral, o vendedor (ou o fabricante) normalmente cria tags nos itens com palavras-chave. No site da Amazon, entretanto, é bastante comum não ver as tags para quaisquer itens comprados ou visualizados — e nem mesmo ser pedido para taguear um item. Os clientes podem avaliar os itens que compraram, mas isso não é o mesmo que criar tags.

Itens tagueados impõem um desafio de escala para uma loja como a Amazon, que tem muitos itens. Além disso, alguns atributos podem ser subjetivos e ser tagueados incorretamente, dependendo de quem criar as tags. Uma solução que resolve o problema de escala é permitir que clientes ou o público em geral crie tags para os itens. (Fotos são um bom exemplo de tagueamento baseado no usuário.) Para manter as tags manejáveis e precisas, um conjunto aceitável de tags pode ser fornecido pelo site. Somente quando um número apropriado de usuários concorda (ou seja, usa a mesma tag para descrever um item), a tag acordada será usada para descrevê-lo.

Tags baseadas em usuário, entretanto, apresentam outros problemas para um sistema de filtragem baseada em conteúdo (e colaborativa):

>> **Credibilidade:** Nem todos os clientes dizem a verdade (especialmente online), e usuários que têm um pequeno histórico de avaliações podem enviesar os dados. Além disso, alguns fornecedores podem fazer (ou estimular outras pessoas a fazerem) avaliações positivas dos próprios produtos e negativas para os de seus concorrentes.

> » **Escassez:** Nem todos os itens serão avaliados ou terão avaliações suficientes para gerar dados úteis.
>
> » **Inconsistência:** Nem todos os usuários utilizam as mesmas palavras-chave para taguear um item, mesmo que o significado delas seja igual. Além disso, alguns atributos podem ser subjetivos. Por exemplo, um espectador de um filme pode considerá-lo curto demais, enquanto outro, longo demais.

Atributos precisam de definições claras. Aqueles com poucas delimitações é difícil de avaliar, e impor regras demais para um atributo pode pedir aos usuários algo trabalhoso demais, o que os desestimula a criar as tags para os itens.

DICA

Os atributos com limites vagos ou indefinidos resultam de se oferecer ao usuário campos de entrada de formatação livre em formulários de compras de e-commerce. Quando você restringe as opções do usuário para selecionar valores de tags de uma lista de entradas possíveis, os dados resultantes são mais fáceis de analisar; não será preciso limpar a "sujeira" de conteúdo irrelevante. É claro, muitos sistemas foram criados sem a análise em mente, então a limpeza dos dados é uma grande parte de sua preparação. Você pode poupar parte desse tempo de limpeza incorporando soluções de análise preditiva em seu sistema. Uma forma de fazer isso é considerar cuidadosamente e definir as entradas permitidas quando você está re(construindo) seu site de e-commerce.

Criar tags para a maioria dos itens no catálogo de produtos ajuda a resolver o problema partida a frio que assola a filtragem colaborativa. Por um tempo, porém, a precisão das recomendações do sistema será baixa, até que ele crie ou obtenha um perfil de usuário.

A Tabela 2-4, uma amostra de matriz de clientes e seus itens comprados, mostra um exemplo de filtragem baseada em conteúdo.

TABELA 2-4   **Filtragem Baseada em Conteúdo**

Itens	Característica 1	Característica 2	Característica 3	Característica 4	Característica 5
Item 1	X	X			
Item 2		X	X		
Item 3	X		X	X	
Item 4		X		X	X
Item 5	X		X		X

Aqui, quando um usuário gosta da Característica 2 — e isso é registrado em seu perfil —, o sistema recomenda todos os itens que a contêm: Item 1, Item 2 e Item 4.

Essa abordagem funciona mesmo quando o usuário nunca comprou ou avaliou um item. O sistema procurará na base de dados do produto qualquer item que foi tagueado com a Característica 2. Se (por exemplo) um usuário estiver procurando filmes com a Audrey Hepburn — e essa preferência aparecer no perfil do usuário —, o sistema recomendará todos os filmes que contenham a Característica Audrey Hepburn para esse usuário.

Esse exemplo, porém, rapidamente expõe uma limitação da técnica de filtragem baseada em conteúdo: o usuário provavelmente já conhece todos os filmes que Audrey Hepburn fez, ou pode facilmente descobrir — assim, do ponto de vista do usuário, o sistema não recomendou algo novo ou de valor. Nesse caso, o sistema deveria recomendar algo relevante, em que o usuário não teria pensado. Na falta da telepatia, precisamos de maior precisão.

Melhorando a precisão com feedback constante

Uma maneira de aprimorar a precisão das recomendações do sistema é pedir que os clientes ofereçam feedback sempre que possível. A coleta de feedback de clientes pode ser feita de muitas maneiras, através de múltiplos canais. Algumas empresas pedem que o cliente avalie um item ou serviço depois da compra. Outras fornecem links do tipo de mídia social para que os clientes possam "curtir" ou "descurtir" um produto. A interação constante entre clientes e empresa faz com que eles se sintam mais envolvidos.

Por exemplo, a Netflix pede que seus clientes avaliem os filmes a que assistiram para que possa usar os dados para treinar seus sistemas (modelos) a fim de fazer recomendações de filmes mais precisas. A Amazon envia um e-mail pedindo que você avalie os itens que comprou depois que teve tempo suficiente para avaliar o produto e a experiência de compra.

Esses pontos de dados aprimoram constantemente os modelos de recomendação — e são possíveis porque a Amazon e a Netflix fazem questão de convencer os clientes de que esse feedback beneficiará a todos os clientes. Essa interação contínua com os clientes para coletar feedback não apenas aumenta a precisão das recomendações do sistema como também deixa os clientes mais felizes, reduz a rotatividade (cancelamento de assinatura) e gera repetição de negócios. Esse é o tipo de ciclo que resulta em mais vendas de produtos, o que gera mais receita para a empresa.

Medindo a eficiência dos sistemas de recomendação

O sucesso de um sistema de recomendação depende de quão bem ele atende a dois critérios: *precisão* (pense nisso como um conjunto, normalmente pequeno, de combinações perfeitas) e *revocação*, ou *recall* (um conjunto de combinações possíveis — normalmente, um conjunto maior). Veja alguns detalhes:

- » A **precisão** mede o quanto as recomendações do sistema foram precisas. A precisão é difícil de mensurar, pois pode ser subjetiva e difícil de quantificar. Por exemplo, quando um usuário visita o site da Amazon pela primeira vez, a Amazon sabe com certeza se suas recomendações são precisas? Algumas recomendações podem se conectar com os interesses dos clientes, mas, ainda assim, eles não comprarem. A confiança plena de que a recomendação é precisa vem de uma prova inequívoca: o cliente compra o item. Alternativamente, o sistema pode explicitamente pedir ao usuário para avaliar suas recomendações.

- » A **revocação** mensura o conjunto de possíveis boas recomendações fornecidas por seu sistema. Pense nela como um inventário de possíveis recomendações, mas nem todas perfeitas. Geralmente há uma relação inversa entre a precisão e a revocação. Ou seja, conforme a revocação aumenta, a precisão diminui, e vice-versa. Não se pode esperar ter um grande inventário de itens que um cliente *comprará*. Pode-se esperar um grande inventário que ele *pode considerar* comprar. Mas um grande inventário é apenas metade da batalha; veja o box "Precisão versus revocação".

- » O sistema ideal tem alta precisão e alta revocação. Mas, na realidade, o melhor resultado é o delicado equilíbrio entre os dois. Enfatizar a precisão ou o retorno realmente depende do problema que se está tentando resolver.

CUIDADO

Um grande problema com os sistemas de recomendação baseado em conteúdo é que é mais fácil fornecer a eles um foco estreito demais. Eles fazem recomendações baseadas em compras passadas, do que os clientes gostaram e do que não gostaram. Eles não atendem a clientes que querem experimentar coisas novas. Esses clientes querem conhecer algo totalmente diferente do que já compraram ou viram. As pessoas são imprevisíveis assim.

Sistemas híbridos de recomendação

A melhor abordagem para se criar um sistema de recomendação pode ser a *híbrida*. Ao combinar a filtragem colaborativa e a baseada em conteúdo em uma única abordagem, o sistema tenta superar as deficiências de cada uma.

Um grande problema com a abordagem baseada em conteúdo é sua precisão e o foco estreito. As recomendações podem não ser muito interessantes ou únicas, e muitas delas podem já ser de conhecimento do usuário, então o sistema não lhe oferece nada de novo. Entretanto, sua implementação é muito mais simples do que na filtragem colaborativa. A abordagem baseada em conteúdo requer apenas que um perfil seja criado para os itens (tags de palavras-chave). O perfil do usuário pode ser criado expressa ou tacitamente, e esse sistema pode começar a trabalhar de imediato.

Um grande problema da filtragem colaborativa é que ela é atingida pelo problema partida a frio. Muitos usuários que estão apenas começando não receberão recomendações precisas — ou qualquer recomendação — até que dados suficientes sejam coletados a partir da comunidade de usuários. A coleta de dados requer tempo para ser concluída — e depende do nível de atividade do site. Ela pode ainda requerer que os usuários criem contas em seus sistemas (para poder criar um perfil) antes que comecem a receber recomendações.

Um sistema de recomendação híbrido tenta resolver esses dois problemas. Pode começar usando uma abordagem baseada em conteúdo, para evitar o problema partida a frio, e depois que dados suficientes forem coletados a partir da comunidade de usuários, o sistema pode então usar a abordagem de filtragem colaborativa para gerar recomendações mais interessantes e personalizadas.

PRECISÃO VERSUS REVOCAÇÃO

A relação entre precisão e revocação é melhor descrita através de um exemplo: um sistema de recomendação geralmente recomenda uma lista de diversos itens (os n principais), não apenas um ou dois. Vamos presumir que a lista contenha apenas duas recomendações precisas. Então o sistema pode recomendar esses dois itens e terá uma precisão perfeita. Mas e se você precisar mostrar recomendações para uma campanha de e-mail com 10 posições? Você precisa incluir 8 outras possíveis recomendações que não são perfeitamente precisas. Essas 8 recomendações adicionais diminuem a precisão. Em contrapartida, a revocação aumentou, pois o sistema determinou que havia 20 recomendações possíveis, dentre as quais inicialmente o sistema mostrou apenas as duas primeiras. A revocação subiu de 2/20 para 10/20.

Ter um grande inventário de recomendações parece vantajoso, mas e se mesmo assim não houver estímulo de venda? Bem, um problema é a reação do cliente se perceber as recomendações do sistema como fracas: ele perde o interesse e procura outro lugar. Assim, oferecer qualquer coisa apenas para tentar fisgar possíveis vendas acarreta mais prejuízos do que benefícios: recomendações imprecisas reiteradas irritam os clientes, e futuras tentativas de marketing para esses clientes terminam na pasta de spam.

Considere, por exemplo, um site de vagas de emprego que envie a um cliente uma vaga totalmente inapropriada — digamos, anunciando uma vaga na construção civil para uma pessoa com experiência e conhecimento como gerente de floricultura. O cliente provavelmente vai achar a recomendação ruim, até maluca. Se a empresa não aumentar a precisão de seu algoritmo de recomendação, lá se vai esse candidato a emprego em busca de um site concorrente.

40   PARTE 1 **Apresentando a Análise Preditiva**

Marketing Direcionado

A análise preditiva torna suas campanhas de marketing mais direcionadas ao cliente. A ideia é personalizar seus anúncios para direcionar a um segmento de sua base total de clientes — não ao todo. Se enviar apenas os anúncios relevantes para um segmento de clientes, você aumenta a probabilidade de esses visitantes em particular realizarem a ação esperada — comprar. Quando pode determinar qual segmento de sua base de clientes responderá melhor à sua mensagem, você economiza dinheiro no custo de convencer um cliente a fazer a compra (custo de aquisição) e melhora a eficiência geral.

Por exemplo, ao pagar um anúncio de network online — como o Google AdWords — para exibir seus anúncios, normalmente você paga por cada clique que envie tráfego para seu site através de um anúncio patrocinado que aparece em resposta a uma busca. Fazer com que o visitante faça, por fim, o que você espera enquanto está no seu site — se tornar um cliente pagante — deve ser parte de sua estratégica de marketing. Esse tipo de estrutura de custos de marketing é chamado de *pago por clique*. Você paga a rede de contatos (neste caso, o Google) por clique, o visitante se convertendo ou não em venda.

Como você está pagando por clique sem garantia de conversão de cada visita em venda, é melhor criar algum tipo de filtro para garantir que as pessoas com maior probabilidade de se tornarem clientes recebam o anúncio. Não há por que exibir seu anúncio para todo o mundo — a estratégia de atirar para todos os lados está longe de ser a ideal, e seu custo de aquisição iria às alturas. O público--alvo de seu anúncio deveria ser visitante com chances mais altas de conversão.

É aqui que a análise preditiva pode vir em seu auxílio para o marketing direcionado. Ao criar um modelo preditivo eficiente que classifique os clientes em sua base de dados de acordo com a probabilidade de comprar, assinar ou atingir qualquer outro objetivo organizacional, você tem o potencial de aumentar o retorno em seu investimento de marketing. Especificamente, a análise preditiva para o marketing pode:

> » Aumentar a lucratividade.
>
> » Aumentar a taxa de conversão.
>
> » Aumentar a satisfação do cliente, reduzindo contatos indesejados.
>
> » Aumentar a eficiência operacional.
>
> » Descobrir o que funciona (ou não) em cada campanha de marketing.

Direcionamento usando modelagem preditiva

O marketing tradicional almeja um grupo de clientes sem aplicar modernas técnicas, tais como modelagem preditiva usando mineração de dados e algoritmos de aprendizado de máquina, a um conjunto de dados. A modelagem preditiva, na área do marketing direto, é chamada de *modelagem de resposta usando análise preditiva* (ou simplesmente *modelagem de resposta*, de agora em diante). Às vezes os analistas criam filtros para aplicar a um conjunto de dados, criando, assim, um grupo selecionado para focar. Mas esse grupo selecionado pode não ser configurado de forma ideal. A modelagem de resposta, por outro lado, busca descobrir padrões nos dados que estão presentes, mas não imediatamente aparentes (em parte porque o número de variáveis sendo consideradas é quase sempre maior do que o número de variáveis que seriam apresentadas no segmento do criador do marketing, ou "filtro"). O resultado é um grupo otimizado para focar.

A Tabela 2-5 usa uma pequena amostra para comparar o lucro gerado pela mala direta — marketing tradicional versus modelagem de resposta.

TABELA 2-5 **Comparando Resultados de Mala Direta (Pequena Amostra)**

	Marketing Tradicional	Modelagem de Resposta
Número de clientes direcionados	1.000	100
Custo por cliente direcionado (presunção de $2)	$2	$2
Número de respostas	20	10
Taxa de resposta	2%	10%
Receita total (presunção de $100 por resposta)	$2 mil	$1.000
Custo total da campanha	$2 mil	$200
Lucro total	$0	$800

Na Tabela 2-5, a modelagem de resposta direcionou 10% do número tradicional de clientes (100, em vez de 1.000) para um subconjunto otimizado. A taxa de resposta deve ser maior com a modelagem de resposta — 10%, em vez de 2%, que é típico para o marketing tradicional. O resultado líquido é um lucro de $800 na modelagem de resposta; o marketing tradicional não gera lucro nem prejuízo. Conforme os custos de direcionamento por cliente aumentam, o valor da modelagem de resposta fica ainda melhor — sem sequer levar em consideração os benefícios implícitos de não alcançar clientes não qualificados.

DICA

Quando você faz contato constante com um cliente sem oferecer qualquer benefício, corre-se o risco de ser ignorado no futuro.

A Tabela 2-6 é um exemplo que mostra a comparação de lucro entre a mala direta usando o marketing tradicional e a modelagem de resposta, com uma amostra maior.

TABELA 2-6 Comparando Resultados da Mala Direta (Amostra Maior)

	Marketing Tradicional	Modelagem de Resposta
Número de clientes direcionados	10 mil	1.000
Custo por cliente direcionado	$2	$2
Número de respostas	200	100
Taxa de resposta	2%	10%
Receita total (presunção de $100 por resposta)	$20 mil	$10 mil
Custo total da campanha	$20 mil	$2 mil
Lucro total	$0	$8 mil

Na Tabela 2-6, a modelagem de resposta direcionou (novamente) apenas 10% de 10 mil potenciais clientes tradicionalmente direcionados. Em um subconjunto otimizado de 1.000, a taxa de resposta deve ser maior. Presumimos uma taxa de resposta de 2% para uma campanha de marketing tradicional de mala direta. Com a modelagem de resposta, a taxa de resposta é de 10%, porque os clientes têm maior probabilidade de comprar desde o início.

A modelagem de resposta gera um lucro de $8 mil nesse cenário; o marketing tradicional empata. Como no cenário anterior, toda a receita gerada usando o marketing tradicional é consumida pelos custos do marketing. Assim, conforme a precisão dos clientes direcionados aumenta, o valor da modelagem de resposta, também.

A modelagem de resposta também se aplica às campanhas de e-mail marketing, apesar dos custos de produção serem muito menores do que em outros canais. A fadiga do contato constante por e-mail diminuirá o valor das campanhas de marketing futuras para todos os outros canais.

Modelagem uplift

Então, como sabemos que o cliente que direcionamos não teria comprado de qualquer maneira? Para esclarecer essa questão, você pode reformulá-la de diferentes jeitos:

>> Como você sabe que o cliente não teria comprado mesmo sem receber seu contato de marketing?

>> Como você sabe que o que enviou para o cliente influenciou que ele fizesse a compra?

Alguns criadores de modelo alegam que os problemas com a modelagem de resposta são os seguintes:

>> Você está usando um subconjunto de clientes que previu que já teriam algum interesse em seu produto ou serviço.

>> Você está gastando dinheiro de marketing com clientes que não precisam de influência para conversão.

>> Você está diminuindo suas margens líquidas porque os descontos que está usando para atrair os clientes para comprar são desnecessários.

>> Você está reduzindo a satisfação do cliente porque alguns deles não querem ser contactados (constantemente).

>> Você está recebendo crédito incorretamente pela resposta em sua avaliação do modelo.

Modelagem uplift, também chamada de *modelagem de persuasão*, entre outros termos, pretende responder às críticas prevendo quais clientes se converterão *somente* se contactados.

A modelagem uplift funciona gerando escores preditivos que objetivam classificar os indivíduos por sua habilidade de ser influenciado. Abstratamente, há quatro possíveis agrupamentos de clientes:

>> **Persuasíveis:** Clientes que podem ser persuadidos a comprar — mas apenas comprarão se contactados.

>> **Certos:** Clientes que comprarão, independentemente do contato.

>> **Causas Perdidas:** Clientes que não comprarão, independentemente do contato.

>> **Não Perturbe**: Clientes que não devem ser contactados. O contato pode provocar uma resposta negativa, como fazer com que cancelem uma assinatura, devolvam um produto ou peçam um reajuste de preço.

A modelagem uplift é projetada para direcionar os Persuasíveis. Eles obtêm um alto escore preditivo, enquanto os Não Perturbe recebem um escore preditivo baixo.

No meio do espectro estão os Certos e os Causa Perdida.

Modelos uplift se mostraram eficientes, mas são mais difíceis de criar do que um modelo de resposta. Veja por quê:

> Geralmente é mais complexo encontrar um grupo de Persuasíveis do que de Certos. Os Certos normalmente são mais fáceis de identificar, pois são clientes que já compraram antes ou que mostraram interesse no produto. Os Persuasíveis podem ter comprado um produto semelhante ou exibir características parecidas com as dos clientes que compraram. Com um tamanho potencialmente menor de Persuasíveis, a complexidade de construir o modelo uplift, o esforço de operação e o custo, as empresas podem não justificar seu uso no lugar da modelagem de resposta.
>
> Nos casos de eleitores, muitos indecisos podem se encaixar no grupo de Persuasíveis e ser direcionados para seu candidato e motivados a votar se receberem um determinado tratamento.

> É muito mais difícil mensurar o sucesso do modelo, pois ele está tentando medir a influência provocada pelo tratamento para mudar o comportamento do cliente, não a ação concreta relativa a se o cliente comprou depois de receber o contato. Um cliente pode ter sido influenciado por outros fatores entre o momento que recebeu o contato e agiu.
>
> Para realmente mensurar se um cliente pode ser ou foi influenciado com precisão, você deveria (na prática) clonar o cliente e dividir os clones idênticos em grupos separados. O primeiro (grupo tratado/clonado) receberia a propaganda; o segundo (grupo de controle/original), não. Deixando de lado esses cenários de ficção científica, você tem que fazer algumas concessões para a realidade e empregar um método alternativo para ter uma medida útil do sucesso do modelo.

Medir a modelagem uplift requer que se tenham dois conjuntos de teste: um grupo de controle aleatório e um grupo de tratamento. O grupo de tratamento recebe o tratamento especialmente elaborado (ou contato), enquanto o grupo de controle recebe a experiência padrão (nenhum tratamento ou nenhum contato). A diferença positiva na taxa de resposta entre o grupo de tratamento e o de controle é o uplift.

Mesmo com essas dificuldades, alguns criadores de modelo alegam que a modelagem uplift oferece um impacto de marketing verdadeiro. Eles a consideram mais eficiente do que a modelagem de resposta, pois não inclui os Certos no direcionamento (que inflam artificialmente as taxas de resposta). Por essa razão, a modelagem uplift é a escolha para o marketing de direcionamento usando a análise preditiva.

A modelagem uplift ainda é uma técnica relativamente nova no marketing de direcionamento. Mais empresas estão começando a usá-la, e objetivam sucesso usando-a na retenção de seus clientes, campanhas de marketing e até em campanhas presidenciais. Para as empresas com grandes listas de clientes, vale a pena explorar a modelagem uplift.

CAPÍTULO 2 **Análise Preditiva na Prática** 45

Alguns estudiosos creditam à modelagem uplift a vitória da campanha presidencial de Barack Obama, em 2012. Os analistas de dados da campanha usaram esse tipo de modelagem para direcionar seus esforços pesadamente para os eleitores mais prováveis de serem influenciados pelo contato. Eles usaram mensagens personalizadas por meio de diversos canais de contato: mídia social, televisão, mala direta e telefone, e concentraram seus esforços para influenciar o grupo dos Persuasíveis. O investimento pesado nessa estratégia aparentemente valeu a pena.

Personalização

Você pode ter notado que os sites lembram o que você fez e quais páginas visualizou na última semana ou no último mês. Esses sites estão rastreando seu comportamento, desde os cliques em certas partes da página até a ordem das páginas que visualizou em cada sessão, para oferecer os anúncios, produtos ou notícias mais relacionados.

Experiência online do cliente

Esses sites estão tentando personalizar sua experiência online para influenciar e tornar mais fácil para você agir de acordo com o que a empresa quer. Os resultados desejados ou os objetivos que essas empresas normalmente buscam incluem:

» Preencher um formulário de registro ou de indicação.

» Clicar no link de um produto.

» Ler outras notícias.

» Assistir a um vídeo.

» Comprar um produto.

Depois que a empresa coletou dados suficientes dos clientes que atenderam a meta, ela pode aprender com os padrões dos clientes antes da ação e depois aplicá-los com clientes semelhantes. Encontrar clientes semelhantes não é de modo algum uma tarefa fácil. Obviamente, um analista identifica facilmente um único ou alguns atributos de clientes para manualmente segmentar os dados e verificar se há alguns padrões. Mas esse processo se torna exponencialmente mais difícil conforme o número de transações aumenta e os atributos dos clientes ficam mais amplos.

Usando algoritmos de aprendizado de máquina, a máquina é capaz de encontrar microssegmentos de clientes parecidos, para que as empresas direcionem um grupo de clientes com mais precisão com conteúdo e ofertas personalizados.

Redirecionamento

O rastreamento de seu comportamento de navegação na internet não se limita ao atual site em que você está. Ele pode ser rastreado em múltiplos sites. Essa tecnologia é possível através de cookies de navegador e redes de propaganda que compartilham dados com seus afiliados. Quando você visita um site e visualiza a página de um produto, depois vai para outro site e vê uma propaganda para aquele produto no banner ou na barra lateral, isso se chama *redirecionamento*.

Por si só, o redirecionamento não é análise preditiva. Mas ele oferece a você o conhecimento de que os dados estão lá e podem ser compartilhados entre sites. As redes de propaganda (ad networks) compartilham os dados com seus afiliados, e muito desses dados está disponível através de plataformas de gerenciamento de dados. Ao combinar esses dados de terceiros com os dados da própria empresa, elas criam modelos preditivos mais avançados.

Implementação

Sites personalizados podem ser criados de diversas maneiras. Eles dependem realmente dos tipos de dados disponíveis e se o cliente está logado ou não. Ter dados de perfil dos clientes acrescenta muito mais atributos para criar um modelo preditivo.

Esses são alguns dos tipos e fontes de dados que podem ser usados para criar modelos de personalização:

» Dados de perfil de clientes, quando estão logados.

Dados de perfil incluem atributos como idade e gênero.

» Conteúdo na página.

Usando técnicas de mineração de texto, como TF-IDF, encontramos palavras-chave importantes.

» A página web de referência.

A página de referência pode ter palavras-chave em seu endereço (URL).

» Os sites e as páginas que visitou antes.

Quando esses dados estão disponíveis, podem mostrar interesse em um produto ou assunto.

» A geolocalização do navegador.

A localização física do navegador que acessa o site, usando seu endereço de Protocolo de Internet (IP).

» Dados temporais, como a hora.

Hora do dia e dia da semana são dados temporais comuns de segmentação.

Otimização usando personalização

Otimizar um site de e-commerce usando personalização é um grande exemplo de aprimoramento da experiência e da satisfação do cliente. Fornecer conteúdo individualizado permite que os clientes visualizem ofertas relacionadas, encontrem poucas distrações e confiem no sistema, o que, por fim, aumenta as vendas. Eis um exemplo de como a personalização aumenta as vendas.

Suponha que estejamos operando um site de reserva de viagens. Queremos otimizar a experiência para nossos dois maiores mercados: turistas da Califórnia e Flórida. Nossos analistas sabem que pessoas da Califórnia gostam de viajar para Nevada e que, as da Flórida, para a Georgia. Então usamos uma regra simples para personalizar a homepage por geolocalização.

Mostramos uma hero image de Las Vegas para endereços de IP da Califórnia; para os IPs da Flórida, mostramos uma hero image do centro de Atlanta. (Uma hero image é um grande banner colocado no topo ou no centro de uma página web.) Estamos usando uma hero image para personalizar, inspirar e influenciar o visitante do site a fazer uma reserva. Alguns visitantes farão a reserva independentemente da imagem personalizada, pois essa era a intenção inicial. Outros podem ser inspirados e influenciados a fazer mais pesquisas e a planejar uma viagem para Las Vegas ou Atlanta, aumentando assim sua taxa de reserva.

Usando a modelagem preditiva, usamos todos os atributos disponíveis para criar modelos sofisticados que se direcionam a segmentos específicos dos mercados da Califórnia e da Flórida. Por exemplo, o modelo poderia ter descoberto que as pessoas do norte da Califórnia com filhos gostam de viajar para Lake Tahoe, enquanto as sem filhos, de voar para a praia de Waikiki, no Havaí. As pessoas do sul da Califórnia gostam de viajar para Las Vegas. Pessoas do norte da Flórida podem gostar de Atlanta, enquanto as do sul, preferir as ilhas do Caribe.

A modelagem preditiva permite que sejamos o quão detalhistas quisermos na segmentação dos dados para fazer ofertas personalizadas. Ela detecta padrões em microssegmentos que normalmente seriam muito difíceis. Um sistema baseado em regra pode começar com algumas regras básicas, mas no devido tempo se transforma em um conjunto de regras complexo e intrincado. As constantes atualização e implementação manuais tornam um sistema baseado em regras não administrável. Usar aprendizado de máquina para produzir algoritmicamente uma apresentação de conteúdo para personalização é uma solução escalável e eficiente em relação ao custo. E a personalização tem grande potencial para aumentar o ROI (retorno sobre o investimento).

Similaridades da personalização e das recomendações

A personalização é semelhante às recomendações, e elas geralmente são usadas juntas. Além disso, alguns sites usam o termo *recomendações personalizadas*. Implementações de recomendação são fáceis de identificar, pois muitas vezes são chamadas especificamente de "Recomendado para você" ou "Clientes que compraram este item também compraram". Ao ler um artigo em um site de notícias, o mecanismo de recomendação recomendará outros artigos relacionados. Ao comprar um produto, o mecanismo de recomendação recomendará outros produtos que possam lhe interessar.

Um tipo de personalização pode se referir ao quanto você gosta do conteúdo do site a ser apresentado:

» A organização do site:
  - A navegação principal é no topo ou no painel à esquerda?
  - O agrupamento de conteúdo é feito em colunas verticais ou em fileiras horizontais?
  - Lista de textos ou imagens minimizadas?

» As cores dos botões e links de CTA (*call to action*, ou *chamada para ação*):
  - As cores importam, e geralmente significam coisas diferentes e transmitem sentimentos distintos para cada pessoa. Algumas pesquisas demonstram que laranja é a cor que mais converte, pois contrasta bem com os sites típicos.
  - A maioria das pessoas está acostumada aos links de pesquisa do Google como sendo azuis para sites não visitados e vermelhos para visitados. Mas as cores padrão dos navegadores podem ser diferentes. Pessoas daltônicas podem preferir cores diferentes para os links.

» O fluxo do processo de checkout.

  Clientes de alta frequência podem preferir pedidos com um clique a partir da página principal, enquanto clientes padrão podem preferir uma página de processo de checkout depois de clicar no produto para rever o pedido.

  Outro tipo de personalização refere-se ao tipo de conteúdo no site que deve ser apresentado ao cliente de acordo com o perfil. Ele pode ser na forma de recomendações personalizadas.

» Anúncios e ofertas relacionados.

  Por exemplo, pode não fazer sentido para uma empresa de roupas mostrar anúncios de roupas masculinas quando o cliente for mulher e não tem histórico de comprar roupas para homens. O sistema pode mostrar anúncios de roupas femininas de categorias de preços semelhantes aos do histórico de compras.

CAPÍTULO 2 **Análise Preditiva na Prática**   49

> **»** Itens relacionados.
>
> Com base no seu perfil, histórico de compras, histórico de leitura e similaridade a outros clientes de mesma mentalidade, são mostrados produtos ou artigos relacionados em sua homepage personalizada.

Análise de Conteúdo e de Texto

O que não falta no mundo de hoje é informação — mas seu sucesso requer que você encontre e colete apenas o que é útil. Um conteúdo valioso está espalhado por um gigantesco número de arquivos em sua empresa. Coletar esse conteúdo e extrair sentido dele pode proporcionar percepções valiosas — mas fazer isso pode ser um tanto desafiador. A abordagem que atende a esse desafio é a *análise de conteúdo* — analisar o conteúdo encontrado em vários tipos de documentos e proveniente de uma variedade de fontes. Por exemplo, a análise correta de conteúdo de documentos do Word, arquivos de sistema, apresentações, e-mails e sites ilumina a mesma questão por diversos ângulos.

A maior parte do conteúdo dessas fontes de dados é desestruturada, pelo menos no que tange a seus propósitos de negócios. A análise de conteúdo ajuda a organizar os dados em uma estrutura que torna mais fácil acessar, inquirir, analisar ou alimentar diretamente um modelo de análise preditiva tradicional.

Alguns usos comuns para a análise de conteúdo e para a análise de texto incluem:

- **»** **Resumo de documentos:** Reduzir um documento a suas características ou conceitos mais importantes oferece ao leitor uma rápida visão geral, economizando tempo.
- **»** **Análise de emoção:** Determinar o humor ou opinião de uma pessoa evidente em um conteúdo — digamos, em relação a um produto depois de seu lançamento ou às campanhas ou políticas de uma figura política — ajuda a esclarecer qual deve ser a resposta.
- **»** **Avaliação de trabalhos:** Avaliar automaticamente trabalhos para provas ajuda as universidades a filtrarem os pedidos de admissão.
- **»** **Categorização de notícias:** Categorizar notícias de acordo com o conteúdo permite que um sistema de recomendação associe notícias relacionadas para os usuários.
- **»** **Recuperação de informação:** Encontrar e coletar conteúdo de interesse a parir de várias fontes de dados.

NESTE CAPÍTULO

» **Entendendo os dados, seus tipos e suas categorias**

» **Captando as forças impulsoras**

» **Relacionando a análise preditiva à estatística, mineração de dados e ao aprendizado de máquina**

Capítulo **3**

Explorando os Tipos de Dados e as Técnicas Associadas

N esta Era da Informação, os dados são acumulados em um ritmo tão intenso, que pode ser opressivo. Esses dados normalmente são armazenados em uma base de dados, ou espalhados em documentos, e-mails e arquivos de texto ou audiovisuais.

Conhecer seus tipos de dados — se são comportamentais ou atitudinais, estruturados ou desestruturados, estáticos ou dinâmicos — permitirá compreendê-los de modo mais amplo e profundo, e aprender como categorizá-los pode representar a metade final do caminho até esse conhecimento profundo — o que, por sua vez, facilita seus esforços de análise preditiva.

A maneira mais útil de definir esses esforços é em termos das ferramentas que usam: *análise preditiva* é uma abordagem aos negócios de dados que usa técnicas, ferramentas e algoritmos de três disciplinas — mineração de dados, estatística e aprendizado de máquina — para desenvolver um modelo de análise preditiva. Este capítulo trata dessas disciplinas, mas primeiro explora os tipos de dados. Quando construído cuidadosamente, esse modelo ajuda os tomadores de decisão a identificar tendências e padrões que representam melhores oportunidades de negócios. Entender a conexão entre a análise preditiva e as três disciplinas que oferecem suas ferramentas elementares fortalecerá sua análise.

Há duas principais maneiras de implementar a análise preditiva:

» **Orientada a dados [data-driven]:** Essa abordagem é baseada exclusivamente em seus dados.

» **Orientada ao usuário [user-driven]:** Essa abordagem explora as ideias que você tem — digamos, por exemplo, sobre seus clientes e o comportamento deles — e examina se seus dados suportam ou não essas ideias.

Reconhecendo os Tipos de Dados

Se sua empresa é como a maioria, você reuniu uma grande quantidade de dados ao longo dos anos — simplesmente como resultado da operação de um negócio. Alguns desses dados podem ser encontrados em suas bases de dados, e outros podem estar espalhados em discos rígidos dos computadores de sua empresa ou em seu conteúdo online.

Seus dados brutos podem consistir de apresentações, arquivos individuais de texto, imagens, arquivos de áudio e vídeo, e e-mails — para começar

A absurda quantidade desses dados pode ser opressiva. Ao categorizá-los, porém, você cria o cerne de qualquer esforço de análise preditiva. Quanto mais se aprende sobre os dados, mais você será capaz de analisá-los e usá-los. Você pode começar obtendo um bom conhecimento do funcionamento dos tipos de dados — em especial, dados estruturados versus desestruturados e dados estáticos versus dinâmicos. As seções a seguir trazem uma visão mais detalhada sobre esses tipos de dados.

Dados estruturados e desestruturados

Dados contidos em bases de dados, documentos, e-mails e outros arquivos de dados podem ser categorizados como estruturados ou desestruturados.

Os *dados estruturados* são bem organizados, seguem uma ordem coerente, são relativamente fáceis de pesquisar e investigar e podem ser prontamente acessados e entendidos por uma pessoa ou um programa de computador.

Um exemplo clássico de dados estruturados é uma planilha do Excel com colunas identificadas. Esses dados são consistentes; cabeçalhos de colunas

— normalmente descrições breves e precisas do conteúdo de cada uma — dizem a você exatamente que tipo de conteúdo esperar. Na coluna identificada como *endereços de e-mail*, por exemplo, encontra-se uma lista de (nenhuma surpresa aqui) endereços de e-mail. Essa consistência tão visível torna os dados estruturados acessíveis para gerenciamento automatizado de dados.

Os dados estruturados são normalmente armazenados em esquemas bem definidos, como as bases de dados. Geralmente estão em formato de tabelas, com colunas e linhas que definem claramente seus atributos.

Os *dados desestruturados*, por outro lado, tendem a ter formato livre, não disposto em tabela, disperso e não facilmente recuperável. Esses dados requerem intervenção deliberada para que façam sentido. E-mails, documentos, páginas da web e arquivos compostos (sejam de texto, áudio e/ou vídeo) em locais espalhados são exemplos de dados desestruturados.

É difícil categorizar o conteúdo dos dados desestruturados. Eles tendem a ser principalmente texto, são criados normalmente em uma miscelânea de estilos livres, e encontrar qualquer atributo que você pode usar para descrever ou agrupá-los não é tarefa fácil.

O conteúdo dos dados desestruturados é difícil de ser trabalhado ou compreendido programaticamente. Programas de computador não são capazes de analisar ou gerar relatórios nesses dados diretamente, sem processamento, simplesmente porque não há estrutura, não tem característica subjacente dominante, e os itens individuais não têm algo em comum. Entretanto, agora existem mais tecnologias e novas ferramentas que podem compreender os dados.

Em geral, há no mundo um percentual mais alto de dados desestruturados do que estruturados. Dados desestruturados requerem mais trabalho para se tornarem úteis, assim recebem mais atenção — portanto, consomem mais tempo. Não é de se estranhar que a promessa de uma capacidade de processamento que possa rapidamente extrair sentido de grandes corpos de dados desestruturados seja um importante argumento de venda da análise preditiva.

DICA

Não subestime a importância dos dados estruturados e o poder que levam para sua análise. É muito mais eficiente analisar dados estruturados do que desestruturados, que podem também ser caros de ser pré-processados para a análise enquanto você está construindo um projeto de análise preditiva. A seleção dos dados relevantes, sua limpeza e subsequentes transformações podem ser longas e tediosas. Os dados resultantes recém-organizados a partir desses passos de pré-processamento então podem ser usados em um modelo de análise preditiva. A transformação maciça de dados desestruturados, porém, pode ter que esperar até que seu modelo de análise preditiva esteja pronto e rodando.

Pode ser mais recompensador obter rapidamente pleno valor de seus dados estruturados do que se preocupar cedo demais com o processamento dos dados desestruturados e arriscar-se a mais atrasos em seus projetos.

CAPÍTULO 3 **Explorando os Tipos de Dados e as Técnicas Associadas**   53

Etiquetar [no original, tagging] documentos e a análise de texto são duas abordagens para estruturar documentos de texto, relacionando seus conteúdos, agrupando e indexando seus dados e descobrindo padrões nesses dados. Ambas as disciplinas oferecem uma estrutura rica de algoritmos e técnicas para minerar o texto espalhado em um mar de documentos.

Ainda vale observar que as plataformas de mecanismo de busca oferecem ferramentas prontamente disponíveis para indexar os dados e torná-los pesquisáveis.

A Tabela 3-1 compara os dados estruturados e os desestruturados.

TABELA 3-1 ### Características de Dados Estruturados e Desestruturados

Características	Estruturados	Desestruturados
Associação	Organizados	Espalhados e dispersos
Aparência	Formatos definidos	Formatos livres
Acessibilidade	Fáceis de acessar e investigar	Difíceis de acessar e investigar
Disponibilidade	Percentualmente menores	Percentualmente maiores
Análise	Eficientes de analisar	Pré-processamento adicional necessário

Os dados desestruturados não carecem completamente de estrutura — só é preciso esmiuçá-los. Até mesmo o texto dentro de arquivos digitais pode ter alguma estrutura associada, frequentemente aparente nos metadados — por exemplo, títulos de documentos, as datas em que os arquivos foram modificados pela última vez e o nome de seus autores. O mesmo se aplica aos e-mails: os conteúdos podem ser desestruturados, mas há dados estruturados associados a eles — por exemplo, a data e a hora que foram enviados, os nomes de seus remetentes e destinatários, se contêm ou não anexos.

Pode valer a pena conduzir uma análise preliminar nos componentes estruturados de seus dados para estimar o valor potencial de uma análise total dos dados desestruturados gerais. Quando a análise gera poucos resultados, eles devem ser pesados na determinação de recursos que você alocará para aquela porção dos dados desestruturados.

A ideia é a de que você possa encontrar certa ordem para usar enquanto está analisando todos os "dados desestruturados". Obviamente, pode ser necessário um pouco de investigação. O conteúdo de uma sequência de 25 e-mails trocados entre dois destinatários pode se desviar da linha de assunto do primeiro e-mail original, mesmo quando a linha de assunto permanece a mesma. Além disso, a primeira linha de assunto naquela sequência de e-mails pode não refletir precisamente nem mesmo o conteúdo daquele primeiro e-mail. (Por exemplo, a linha de assunto pode dizer algo bastante vago, como "Olá!")

54 PARTE 1 **Apresentando a Análise Preditiva**

A linha de separação entre os dois tipos de dados não é sempre clara. Em geral, sempre é possível encontrar alguns atributos de dados desestruturados que podem ser considerados dados estruturados. Se essa estrutura reflete ou não o conteúdo daqueles dados — ou é útil em sua análise —, não está, na melhor das hipóteses, claro. No que tange a essa questão, os dados estruturados podem conter dados desestruturados. Em um formato web, por exemplo, usuários podem ser requisitados a dar feedback sobre um produto escolhendo uma resposta entre múltiplas alternativas — mas também receber uma caixa de comentários em que podem oferecer um feedback adicional. As respostas a partir das múltiplas alternativas são estruturadas; o campo de comentário é desestruturado por causa de sua natureza de livre formato. Esses casos são mais bem entendidos como uma mistura de dados estruturados e desestruturados. A maioria dos dados é composta de ambos.

Tecnicamente falando, sempre existirá algumas opções na definição das categorias de dados; os limites entre os dois podem ser indistintos. Mas a ideia é fazer uma distinção útil entre dados estruturados e desestruturados — e isso é quase sempre possível.

DICA

Para um projeto de análise preditiva de sucesso, tanto os dados estruturados quanto os desestruturados precisam ser combinados em um formato lógico passível de análise.

Um dos autores uma vez deparou-se com algumas pastas, cada uma com centenas de arquivos de PDF. Para economizar tempo, em vez de olhar cada arquivo para tentar entender seu conteúdo, ele usou algumas linhas de programação e uma ferramenta de software livre para obter uma rápida noção dos dados contidos nos arquivos:

1. **Algumas linhas de Java permitiram que ele abrisse os arquivos, extraísse o texto embutido e salvasse o conteúdo em um novo arquivo de texto em uma pasta separada.**

2. **Ele abriu o RapidMiner Studio e usou seu pacote de processador de texto para obter alguns insights.**

   Usando o "Process Documents" ["Processar Documentos"] (a partir do operador de arquivos), ele especificou o caminho para meus arquivos de texto, os tipos de documentos para processar e o tipo de vetor a ser criado (TF, TF-IDF e outros).

PAPO DE ESPECIALISTA

TF significa *term frequency* [frequência do termo] (a contagem de palavras ao longo de documentos). TF-IDF significa *frequency inverse document frequency* [frequência do termo-inverso da frequência nos documentos]. Algumas palavras são mais frequentes do que outras. Como um mecanismo de ponderação para avaliar a importância relativa de uma palavra, sua frequência é avaliada pelo número de documentos em que a palavra aparece.

3. **Ele definiu o processamento de texto para esses documentos:**

- Um operador tokenizer divide o texto em "tokens", ou palavras individuais.

- Um filtro exclui as stop words [palavras de parada] em inglês (palavras comuns como "like", "and" e "the").

- Um filtro elimina palavras de uma e duas letras.

- Um operador filtro coloca todas as palavras em caixa-baixa.

- Um operador stemmer divide as palavras em seus radicais ou raízes. Por exemplo, as palavras *antecipar, antecipando* e *antecipação* são agrupadas sob um radical, *antecip*.

Esses operadores vêm em uma interface amigável para o usuário. A Figura 3-1 mostra a interface de usuário para os diferentes operadores descritos como aparecem no RapidMiner Studio 6.4.

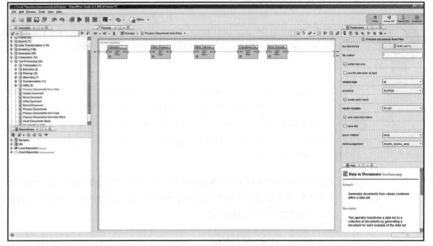

FIGURA 3-1: Operadores de processamento de texto no RapidMiner Studio.

Em uma questão de minutos, ele clicou em "run" [executar] e uma matriz de dados foi gerada, consistindo de todas as palavras que se encaixam nos critérios específicos. As várias palavras foram apresentadas nas linhas da matriz, e as colunas mostraram as ocorrências totais e as ocorrências nos documentos. Uma rápida classificação na coluna de ocorrências lista as palavras mais importantes, ou *termos* (um termo consiste em uma palavra ou mais se você especificar alguma a ser rastreada), dentro do universo dos documentos. De modo simples, uma gigantesca tarefa é processada, e insights rápidos e simples são obtidos da pilha de dados desestruturados. Esse tipo de análise o ajuda a identificar os termos mais descritivos em um documento, e pode ser útil quando estiver tentando encontrar semelhanças entre dois documentos. Obviamente, análises adicionais e mais complexas serão necessárias mais tarde, mas esse é um começo.

PAPO DE ESPECIALISTA

Essas são as principais palavras da primeira edição de *Análise Preditiva Para Leigos:* dados, modelo, preditiva, análise, empresa, cliente, agrupamento e algoritmo.

Dados estáticos e dinâmicos

Os dados podem ser também identificados como dinâmicos ou estáticos, ou uma mistura dos dois. Os *dados dinâmicos* mudam continuamente. Exemplos incluem a constante sequência de atualizações do Facebook, tuítes no Twitter e a contínua alteração nos preços das ações enquanto o mercado está aberto.

Os dados dinâmicos estão constantemente mudando; *dados estáticos* são autônomos e fechados. Os problemas associados aos dados estáticos incluem lacunas, valores atípicos ou dados incorretos, todos dos quais se podem requerer limpeza, preparação e pré-processamento antes que você possa usá-los para uma análise.

Com os dados dinâmicos, alguns problemas podem surgir. O volume pode ser um problema, e a absurda quantidade de dados que chegam de modo constante pode ser opressiva. E quanto mais rápido os dados chegam, mais difícil é para a análise acompanhá-los.

Os dois principais modelos para analisar dados dinâmicos são os seguintes:

» **Examinar apenas os pontos de dados mais recentes e tomar uma decisão sobre o estado do modelo e seu próximo movimento.** Essa abordagem é incremental — criando essencialmente uma imagem dos dados conforme eles chegam.

» **Avaliar o conjunto de dados inteiro, ou um subconjunto dele, para tomar a decisão toda vez que novos pontos de dados chegam.** Essa abordagem é inclusiva de mais pontos de dados na análise — o que constitui o conjunto de dados "inteiro" muda toda vez que um novo dado é adicionado.

Dependendo da natureza de seu negócio e do impacto antecipado da decisão, um modelo é preferível em relação ao outro.

Alguns setores de negócios, como a análise de dados ambientais, de mercado ou de inteligência, valorizam os novos dados que chegam em tempo real. Todos esses dados precisam ser analisados conforme fluem — e interpretados não apenas correta, mas imediatamente. Baseado nas novas informações disponíveis, o modelo redesenha toda a representação interna do mundo externo. Isso fornece a base mais atualizada para tomar a decisão necessária e agir rapidamente.

Por exemplo, o modelo de análise preditiva pode processar o preço de uma ação como feed de dados, mesmo que eles mudem rapidamente, analisar os dados no contexto das condições imediatas do mercado em tempo real e depois decidir se negocia ou não determinada ação.

Claramente, a análise dos dados dinâmicos é diferente da análise de dados estáticos. Analisar uma mistura dos dois tipos de dados pode ser até mais desafiador.

PAPO DE ESPECIALISTA

Geralmente, o aprendizado e a construção de um modelo são realizados principalmente nos dados estáticos. Quando esse modelo é implementado para a produção, ele processa dados dinâmicos. Mesmo os dados estáticos são constantemente renovados através de atualizações regulares. E os dados dinâmicos devem ser entendidos à luz de seu aspecto de tempo real.

Identificando as Categorias de Dados

Como resultado de seus negócios, as empresas reúnem enormes quantidades de dados sobre suas atividades e clientes, geralmente referidos como *inteligência de negócios* ou *business inteligence*. Para ajudá-lo a criar as categorias de seus dados, fornecemos a seguir um resumo dos tipos que são considerados inteligência de dados:

Dados comportamentais derivam das transações e podem ser coletados automaticamente:

>> Itens comprados.
>> Métodos de pagamento.
>> Se os itens comprados estavam em promoção.
>> As informações de contato do comprador:
   - Endereço.
   - Telefone.
   - Endereço de e-mail.
   - Todos fornecemos dados ao fazer uma compra online (ou mesmo ao comprar em uma loja física ou pelo telefone).

DICA

Outros tipos de dados podem ser coletados a partir dos clientes com sua cooperação:

>> Dados fornecidos pelos clientes quando respondem a pesquisas.
>> Respostas coletadas em pesquisas com os clientes por meio de questionários.

» Informação coletada dos clientes que fizeram contato direto com as empresas:
- Em uma loja física.
- Pelo telefone.
- Através do site da empresa.

Além disso, o tipo de dado coletado por uma empresa a partir de suas operações oferece informações sobre os clientes. Exemplos comuns incluem quanto tempo os clientes passam no site da empresa, assim como seu histórico de navegação. Todos esses dados combinados respondem a algumas perguntas importantes:

» Como sua empresa pode melhorar a experiência do cliente?
» Como você pode reter os clientes existentes e atrair novos?
» O que sua base de clientes gostaria de comprar em seguida?
» Quais compras podem ser recomendadas para clientes em particular?

O primeiro passo na direção de responder a essas perguntas (e muitas outras) é coletar e usar todos os dados de operações relacionados aos clientes para uma análise abrangente. Os tipos de dados que compõem esse grupo podem ser cruzados e descritos e/ou agrupados de modo diferente para fins de análise.

Algumas empresas coletam esses tipos de dados oferecendo aos clientes experiências personalizadas. Por exemplo, quando um negócio oferece a seus clientes as ferramentas de que precisam para criar sites personalizados, isso não apenas os empodera (e enriquece sua experiência no trato com a empresa), mas também permite que a empresa aprenda a partir de uma expressão direta dos desejos e necessidades de seus clientes: os sites que eles criam.

A capacidade de combinar diversos tipos de dados a partir de diferentes fontes (normalmente pela primeira vez) é uma das razões pelas quais a análise preditiva produz insights e resultados úteis.

Dados atitudinais

Qualquer informação que possa ser esclarecida sobre como os clientes pensam ou se sentem é considerada *um dado atitudinal*.

Quando as companhias lançam pesquisas que pedem feedbacks dos clientes e o que acham de suas linhas de negócio e produtos, os dados coletados são um exemplo de dado atitudinal.

O dado atitudinal tem um impacto direto no tipo de campanha de marketing que uma empresa lança. Isso ajuda a moldar e direcionar a mensagem dessa campanha. E os dados atitudinais ajudam a criar mensagens e produtos mais pertinentes aos desejos e necessidades dos clientes — permitindo que o negócio atenda a clientes existentes e atraia novos potenciais clientes.

LEMBRE-SE

A limitação dos dados atitudinais é uma certa imperfeição: nem todo mundo responde objetivamente às perguntas das pesquisas, e nem todos oferecem todos os detalhes pertinentes que moldaram seu pensamento na hora da pesquisa.

Muitos clientes usam as mídias sociais para expressar suas opiniões sobre um produto, serviço ou empresa. Suas opiniões refletem suas experiências e interações com a empresa. Como resultado, muitas empresas coletam esses dados e aplicam várias análises para interpretá-los. Uma técnica popular é a aplicação da análise de sentimento (às vezes chamada de *mineração de opinião*). Posts do Facebook, ou tuítes, são analisados para determinar se a atitude, o humor ou a opinião de seus autores é negativa, neutra ou positiva. O resultado dessa análise ajuda as empresas a melhorar suas estratégias de marketing e oferecer um melhor atendimento ao cliente.

Pode ser um desafio encontrar dados atitudinais para todos em sua análise, e também pode ser difícil combinar os dados transacionais dos clientes com os dados da mídia social. Em geral, associar diversas fontes de dados de modo significativo é uma tarefa muito difícil e pode levar tempo.

Dados comportamentais

Os *dados comportamentais* derivam do que os clientes fazem quando interagem com a empresa. Eles consistem principalmente de dados das transações de venda e tendem a ser mais confiáveis do que os atitudinais, porque representam o que realmente aconteceu.

As empresas sabem, por exemplo, quais produtos estão vendendo, quem está comprando e como os clientes estão pagando por eles.

Dados comportamentais são um subproduto das operações normais; portanto, estão disponíveis para as empresas sem custo adicional. Os dados atitudinais, por outro lado, requerem a realização de pesquisas ou a delegação de pesquisas de mercado para obter insights sobre a mente dos clientes.

LEMBRE-SE

Os dados atitudinais são analisados para se compreender *por que* os clientes se comportam de determinada maneira e os detalhes de suas visões sobre sua empresa. Esses dados informam *o que* está acontecendo e registram as ações reais dos clientes. Os dados atitudinais oferecem um insight sobre as motivações; os dados comportamentais oferecem o "quem fez o quê" — o contexto geral que leva os clientes a terem determinadas reações. Sua análise deve incluir grupos para os dois tipos de dados; eles são complementares.

Combinar os dados atitudinais e comportamentais torna seu modelo de análise preditiva mais preciso, ajudando-o a definir os segmentos de sua base de clientes, oferecer uma experiência do cliente mais personalizada e identificar os impulsores por trás do negócio.

A Tabela 3-2 compara os dados atitudinais e comportamentais.

TABELA 3-2 **Comparando os Dados Atitudinais e Comportamentais**

Características	Dados atitudinais	Dados comportamentais
Fonte de dados	Pensamentos dos clientes	Ações de clientes
Meios do dado	Coletados a partir de pesquisas	Coletados a partir de transações
Tipo do dado	Subjetivos	Objetivos
Custo do dado	Podem ter custo extra	Sem custo adicional

Dados demográficos

Os *dados demográficos* contêm informações, incluindo idade, raça, estado civil, nível de educação, status profissional, renda doméstica e localização. Você pode obter dados demográficos dos órgãos de censo competentes, de outras agências governamentais ou através de entidades comerciais.

Quanto mais dados você tem sobre seus clientes, melhor sua percepção na identificação de demográficos específicos e tendências de mercados, bem como da forma como afetam seus negócios. Medir o pulso das tendências demográficas lhe permitirá se ajustar às mudanças e melhorar o marketing para atrair e atender a esses segmentos.

LEMBRE-SE

Diferentes segmentos da população se interessam por diferentes produtos.

Pequenas empresas que fornecem para locais específicos devem prestar atenção às mudanças demográficas nessas regiões. Todos nós já testemunhamos as populações mudando ao longo do tempo em certas vizinhanças. As empresas precisam estar atentas a essas alterações, pois elas afetam significativamente os negócios.

Dados demográficos, quando combinados com dados comportamentais e atitudinais, permitem aos vendedores pintar um quadro preciso de seus clientes atuais e potenciais, aumentando, assim, a satisfação, retenção e aquisição.

Esse tipo de dado é estático, assim, é difícil usá-lo para prever uma mudança de comportamento quando as variáveis de entrada fundamentais não mudam. Portanto, os dados demográficos são úteis apenas quando combinados com dados transacionais.

Gerando Análise Preditiva

Há duas maneiras de gerar ou implementar a análise preditiva: puramente com base em seus dados (sem conhecimento prévio do que você está procurando) ou com uma proposta de hipótese de negócio que os dados podem ou não suportar. Você não precisa escolher entre uma delas, pois as duas abordagens são complementares. Cada uma tem suas vantagens e desvantagens.

LEMBRE-SE

Esteja você criando uma hipótese para testar, analisando os resultados de sua análise de dados (e interpretando-os) ou começando a examinar seus dados sem presunções prévias do que poderá encontrar, o objetivo é sempre o mesmo: decidir se deve agir nos resultados que encontrar. Você tem um papel ativo na implementação do processo necessário para qualquer das abordagens de análise preditiva. Ambas têm suas limitações; tenha em mente a gestão de riscos ao examinar e cruzar seus resultados. Qual abordagem você acha que é promissora para ter bons resultados e relativamente segura?

Combinar os dois tipos de análise empodera sua empresa e permite ampliar sua compreensão, percepção e consciência de seus negócios e de seus clientes. Isso torna seu processo de decisão mais inteligente e, consequentemente, mais rentável.

Análise orientada por dados

Se você está baseando sua análise puramente nos dados existentes, pode usar dados internos — acumulados por sua empresa ao longo dos anos — ou dados externos (frequentemente comprados a partir de uma fonte fora de sua empresa) relevantes para sua área de negócios.

Para interpretar esses dados, é possível empregar ferramentas de mineração de dados para superar sua complexidade e tamanho, revelar alguns padrões que não sabia que existiam, descobrir algumas associações e links entre seus dados e usar suas descobertas para gerar novas categorizações, novos insights e um novo entendimento. A análise orientada por dados pode revelar outro tesouro capaz de aprimorar radicalmente seus negócios — tudo isso faz com que essa abordagem tenha um elemento surpresa que incita a curiosidade e cria expectativa.

LEMBRE-SE

A análise orientada por dados é mais adequada para grandes conjuntos de dados, pois é difícil para os seres humanos conseguir compreender grandes quantidades de dados. Então ferramentas de mineração de dados e técnicas de visualização nos ajudam a analisar melhor e reduzir o tamanho da gigantesca massa de dados. Tenha os seguintes princípios em mente:

» Quanto mais complexos forem seus dados, melhor o resultado da análise orientada por dados. Se você tem dados extensos que contêm informações essenciais para as variáveis que está medindo, e que se estende por um longo período de tempo, certamente descobrirá algo novo sobre seu negócio.

» A análise orientada por dados é neutra, pois:
  - Não é necessário qualquer conhecimento prévio sobre os dados.
  - Você não está pesquisando uma hipótese específica. Está analisando os dados pelos dados, ou com um objetivo geral em mente.

» A natureza dessa análise é ampla e não se preocupa com uma busca específica ou validação de uma ideia preconcebida. Essa abordagem da análise pode ser vista como um tipo de mineração ampla e aleatória.

» Se você conduzir essa análise de dados, e mesmo que aprenda sobre seus negócios a partir dela, ainda será preciso decidir se vale a pena implementar ou agir sobre os resultados obtidos.

» Contar exclusivamente com a análise orientada por dados aumenta um pouco o risco das decisões de negócios. No entanto, é possível limitar esse risco incorporando um pouco do realismo característico da análise orientada a usuário (user-driven) descrita na próxima seção. Quando os dados do mundo real comprovam (ou pelo menos apoiam) a correção de suas ideias originais, então a decisão apropriada já está praticamente tomada. Quando um palpite informado é validado pelos dados, a análise toda se mostra movida por ideias estratégicas que valiam a pena ser investigadas e verificadas.

A história a seguir é muito interessante. Trata da importância de usar os dados para ajudá-lo a decidir, em vez de apenas deixar que os dados sejam os únicos motivadores do processo de tomada de decisão. A Amazon e a Netflix investigam dados gigantescos em sua jornada para criar os melhores programas de entretenimento do mercado. Com base nesses insights, a Amazon criou o programa *Alpha House*, que se saiu bem, enquanto a Netflix produziu *House of Cards*, que foi um sucesso avassalador. O que fez a diferença para essas duas empresas que contam, e utilizam, intensamente com a ciência de dados em suas operações diárias? Ao que parece, como detalhou Sebastian Wernicke em sua TED Talk ("How to use data to make a hit TV show" [Como usar dados para criar um programa de sucesso, em tradução livre]), a Netflix analisou os resultados da análise de dados para entender a que seu público queria assistir, e depois sua equipe de especialistas assumiu o risco e tomou a decisão de criar um programa que pensaram que se encaixaria naqueles critérios. A Amazon confiou apenas nos dados e na análise de dados em todos os aspectos do processo, e produziu um programa de que o público gostou. O resultado foi um programa bem-sucedido, mas não um blockbuster.

Os dados ajudam até certo ponto no sucesso do processo de tomada de decisão. Em certo momento, os administradores precisam tomar a melhor decisão baseada no que aprenderam com os dados.

Análise orientada a usuário

A abordagem *orientada a usuário [user-driven]* para a análise preditiva começa com você (ou seus administradores) concebendo as ideias e então buscando o apoio em seus dados para avaliar se elas têm mérito ou não, se sobreviveriam aos testes e se são apoiadas pelos dados.

Os dados de teste não precisam ser grandes; devem ser definidos e escolhidos conforme você achar que é pertinente para testar suas ideias.

O processo de escolher o conjunto de dados correto e desenvolver métodos precisos de teste — na verdade, o processo todo da concepção à adoção — tem que ser orientado por uma consideração cuidadosa e um planejamento meticuloso.

Selecionar as variáveis com o poder preditivo pode ser desafiador e demorado. Preparar seus dados é um aspecto crucial do processo de análise preditiva. O Capítulo 9 ressalta os desafios, oferece diretrizes e dicas para preparar seus dados e trata detalhadamente dos algoritmos especializados na seleção de features e extração.

A análise orientada a usuário requer não apenas pensamento estratégico, como também conhecimento profundo suficiente do setor dos negócios para apoiar a hipótese. Visão e intuição podem ser muito úteis aqui, pois você está procurando descobrir como os dados oferecem suporte específico às ideias que considera importantes e estratégicas. Essa abordagem da análise preditiva é definida (e limitada) pelo escopo das ideias que está investigando. A tomada de decisão se torna mais fácil quando os dados validam suas ideias.

Confiar apenas na análise orientada a usuário pode custar caro em termos de insight, pois você pode perder as conexões escondidas à espreita em seus dados. Suas ideias podem não considerar as sutis mudanças que vêm ocorrendo em seu negócio ao longo do tempo — que só surgem quando você aplica a análise orientada por dados para completar o cenário.

Resumindo, suas ideias deveriam incluir também a consciência do universo desconhecido que cerca seu negócio, e investigá-la examinando as variáveis interconectadas em muitos aspectos de seu negócio. Isso é difícil de alcançar, mas a análise orientada por dados pode ajudar. Por exemplo, é possível analisar a importância do custo da matéria-prima necessária para criar seu produto, a demanda para o produto e como os custos afetam seu preço. Mas você pode deixar de notar fatores correlacionados ou ocultos que influenciam a determinação do preço — tais como as condições da economia como um todo, a taxa de rotatividade dos funcionários de sua empresa e as sutis mudanças em como seu produto está sendo consumido.

CUIDADO

O processo de investigar suas ideias pode não ser tão direto quanto analisar todo o conjunto de dados. Ele pode ser afetado por sua parcialidade para provar a correção de suas presunções iniciais.

A Tabela 3-3 compara dados orientados a dados e orientados a usuário.

TABELA 3-3 Análise Orientada a Dados e Orientada a Usuário

Características	Dados orientados a dados	Dados orientados a usuário
Conhecimento de Negócios Necessário	Sem conhecimento prévio	Conhecimento profundo do domínio
Análise e Ferramentas Usadas	Amplo uso de ferramentas de mineração de dados	Design específico para análise e teste
Big Data	Adequados para dados de larga escala	Pode trabalhar em conjunto de dados menores
Escopo da Análise	Escopo aberto	Escopo limitado
Conclusão da Análise	Requer verificação de resultados	Adoção mais fácil dos resultados da análise
Padrão de Dados	Descobre padrões e associações	Pode ignorar padrões e associações ocultos

Conectando as Disciplinas Relacionadas

A análise preditiva faz uso massivo de três disciplinas relacionadas: mineração de dados, estatística e aprendizado de máquina. Todas as quatro disciplinas se intersectam em um grau tão abrangente, que seus nomes frequentemente podem ser usados de modo intercambiável. Apenas para esclarecimento, existem algumas distinções: a análise preditiva combina muitas técnicas, ferramentas e algoritmos que também são comuns na mineração de dados, estatística e no aprendizado de máquina. Seu objetivo, porém, é usar essas ferramentas para compreender os dados, analisá-los, aprender com eles e criar um modelo matemático capaz de fazer predições úteis de negócios. Essa orientação futurística é o que diferencia a análise preditiva, pois combina aspectos das outras três disciplinas em várias etapas e/ou estágios necessários para desenvolver um modelo preditivo.

É a capacidade preditiva que diferencia esse uso específico da estatística, mineração de dados e aprendizado de máquina. As seções a seguir examinam as contribuições de cada disciplina.

Estatística

Estatísticas são números que resultam da medição empírica de dados ao longo do tempo. Como disciplina, a estatística envolve coletar e analisar dados — frequentemente para contar uma história em números.

A estatística pode inferir relações dentro dos dados; assim, desempenha um papel ativo na apresentação dos dados e nos ajuda a entendê-los. Usando apenas uma amostra dos dados, a estatística nos oferece uma base para inferir hipóteses sobre os dados como um todo. Assim, a disciplina é tanto *descritiva* quanto *inferencial*.

Estatística inferencial envolve fazer inferências ou previsões sobre as características de uma população inteira a partir de uma amostra de dados. Os dados de amostra para a análise são escolhidos aleatoriamente, de uma maneira que represente (mas não inclua) toda a população, à qual é difícil ter acesso. Quando o conjunto de dados de amostra é bem escolhido, sua análise permite ao investigador projetar as descobertas da análise em toda a população com um grau mensurável de precisão.

A estatística conta, é claro, com a matemática para analisar os dados verificando uma hipótese ou teoria, determinando sua precisão e elaborando uma conclusão.

É trabalho do estatístico provar ou refutar, com uma única amostra, se sua hipótese sobre a população é verdadeira. O fato de a hipótese preceder a análise é uma distinção clara da estatística, e um marco que a diferencia de outras técnicas.

Diferente da mineração de dados, a estatística não envolve a limpeza ou o pré-processamento. Mas a estatística descritiva e a mineração têm em comum o agrupamento, pois ambas visam descrever os dados e definir os processos usados para categorizá-los.

LEMBRE-SE

Um denominador comum entre todas essas disciplinas é a matemática implícita. A matemática é o coração da estatística, de todos os algoritmos e da programação usada na mineração de dados, aprendizado de máquina e análise preditiva. Outro denominador comum é a análise de dados, uma busca por decisões mais inteligentes e mais bem informadas sobre resultados futuros.

66 PARTE 1 **Apresentando a Análise Preditiva**

Mineração de dados

A mineração de dados envolve principalmente analisar os dados através da descrição, sumarização, classificação e agrupamento dos dados para encontrar padrões, ligações ou associações úteis dentro deles.

DICA

O termo *mineração de dados* é frequentemente usado de modo intercambiável com *aprendizado de máquina*, mas existem algumas distinções entre eles. Por exemplo: mineradores de dados estão familiarizados com o uso de aprendizado de máquina para realizar algumas tarefas envolvendo grandes quantidades de dados. Entretanto, eles também podem criar uma pesquisa sofisticada e otimizada sobre um conjunto de dados sem usar o aprendizado de máquina — o que ainda seria considerado mineração de dados. Isso é semelhante à *descoberta de conhecimento em base de dados* (KDD, do nome em inglês *knowledge discovery in base de dados*). Ela encontra conhecimento nos dados e enfatiza uma aplicação ampla de técnicas específicas de mineração de dados.

Para saber mais sobre usos específicos de mineração de dados em análise preditiva, veja os Capítulos 6 e 7.

Aprendizado de máquina

Aprendizado de máquina é outra disciplina que foca a análise de dados e sua compreensão — mas faz isso ensinando um programa de computador a fazer o trabalho. Quanto mais dados são analisados, mais o sistema é capaz de aprender sobre eles, o que esperar e o que fazer com eles. A análise de dados se torna uma fonte de feedback contínuo para o sistema, que prontamente analisa os dados, tenta entender e busca significado neles, e fica melhor nessas tarefas.

Quando um novo caso especial, normalmente uma exceção, ou um novo comportamento é processado pela primeira vez, a base de conhecimento do sistema é incrementada para incluir esse novo caso. Quanto mais casos especiais são processados, mais bem equipado o sistema se torna para tomar decisões que produzam o resultado mais útil. Essa é a natureza do aprendizado que a máquina é programada para fazer.

Aprendizado de máquina equivale a ensinar ao sistema as regras de um jogo e depois deixá-lo praticar jogando nos níveis básicos e intermediários. Depois da preparação, o sistema é capaz de jogar os níveis mais avançados em tempo real.

O IBM Watson usa linguagem natural de processamento e aprendizado de máquina para descobrir insights em grandes quantidades de dados desestruturados. Watson foi usado em uma partida no programa de TV *Jeopardy!*, em 2011, e venceu. Antes disso, o Deep Blue da IBM derrotou o campeão mundial de xadrez Gary Kasparov. Em 2016, o AlphaGo do Google derrotou Lee Sedol, o campeão mundial em Go, um jogo muito mais difícil, pois é exponencialmente mais complexo que o xadrez.

O aprendizado de máquina é perfeitamente adaptado para:

» Dados complexos.
» Dados em vários formatos.
» Dados coletados de diversas fontes.
» Dados em grandes quantidades.

A mineração de dados revela conexões e associações previamente desconheci-das nos dados, e o aprendizado de máquina pode categorizar informações des-conhecidas novas e recentes, aprender com elas com base no processamento prévio dos dados e se aperfeiçoar em incorporá-los aos dados conhecidos. Ambas as técnicas levam a uma maior percepção e compreensão dos dados.

> **NESTE CAPÍTULO**
>
> » Entendendo os desafios do big data
>
> » Destacando casos de uso reais de busca em dados não estruturados
>
> » Tornando seus dados semanticamente recuperáveis.
>
> » Acrescentando contexto a seus resultados
>
> » Distinguindo entre inteligência de negócios e análise de dados

Capítulo **4**

A Complexidade dos Dados

Seu histórico de buscas no Google, registros de viagens na Uber, tuítes, atualização de status no Facebook, estadias no Airbnb e extratos bancários contam a história de sua vida. As localizações geográficas registradas pela sua operadora de celular, os lugares que mais visita e suas compras online definem seus hábitos, suas preferências e sua personalidade.

Essa avalanche de dados, sendo gerada a todo momento, é chamada de *big data*, e ela é o principal condutor de muitos modelos de análises preditivas. Unir todos os tipos de dados e analisá-los é uma tarefa altamente complexa. Entretanto, você pode ficar surpreso em saber que, na maioria dos casos, apenas um pequeno percentual desses dados é usado para análises que produzem resultados reais e úteis. Esse percentual de big data é chamado de *smart data*, ou *small data* — o núcleo que extrai significado do big data. Essa pequena porção criará o argumento de venda que justifica seus resultados analíticos.

LEMBRE-SE

A receita secreta para um projeto de análise preditiva realmente de sucesso começa com a filtragem de toda sujeira, ruído e dados inválidos, irrelevantes ou ambíguos. Depois de concluir essa tarefa, enfim poderá extrair smart data do big data. A análise de smart data leva à extração de valor da análise preditiva.

Então, como transformar big data em smart data e depois em valor tangível? Em que velocidade os dados precisam ser capturados, considerando a rapidez com que são gerados? A visualização de dados brutos oferece uma pista do que você deve corrigir, excluir ou incluir? Relaxe. Este capítulo trata de todas essas perguntas.

Encontrando Valor em Seus Dados

Toda jornada de sucesso requer uma rigorosa preparação. Modelos de análise preditiva são essencialmente um mergulho profundo em grandes quantidades de dados. Quando os dados não são bem preparados, o modelo de análise preditiva volta à superfície sem ter pescado peixe algum. A chave para encontrar valor em análises preditivas é preparar os dados — detalhadamente — que seu modelo usará para fazer as previsões.

Processar dados de antemão é um obstáculo no processo de análise preditiva. Adquirir experiência na construção de modelos preditivos — e, em especial, na preparação de dados — ensina a importância da paciência. Selecionar, processar, limpar e preparar dados é trabalhoso. É a tarefa do ciclo de análise que mais consome tempo. Entretanto, a preparação sistemática e adequada dos dados aumentará significativamente as chances de que sua análise de dados renda frutos.

Embora sejam necessários tempo e esforço para criar o primeiro modelo preditivo, depois que você dá o primeiro passo — construir o primeiro modelo preditivo que encontre valor em seus dados —, os futuros modelos serão muito menos exigentes em relação a tempo e recursos empregados, mesmo com um conjunto de dados totalmente novo. Mesmo não usando os mesmos dados para o modelo seguinte, seus analistas de dados terão adquirido valiosa experiência com o primeiro modelo.

Escavando os dados

Se pensarmos nos dados como uma fruta, não precisamos apenas remover a casca ou a superfície, é preciso cavar até chegar ao endocarpo; ao se aproximar do endocarpo, você extrai a melhor parte da fruta. A mesma regra se aplica ao big data, como mostra a Figura 4-1.

Validade dos dados

Os dados nem sempre são válidos na primeira vez que os encontramos. A maioria dos dados é *incompleta* (faltando alguns atributos ou valores) ou *ruidosa* (contendo valores atípicos ou erros). Na área biomédica e de bioinformática, por exemplo, valores atípicos fazem a análise gerar resultados incorretos ou enganosos. Valores atípicos em dados sobre câncer, por exemplo, são um fator impactante que distorce a precisão dos tratamentos médicos: amostras de expressão gênica podem parecer como falsos positivos para câncer, pois foram analisadas em comparação a uma amostra que continha erros.

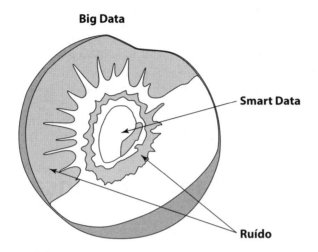

FIGURA 4-1: Big data e smart data.

Dados inconsistentes são aqueles que contêm discrepâncias em seus atributos. Por exemplo, um registro de dados pode ter dois atributos que não combinam: digamos, um código postal (como 20037) e um estado correspondente (Delaware). Dados inválidos levam a uma modelagem preditiva errada, que leva a resultados analíticos equivocados, que provocarão decisões executivas ruins. Por exemplo, enviar cupons de fraldas para pessoas que não têm filhos é um erro bastante óbvio. Mas isso pode acontecer facilmente se o departamento de marketing de uma empresa de fraldas receber resultados inválidos de seu modelo de análise preditiva. O Gmail nem sempre sugere a pessoa certa se você tentar inserir novos clientes em potencial que possa ter esquecido de incluir em uma lista de e-mail. O Facebook, para lhe dar outro exemplo, nem sempre sugere amigos do tipo que você está procurando.

Nesses casos, é possível que haja uma grande margem de erro nos modelos ou no algoritmo. Em alguns casos, as falhas e anomalias estão nos dados inicialmente selecionados para abastecer o modelo preditivo — mas o algoritmo que o alimenta pode acabar sendo aplicado a grandes blocos de dados inválidos. Dados inválidos são apenas um exemplo que leva a previsões ruins.

Variedade dos dados

A ausência de uniformidade nos dados é outro grande desafio conhecido como *variedade de dados*. As empresas estão sedentas por variedade de dados, desde fluxos (streams) de dados infinitos de texto não estruturados (gerados a partir de e-mails, apresentações, relatórios de projeto, textos, tuítes) até dados estruturados de extratos bancários, dados de geolocalização, registros de viagens de Uber e dados demográficos de clientes.

Reunir e preparar esses dados para análise é uma tarefa complexa. Como é possível integrar dados gerados por sistemas como Twitter, Opentable.com, mecanismo de busca do Google e um terceiro que rastreie os dados dos consumidores? Bem, a resposta é que não há solução única. Cada situação é diferente, e os cientistas de dados precisam fazer muitas manobras para integrar e preparar os dados para análise. Mesmo assim, uma abordagem simples para a padronização ajuda a integração de dados de diferentes fontes: você combina com seus fornecedores de dados um formato com o qual seu sistema lide — uma estrutura que faça com que todas suas fontes de dados gerem dados legíveis tanto por pessoas quanto por máquinas. Pense nisso como uma nova linguagem que todas as fontes de big data falem toda vez que estiver no mundo do big data.

Dados em Constante Mudança

Esta seção apresenta dois grandes desafios do big data: velocidade e volume. Eles são (respectivamente) a velocidade em que os dados são gerados, recebidos e analisados, e a massa crescente de dados.

Velocidade dos dados

Velocidade é a taxa de deslocamento de um objeto em movimento em determinada direção. A *velocidade de dados* está relacionada a outro desafio do big data: a taxa em que os dados estão sendo gerados, capturados ou entregues. O desafio é descobrir como acompanhá-la.

Pense nos dados gerados por um operador de celular. Eles incluem o número de todos os telefones dos clientes, duração das chamadas e localizações de GPS (para os que permitem). Esses dados estão em constante crescimento, tornando ainda mais desafiadora a tarefa de capturar smart data a partir de big data.

Então como superar esse desafio? Ainda não existe uma solução simples disponível. Entretanto, sua equipe pode (na verdade, precisa) decidir:

>> Com que frequência capturar os dados.

>> De quanto você dispõe em recursos e fundos.

>> Que tipos de dados você vai modelar (por exemplo, um fluxo [streaming] ou um instantâneo dos dados).

>> Se você está modelando dados de um fluxo ou apenas derivando escores preditivos de um ou múltiplos registros.

Se, por exemplo, você tem um supercomputador e disponibilidade de fundos, deve capturar o máximo de dados que puder — mas também deve considerar com que frequência esses dados mudam. Nos Capítulos 16 e 17 descrevemos algumas das ferramentas mais usadas para lidar com fluxos de dados.

Alto volume de dados

Um erro cometido ao se falar de big data é defini-lo como uma grande quantidade de dados. Ele não é apenas grandes volumes de dados, está mais relacionado a uma ampla *variedade* de dados (sim, em grandes quantidades) gerados em alta velocidade e frequência. A Figura 4-2 mostra que o big data se expande em três dimensões em forma de espiral exponencial, como um tornado.

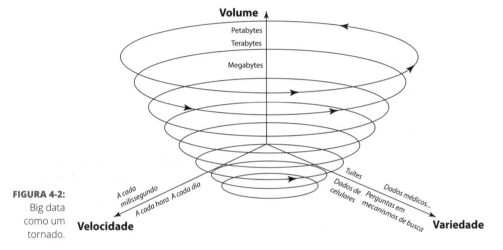

FIGURA 4-2: Big data como um tornado.

O big data é "big" não apenas por causa do grande volume (como o número de linhas, colunas ou abrangência); é também — e principalmente — por causa dessas outras duas dimensões, além do volume: velocidade e variedade.

Complexidades na Busca por Dados

Esta seção apresenta os três principais conceitos de buscar dados de texto não estruturados para usar em análise preditiva:

» Estar pronto para ir além da busca básica.
» Tornar seus dados semanticamente pesquisáveis.
» Acrescentar contexto às experiências de busca do usuário.

CAPÍTULO 4 **A Complexidade dos Dados** 73

Busca baseada em palavra-chave

Imagine que você recebeu a tarefa de buscar grandes quantidades de dados. Uma forma de abordar o problema é lançar uma consulta que consista (obviamente) de palavras. A ferramenta de busca procura pelas mesmas palavras na base de dados, o depósito de dados ou investiga qualquer texto em que os dados estejam. Presuma que esteja lançando a seguinte consulta: *o presidente dos Estados Unidos visita a África*. Os resultados da busca consistirão de textos que contenham exatamente uma ou uma combinação das palavras *presidente*, *Estados Unidos*, *visita*, *África*. Você consegue obter a informação exata que procura, mas nem sempre.

E quanto aos documentos que não contêm quaisquer das palavras previamente mencionadas, mas uma combinação do seguinte: *viagem de Obama para o Quênia*.

Nenhuma das palavras que você inicialmente pesquisou está nela — mas os resultados de busca são *semanticamente* (quanto ao significado) úteis. Como você pode preparar seus dados para serem semanticamente recuperáveis? Como ir além da busca tradicional de palavra-chave? Suas respostas estão na próxima seção.

Busca semântica

Uma ilustração de como a busca semântica funciona é um projeto de prova de valor conduzido pelo Dr. Bari durante sua permanência no Grupo Banco Mundial em Washington, DC, uma organização internacional cuja missão primordial é combater a pobreza ao redor do mundo. O projeto visava investigar capacidades de busca corporativa e análise de conteúdo de larga escala existentes no mercado e construir um protótipo para uma estrutura de ponta capaz de organizar os dados do Banco Mundial — que em grande parte consiste em coleções não estruturadas de documentos, publicações, relatórios de projeto, resumos e estudos de caso. Esse conhecimento imensamente valioso é um recurso usado na missão do Banco Mundial de reduzir a pobreza do mundo. Mas o fato de serem não estruturados torna seu acesso, sua captura, seu compartilhamento, seu entendimento, sua mineração e sua visualização um desafio.

O Banco Mundial é uma organização imensa, com muitos escritórios ao redor do mundo. Durante o estudo de viabilidade, descobrimos que, assim como qualquer outra organização, os departamentos usavam diversos termos e conceitos que tinham o mesmo significado geral, mas diferentes nuances. Por exemplo, termos como *climatologia*, *mudança climática*, *destruição da camada de ozônio* e *emissões do efeito estufa* eram todos semanticamente relacionados, mas não idênticos em significado. O objetivo era desenvolver um recurso de busca que fosse inteligente o suficiente para extrair documentos que contivessem conceitos relacionados quando alguém pesquisava qualquer um desses termos.

74 PARTE 1 **Apresentando a Análise Preditiva**

A arquitetura inicial adotada pela equipe de Bari para esse recurso foi a Unstructured Information Management Architecture (UIMA) [Arquitetura de Gerenciamento de Informação Não Estruturada], uma solução baseada em software. Originalmente desenvolvida pela IBM Research, a UIMA é disponibilizada em um software IBM como o IBM Content Analytics, uma das ferramentas que empodera o IBM Watson, o famoso computadosr que venceu o jogo Jeopardy game. A equipe de Bari uniu forças com os engenheiros e cientistas de dados da IBM Content Management and Enterprise Search, e depois com a equipe do IBM Watson, para colaborarem nesse projeto.

PAPO DE ESPECIALISTA

Uma solução *Unstructure Information Management (UIM)* [Gerenciamento de Informação Não Estruturada] é um sistema de software que analisa grandes volumes de informação não estruturada (texto, áudio, vídeo, imagens, e assim por diante) para descobrir, organizar e entregar conhecimento relevante para o cliente ou usuário final da aplicação.

A *ontologia* de um domínio é um conjunto de conceitos e termos relacionados específicos de um domínio. Uma solução baseada em UIMA usa ontologias para fornecer tags semânticas, que permitem uma busca aprimorada independentemente do formato dos dados (texto, fala, apresentação de PowerPoint, e-mail, vídeo e outros). UIMA adiciona outra camada aos dados capturados e, então, acrescenta *metadata*, para identificar os dados que podem ser estruturados e buscados semanticamente.

A *busca semântica* é baseada no significado contextual dos termos de busca como aparecem em um espaço de dados pesquisáveis que a UIMA cria. Ela é mais precisa do que a busca tradicional por palavras-chave, porque uma pesquisa de usuário retorna resultados não apenas de documentos que contêm os termos de busca, mas também de documentos que são semanticamente relacionados à pesquisa.

Por exemplo, se você estiver buscando por *biodiversidade na África*, uma busca típica (baseada em palavras-chave) retorna documentos que tenham as palavras exatas *biodiversidade* e *África*. Uma busca semântica baseada em UIMA retornará não apenas os documentos que contenham essas duas palavras, mas também tudo que for semanticamente pertinente à "biodiversidade na África" — por exemplo, documentos que tenham combinações de palavras como "recursos vegetais na África", "recursos animais em Marrocos" ou "recursos genéticos no Zimbábue". Capacidades semânticas vão além de correlações entre palavras e aproveitam a estrutura gramatical da consulta para entregar melhores resultados. Os recursos semânticos são principalmente baseados em complexos algoritmos de processamento de linguagem natural.

Através das tags semânticas e uso de ontologias, a informação se torna semanticamente recuperável, independentemente da linguagem ou do meio em que a informação foi criada (Word, PowerPoint, e-mail, vídeo, entre outros). Essa solução oferece uma central única, em que os dados podem ser capturados, organizados, permutados e entregues semanticamente recuperáveis.

CAPÍTULO 4 **A Complexidade dos Dados**   75

Dicionários de sinônimos e termos relacionados são *open-source* (disponíveis gratuitamente) — ou você pode desenvolver dicionários próprios específicos para seu domínio ou seus dados. Você pode criar uma planilha com a palavra raiz e suas respectivas palavras relacionadas, sinônimos e termos mais amplos, ela pode ser carregada em uma ferramenta de busca como a IBM Content Analytics (ICA) para alimentar a busca corporativa e a análise de conteúdo.

Busca contextual

No mundo dos mecanismos de busca, o objetivo é mostrar os *resultados certos para o usuário certo.* A busca contextual envolve descobrir a hora certa para exibir os resultados certos para o usuário. Na verdade, o mecanismo de busca que usa a busca contextual tenta entender seus usuários algoritmicamente, aprendendo as preferências do usuário a partir de seu comportamento na internet e das experiências online de outros usuários. A busca contextual, quando implementada corretamente, entregará os resultados mais relevantes para o usuário no momento certo.

Os principais mecanismos de buscas, como Google e Bing, vêm criando a próxima geração da busca. Essa pesquisa na internet é principalmente baseada na atualização do conceito de contextual. Mecanismos de busca contextual tentam encaixar a experiência de busca do usuário dentro de um contexto significativo. Como um exemplo, imagine um usuário buscando por "Boas cafeterias na cidade de Nova York". A busca contextual muito provavelmente retornaria resultados de busca de acordo com a localização do usuário. Se o usuário no momento da busca estiver no SoHo, na cidade de Nova York, os resultados serão classificados com base tanto nas avaliações do público ou popularidade das cafeterias (pois o usuário especificou a palavra "boas" na busca) quanto na proximidade em relação a ele. A localização do usuário é automaticamente detectada pelo mecanismo de busca, e um algoritmo otimiza os resultados de busca para exibir as páginas sobre cafeterias em ordem de proximidade em relação à localização atual do usuário.

Além disso, se o mesmo usuário pesquisando uma boa cafeteria na cidade de Nova York também for conhecido como um guru em análise preditiva, big data e ciência de dados, os anúncios nos resultados do mecanismo de busca ou as páginas das cafeterias também exibiriam anúncios relacionados (como um anúncio de *Análise Preditiva Para Leigos*).

Um mecanismo de busca que usa busca contextual aprende e constrói um perfil de usuário que resume as preferências dos usuários através dos registros das páginas mais visitadas pelo usuário, as palavras-chave usadas em buscas anteriores e até, em alguns casos, em informações pessoais sobre a profissão, endereço e gênero, entre outras. Além disso, para o mesmo usuário que pesquisou "Boas cafeterias na cidade de Nova York", os resultados podem não apenas ser classificados com base na localização e nas preferências dele, mas também no status social previsto para que as cafeterias exibidas nos resultados de busca estejam dentro do orçamento algoritmicamente previsto: uma lanchonete ou um hotel cinco estrelas.

A localização e o perfil do usuário, bem como outros fatores, acrescentam contexto à experiência de busca do usuário. Para a mesma pesquisa, o mecanismo de busca retorna resultados diferentes, dependendo de quem está pesquisando, da localização e da hora. O resultado pode até mesmo ser ajustado ao humor do usuário na hora da pesquisa (componente de análise de sentimento), e muito outros fatores.

A próxima geração da busca contextual se estenderá sobre um espaço multidimensional de atributos de usuários que podem ser aprendidos a partir das impressões digitais que deixamos no ciberespaço:

- » Lugares que frequentamos (por exemplo, através da Uber e reservas online).
- » Páginas que visitamos.
- » Sites de e-commerce onde compramos.
- » Produtos que compramos (ou devolvemos).
- » Sequências de nossas atividades.
- » Atividades físicas praticadas.
- » Comidas que comemos.
- » Entretenimentos de que gostamos.

Toda essa informação criará o seu perfil digital no ciberespaço. Os perfis de usuário serão a base para os sistemas de recomendação que alimentam a busca contextual.

Sistemas de recomendação e modelos preditivos são o coração do mecanismo de busca contextual. Na essência, um sistema de recomendação sugerirá resultados de busca relevantes ao usuário usando recomendação de longo prazo ou recomendação baseada em usuários semelhantes, ou ambas. Sistemas de recomendação são tratados em detalhes no Capítulo 2.

O desafio para construir um sistema de recomendação é criar bases de conhecimento, que nada mais são do que os dados sobre as informações e os comportamentos online dos usuários. Se estiver criando um mecanismo de busca para sua organização com busca contextual, precisa arquitetar um cubo de dados para armazenar suas informações de usuários, o fluxo de cliques (os cliques em seu site) e as expressões de pesquisa que ocorrem toda vez que um usuário estiver em seu site.

Como um exemplo: Imagine que você construa um mecanismo de busca para armazenar documentos dos funcionários de sua empresa, como relatórios de projetos e publicações.

CAPÍTULO 4 **A Complexidade dos Dados** 77

Uma das primeiras coisas que precisaria fazer é localizar os dados dos funcionários, como os departamentos em que trabalham, seus interesses e seus projetos anteriores, depois criar suas biografias. Esses dados normalmente estão disponíveis no departamento de recursos humanos. Depois você pode querer juntá-los com registros da aplicação web de mecanismo de busca em sua organização sobre as pesquisas de seus funcionários no site, a hora que as pesquisas foram feitas e o tempo gasto em cada página ou resultados de busca. Essa informação permitirá que você crie perfis de seus funcionários com base em seu comportamento e informação pessoal. Essas fontes de dados são uma maneira de abastecer a base de conhecimento do seu sistema. Você pode expandi-la mais tarde para outras fontes de dados que ajudarão a enriquecer os perfis de seus usuários.

Além disso, você pode querer construir um sistema de recomendação que combine usuários a documentos. Para ser capaz de fundir os resultados do sistema de recomendação e sua plataforma de mecanismo de busca, você precisa escrever um algoritmo que sirva a esse propósito. Pode ter que aplicar uma busca baseada em palavras-chave ou busca semântica que lhe dará um conjunto de resultados maior, que você poderá expandir ou restringir usando os resultados da busca contextual.

Na verdade, os resultados de busca gerados pela busca baseada em palavra-chave são documentos em que as palavras-chave sendo pesquisadas aparecem mais.

Algoritmo de processamento de linguagem natural e ontologias que alimentam a busca semântica expandirão os resultados de busca através da ampliação da pesquisa para palavras-chave semanticamente relacionadas (por exemplo, buscar por "Carro" ampliará a busca para "Veículo"). O sistema de recomendação retornará outro conjunto de resultados que combine os usuários que estão realizando a consulta. Uma maneira de criar resultados de busca ideais é filtrar os resultados de busca retornados pela busca baseada em palavra-chave e pela busca semântica, depois aplicar altos escores de classificação para aqueles documentos que foram recomendados pelo sistema de recomendação ao usuário realizando a busca.

Imagine um cenário em que o usuário esteja buscando "projetos de usinas de energia solar". Presuma que Documento#1, Documento#2 e Documento#3 sejam os três primeiros documentos listados na página de resultados de busca. Esses documentos aparecem no topo dos resultados de busca de acordo com a busca baseada em palavra-chave, principalmente porque eles contêm as palavras solar, energia, usina e projetos mencionados com relativa frequência nesses documentos e em importantes seções desses documentos (tais como títulos, introdução e conclusão). Quando o mecanismo de busca suporta busca semântica, os resultados podem variar. Por exemplo, Documento#5 pode ser melhor classificado que o Documento#2 ou Documento#3 e aparecer na página de resultados de busca, porque o Documento#5 contém termos relacionados à

78   PARTE 1 **Apresentando a Análise Preditiva**

consulta (tal como energia, mudanças climáticas, emissões de carbono e combustíveis fósseis), além da alta frequência das palavras solar, usina e projeto. Além disso, como o mecanismo de busca sabe que o usuário realizando a busca por "projetos de usinas de energia solar" se interessa por projetos na África, o sistema de recomendação embutido no mecanismo de busca pode atribuir um alto escore de relevância ao Documento#3. Na verdade, o Documento#3 trata de um projeto que descreve a maior usina de energia solar do mundo (que foi recentemente desenvolvida no Marrocos, localizado no norte da África). Observe que o contexto de interesses do usuário em projetos em países na África desempenhou um papel nos resultados de busca.

Vamos considerar outro cenário em que o usuário esteja fazendo a mesma consulta "projetos de usinas de energia solar". Diferente do cenário anterior, os resultados de busca para a mesma consulta para esse usuário específico são diferentes, e o documento que aparece em primeiro na página de resultados de busca trata de uma gigantesca usina solar recentemente instalada na cidade de Beloit (EUA).

A razão para esse documento aparecer em primeiro lugar no resultado de pesquisa pode ser o fato de esse usuário específico ter clicado em documentos de projetos de usinas solares localizadas nos Estados Unidos no passado, e também porque o usuário seja um especialista em energia interessado especificamente em projetos de energia solar naquele país.

Informações sobre os interesses do usuário podem ser capturadas no registro inicial do mecanismo de busca, ou obtidas junto ao departamento de recursos humanos ou capturadas enquanto o usuário navegava no site do mecanismo de busca no passado. Em resumo, os resultados de busca serão ajustados de acordo com a predição de interesses do usuário no momento em que ele estiver pesquisando.

Diferenciando Inteligência de Negócios de Análise de Big Data

Certifique-se de entender claramente a distinção entre inteligência de negócios e mineração de dados. Veja algumas diferenças básicas:

> **Inteligência de negócios ou *Business Intelligence* (BI)** refere-se a construir um modelo que responda perguntas de negócios específicas. Você começa com uma pergunta ou um conjunto de perguntas, reúne dados e fontes, e então desenvolve um programa de computador que usa esses recursos para oferecer respostas para as perguntas de negócios que você endereçou. A inteligência de negócios envolve proporcionar a infraestrutura para buscar

seus dados e criar relatórios. Ela usa *dados controlados* — predefinidos e estruturados, armazenados principalmente em ambientes de depósito de dados. E utiliza técnicas de *processamento analítico online (OLAP)* para fornecer capacidades analíticas suficientes para construir dashboards que podem ser usados para consultar os dados, bem como para criar e visualizar relatórios. A BI é diferente da mineração de dados e não descobre insights ocultos.

» **Mineração de dados (DM)** é uma tarefa de exploração de dados mais generalizada: você pode não saber exatamente o que está procurando, mas está aberto para todas as descobertas. A mineração de dados pode ser o primeiro passo no processo analítico que permite que você explore dados preparados e coletados para revelar insights que de outra forma poderiam continuar desconhecidos. A análise de big data conta com tecnologias mais novas que permitem a descoberta de conhecimento mais profundo em grandes corpos de qualquer tipo de dados (estruturados, não estruturados ou semiestruturados). Tecnologias desenvolvidas para esse tipo de trabalho incluem Hadoop, Spark e MapReduce (apresentados no Capítulo 16).

A análise preditiva surgiu para complementar, e não para competir com inteligência de negócios e mineração de dados. Você pode coordenar seu objetivo de análise com a inteligência de negócios usando BI para pré-processar os dados que está preparando para usar em seu modelo de análise preditiva. Pode direcionar sistemas de BI para diferentes fontes de dados — e usar as visualizações geradas pela BI a partir de dados brutos — para lhe dar uma visão geral dos dados antes mesmo de começar a desenvolver seu modelo analítico. Essa abordagem leva a visualizações de grandes quantidades de dados brutos, como discutido na próxima seção.

Exploração de Dados Brutos

Uma imagem vale mais que mil palavras — especialmente quando você está tentando obter uma boa compreensão de seus dados. Na etapa de pré-processamento, enquanto está preparando os dados, a melhor prática é visualizar o que tem em mãos antes de executar a análise preditiva.

Você começa usando uma planilha como a do Microsoft Excel para criar a matriz de dados — que consiste nas potenciais *características* dos dados (também chamadas de *atributos*). Inúmeros pacotes de software de inteligência de negócios (como o Tableau) podem lhe oferecer uma visão geral preliminar dos dados em que está prestes a aplicar a análise.

80 PARTE 1 **Apresentando a Análise Preditiva**

Identificando atributos de dados

Em termos de programação, dados são uma coleção de objetos e seus correspondentes atributos. Um *objeto de dado* é também chamado de *registro, ponto, caso, amostra, entidade* ou *instância*. Ele pode ser descrito como uma coleção de atributos que descrevem os dados. Um *atributo* é também chamado de *variável, campo* ou *característica*. Atributos podem ser nominais, ordinais ou intervalos:

» **Atributos nominais** são números (por exemplo, códigos postais) ou nomes (por exemplo, gênero).

» **Atributos ordinais**, na maioria dos casos, representam avaliações ou classificações (por exemplo, grau de interesse na compra do Produto A, de 1 a 10 para representar menos interesse para mais interesse).

» **Atributos intervalos** representam faixa de dados, como datas de calendário.

Uma motivação por trás da visualização de dados brutos é selecionar que subconjuntos de atributos serão potencialmente incluídos na análise. Novamente, essa é uma das tarefas que o levarão ao núcleo — o smart data em que você aplicará a análise.

Seu cientista de dados pode estar aplicando modelos preditivos para uma base de dados ou depósito de dados que armazenam terabytes (ou mais) de dados. Não se surpreenda se demorar muito tempo para rodar modelos em toda uma base de dados. Você precisará selecionar e extrair uma boa amostra representativa de grandes quantidades de dados — uma que produza aproximadamente os mesmos resultados analíticos que o *corpus* todo. Outro passo útil, chamado de *redução de dimensão*, começa quando você seleciona os atributos mais importantes dos dados — e neste ponto a visualização é de grande ajuda. A visualização pode ser capaz de lhe dar uma ideia da dispersão dos atributos em seus dados. Por exemplo, pegando uma planilha de dados numéricos e com alguns cliques no Excel, você é capaz de identificar máximo, mínimo, variância e mediana. Você pode visualizar picos em seus dados que rapidamente te levam a encontrar valores atípicos que são fáceis de capturar. As seções seguintes ilustram exemplos de visualizações que podem ser aplicadas a dados brutos para detectar valores aberrantes ou atípicos, ausentes e (em alguns casos) insights precoces.

Explorando visualizações comuns de dados

Quando você solicita um serviço de limpeza e a empresa que contratou nunca esteve em sua casa, naturalmente você espera que ela lhe faça perguntas sobre (adivinhou) sua casa. Eles também podem perguntar sobre as características estruturais, tais como número de quartos e banheiros, o estado geral da casa e

CAPÍTULO 4 **A Complexidade dos Dados** 81

quando eles podem visitá-la antes de começarem o trabalho — ou até mesmo lhe dar uma estimativa do custo. Bem, organizar seus dados é parecido com arrumar sua casa.

Suponha que capturou uma grande quantidade de dados. Você gostaria de vê-los antes de começar a construir seu modelo de análise preditiva. Visualizar seus dados o ajudará nos primeiros passos da preparação:

» Orientando-o sobre por onde começar a limpeza de seus dados.

» Oferecendo dicas do que você precisa preencher.

» Apontando os valores atípicos fáceis e eliminando-os.

» Corrigir dados inconsistentes.

» Eliminar registros de dados redundantes.

Visualizações em tabelas

Tabelas são a representação de dados mais simples e mais basicamente ilustrativas. Tabelas (também conhecidas como *planilhas*) consistem em linhas e colunas — que correspondem, respectivamente, aos objetos e seus atributos que compõem seus dados, como mencionado anteriormente. Por exemplo, pense nos dados de redes sociais online. Um objeto de dado poderia representar um usuário. Atributos de um usuário (objeto de dado) podem ser os títulos das colunas: Gênero, Código Postal ou Data de Nascimento.

As células em uma tabela representam os valores, como mostra a Figura 4-3. A visualização em tabelas pode ajudá-lo a identificar facilmente valores de atributos ausentes de objetos de dado.

FIGURA 4-3:
Exemplo de
dados de
rede social
online em
formato de
tabela onli-
ne social.

Data Source#1: Online Social Network Data					
Social Network User ID	Date of Birth	Gender	Zip Code	Friends Count	Relationship Status
556694901	6/3/1985	M	21036	859	In relationship
556694902	8/1/1977	F	94024	332	Married
556694903	9/5/1978	F	21794	754	In relationship
556694904	3/9/1986	M	21737	20	Single
556694905	2/7/1984	F	33109	169	Single
556694906	4/7/1983	F	21131	-63	Married
556694907	9/1/1982	M	21042	12	Married
556694908	1/3/1981	F	92067	185	In relationship
556694909	4/5/1980	M	92662	123	Single
556694910	5/3/2029	F	93108	174	Married
556694911	6/9/1994	F	94027	1236	In relationship
556694912	8/1/1978	F	90402	963	Single
556694913	9/8/1980	F	92661	414	Married
556694914	2/3/1982	F	94024	795	Single
556694915	6/6/1981	F	94957	1186	In relationship
556694916	8/8/1994	M	94028	367	Complicated

Tabelas podem, ainda, oferecer a flexibilidade de adicionar novos atributos que são combinações de outros atributos. Por exemplo, em dados de rede social, você pode acrescentar outra coluna, chamada Idade, que pode ser facilmente calculada — como um atributo derivado — do atributo existente Data de Nascimento. Na Figura 4-4, a tabela de dados de rede social mostra uma nova coluna, Idade, criada a partir de outra coluna existente (Data de Nascimento).

Data Source#1: Online Social Network Data

Social Network User ID	Date of Birth	Gender	Zip Code	Friends Count	Relationship Status	Age
556694901	6/3/1985	M	21036	859	In relationship	28
556694902	8/1/1977	F	94024	332	Married	36
556694903	9/5/1978	F	21794	754	In relationship	35
556694904	3/9/1986	M	21737	20	Single	27
556694905	2/7/1984	F	33109	169	Single	29
556694906	4/7/1983	F	21131	-63	Married	30
556694907	9/1/1982	M	21042	12	Married	31
556694908	1/3/1981	F	92067	185	In relationship	32
556694909	4/5/1980	M	92662	123	Single	33
556694910	5/3/2029	F	93108	174	Married	-16
556694911	6/9/1994	F	94027	1236	In relationship	19
556694912	8/1/1978	F	90402	963	Single	35
556694913	9/8/1980	F	92661	414	Married	33
556694914	2/3/1982	F	94024	795	Single	31
556694915	6/6/1981	F	94957	1186	In relationship	31
556694916	8/8/1994	M	94028	367	Complicated	19
556694917	2/7/1989	R	33109	45	Complicated	24
556694918	5/2/1996	M	11962	1247	In relationship	17
...	...	...	...	...	...	...

FIGURA 4-4: Exemplo de atributos derivados.

Nuvens de palavras

Considere uma lista de palavras ou conceitos arranjados em formato de *nuvem de palavras* — uma representação gráfica de todas as palavras na lista, mostrando o tamanho de cada palavra proporcionalmente a uma métrica. Por exemplo, quando você tiver uma planilha de palavras e ocorrências e quiser identificar as mais importantes, experimente uma nuvem de palavras.

Nuvens de palavras funcionam porque a maioria dos dados de uma organização é texto. Um exemplo comum é a análise de tendências do Twitter. Cada termo na Figura 4-5, por exemplo, tem um peso que afeta seu tamanho como um indicador de sua importância relativa. Uma forma de definir esse peso pode ser o número de vezes que uma palavra aparece na sua coleção de dados. Quanto maior a frequência da palavra, mais "pesada" ela é — e maior é seu tamanho na nuvem.

FIGURA 4-5: Importância da palavra representada conforme o peso e o tamanho em uma nuvem de palavra.

CAPÍTULO 4 **A Complexidade dos Dados** 83

Revoada de pássaros como uma nova representação de dados

"Pássaros da mesma plumagem voam em bando" é um antigo ditado que nos oferece uma percepção imediata como forma de visualização de dados: indivíduos de gostos, interesses, sonhos, objetivos, hábitos e comportamentos parecidos tendem a se agrupar.

O comportamento natural de bando em geral é um sistema auto-organizável em que os objetos (em especial, seres vivos) tendem a se comportar de acordo com (a) o ambiente em que vivem e (b) suas reações a outros objetos existentes. O comportamento de bando de sociedades naturais como abelhas, moscas, pássaros, peixes e formigas — ou pessoas — também é conhecido como *inteligência de enxame.*

Pássaros seguem regras naturais quando em revoada. *Parceiros de bando* são pássaros posicionados a determinada distância uns dos outros; eles são considerados semelhantes. Cada pássaro se move de acordo com três regras principais que organizam o comportamento de revoada.

>> **Separação:** Parceiros de revoada não devem colidir uns com os outros.

>> **Alinhamento:** Parceiros de revoada se movem na mesma direção média que seus vizinhos.

>> **Coesão:** Parceiros de revoada se movem de acordo com a posição média e localização de seus parceiros de revoada.

Modelar essas três regras pode permitir um sistema analítico para simular comportamentos de revoada. Isso porque algoritmos biologicamente inspirados, em particular os derivados do comportamento de revoada de pássaros, oferecem uma forma simples de modelar dados de rede social. Usando o comportamento natural auto-organizado de revoada de pássaros, você pode converter uma planilha básica em visualização, como a da Figura 4-6. A chave para definir a noção de similaridade como parte de seus dados — e construir uma função matemática que suporte essa similaridade. Comece com algumas perguntas:

>> O que torna dois objetos em seus dados semelhantes?

>> Quais atributos podem orientar a similaridade entre dois registros de dados?

84   PARTE 1 **Apresentando a Análise Preditiva**

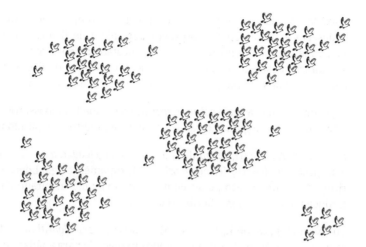

FIGURA 4-6: Uma forma nova e simples de visualizar big data: comportamento natural de revoada de pássaros.

Por exemplo, em dados de rede social, os registros de dados representam os usuários individuais. Os atributos que os descrevem podem incluir Idade, Código Postal, Status de Relacionamento, Lista de Amigos, Número de Amigos, Hábitos, Eventos Frequentados, Livros Lidos e outros grupos de interesses específicos (esportes, filmes, entre outros).

Você pode definir a similaridade para seu grupo de acordo com praticamente qualquer atributo. Por exemplo, você pode chamar dois membros de uma rede social de *similar* se eles leram os mesmos livros, têm um grande número de amigos em comum e frequentaram os mesmos eventos. Esses dois membros similares se agruparão em uma representação de revoada de pássaros em um espaço virtual.

Nas áreas de assistência médica e biomédica, os objetos podem ser os dados de pacientes. E você poderia basear os atributos nas informações pessoais dos pacientes, tratamentos e as informações referentes ao diagnóstico. Depois, organizando os dados como uma visualização baseada em revoada de pássaros, você pode visualizar e enxergar insights antes mesmo de aplicar análise de dados. Alguns padrões interessantes em seus dados se tornam aparentes, incluindo alguns agrupamentos característicos de agrupamento — e até anomalias nos dados.

O comportamento de bando é iterativo, porque comportamento, apesar de consistente, não é estático. Em cada iteração (ou rodada), os pássaros se movem. Usar a revoada de pássaros como técnica de visualização é uma forma especialmente importante de representar fluxos de dados. Com streaming de dados, cada ponto de visualização de objetos pode mudar de acordo com as novas

CAPÍTULO 4 **A Complexidade dos Dados** 85

entradas de dados. Na Figura 4-6, mostrada anteriormente, uma revoada de dados em espaço virtual representa um objeto de dados (como um usuário individual) no conjunto de dados em questão (como a rede social). Pássaros similares no espaço virtual que representam objetos de dados na vida real se agruparão e aparecerão perto uns dos outros na visualização.

Sugerimos que leia mais sobre algoritmo de revoada de pássaros. Veja algumas referências para explorar o campo da análise preditiva inspirado na natureza:

Bellaachia, A., & Bari, A. (junho, 2012). *Flock by leader: a novel machine learning biologically inspired clustering algorithm* [Agrupamento pelo líder: um novo algoritmo de agrupamento de aprendizado de máquina inspirado na biologia, em tradução livre]. Springer Berlin Heidelberg.

Cui, X., Gao, J., & Potok, T. E. (2006). A *flocking based algorithm for document clustering analysis*. [Um algoritmo baseado em revoada para análise de agrupamento de documentos]. Journal of systems architecture, 52(8), 505-515.

Diagrama de Grafos

A teoria dos grafos oferece um conjunto de algoritmos poderosos capazes de analisar dados estruturados e representados como um grafo. Na ciência da computação, um *grafo* é uma estrutura de dados, uma forma de organizar dados que representem as relações entre pares de objetos de dados. Um grafo consiste em duas partes principais:

>> Vértices, também chamados de *nó*.

>> Arestas, que conectam pares de nós.

Arestas podem ser direcionadas (desenhadas como setas) e podem ter pesos, como mostra a Figura 4-7. Você pode escolher colocar uma aresta (seta) entre dois nós (círculos) — neste caso, os membros da rede social que estão conectados a outros membros como amigos.

A direção da seta indica quem "adicionou" quem primeiro, ou quem iniciou as interações na maior parte das vezes.

O peso atribuído a uma aresta em particular (o valor numérico da aresta, como mostrado na Figura 4-7) pode representar o nível de interação social de dois membros da rede. Este exemplo usa uma escala de 10: quanto mais próximo de 10, maior a interação entre os membros da rede social.

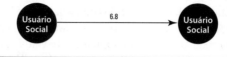

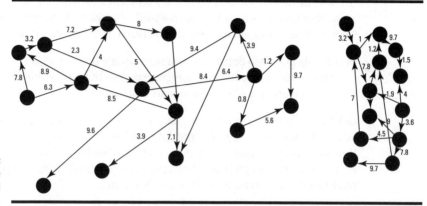

FIGURA 4-7: Grafo de rede social online.

Aqui uma *interação social* é o processo em que pelo menos dois membros de uma rede social agem ou reagem entre si. Uma interação pode ser offline e ir além das interações online que ocorrem na rede. Por exemplo, interações offline podem incluir reuniões, teleconferência, encontros sociais "ao vivo", viagens em grupo, eventos sociais, comunicações via celular e mensagens de texto. Todas essas iterações podem ser representadas como números, um *escore* (uma soma ponderada de todos os tipos de interações).

O peso no grafo também pode representar a *taxa de influência*. Quanto um membro influencia outro? Diversos algoritmos podem calcular a taxa de influência entre dois membros de rede social, com base em seus posts online, amigos em comum e outros critérios.

Na Figura 4-7, membros de rede social são representados com círculos pretos. Cada relacionamento representado por uma aresta mostra o nível de interação, que por sua vez é representado como um número na aresta. Em uma primeira olhada, você pode identificar dois grupos desconexos — um rápido insight colhido antes mesmo da aplicação da análise.

Você pode preferir focar um ou ambos os grupos; incluir um deles nos dados que está preparando como recurso para quando construir seu modelo preditivo. Aplicar sua análise a um dos grupos pode lhe permitir mergulhar nos dados e extrair padrões que não estão óbvios.

Visualizações comuns

Gráficos de barras são tipos de visualização bastante conhecidos que podem ser usados para identificar picos ou anomalias em seus dados. Você pode usá-los para cada atributo para rapidamente visualizar os valores mínimos e máximos. Gráficos de barras também podem ser utilizados para iniciar uma discussão de como normalizar seus dados. *Normalização* é o ajuste de alguns — ou todos — valores de atributos em uma escala que torna os dados mais usáveis.

Gráficos de pizza são outra visualização bastante popular. Eles são usados principalmente para mostrar percentagens e podem ilustrar facilmente a distribuição de diversos itens e ressaltar o mais dominante.

Gráficos de linha são uma forma tradicional de representar dados que permitem visualizar múltiplas séries ou múltiplos atributos (colunas) no mesmo gráfico. Uma vantagem dos gráficos de linha é a flexibilidade: você pode combinar diferentes séries em um gráfico de linha para diversas finalidades. Um gráfico assim pode retratar a correlação entre séries diferentes.

Nos Capítulos 18 e 19 apresento as ferramentas mais usadas para visualização de dados.

2
Incorporando Algoritmos em Seus Modelos

NESTA PARTE...

Modele sistemas.

Avalie estudos de casos.

Encontre similaridades nos dados.

Crie preditores.

> **NESTE CAPÍTULO**
>
> » Entendendo modelos
> » Categorizando modelos
> » Apresentando os benefícios dos modelos
> » Estudos de caso relevantes

Capítulo **5**

Aplicando Modelos

O big data é como um motor que impulsiona nossa vida. Ele inclui tudo a nosso respeito. A análise preditiva o utiliza para prever nossos movimentos e ações prováveis — especialmente quando somos um cliente em potencial. Hipoteticamente, um modelo de análise preditiva é capaz de saber quando você está dormindo e prever a hora que acordará.

Empresas estão capturando e armazenando informações em toda oportunidade que têm. Elas armazenam cada compra que você faz, todo site que visita e suas preferências. Tudo é minuciosamente monitorado e analisado. Essa é a nova regra em nossa vida. Seu médico, seu empregador, o mercadinho da esquina, todos em breve analisarão dados sobre você, se já não estiverem fazendo isso.

DICA

A regra para a utilização de todos esses dados é clara: qualquer empresa que puder encontrar padrões precisos em seus dados, analisá-los e usá-los com eficiência obterá lucros.

Então quais são algumas das implicações de utilizar análise preditiva em big data para o negócio? E como as empresas ou organizações podem lucrar ou desenvolver suas próprias histórias de sucesso a partir de seus dados? Aliás, como você pode fazer isso? Para esclarecer esse cenário, este capítulo apresenta diferentes tipos de modelos e destaca alguns estudos de caso recentes de domínios diferentes, incluindo assistência médica, mídia social, marketing e política. Este capítulo também destaca os domínios que se correlacionam com a análise preditiva.

Modelando Dados

A maioria das ferramentas de análise preditiva vem equipada com algoritmos comuns, fórmulas matemáticas fundamentais, para ajudar você a construir seu modelo, que, completo, pode ser aplicado em poucos minutos. Na verdade, um analista de negócios sem qualquer experiência em estatística, mineração de dados ou aprendizado de máquina pode executar um algoritmo poderoso nos dados relativamente rápido usando ferramentas de análise preditiva.

Suponha que um analista de negócios em uma empresa de varejo gostaria de saber para qual segmento de clientes deve fazer upsell [venda de produtos premium]. Ele pode carregar os dados de cada cliente, histórico de compras, preferências, dados demográficos e qualquer outro tipo de dado pertinente, aplicar alguns modelos para determinar os prováveis segmentos de interesse, e usar os resultados imediatamente em uma campanha de vendas.

As pessoas que fazem esse tipo de trabalho como profissão (como os cientistas de dados) tendem a buscar resultados definitivos — para construir um modelo todo-poderoso que impressionará as partes interessadas e mostrará o valor de seu conhecimento.

Em busca desse objetivo, a construção do modelo pode levar um pouco mais de tempo do que no exemplo do varejista. Em vez de visar uma vitória rápida, queremos otimizar a performance construindo um modelo com a maior acurácia possível.

Isso requer muitos ajustes e experimentação. Podemos começar com um grande número de variáveis ou atributos disponíveis em nosso conjunto de dados, e ir afunilando até obtermos algumas poucas variáveis que tenham o maior poder preditivo. Esse processo requer rodar o máximo de simulações possível, mudando os valores dos parâmetros e organizando os resultados.

Outra técnica comum é construir um modelo ensemble (veja o Capítulo 7), avaliar os resultados dos modelos que o compõem e apresentar ao usuário o modelo com o maior escore entre eles. Ou (no mínimo) podemos rodar múltiplas técnicas separadas nos dados, comparar os resultados e em determinado momento escolher um modelo que tenha escores mais altos de modo consistente para a maioria de nossas simulações e cenários hipotéticos.

LEMBRE-SE

Construir um modelo requer uma mistura de ciência e arte. A ciência se refere às técnicas estatísticas bem estabelecidas, algoritmos de aprendizado de máquina e mineração de dados. Os ajustes são a parte da arte.

Modelos e simulação

Um modelo não é nada além de uma representação matemática de um segmento do mundo em que estamos interessados. Ele pode imitar aspectos comportamentais de nossos clientes e representar diversos segmentos de clientes. Um modelo bem-feito, bem ajustado, pode *antever* — prever com alta precisão — o resultado seguinte de um determinado acontecimento.

A partir dessa definição, você pode deduzir que é possível construir um modelo que imite e represente praticamente tudo que quiser analisar. Como você pode imaginar, esse processo pode, de modo rápido e fácil, se tornar muito complexo e difícil.

Para entender a potencial complexidade, imagine que está trabalhando com um conjunto de dados que tem muitas variáveis associadas com um ampla gama de valores. Processar todos os possíveis valores e permutações ao longo de todo o conjunto de dados pode consumir muito tempo.

A abordagem padrão é executar *cenários e-se* — situações hipotéticas investigadas por suas simulações. O esquema geral de executar cenários e-se é a seguinte:

1. Construa o modelo.

2. Comece a mudar os valores e examinar os novos resultados ou use uma ferramenta — um software especializado que automatiza todo o processo para você.

3. Leia o relatório gerado pelo modelo.

4. Avalie o resultado e escolha os preditores mais importantes. Se você já rodou múltiplos modelos, escolha o modelo certo.

O processo parece mais simples na teoria do que é na prática. Certas tarefas se prestam facilmente a soluções prontas. Outras podem ser muito difíceis de resolver — dois notórios exemplos difíceis são prever condições climáticas em longo prazo ou o desempenho de mercado de ações. Quanto mais distante o futuro que estiver tentando prever, mais rápido diminui a acurácia das previsões. Pode ser possível dizer (por exemplo) que nevará nas próximas 12 horas, mas é difícil uma predição acurada de que nevará daqui há três semanas.

Incerteza semelhante surge na predição da trajetória de um furacão. Quanto mais distante o futuro, mais difícil saber com certeza o trajeto exato. É por isso que novos dados são imediatamente disponibilizados para esses modelos e a previsão do tempo é continuamente atualizada.

Simular o mercado de ações também é extremamente difícil, por uma razão simples: ele pode ser afetado por praticamente qualquer coisa.

Problemas complexos requerem soluções inteligentes, constantes ajustes e contínua atualização dos modelos implementados.

> » **Soluções inteligentes:** Uma forma de deixar o modelo mais inteligente é incluir variáveis não comumente associadas ao campo que está investigando. Para analisar o mercado de ações, por exemplo, você pode incluir dados sobre atividades de estacionamento em shoppings, ou analisar os dados de jornais diários locais de todo o país.
>
> Outra solução inteligente envolve advogados de divórcio obterem dados de empresas de cartão de crédito. Aparentemente, essas empresas sabem que casais se divorciarão aproximadamente dois anos antes da efetiva data de divórcio. E elas sabem disso com uma acurácia de 98% — baseando-se principalmente nos hábitos de gastos dos casais.
>
> » **Ajustar é um processo de muitas partes:** Experimentar cenários hipotéticos, rodar múltiplos algoritmos e incluir ou excluir certas variáveis conforme avança na análise. Você obtém mais nesse processo se sempre reavaliar e tentar entender seus dados à luz do problema de negócio em questão, fazer as perguntas difíceis, explorar os dados e experimentar diferentes abordagens.
>
> » **Contínua atualização do modelo:** Atualizar seu modelo periodicamente, à luz de novas informações, é recomendado para neutralizar a tendência do modelo de perda de acurácia ao longo do tempo.
>
> Quando novos dados são disponibilizados, preserve sua vantagem competitiva atualizando o modelo. Para que esse processo seja relevante, rastreie e monitore minuciosamente o desempenho de seu modelo em tempo real.

Quando todas as empresas estão fazendo a mesma coisa, explorando as mesmas lacunas e competindo no mesmo espaço, você precisa se manter à frente das tendências. Uma forma de fazer isso é variar suas táticas, aprimorar suas campanhas e afiar sua capacidade de detectar mudanças nas tendências, posicionar sua empresa e obter o máximo de vantagem sobre as outras.

Resumindo, construir um modelo preditivo é um processo contínuo, não uma solução "faça e esqueça". Fazer uma empresa pensar assim representa uma mudança cultural para a maioria das organizações, mas é isso que o mercado atual exige.

Outra forma de complexidade são as múltiplas direções que seu modelo pode tomar. Você pode construir um modelo sobre tudo e mais alguma coisa — por onde começar? A próxima seção ajuda a esclarecer potenciais confusões, categorizando os diferentes tipos de modelo.

Categorizando modelos

Você tem diversas maneiras de categorizar os modelos usados para análise preditiva. Em geral, é possível classificá-los assim:

> » Os problemas de negócios que solucionam e as funções primárias a que atendem (como vendas, propaganda, recursos humanos ou gerenciamento de risco).
>
> » A implementação matemática usada no modelo (tal como estatística, mineração de dados e aprendizado de máquina).

Todo modelo terá alguma combinação desses aspectos; com mais frequência, um ou outro será dominante. A função pretendida para o modelo pode tomar uma dentre várias direções — preditiva, classificação, agrupamento, orientada para decisão ou associativa —, como descrito nas seções seguintes.

Modelos preditivos

Modelos preditivos analisam dados e preveem o resultado seguinte. Essa é a grande contribuição da análise preditiva, diferentemente da inteligência de negócios, que monitora o que está acontecendo em uma organização agora. Modelos preditivos analisam dados históricos para se tomar uma decisão informada sobre a probabilidade de resultados futuros.

Dadas certas condições (número e frequência de reclamações recentes de clientes, a abordagem na data de renovação do serviço e a disponibilidade de opções mais baratas dos concorrentes), qual a possibilidade de esse cliente cancelar o serviço?

O resultado do modelo preditivo também pode ser binário, uma resposta sim/ não ou 0/1: para checar se uma transação é fraudulenta, por exemplo. Um modelo preditivo pode gerar múltiplos resultados, às vezes combinando resultados sim/não com a probabilidade de que certos eventos aconteçam. A capacidade de crédito de um cliente, por exemplo, pode ser avaliada como sim ou não, e com uma probabilidade atribuída que descreva quais as chances de esse cliente pagar o empréstimo pontualmente.

Agrupamento e modelos de classificação

Quando um modelo usa agrupamento e classificação, ele identifica diferentes agrupamentos nos dados existentes. Você também pode construir um modelo preditivo com base no modelo de agrupamento para classificar novos pontos de dados. Se, por exemplo, você rodar um algoritmo de agrupamento nos dados de seus clientes e separá-los em grupos bem definidos, pode então usar a classificação para aprender sobre um novo cliente e identificar claramente seu grupo. Depois, pode ajustar sua resposta (por exemplo, uma campanha de marketing direcionada) e o modo de lidar com o novo cliente.

A classificação usa uma combinação de atributos e aspectos para indicar se um item dos dados pertence a uma classe em especial.

Muitas aplicações ou problemas de negócios podem ser formulados como problemas de classificação. No nível mais básico, é possível classificar resultados como desejados ou indesejados. Por exemplo, você pode classificar uma reivindicação de seguro como legítima ou fraudulenta.

Modelos de decisão

Dado um cenário complexo, qual a melhor decisão a se tomar — e se você agir, qual seria o resultado? Modelos orientados para decisão (simplesmente chamados de *modelos de decisão*) lidam com essas questões construindo planos estratégicos para identificar o melhor curso de ação, considerando-se certos eventos. Modelos de decisão podem ser estratégias de mitigação de riscos, ajudando a identificar qual a melhor resposta a eventos improváveis.

Modelos de decisão testam vários cenários e selecionam o melhor dos cursos. Para tomar uma decisão informada, você precisa entender profundamente as complexas relações nos dados e o contexto em que está operando. Um modelo de decisão serve como ferramenta para ajudar você a desenvolver esse entendimento.

Modelos associativos

Modelos de associação (chamados de *modelos associativos*) são construídos com base nas associações e relações subjacentes existentes nos dados. Se, por exemplo, um cliente assina um determinado serviço, é mais provável que ele solicite outro serviço específico. Se um cliente pretende comprar o Produto A (um carro esportivo), e esse produto está associado ao Produto B (digamos, óculos de sol da marca de um fabricante de automóveis), ele tem maior probabilidade de comprar o Produto B.

Algumas dessas associações podem ser facilmente identificadas, e outras podem não ser tão óbvias. Encontrar uma associação interessante, antes desconhecida, pode levar a enormes benefícios.

Outra forma de descobrir uma associação é determinar se um certo evento aumenta a probabilidade de outro acontecer. Se, por exemplo, uma empresa que lidera um determinado setor da indústria acaba de relatar lucros extraordinários, qual a probabilidade de uma cesta de ações do mesmo setor aumentar ou diminuir de valor?

Descrevendo e sumarizando dados

No início de um projeto de análise preditiva, os cientistas de dados e os analistas de negócios ainda não estão totalmente familiarizados com os dados e não sabem qual análise funcionará melhor. É preciso despender um tempo substancial explorando os dados como o único objetivo de adquirir familiaridade. Ferramentas de visualização podem ajudar nisso.

Descrever seus dados pode oferecer um resumo preciso dos atributos e da estrutura básica que tornam os dados relevantes e úteis. Por exemplo, identificar diferentes agrupamentos nos dados é uma etapa essencial para a construção de um modelo que represente seus dados com precisão — o que aumenta as chances de obter um resultado analítico útil.

Tomando melhores decisões de negócios

Líderes de empresas usam análise preditiva principalmente para aprimorar as decisões de negócios. O valor dos dados para uma organização está, essencialmente, em sua capacidade de levar a decisões que resultem no sucesso da organização.

Decisões orientadas por dados proporcionam à sua empresa e processos gerenciais uma base sólida, aumentam a satisfação de seus clientes e elevam seu retorno sobre o investimento. Em um mercado mundial repleto de variáveis em constante mudança — governado por regras complexas e sistemas globais infinitamente interdependentes —, organizações podem navegar com mais sucesso usando a análise preditiva para substituir o trabalho de adivinhação por ações baseadas em dados reais.

A análise preditiva pode transformar sua empresa gerando novos insights úteis que podem servir como base para estratégias sólidas e decisões eficazes baseadas em fatos.

Estudos de Caso de Análise de Assistência Médica

A área de assistência médica oferece exemplos de análise preditiva em ação. Esta seção traz dois estudos de caso. No primeiro, o Google usou os dados de busca para tentar criar um modelo preditivo para prever surtos de gripe que fez boas previsões em determinado momento, mas que depois não conseguiu continuar prevendo surtos nos anos seguintes. No segundo, dados sobre câncer preveem a taxa de sobrevivência de pacientes com câncer de mama.

Google Flu Trends

As pessoas usam o Google para pesquisar quase tudo, praticamente o tempo todo — seu próximo destino, o nome da pessoa que acabaram de conhecer, assuntos que querem aprender e até sintomas de doenças que acham que têm. É aí que as buscas online se tornam relevantes do ponto de vista médico.

Pesquisadores do Google descobriram que certos termos podem ser bons indicadores de que um surto de uma doença — em especial a gripe — está ocorrendo.

Esse insight apareceu pela primeira vez em um artigo de pesquisa de Jeremy Ginsberg e vários outros autores, publicado na revista *Nature*. O título resume a premissa um tanto improvável: "Detecting Influenza Epidemics Using Search Engine Query Data" [Detectando Epidemias de Influenza Usando Dados de Mecanismo de Busca, em tradução livre]. Os resultados, entretanto, foram verdadeiros por certo período, e depois os insights descobertos não se mantiveram por muito tempo. O Google usou termos de busca na tentativa de prever a atividade da gripe, quase em tempo real, ao redor do mundo.

Ginsberg e seus colegas descobriram uma forte correlação entre o número de indivíduos que buscam por termos relacionados a gripe e o número de indivíduos que realmente *têm* gripe. Embora uma busca na internet por informações sobre uma doença possa parecer uma atitude óbvia a se tomar quando você está se sentindo mal, pense no porquê ela parece óbvia: existe um padrão de comportamento oculto. O padrão aparece nos dados.

Os insights do Google decorrentes de termos de busca revelaram padrões que emergiram de consultas semelhantes e fenômenos da vida real. Como declarado no site do Google: "[existem] mais buscas relacionadas a alergias durante a estação das alergias e mais buscas relacionadas a queimaduras solares no verão."

O Google tentou utilizar essas consultas para extrair tendências. O objetivo era construir um modelo que pudesse prever eventos reais, como surtos em certas regiões do mundo, em tempo real.

Os dados clínicos tradicionalmente usados para a supervisão de doenças incluem números de visitas ao hospital, sintomas e tratamentos dos pacientes. Esses elementos dos dados podem ser usados para detectar ou prever a disseminação de uma epidemia. Os Centros de Controle e Prevenção de Doenças (CDC) dos Estados Unidos usam sistemas de vigilância tradicionais com até duas semanas de "atraso no relato", de acordo com o Google. Na verdade, em razão de as vítimas de gripe usarem o Google assim que ficam doentes, antes de irem ao médico, a esperança era a de que a abordagem do Google Flu reduzisse esse atraso de relato.

Os dados governamentais usados pelo Google — prontamente disponíveis no site do CDC (`www.cdc.gov/flu/weekly`, conteúdo em inglês) — consistem em quantas visitas de pacientes foram relacionadas a gripe em todas as nove regiões dos Estados Unidos. Com base no conjunto de dados de treinamento que abrangia cinco anos de consultas online e dados governamentais disponibilizados ao público sobre a influenza, o Google tentou construir um modelo para a vigilância internacional de influenza, que funcionou por algum tempo, mas que fracassou nos anos seguintes.

O projeto é conhecido como Google Flu Trends [Tendências de Gripe Google]. Depois do sucesso inicial em prever surtos de gripe com aproximadamente 97% de acurácia em relação aos dados do CDC em 2008, o Google relatou falhas do mesmo projeto em fazer predições corretas nos anos subsequentes. Na verdade, alguns meses depois que o Google anunciou seu sucesso na construção de um modelo capaz de prever uma epidemia de gripe, ela não conseguiu prever o surto de gripe suína de 2009 causada pelo vírus influenza H1N1.

As predições geradas pelo Google foram imprecisas, e o CDC permanece a única fonte de dados confiável para prever surtos de gripe. Na verdade, em algum momento entre 2012 e 2013, o Google Flu Trends previu incorretamente o número de casos de gripe, um número duas vezes maior que as consultas médicas originalmente reportadas pelo CDC. O Google Flu Trends está suspenso e não publica mais predições. Entretanto, o que podemos aprender com esse fracasso?

Alguns sintomas da gripe são:

» Dores de cabeça.
» Febre.
» Tosse.
» Vômitos.
» Coriza.
» Dor de garganta.
» Cansaço.
» Dores nas articulações.

Não foram divulgadas quais as palavras-chave exatas usadas pelo Google para coletar termos de consulta relacionados, mas muito provavelmente as consultas no Google são filtradas pelos sintomas citados.

A principal causa de inexatidão das previsões do Google decorreram do fato de que muitas pessoas que estavam usando o Google para pesquisar tais sintomas de gripe não sabem o que é influenza, e a maioria delas não está com gripe.

Se você pesquisa no Google "dores de cabeças frequentes de manhã", não significa necessariamente que está com gripe. O mesmo se aplica aos outros sintomas, como cansaço e dor de garganta.

Na verdade, os dados do CDC mostram que a maioria das pessoas que consultou médicos pensando que tinha gripe, na realidade, não tinha. O CDC relatou que cerca de 10% das consultas ao médico foram positivas para casos de gripe. O resto dos casos era de doenças semelhantes.

Dentre os 90% das pessoas que procuraram o médico pensando que tinham gripe, mas não tinham, muitas buscaram no Google e não foram excluídas do modelo preditivo do Google Flu Trends, embora não estivessem gripadas. Por isso, os resultados do Google Flu Trends foram imprecisos.

Lição aprendida: O big data inspira e pode levar a resultados fenomenais, mas apenas com dados de boa qualidade.

Preditores de sobrevivência ao câncer

Os usos médicos da análise preditiva incluem a utilização de algoritmos para prever a taxa de sobrevivência entre pacientes com câncer de mama. De acordo com a American Cancer Society Surveillance Research, o câncer de mama era o principal tipo de câncer em 2013. Estimava-se que seriam diagnosticados 232.340 novos casos de câncer de mama entre mulheres norte-americanas em 2013, com 39.620 mortes no mesmo ano.

O professor Abdelghani Bellaachia e sua equipe na George Washington University fizeram uma poderosa conexão entre análise preditiva e benefícios humanos em um artigo publicado pela Society of Industrial and Applied Mathematics (SIAM): "Predicting Breast Cancer Survivability Using Data Mining Techniques" [Prevendo a Sobrevivência ao Câncer de Mama Usando Técnicas de Mineração de Dados, em tradução livre].

No curso do desenvolvimento dos resultados descritos nesse artigo, a equipe usou dados históricos públicos sobre a sobrevivência ao câncer de mama para construir o modelo. Esses dados podem ser baixados no site do National Cancer Institute's Surveillance Epidemiology and End Results, SEER de forma abreviada (`http://seer.cancer.gov`, conteúdo em inglês).

O banco de dados do SEER abrange dados históricos sobre diferentes tipos de câncer, e os dados coletados sobre câncer de mama incluíram diversos atributos, como tempo de sobrevida, condições vitais e causa da morte.

O modelo de análise preditiva adotado para esse estudo de caso foi baseado em classificação. Três algoritmos foram usados — Naïve Bayes, Redes Neurais e Árvores de Decisão. (Veja o Capítulo 7 para saber mais sobre esses algoritmos.) Pesquisadores compararam suas acurácias e por fim escolheram o melhor para usar em seu modelo.

Por ser uma predição baseada em classificação, o modelo tinha que ser treinado usando-se agrupamentos ou classes de dados. A etapa de pré-classificação requer organizar os dados em categoria: `sobreviveu` e `não sobreviveu`.

100   PARTE 2 **Incorporando Algoritmos em Seus Modelos**

Assim o conjunto de dados representa dois grupos de pacientes. Cada linha ou registro corresponde a uma paciente com câncer de mama, e cada uma delas pode ser rotulada como sobreviveu ou não sobreviveu.

O conjunto de treinamento contém os registros dos dados de pacientes usados para construir o modelo, e o restante dos registros (dados de teste) foi usado para testá-lo.

No estudo de caso, um modelo foi selecionado para a sobrevivência ao câncer de mama depois de comparados os resultados dos três algoritmos. Para essa aplicação em especial neste estudo específico, o modelo de Árvores de Decisão teve melhor desempenho em classificar precisamente os dados de teste e rotular o grupo-alvo.

Para mais detalhes sobre esse caso, veja a publicação original: Bellaachia, Abdelghani e Erhan Guven. "Predicting breast cancer survivability using data mining techniques." Age 58.13 (2006): 10-110. http://www.siam.org/meetings/sdm06/workproceed/Scientific%20Datasets/bellaachia.pdf [conteúdo em inglês].

Estudos de Caso de Análise Social e Marketing

Em uma percepção totalmente diferente, a análise social e de marketing oferece mais evidências de conexões impressionantes, mas muito úteis entre atividade online e predições práticas. As seções a seguir examinam diversos exemplos: o uso de dados de compras ao longo do tempo para prever gravidez de clientes; o uso do Twitter para prever o mercado de ações; o uso de novos artigos para especular sobre as variações dos preços de ações; o uso do Twitter para prever terremotos e resultados de eleição; e o potencial dos dados de ciclistas da cidade de Nova York. Relaxe. Só parece mágica.

Target prevê mulheres grávidas

Em um exemplo desintencionalmente invasivo, a cadeia de lojas Target utilizou análise preditiva em big data para prever quais de suas clientes tinham probabilidade de estar grávidas. (Charles Duhigg, repórter do *The New York Times*, inicialmente fez a cobertura dessa história.) A Target coletou dados sobre alguns itens específicos que elas compravam, como vitaminas, loções sem cheiro, livros sobre gravidez e roupas de gestante.

Usando esses dados, a Target desenvolveu modelos preditivos para gravidez entre suas clientes. Os modelos pontuaram a probabilidade de uma determinada cliente estar grávida.

Tenha em mente que o modelo de análise preditiva não se baseia em apenas um fator (como os padrões de compra) para prever a probabilidade de um acontecimento. A Target provavelmente não contou com apenas um fator para fazer suas predições. Em vez disso, o modelo observou fatores que incluíam padrões de compras de produtos relacionados a gestação, idade, status de relacionamento e sites visitados. O mais importante, as predições resultantes se basearam em acontecimentos ao longo de um período, não em eventos isolados. Por exemplo, um casal compra vitaminas em determinado momento, uma revista com orientações sobre gravidez em outro, toalhas de mão em outro e roupas de gestante em outra oportunidade. Além disso, o mesmo casal pode ter visitado sites relacionados ao planejamento de gravidez e sites de ideias de nomes de bebês ou de lições para casais de como lidar com os primeiros dias de gestação. (Essas informações podem ter sido salvas no registro de buscas feitos pelo casal.) Depois que a Target identificou potenciais clientes como possivelmente "grávidos", ela pode enviar cupons de produtos como loções e fraldas para esses clientes.

Detalhes do modelo exato usado pela Target para prever a gravidez de clientes não estão disponíveis. Uma forma de construir um modelo assim, porém, é usar a predição baseada em classificação. (Essa não é a única forma possível, e pode não ser a abordagem usada pela Target.) O procedimento geral seria assim:

1. **Colete os dados de clientes anteriores, atuais ou potenciais da Target e inclua suas compras ao longo do tempo no ciberespaço (como os dados de busca do site da Target).**

2. **Colete dados transacionais de clientes da Target que de fato compraram os produtos em que você está interessado, alguns dos quais são relacionados à gravidez.**

3. **Selecione dados de treinamento que serão usados para construir seu modelo baseado em classificação e separe alguns dos dados passados para usar no modelo de teste.**

4. **Teste o modelo até que seja validado e que você esteja feliz com a acurácia de sua performance nos dados históricos.**

5. **Implemente seu modelo. Conforme forem entrando novos dados para um determinado cliente, seu modelo classificará o cliente como potencialmente "grávido" ou não.**

Preditores de terremoto baseados no Twitter

Outro uso impressionante da análise preditiva é detectar terremotos. Sim, isso mesmo, terremotos. Os pesquisadores Sakaki, Okazaki e Matsuo, da Universidade de Tóquio — situada em uma região conhecida por sua atividade sísmica —, utilizaram o microblog da rede social Twitter para detectar um terremoto em tempo real. Um resumo de sua pesquisa de 2010 ("Earthquake Shakes Twitter Users: Real-Time Event Detection by Social Sensors" [Terremotos Chacoalham os Usuários do Twitter: Detecção de Evento em Tempo Real por Sensores Sociais, em tradução livre]) foi publicado nos anais da International Conference on World Wide Web de 2013.

A abordagem dos pesquisadores foi utilizar os usuários do Twitter como sensores que pudessem sinalizar um evento através de tuítes. Como os usuários do Twitter tendem a tuitar diversas vezes diariamente, os pesquisadores puderam capturar, analisar e categorizar os tuítes em tempo real. Eles tentavam prever a ocorrência de terremotos de intensidade três ou superior monitorando esses tuítes. Um resultado da pesquisa era um sistema de monitoramento do Twitter baseado em terremoto que envia e-mails para usuários registrados para notificá-los de que um terremoto está em progresso. Aparentemente, os usuários registrados desse sistema receberam notificação muito mais rápido do que os anúncios divulgados pela Agência de Meteorologia do Japão. O sistema baseado no Twitter se fundamentou em uma ideia simples:

1. **A aplicação de detecção de terremoto começa coletando tuítes sobre um evento acontecendo em tempo real.**

2. **Os tuítes coletados seriam usados para rastrear a exata localização do terremoto.**

Um problema: tuítes contendo a palavra *terremoto* podem ou não se referir a um terremoto de verdade. Os dados coletados originalmente focaram tuítes consistindo em palavras diretamente relacionadas a um evento de terremoto — como as frases "Terremoto!" ou "Agora está tudo chacoalhando!" O problema era que o significado dessas palavras pode depender do contexto. *Chacoalhando* surge em frases como "estamos chacoalhando tudo na festa" — e mesmo *terremoto* pode significar outra coisa além do episódio em si (tal como: "Estou em uma conferência sobre terremotos"). Aliás, o tempo verbal do tuíte poderia se referir a um evento passado (como na frase "o terremoto de ontem foi assustador").

Para superar essas ambiguidades, os pesquisadores desenvolveram um modelo preditivo baseado em classificação com os fundamentos de Máquina de Vetores de Suporte (veja o Capítulo 7).

> » Um tuíte seria classificado como positivo ou negativo com base em um princípio simples: um tuíte positivo é sobre um terremoto real; um tuíte negativo não é.
>
> » Cada tuíte foi representado usando-se três grupos de atributos:
>
> O número de palavras no tuíte e a posição da palavra-alvo dentro do tuíte.
>
> As palavras-chave no tuíte.

CAPÍTULO 5 **Aplicando Modelos** 103

As palavras que precedem e procedem uma palavra-alvo como *terremoto* no tuíte.

» O modelo faz as seguintes presunções:

Que um tuíte classificado como positivo contém a localização geográfica do usuário.

Que um tuíter que envia um tuíte positivo pode ser interpretado como um sensor virtual.

Que esse tuíter está ativamente tuitando sobre eventos reais que estão ocorrendo.

Preditores de resultado de campanhas políticas baseados no Twitter

Em um tempo relativamente curto, a atividade política saturou a mídia social online — e vice-versa — mesmo nos níveis mais altos do governo.

Na Câmara dos Representantes dos Estados Unidos, por exemplo, é comum ver membros da equipe dos congressistas no salão, digitando freneticamente tuítes em seus celulares enquanto assistem a uma sessão. Todo(a) senador(a) e deputado(a) tem uma página no Twitter — e eles (ou sua equipe) têm que mantê-la ativa, então tuítam sobre tudo que está acontecendo no Congresso.

Mesmo assim, algumas coisas nunca mudam: uma campanha política de sucesso ainda tem como objetivo tornar seu candidato popular o bastante para ser eleito. Um candidato vencedor é aquele capaz de tornar muitas pessoas cientes dele ou dela — e (mais importante) fazer com que as pessoas falem positivamente sobre ele ou ela. É aí que política e mídia social se influenciam.

Um estudo da Universidade de Indiana demonstrou uma relação estatisticamente significativa entre os dados do Twitter e os resultados das eleições nos Estados Unidos. DiGrazia et al. publicaram um artigo intitulado "More Tweets, More Votes: Social Media as a Quantitative Indicator of Political Behavior" [Mais Tuítes, Mais Votos: Mídia Social como Indicador Quantitativo de Comportamento Político, em tradução livre]. (Uma cópia digital está disponível em: http://ssrn.com/abstract=2235423 [conteúdo em inglês].) O estudo descobriu uma correlação entre o número de vezes que um candidato à Câmara de Representantes era mencionado no Twitter nos meses anteriores à eleição e o desempenho desse candidato na eleição. A conclusão: quanto mais o candidato é mencionado no Twitter, melhor.

De acordo com um artigo do *Washington Post*, os sentimentos expressados em tuítes como reações aos eventos políticos das eleições de 2012 combinaram com o equilíbrio da opinião pública (conforme indicado por uma pesquisa de amostra aleatória) em aproximadamente 25% das vezes.

Como relata Nick Kolakowski no artigo publicado online (http://insights.dice.com/2012/11/06/twitter-experiment-predicts-obama-election-win [conteúdo em inglês]), uma equipe do Oxford Internet Institute, liderada por Mark Graham, investigou a relação entre o Twitter e os resultados das eleições. Eles coletaram 30 milhões de tuítes em outubro de 2012 e contaram quantos tuítes mencionaram os dois candidatos à presidência. Eles descobriram que Obama foi mencionado em 132.771 tuítes, e Romney foi mencionado em 120.637 tuítes. O instituto traduziu a contagem em percentuais projetados dos votos populares — 52,4% para Obama versus 47,6% para Romney. Pelo menos em termos de votos populares, esses números previram a vitória de Obama.

Entretanto, uma certa ambiguidade tendeu a ofuscar a imagem: o usuário que tuitou *sobre* um candidato pode não votar *nesse* candidato. Uma forma de descobrir a intenção de determinado usuário do Twitter poderia ser aplicar uma análise de sentimento ao texto do tuíte. Na verdade, Graham admitiu que eles deviam ter analisado os sentimentos dos tuítes. Claramente, a análise de sentimento desempenha um importante papel na construção de um modelo de análise preditiva para essas situações.

Assim, se você está construindo um modelo que busca prever a vitória ou a derrota do próximo candidato político proeminente, eis uma abordagem geral:

1. **Comece coletando um conjunto de dados de treinamento abrangente que consiste em dados sobre campanhas políticas passadas, e dados atuais sobre todos os candidatos.**

   Os dados devem ser reunidos de microblogs como Twitter ou Tumblr, e também de artigos de notícias, vídeos do YouTube (inclua os números de visualizações e comentários), e outras fontes.

2. **Conte as menções aos candidatos nessas fontes.**

3. **Use análise de sentimento para contar o número de menções positivas, negativas e neutras para cada candidato.**

4. **Conforme realiza as iterações durante o desenvolvimento de seu modelo, certifique-se de que sua análise inclua outros critérios que afetam as eleições e a votação.**

   Esses fatores incluem escândalos, entrevistas dos candidatos, debates, visões das pessoas conforme determinado por mineração de opiniões, visitas de candidatos a outros países, análise de sentimento dos cônjuges dos candidatos, e assim por diante.

5. *Geocodifique* — registre as coordenadas geográficas — seus critérios para que possa fazer a predição por locais.

Um ou mais dos atributos que você identificar terão poder preditivo; esses são os atributos que indicaram se um candidato venceu ou não a eleição passada. Esses resultados são relevantes para as predições de seu modelo.

Depois que seus dados de treinamento foram coletados e limpos, um modelo adequado pode ser um baseado em classificação. Neste momento você pode usar máquinas de vetores de suporte, árvores de decisão ou um modelo ensemble (veja o Capítulo 7 para saber mais sobre esses algoritmos) que baseiam as predições em um conjunto de critérios atuais *e* dados passados para cada candidato político. A ideia é pontuar os resultados; o escore mais alto deve lhe dizer se o candidato em questão vencerá.

Tuítes como preditores do mercado de ações

O Twitter pode ser uma fonte surpreendentemente valiosa de dados quando você está construindo um modelo preditivo para o mercado de ações. Um artigo de Johan Bollen e seus colegas, "Twitter Mood Predicts the Stock Market" [Humor no Twitter Prevê o Mercado de Ações], resume uma análise de cerca de 10 milhões de tuítes (de aproximadamente 3 milhões de usuários), que foram coletados e utilizados para prever o desempenho do mercado de ações com até seis dias de antecedência.

O estudo agrupou os tuítes por data e limitou seu escopo apenas para os tuítes que continham explicitamente expressões relacionadas a sentimento. "Eu sinto, Estou sentindo ou Eu não sinto" foram consideradas na análise. Os pesquisadores usaram duas ferramentas nesse exemplo clássico de mineração de opiniões:

» **OpinionFinder** é uma ferramenta de análise de sentimento desenvolvida por pesquisadores na Universidade de Pittsburgh, Universidade de Cornell e Universidade de Utah. A ferramenta minera texto e fornece um valor que reflete se o humor revelado no texto é negativo ou positivo.

» **GPOMS (Google Profile of Mood States)** é uma ferramenta de análise de sentimento fornecida pelo Google. Ela é capaz de analisar um texto e gerar seis valores de humor que podem ser associados com esse texto: calma, felicidade, alerta, certeza, vitalidade e gentileza.

A pesquisa seguiu essa sequência geral de etapas:

1. **Ao agrupar os tuítes coletados por data e rastrear os seis valores dos humores descobertos, o estudo gerou uma série temporal — uma sequência de pontos de dados ordenados no tempo. A finalidade era descobrir e representar o humor público ao longo do tempo.**

2. **Por comparação, os pesquisadores baixaram as séries temporais dos valores de fechamento do índice Dow Jones Industrial Average (DIJA) (postados no Yahoo! Finance) do período em que eles coletaram os tuítes.**

3. **O estudo correlacionou duas séries temporais, usando o teste de causalidade de Granger — uma análise estatística que avalia se uma série temporal pode ser usada para prever outra série temporal —, para investigar a hipótese de que os valores de humor público podem ser usados como indicadores para prever o futuro valor do DJIA ao longo do mesmo período.**

4. **O estudo usou um modelo de Rede Neural e lógica Fuzzy (veja o Capítulo 7) para testar a hipótese que incluir os valores de humor público aumenta a acurácia de predição do índice DJIA.**

Embora a pesquisa não forneça um modelo preditivo completo, essa correlação preliminar de humor público e o desempenho do mercado de ações identificam um caminho que merece ser investigado.

Prevendo a variação de preços de ações a partir de artigos de notícias

É possível prever a variação dos preços de ações de hoje a partir das notícias? Podemos usar um algoritmo para prever a influência das notícias diárias sobre o preço das ações? Essas são apenas algumas das perguntas feitas por aqueles que desejam entender a valorização das ações e lucrar com elas.

Nas aulas de análise preditiva do Dr. Bari, os alunos de pós-graduação Hongzhi Ren, Lin-Yu Tai e Yen-Cheng Liu iniciaram um projeto de pesquisa para aplicar algoritmos de aprendizado profundo especificamente em redes neurais convolucionais (CNN, sigla em inglês) e algoritmo perceptron multicamada para prever a influência de novos artigos nos preços das ações. (O Capítulo 7 traz uma visão geral sobre aprendizado profundo.)

A pergunta é se artigos de notícias em formato de texto podem ser aplicados para desenvolver uma estrutura de análise preditiva para classificar o quanto as notícias influenciam o preço de uma ação.

CAPÍTULO 5 **Aplicando Modelos** 107

Grandes quantidades de dados de texto publicados entre 2011 e 2015 foram coletados da Bloomberg News. Os dados sobre os preços de ações durante o mesmo período foram coletados do Google Finance e do Yahoo Finance.

As notícias receberam tags com os nomes das empresas mencionadas nos artigos. Durante a fase de preparação, cada artigo recebeu um rótulo, que representava a alteração percentual ocorrida no preço da ação da empresa mencionada no artigo. Por exemplo, artigos que resultaram em uma alteração de preço de +1% a -1% foram rotulados como "1", com uma alteração de preço de +1% a +5% e -1% a -5 % foram rotulados como "2", com alteração de +5% e +10% e -5% e -10% receberam rótulo "3", e variações maiores de 10%, como "4".

Depois de atribuir aos artigos rótulos que representavam sua influência nos preços das ações das empresas mencionadas neles, a fase seguinte na construção do modelo foi aplicar um algoritmo de extração de atributos aos artigos de notícias. (O Capítulo 9 apresenta a extração de atributos.) A extração de atributos de documentos de texto visa extrair o vocabulário e as palavras que representem melhor um conjunto de documentos. Um algoritmo de extração de atributo de aprendizado profundo conhecido como algoritmo word2vec foi aplicado para empregar um corpus de artigo de notícias como entrada e produzir uma coleção de vetores de palavras aprendidas como resultado. O word2vec é uma rede neural de duas camadas bom para processar texto. Ele é um algoritmo que usa texto como entrada e retorna um conjunto de vetores. Esses vetores são considerados vetores de atributos para palavras no conjunto de dados de texto de entrada.

Para mais detalhes e sobre a implementação do word2vec, visite `http://deeplearning4j.org/word2vec` [conteúdo em inglês]. O Capítulo 7 apresenta redes neurais e aprendizado profundo.

Na fase de modelagem, dois algoritmos de aprendizado profundo, conhecidos como algoritmo perceptron multicamada (MLP) e redes neurais convolucionais (CNN) (veja o Capítulo 7) foram aplicados aos vetores de palavras gerados na fase anterior para aprender a partir das quatro categorias de artigos de notícias rotulados (1, 2, 3 e 4) mencionadas anteriormente.

Rodando múltiplos experimentos e usando validação cruzada como técnica de modelo de validação, os resultados do experimento relataram uma acurácia de 65,3% usando o modelo MLP, e 71,2% para o modelo CNN em prever o rótulo de influência (1 a 4) dos artigos de notícia. Esse é um projeto de pesquisa em andamento, e um dos aprendizados dos resultados experimentais anteriores era o de que os artigos de notícias online tinham o potencial de prever a movimentação futura das ações. Esse projeto de pesquisa visa empregar as fontes de dados sendo usadas para expandir as fontes de dados sendo usadas para um conjunto de dados maior para ampliar a estrutura da análise preditiva.

Analisando a utilização de bicicletas na cidade de Nova York

Se você passar um dia em Nova York, encontrará um grande número de ciclistas misturados aos pedestres e aos veículos. De acordo com o *New York Daily News*, os ciclistas da cidade de Nova York fizeram um número recorde de 10 milhões de viagens em 2015.

No início de 2016, Dr. Bari e seus alunos de pós-graduação Liyang Yan, Yifu Zhao e Xingye Zhang começaram a trabalhar em um projeto de pesquisa para analisar um conjunto de dados criado pela CitiBike. A finalidade do projeto é descobrir insights valiosos que possam oferecer soluções para inúmeros problemas diferentes, incluindo congestionamento das ciclovias e a entrega de serviços essenciais para a cidade onde são mais necessitados.

A origem desse projeto de pesquisa foram as seguintes perguntas:

» Podemos prever onde serão os pontos problemáticos mapeando pessoas e lugares dentro da cidade?

» Se você trabalhasse no distrito financeiro no centro de Nova York, onde provavelmente você moraria?

» Onde provavelmente você passaria seu tempo depois do trabalho?

O potencial para esses insights serem usados como base de conhecimento para influenciar a tomada de decisão é o que impulsiona essa pesquisa.

A equipe vem desenvolvendo uma estrutura de ciência de dados que tenha o potencial de descobrir insights dos pontos problemáticos da cidade em determinada hora do dia. Essa estrutura poderia, ainda, ser usada para revelar potenciais correlações entre locais de trabalho e bairros residenciais para alimentar o sistema de recomendações para busca de imóveis.

Consideramos os seguintes atributos do conjunto de dados:

» Duração da viagem.
» Hora e data de início.
» Hora e data do término.
» Nome da estação de origem.
» Nome da estação de destino.
» ID da estação.
» Latitude e longitude da estação.

PAPO DE ESPECIALISTA

O site do conjunto de dados tem informações detalhadas sobre os atributos:

`www.citibikenyc.com/system-data`

Depois de pré-processar os dados, algoritmos de agrupamento de dados como K-means, DBscan e agrupamento hierárquico foram aplicados para o conjunto de dados de aproximadamente 300 estações de bicicleta (o Capítulo 6 tem uma explicação detalhada de agrupamento de dados e algoritmos). A maioria dos algoritmos de agrupamento obteve o mesmo insight: dois grupos de estações de bicicleta. Em uma inspeção mais minuciosa, dois grupos de estações compartilhavam muitas características intrigantes:

» Um grupo de estações era localizado perto de locais de trabalho, como bancos e companhias de seguro. Nessas estações, números similares de bicicletas chegavam entre 8h e 11h, e números parecidos partiam entre 17h e 20h no mesmo dia.

» O segundo grupo de estações era localizado próximo de áreas residenciais. Como o primeiro grupo, essas estações tinham, em média, números semelhantes de bicicletas partindo entre 8h e 11h e depois chegando à estação entre 17h e 20h.

Em seguida, aplicamos algoritmo de agrupamento de dados em aproximadamente oito milhões de registros de viagens durante 2014. Viagens semelhantes foram agrupadas com base na estação de origem, longitude e latitude da estação de destino, hora e duração. Um padrão de tráfego emergiu: viagens similares entre 8h e 11h. Essas viagens provavelmente eram de ciclistas indo e voltando do trabalho. A mesma análise foi feita nas viagens do fim do dia para descobrir pontos problemáticos.

Os insights descobertos podem ser resumidos da seguinte forma:

Muitos ciclistas que trabalhavam no distrito financeiro na cidade de Nova York provavelmente moravam nas seguintes áreas: Battery Park, Five Points, Chelsea, Hell's Kitchen e East Village. Esses ciclistas usam as bicicletas depois do trabalho para passar um tempo nessas áreas: Upper Westside, Times Square ou Greenwich Village.

Do mesmo modo, muitos ciclistas que viajam para o SoHo se deslocam de Little Italy, Greenwich Village, Gramercy, Williamsburg ou Fort Greene. Eles usam a bicicleta no fim da tarde para passar um tempo em Little Italy, East Village ou Tribeca.

Insights semelhantes foram descobertos de outras partes da cidade. Esses resultados foram relevantes somente quando o clima estava conveniente para andar de bicicleta. Os resultados também mostraram que alguns ciclistas viajavam para estações próximas a restaurantes, bares e estações de metrô. Nesses casos, foi mais difícil dizer se um indivíduo fez uma viagem para ir para o restaurante ou para se deslocar para o trabalho por um método alternativo.

Há muito potencial nos insights surgidos do conjunto de dados que são usados para recomendar bairros para morar, diminuir o tráfego de bicicletas, entregar serviços na cidade e mais. O futuro dessa pesquisa focará expandir a janela de tempo para os anos seguintes. Além disso, ela objetivará considerar dados alternativos, como o clima e os dados de corridas de táxi, para desenvolver uma estrutura de análise preditiva mais inteligente.

Predições e respostas

Em seu livro *Análise Preditiva: O Poder de Predizer Quem Vai Clicar, Comprar, Mentir ou Morrer* (Alta Books), o Dr. Eric Siegel ilustra que cada aplicação de análise preditiva pode ser descrita por duas perguntas:

» *O que é previsto?*

   O tipo de comportamento (ação, evento ou acontecimento) para prever cada indivíduo, ação ou outro tipo de elemento.

» *O que é feito com isso?*

   Essas são as decisões decorrentes da predição; a ação tomada pela organização em resposta ou informada por predição.

Por exemplo, no caso das lojas Target preverem quais mulheres estão grávidas, Dr. Siegel modela a aplicação de análise preditiva usando duas dessas perguntas:

» O que é preditivo?

   Quais clientes mulheres terão bebês nos próximos meses.

» O que é feito com isso?

   Ofertas pertinentes para futuros pais.

Em outro exemplo, Dr. Siegel resume a aplicação de análise preditiva de marketing direto direcionado da seguinte forma:

» O que é previsto?

   Quais clientes responderão ao contato de marketing.

» O que é feito com isso?

   Contactar os clientes com maior probabilidade de responder.

Ser capaz de responder a essas duas perguntas não apenas o ajudará a visualizar e identificar a aplicação de análise preditiva, mas também o direcionará na definição da finalidade ou o problema de sua próxima aplicação de análise preditiva.

O livro do Dr. Siegel é ideal se você quiser ler mais sobre aplicações de análise preditiva além deste capítulo.

As três seções seguintes ilustram importantes campos que se correlacionam com a análise preditiva: compressão de dados, prognóstico e análise de dados abertos.

Compressão de dados

O professor Abdou Youssef é um especialista em compressão de dados e renomado cientista de computação que recebeu a medalha de ouro do Instituto Nacional de Padrões e Tecnologia (NIST) dos Estados Unidos por seus esforços no desenvolvimento da Biblioteca Digital de Funções Matemáticas do NIST. Ele tem sido um defensor e um dos primeiros a propor a compressão de dados e seu papel na análise de dados antes da era do big data. A compressão de dados está se tornando um importante passo no processo de análise de dados. Ela é o processo de reduzir o tamanho dos dados, que reduz os requisitos de armazenamento de dados e pode desempenhar um importante papel no desempenho do modelo de análise preditiva.

Existem muitos tipos de compressão de dados. Um é conhecido como *compressão sem perda de dados*. Como o nome sugere, o algoritmo de compressão sem perdas comprime e descomprime arquivos sem perda de dados durante o processo. Esses algoritmos são baseados principalmente em técnicas de modelagem estatística que visam reduzir informações redundantes em um arquivo.

Compressão com perdas de dados é outro tipo de compressão de dados. Algoritmos de compressão com perda de dados comprimem e descomprimem arquivos em uma representação *aproximada* dos dados originais, que reduz bits na representação de dados identificando e removendo informações desnecessárias e redundantes nos dados. Esse método frequentemente é usado em arquivos multimídia.

Na maioria dos casos, os algoritmos de compressão de dados são matematicamente complexos e requerem muito tempo para processar. Os grandes fornecedores, como a IBM, oferecem ferramentas e serviços para operações de larga escala.

É importante que os cientistas de dados entendam a necessidade de algoritmos de compressão de dados e como utilizá-los. Esta seção oferece uma visão geral sobre o tópico da compressão de dados com o objetivo de convidar o público a aprender mais sobre um assunto que terá grande impacto em nossa vida.

Eis alguns recursos úteis para aprender mais sobre compressão de dados:

» *Data Compression* de Abdou Youssef: `https://www.seas.gwu.edu/~ayoussef/cs6351/` [conteúdo em inglês].

» *Introduction to Data Compression* de Guy E. Blelloch, Carnegie Mellon University: `https://www.cs.cmu.edu/~guyb/realworld/compression.pdf` [conteúdo em inglês].

Prognóstico e Sua Relação com a Análise Preditiva

Prognóstico é um campo da engenharia que visa a previsão de um estado futuro em um sistema. Ele aperfeiçoa o processo de agendar manutenção, pedir peças e usar recursos. O professor David Nagel, um renomado especialista em energia nuclear, educador e pesquisador, deduziu uma correlação interessante entre o campo da Análise Preditiva e o velho campo de *Prognósticos*.

Prognóstico e Gestão de Saúde de Máquinas (PHM)

O desing, a produção e a operação de máquinas são um setor da indústria global multitrilionário. A antecipação das necessidades de manutenção e substituição de máquinas é de grande valia para fabricantes de todos os tipos. Portanto, o campo de Prognóstico e Gestão de Saúde de Máquinas (PHM, do inglês Prognostic and Health Management) se desenvolveu muito ao longo das últimas décadas. Um bom exemplo é o livro *Intelligent Fault Diagnosis and Prognosis for Engineering Systems* [Diagnóstico de Falhas e Prognóstico Inteligente para Sistemas de Engenharia, em tradução livre], de G. Vachtsevanos (Wiley).

A ideia central é fazer a manutenção de máquinas em linhas de produção quando elas necessitam, não de acordo com um cronograma baseado em tempo excessivamente conservador. Com o desenvolvimento de disponibilidade comercial de sistemas microeletromecânicos (MEMS) baratos e outros pequenos sensores, e a realização de computações sofisticadas em tempo real, o campo de PHM se desenvolveu rapidamente. Ele pega dados atuais e históricos e os utiliza para prever quando as máquinas necessitarão de intervenções caras e que interrompem a produção. Isso permite um planejamento eficiente de custos para o cuidado de máquinas essenciais em diversas linhas de produção. A PHM Society faz esse trabalho: `www.phmsociety.org` [conteúdo em inglês].

Do mesmo modo, a análise preditiva (PA), um campo relativamente novo que surgiu nos últimos anos, pega os dados de muitas fontes, geralmente de muitos empreendimentos ou campos. A PA processa os dados com uma ampla variedade de algoritmos em diversos computadores para prever as horas e as condições em que ações devem ser tomadas. O campo já desenvolvido de PHM e o novo campo da PA compartilham metodologias e objetivos comuns. Atualmente, a PA e a PHM permanecem separados um do outro. É possível que a PHM continue separada da PA. É mais provável que os dois campos interajam em benefício mútuo nos próximos anos. Os benefícios econômicos dessas interações podem ser substanciais para as duas áreas.

Na verdade, em 2015, a General Motors anunciou a criação de uma tecnologia de prognóstico que visa determinar se certos componentes de um veículo requerem atenção e manutenção por causa de uma possível falha futura.

É importante notar que um sistema de prognóstico consiste em sensores, sistema de aquisição de dados, algoritmo de predição para realizar a fusão de sensores e um modelo preditivo para interpretar os resultados. As fontes de dados envolvidas na construção de um Sistema de Prognóstico e Gestão de Saúde de Máquina incluem principalmente:

» Dados dos fabricantes:
- Dados de engenharia dos fabricantes baseados em modelos de computação e experiência de campo de outros sistemas ou similares.
- Representam a linha de base nominalmente esperada.
- Atualizações de dados realizadas por downloads das últimas rotinas de prognósticos de um conjunto de dados a partir de um site de análise central através de meios automatizados (telemetria).

» Dados de sensores adicionais:
- Temperatura do óleo, pressão do ar, vibrações.
- Dados de sensores que incluem como ruídos podem ser indicativos de um problema subjacente.
- Dados de Plataforma CPU.

» Muitos algoritmos têm sido usados nos sistemas de prognósticos:
- Regressão linear.
- Análise de série temporal.
- Modelos lineares de Dinâmica Bayesiana.
- Regressão não linear.

A Ascensão dos Dados Abertos

Bob Lytle, CEO da rel8ed.to (`www.rel8ed.to` [conteúdo em inglês]), e mais recentemente conhecido como ex-CIO da TransUnion Canada, está liderando os esforços no uso da informação pública como uma alternativa e fonte estratégica de dados para a modelagem preditiva nos serviços financeiros e setores de seguro.

O movimento Dados Abertos surgiu da ideia de que o acesso aos dados governamentais deveria ser livre e disponível para que todos usassem. Veja alguns exemplos de dados abertos [conteúdo dos três primeiros sites em inglês]:

» Dados da Agência Federal dos Estados Unidos: `www.data.gov`
» Dados abertos do Governo do Canadá: `http://open.canada.ca`
» Dados abertos do Banco Mundial: `http://data.worldbank.org`
» Dados abertos do Governo Brasileiro: `http://dados.gov.br`

O movimento dos Dados Abertos foi parte de uma teoria simples, como diz Bob: "Nós, como cidadãos, somos o governo, e, portanto, temos o direito de entender e até reutilizar as informações geradas pelos órgãos municipais, estaduais e federais." Entretanto, alguns dados permanecerão privados. Outra realidade sobre os dados abertos é que eles são sujos.

Os dados públicos frequentemente são incompletos, com valores ausentes. A equipe da rel8ed.to está construindo uma plataforma para limpar e reduzir dados públicos que estarão prontos para uso para modeladores em diversos segmentos de negócios. A equipe de Bob também usou dados públicos para gerar predições movidas por dados abertos para encontrar os 10% dos negócios que provavelmente fracassariam em 2017, e os 10% dos negócios que irão crescer e se ampliar. Modelos preditivos usando informação de dados abertos podem ser usados por instituições financeiras para verificar tendências de portfólios e agir logo no início do ciclo, antes da aversão de risco ou que eventos negativos ocorram.

Os Capítulos 6 e 9 apresentam diversas técnicas para limpeza e redução de dados.

116   PARTE 2 **Incorporando Algoritmos em Seus Modelos**

NESTE CAPÍTULO

» **Agrupando dados**

» **Identificando grupos ocultos de informação semelhante em seus dados**

» **Encontrando associações entre itens de dados**

» **Organizando dados com algoritmo de agrupamento inspirado na biologia**

Capítulo **6**

Identificando Similaridades nos Dados

xistem tantos dados à nossa volta, que pode parecer assustador. Grandes quantidades de informação estão constantemente sendo geradas, organizadas, analisadas e armazenadas. *Agrupamento de dados*, também chamado clustering, é um processo que pode ajudar você a compreender todo esse fluxo de dados, descobrindo agrupamentos ocultos de itens similares nos dados. Agrupamentos de dados oferecem uma descrição de seus dados que mostra, na essência, *seus dados contêm x números de grupos de objetos de dados semelhantes.*

O agrupamento — na forma de agrupamentos de coisas semelhantes — faz parte de nossas atividades cotidianas. Você usa o agrupamento sempre que agrupa itens semelhantes. Por exemplo, quando armazena alimentos em sua geladeira, você guarda vegetais na gaveta inferior, coloca alimentos congelados na seção adequada (freezer), e assim por diante. Quando você organiza sua carteira, arruma as notas por valor — maior valor com maior valor, trocados com trocados. O algoritmo de agrupamento gera esse tipo de ordem em grande escala para negócios ou organizações — onde um conjunto de dados pode abranger milhares ou milhões de registros de dados associados com milhares de clientes, fornecedores, parceiros de negócios, produtos, serviços, e assim por diante.

Resumindo, agrupamento de dados é uma separação inteligente de dados similares em grupos. O algoritmo que o faz tem sido aplicado em áreas como biologia, marketing, recuperação de informação e análise de redes sociais online.

Este capítulo o guia através da mecânica do agrupamento de dados e determina sua importância na análise preditiva.

Explicando o Agrupamento de Dados

Um *conjunto de dados* (ou coleção de dados) é um conjunto de item. Por exemplo, um grupo de documentos é um conjunto de dados em que os itens são documentos. Um conjunto de informação de usuários de rede social (nome, idade, lista de amigos, fotos, entre outros) é um conjunto de dados em que os itens são perfis de usuários de rede social.

O agrupamento de dados, também chamado de clustering, é a tarefa de particionar um conjunto de dados em subconjuntos de itens semelhantes. Itens também se chamam instâncias, observações, entidades, objetos de dados ou itens de dados. Na maioria dos casos, um conjunto de dados é representado em tabela — *uma matriz de dados*. Uma matriz de dados é uma tabela de números, documentos ou expressões, representados em linhas e colunas da seguinte forma:

» Cada linha corresponde a um determinado item no conjunto de dados.

As linhas às vezes são chamadas de *itens, objetos, instâncias* ou *observações*.

» Cada coluna representa uma particular característica de um item.

As colunas são chamadas de *atributos* ou *variáveis*.

Aplicar agrupamento de dados a um conjunto de dados gera grupos de itens de dados semelhantes. Esses grupos são chamados de *agrupamentos* — coleções de itens similares de dados.

Os itens *similares* têm uma inter-relação forte e mensurável — vegetais frescos são mais semelhantes entre si do que em relação a congelados ou a frutas frescas —, e técnicas de agrupamento usam essa relação para agrupar os itens.

A força de uma relação entre dois ou mais itens pode ser quantificada como uma *medida de similaridade*: uma função matemática que calcula as semelhanças entre dois itens de dados. Os resultados desse cálculo, chamado de *valores de similaridade*, basicamente comparam um item específico a todos os outros no

118 PARTE 2 **Incorporando Algoritmos em Seus Modelos**

conjunto de dados. Esses outros itens serão mais ou menos similares em comparação ao item específico.

As similaridades calculadas desempenham um importante papel na atribuição de itens a grupos (*agrupamentos*). Cada grupo tem um item que melhor o representa, e esse item é chamado de *representante do agrupamento*.

Imagine um conjunto de dados que consiste em diversos tipos de frutas em uma cesta, como mostra a Figura 6-1. A cesta tem frutas de diferentes variedades, como maçãs, bananas, limões e peras. Neste caso, as frutas são os itens de dados. O algoritmo de agrupamento de dados extrai grupos de frutas similares desse conjunto de dados (cesta de diferentes frutas), presumindo que o tipo de fruta é desconhecido para o algoritmo de agrupamento.

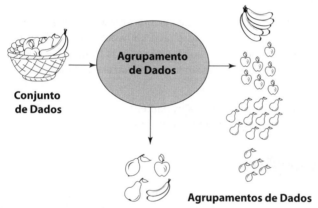

FIGURA 6-1: Agrupamento de dados aplicado a um conjunto de dados de frutas.

Imagine um robô ou uma tecnologia que examine cada fruta na cesta, e depois, automaticamente, determine o peso e o comprimento de cada fruta. Outros atributos possíveis das frutas poderiam incluir formato, tamanho, cor e preço, entre outros. Essa etapa no ciclo da análise de dados normalmente é chamada de *extração de atributo e seleção de atributo*.

O robô não sabe os nomes das frutas, e irá agrupá-las por atributos. Mais adiante nesse processo, um ser humano (um especialista em frutas, por exemplo) pode rotular os grupos descobertos analisando alguns dos elementos de cada grupo. Ou, se aproveitarmos o conhecimento prévio de algumas das frutas na cesta, podemos nomear os agrupamentos descobertos.

Os resultados do agrupamento de dados podem ser usados para atribuir automaticamente novas frutas a grupos conforme eles são adicionados na cesta, e prever relativamente seu tipo a partir dos atributos conhecidos. Esse processo no ciclo de análise de dados normalmente é chamado de classificação de dados, que é discutido no Capítulo 7.

O primeiro passo no processo de agrupamento de dados é traduzir esse conjunto de dados para a matriz de dados: um forma de modelar esse conjunto de dados é representar os itens no conjunto de dados (frutas) em linhas, e as características, ou atributos, que descrevem os dados, em colunas. Existem algoritmos que podem ser usados especificamente para extrair e selecionar atributos a partir de dados brutos. O Capítulo 9 traz os detalhes.

Na maioria dos casos, aplicar uma técnica de agrupamento de dados ao conjunto de dados de frutas conforme descrito anteriormente permite que você:

» **Encontre grupos (agrupamentos) de itens similares.** Você pode dizer que sua fruta é de N número de grupos. Afinal, se escolher uma fruta aleatória, você será capaz de fazer uma declaração sobre esse item como parte de um dos N grupos.

» **Encontre representantes do agrupamento de cada grupo.** Neste exemplo, um representante do agrupamento seria escolher um tipo de fruta da cesta e separá-lo. As características dessa fruta são as que representam melhor o grupo de frutas similares ao qual ela pertence.

Quando você está aplicando o agrupamento, seu conjunto de dados é organizado e dividido em agrupamentos naturais.

Motivação

O agrupamento de dados revela a estrutura nos dados extraindo agrupamentos naturais de um conjunto de dados. Portanto, descobrir agrupamentos é uma etapa essencial para a formulação de ideias e hipóteses sobre a estrutura de seus dados e produzir insights para melhor entendê-los.

O agrupamento de dados pode também ser uma forma de modelar dados: ele representa um corpus de dados maior por agrupamentos ou representantes do agrupamento.

Além disso, sua análise pode buscar simplesmente a divisão dos dados em grupos de itens similares — como no caso de divisões de *segmentação de mercado* em dados orientados por mercado em grupos tais como:

» Consumidores que compartilham os mesmos interesses (por exemplo, cozinha mediterrânea).

» Consumidores que têm necessidades em comum (por exemplo, pessoas com um tipo específico de alergia a alimento).

Identificar agrupamentos de clientes similares o ajuda a desenvolver uma estratégia de marketing que lide com as necessidades de agrupamentos específicos.

Além disso, o agrupamento de dados também pode ajudá-lo a identificar, aprender ou prever a natureza de novos itens de dados — especialmente como os novos dados podem ser associados para fazer predições. Por exemplo, em *reconhecimento de padrões*, analisar padrões nos dados (tais como padrões de compras em determinadas regiões ou grupos etários) pode ajudar você a desenvolver análise preditiva — neste caso, prever a natureza de futuros itens de dados que se encaixem bem com os padrões estabelecidos.

O exemplo da cesta de frutas usa o agrupamento de dados para distinguir entre diferentes tipos de itens de dados. Suponha que sua empresa monte cestas de frutas padrão, e uma nova fruta exótica é introduzida no mercado. Você quer aprender ou prever a qual agrupamento o novo item pertencerá se você adicioná-lo à sua cesta. Como você já aplicou o agrupamento de dados ao conjunto de dados frutas, você tem quatro agrupamentos — o que torna mais fácil prever qual agrupamento (tipo específico de fruta) é apropriado para o novo item. Tudo que você precisa fazer é comparar relativamente os atributos da fruta (como peso, comprimento, tamanho, preço e formato) aos outros quatro representantes do agrupamento e identificar em qual agrupamento ele se encaixa melhor. Apesar de esse processo parecer óbvio para uma pessoa trabalhando com um conjunto de dados pequeno, não é tão evidente em uma escala maior especialmente quando você tem um grande número de atributos. A complexidade se torna exponencial quando o conjunto de dados é grande, diverso e relativamente incoerente — que é a razão de existir do algoritmo de agrupamento: computadores fazem esse tipo de trabalho melhor.

Um exemplo prático comum e semelhante é a aplicação de agrupamento de dados para mensagens de e-mail, dividindo um conjunto de dados de e-mails em agrupamentos de spam e não spam. Uma ferramenta de detecção de spam precisaria primeiro particionar um conjunto de dados (todos os e-mails passados) em dois tipos (grupos): spam e não spam. Então a ferramenta prevê se um e-mail desconhecido é um spam ou não. Essa segunda etapa, normalmente chamada de classificação de dados, é tratada em detalhe no Capítulo 7.

O objetivo seria minimizar o número de spam que chega a sua caixa de entrada e de e-mails legítimos que acabam na pasta de spam. (Como você certamente já percebeu, esse tipo de agrupamento e classificação ainda não é perfeito.)

O agrupamento de dados é usado em diversos campos:

> » **Processamento de imagens:** O agrupamento de dados é parte da *segmentação de imagens* — o processo de particionar uma imagem digital em múltiplos segmentos a fim de analisar a imagem mais facilmente. Aplicar agrupamento de dados a uma imagem gera segmentos (agrupamentos) de

contornos que representam objetos — ajudando a detecção de condições de saúde perigosas em diagnóstico médico e na varredura de bagagens em aeroportos para materiais suspeitos.

» **Recuperação de informação:** Aqui o objetivo é buscar e recuperar informação de uma coleção de dados, por exemplo, um conjunto de documentos. Dividir uma coleção de documentos em grupos de documentos similares é uma tarefa essencial na recuperação de informação. O agrupamento de dados de documentos por assunto aperfeiçoa a busca de informação.

» **Medicina:** Aplicar o agrupamento de dados a uma matriz de expressão gênica (frequentemente chamada de *dados de microarranjo de expressão gênica)* de diferentes pacientes diagnosticados com câncer pode gerar agrupamentos de pacientes diagnosticados positivamente e negativamente, o que pode ajudar a predizer a natureza de novos casos.

» **Marketing:** Usar agrupamento de dados para agrupar clientes de acordo com o comportamento de compra semelhante melhora a eficiência de marketing direcionado.

» **Ordem pública:** Na análise de rede social, as mesmas técnicas de agrupamento de dados que podem auxiliar na detecção de comunidades de interesses em comum podem também ajudar a identificar grupos online envolvidos em atividade suspeita.

Convertendo Dados Brutos em uma Matriz

Antes que possa extrair grupos de itens de dados similares de seu conjunto de dados, você pode precisar representar seus dados em um formato de tabela conhecido como *matriz de dados*. Essa é uma etapa de pré-processamento que vem antes do agrupamento de dados.

Criando uma matriz de termos em documentos

Imagine um conjunto de dados que você está prestes a analisar e está contido em um conjunto de documentos do Microsoft Word. A primeira coisa que você precisa fazer é converter o conjunto de documentos em uma matriz de dados. Diversas ferramentas comerciais e de código aberto são capazes de lidar com essa tarefa, criar uma matriz (também chamada de *matriz termo-documento*), em que cada linha corresponde a um documento no conjunto de dados. Exemplos dessas ferramentas incluem RapidMiner e pacotes de mineração de texto do R, como o *tm*, que pode converter dados de texto não estruturado em uma forma que o algoritmo de agrupamento possa usar para descobrir agrupamentos.

A próxima seção explica um caminho possível para converter documentos em uma matriz de dados.

Um *documento* é, em essência, uma sequência de palavras. Um *termo* é um conjunto de uma ou múltiplas palavras.

Todo termo contido em um documento é mencionado uma ou várias vezes no mesmo documento. O número de vezes que um termo é mencionado em um documento pode ser representado pela *frequência de termo* (TF), um valor numérico.

Construímos a matriz de termos no documento da seguinte forma:

> » Os termos que aparecem em pelo menos um dos documentos listados na primeira linha.
> » Os títulos dos documentos são listados na coluna mais à esquerda.
> » Os números que aparecem dentro da matriz correspondem à frequência de cada termo.

Por exemplo, na Tabela 6-1, o Documento A é representado como um conjunto de números (5, 16, 0, 19, 0, 0), em que 5 corresponde ao número de vezes que o termo *análise preditiva* é repetido, 16 corresponde ao número de vezes que *ciência da computação* se repete, e assim por diante. Essa é a maneira mais simples de converter um conjunto de documentos em uma matriz.

TABELA 6-1   **Convertendo uma Coleção de Documentos em uma Matriz**

	Análise Preditiva	Ciência da Computação	Aprendizado	Agrupamento	2013	Antropologia
Documento A	5	16	0	19	0	0
Documento B	8	6	2	3	0	0
Documento C	0	5	2	3	3	9
Documento D	1	9	13	4	6	7
Documento E	2	16	16	0	2	13
Documento F	13	0	19	16	4	2

Seleção de Termos

Um desafio do agrupamento de documentos de texto é determinar como selecionar os melhores termos para representar todos os documentos na coleção. O quanto o termo é importante na coleção de documentos pode ser calculado de diferentes formas. Se, por exemplo, você contar o número de vezes que um termo se repete em um documento e comparar esse total com a frequência em que ele ocorre na coleção toda, terá uma ideia da importância do termo em relação aos outros.

Basear a importância relativa de um termo em sua frequência em uma coleção é chamado de *ponderação*. O peso que você atribui pode ser baseado em múltiplos princípios, e os dois exemplos mais comuns são:

> » Termos que aparecem diversas vezes em um documento são privilegiados em relação a termos que aparecem apenas uma vez.
>
> » Termos que são usados em relativamente poucos documentos são privilegiados em relação aos termos mencionados em todos os documentos.

Se (por exemplo) o termo *século* é mencionado em todos os documentos em seu conjunto de dados, então você pode não considerar atribuir peso suficiente ao termo para ter uma coluna só para ele na matriz. Existem muitas técnicas de ponderação amplamente usadas na prática de mineração de texto, tais como *frequência do termo–inverso da frequência nos documentos* [TF-IDF, da sigla em inglês para *term frequency-inverse documento frequency*]. A TF-IDF tenta mensurar a importância de uma palavra tanto no documento quanto em uma coleção de documentos. Da mesma forma, se está lidando com um conjunto de dados de usuários de rede social online, você pode facilmente converter esse conjunto de dados em uma matriz. Os IDs ou nomes dos usuários ocuparão as linhas; as colunas conterão os atributos que descrevam melhor esses usuários. (Um exemplo de uma matriz de dados de usuários de rede social é mostrado mais adiante neste capítulo.)

Identificando Grupos em Seus Dados

Um *algoritmo* é um processo passo a passo usado para resolver um problema. Um dos algoritmos mais usados em agrupamento de dados, *K-means* (também chamado de K-Médias), recebe seu nome da entrada e da saída do algoritmo: **K** é uma entrada do algoritmo; ele corresponde ao número de agrupamentos que o algoritmo precisa extrair de um conjunto de dados, expressado de forma algébrica como K-means, que são os dados de saída do algoritmo; eles se referem ao conjunto de representantes que representam *k* agrupamentos. Um *representante* *do agrupamento* é uma média estatística de todos os itens de dados no mesmo agrupamento. A próxima seção explica em detalhes como gerar um representante do agrupamento (ou seja, uma média).

Algoritmo de agrupamento K-means

Um algoritmo K-means divide um determinado conjunto de dados em k agrupamentos. O algoritmo executa as seguintes operações:

1. **Escolhe k itens aleatórios do conjunto de dados e os rotula como representantes iniciais do agrupamento. Para aprimorar o desempenho do algoritmo de agrupamento, é preferível que os k itens aleatórios que você escolher como representantes iniciais estejam bem espaçados em distância.**

2. **Associa cada item remanescente no conjunto de dados com o representante do agrupamento mais próximo, usando uma medida de distância (como a distância euclidiana, explicada mais adiante neste capítulo).**

3. **Recalcula os novos representantes dos agrupamentos.**

4. **Repete os Passos 2 e 3 até que os agrupamentos não mudem.**

Um representante de um agrupamento é uma *média* de todos os itens que pertencem ao mesmo agrupamento. Esse representante também é chamado de *centroide de agrupamento*.

A Tabela 6-2 mostra alguns atributos de três frutas (pontos de dados) do conjunto de dados frutas. Presumiremos que os itens na Tabela 6-2 tenham sido atribuídos ao mesmo agrupamento para que possamos mostrar a você como calcular um representante do agrupamento de itens pertencentes ao mesmo agrupamento. Neste exemplo, consideraremos apenas o comprimento e o peso como atributos dessas frutas similares, para simplificar.

TABELA 6-2   Itens do Conjunto de Dados Frutas

Item	Atributo #1 Peso (Gramas)	Atributo #2 Comprimento (Centímetros)
1	170	15
2	150	17
3	160	16

A Tabela 6-3 mostra os cálculos de um representante do agrupamento dos três itens (por exemplo, bananas) que pertencem ao mesmo agrupamento. O representante do agrupamento é um vetor de dois atributos. Seus atributos são a média dos atributos dos itens no agrupamento em questão.

CAPÍTULO 6 **Identificando Similaridades nos Dados** 125

TABELA 6-3   Calculando o Representante dos Três Itens

Item	Atributo #1 Peso (Gramas)	Atributo #2 Comprimento (Centímetros)
1	170	15
2	150	17
3	160	16
Representante do Agrupamento (Vetor Centroide)	(170+150+160)/3=160	(15+17+16)/3=16

O conjunto de dados mostrado na Tabela 6-4 consiste em sete avaliações de dois produtos, A e B, por cliente. O ranking representa o número de pontos (entre 0 e 20) que cada cliente atribuiu ao produto — quanto mais pontos, mais alta a classificação do produto. Usando um algoritmo K-means e presumindo que k é igual a 2, o conjunto de dados será particionado em dois grupos.

TABELA 6-4   Conjunto de Dados de Avaliações dos Produtos A e B

ID do Cliente	Avaliações dos Clientes do Produto A	Avaliações dos Clientes do Produto B
1	2	2
2	3	4
3	6	8
4	7	10
5	10	14
6	9	10
7	7	9

O resto do procedimento é assim:

1. **Escolha dois itens aleatórios (preferencialmente distantes um do outro) a partir do conjunto de dados e rotule-os como representante do agrupamento (como mostra a Tabela 6-5).**

A Tabela 6-6 mostra o passo inicial de seleção de centroides aleatórios a partir dos quais tem início o processo de agrupamento k-means. Os centroides iniciais são selecionados aleatoriamente nos dados que você está prestes a analisar. Neste caso, você procura dois agrupamentos, então dois itens de dados são aleatoriamente selecionados: os Clientes 1 e 5. Primeiro, o processo de agrupamento constrói dois agrupamentos em torno desses dois representantes de agrupamento iniciais (selecionados aleatoriamente). Então os representantes são recalculados; o cálculo é baseado nos itens em cada agrupamento.

126   PARTE 2 **Incorporando Algoritmos em Seus Modelos**

TABELA 6-5 Selecionando Representantes de Agrupamentos Iniciais Aleatórios

	Representante do Agrupamento (Vetor Centroide)
Agrupamento 1	Cliente ID#1 (2, 2)
Agrupamento 2	Cliente ID#5 (10,14)

TABELA 6-6 Primeira Iteração de Aplicação de um Algoritmo K-Means ao Conjunto de Dados de Avaliações de Clientes

Iteração#1	Agrupamento de Cliente 1		Agrupamento de Cliente 2	
Cliente a ser examinado	IDs de Clientes Pertencentes ao Agrupamento 1	Representante do Agrupamento	IDs de Clientes Pertencentes ao Agrupamento 2	Representante do Agrupamento
	1	(2, 2)	5	(10, 14)
2	1; 2	(2.5, 3)	5	(10, 14)
3	1; 2; 3	(3.67, 4.67)	5	(10, 14)
4	1; 2; 3	(3.67, 4.67)	4, 5	(8.5, 12)
6	1; 2; 3	(3.67, 4.67)	4, 5, 6	(8.67, 11.33)
7	1; 2; 3	(3.67, 4.67)	4, 5, 6, 7	(8.25, 10.75)

2. **Investigue todos os outros itens (cliente) e atribua-os ao representante do agrupamento com o qual eles são mais similares.**

Use a *distância euclideana* para calcular o quanto um item é similar a um grupo de itens:

Similaridade de Item I ao Agrupamento

$$X = \sqrt{(f_1 - x_1)^2 + (f_2 - x_2)^2 + \cdots + (f_n - x_n)^2}$$

Os valores $f_1, f_2 \ldots f_n$ são os valores numéricos dos atributos que descrevem o item em questão. Os valores $x_1, x_2 \ldots x_n$ são os atributos (valores médios) do representante do agrupamento (centroide), considerando que cada item tem n atributos.

Por exemplo, considere o item chamado Cliente 2 (3; 4): a avaliação do cliente para o Produto A foi 3, e a avaliação para o Produto B foi 4. O atributo do representante do agrupamento, como mostrado na Tabela 6-6, é (2; 2). A similaridade do Cliente 2 para o Agrupamento 1 é calculada da seguinte forma:

CAPÍTULO 6 **Identificando Similaridades nos Dados** 127

Similaridade do Item 2 para o Agrupamento 1 = $\sqrt{(3-2)^2 + (4-2)^2} = 2,24$

Veja o mesmo processo com o Agrupamento 2:

Similaridade do Item 2 a = $\sqrt{(3-10)^2 + (4-14)^2} = 12,21$

Comparando esses resultados, você atribui o Item 2 (ou seja, Cliente 2) ao Agrupamento 1, porque os números dizem que o Item 2 é mais similar ao Agrupamento 1.

3. **Aplicar a mesma análise de similaridade a todos os outros itens no conjunto de dados.**

Toda vez que um novo membro ingressa em um agrupamento, você precisa recalcular o representante do agrupamento, seguindo o exemplo mostrado na Tabela 6-3.

LEMBRE-SE

O uso de K-means é um processo iterativo. Em cada iteração, os passos do algoritmo mostrados aqui são repetidos até que os agrupamentos exibidos não mudem mais. As Tabelas 6-6 e 6-7 mostram essas iterações e atribuições de itens para os agrupamentos. No fim da Iteração 1, o Agrupamento 1 contém os Itens 1, 2 e 3, e o Agrupamento 2 contém os Itens 4, 5, 6 e 7. Os novos representantes do agrupamento são (3,67, 4,67) para o Agrupamento 1, e (8,25, 10,75) para o Agrupamento 2.

A Tabela 6-6 ilustra os resultados da primeira iteração do algoritmo K-mean. Observe que *k* é igual a 2, então você está procurando dois agrupamentos, que divide um conjunto de clientes em dois grupos significativos. Cada cliente é analisado separadamente e é atribuído a um dos agrupamentos com base na similaridade do cliente para cada um dos atuais representantes do agrupamento. Observe que representantes do agrupamento são atualizados toda vez que um novo membro ingressa em um agrupamento.

4. **Itere o conjunto de dados novamente, em todos os elementos. Calcule a similaridade entre cada elemento e seu atual representante do agrupamento.**

Perceba que o Cliente 3 mudou do Agrupamento 1 para o Agrupamento 2. Isso porque a distância do Cliente 3 para o representante do agrupamento do Agrupamento 2 é mais próxima do que o representante do agrupamento do Agrupamento 1.

A Tabela 6-7 mostra uma segunda iteração de algoritmo K-means nos dados dos clientes. Cada cliente está sendo reanalisado. O Cliente 2 está sendo atribuído ao Agrupamento 1 porque o Cliente 2 está mais próximo do representante do Agrupamento 1 do que do Agrupamento 2. O mesmo cenário se aplica ao Cliente 3. Observe que um representante do agrupamento está sendo recalculado (como na Tabela 6-3) toda vez que um novo membro é atribuído ao agrupamento.

TABELA 6-7 Segunda Iteração de Aplicação do Algoritmo K-Means ao Conjunto de Dados de Avaliação de Clientes

Iteração #2	Cliente Agrupamento 1		Cliente Agrupamento 2	
Cliente a Ser Avaliado	IDs de Clientes Pertencentes ao Agrupamento 1	Representante do Agrupamento	IDs de Clientes Pertencentes ao Agrupamento 2	Representante do Agrupamento
1	1, 2, 3	(3,67, 4,67)	4, 5, 6, 7	(8,25, 10,75)
2	1, 2, 3	(3,67, 4,67)	4, 5, 6, 7	(8,25, 10,5)
3	1, 2	(2,5, 3)	3, 4, 5, 6, 7	(7,8, 10,2)
4	1, 2	(2,5, 3)	3, 4, 5, 6, 7	(7,8, 10,2)
5	1, 2	(2,5, 3)	3, 4, 5, 6, 7	(7,8, 10,2)
6	1, 2	(2,5, 3)	3, 4, 5, 6, 7	(7,8, 10,2)
7	1, 2	(2,5, 3)	3, 4, 5, 6, 7	(7,8, 10,2)

Agrupamento pelo vizinho mais próximo

Vizinho Mais Próximo é um algoritmo simples amplamente utilizado para agrupar dados atribuindo um item a um agrupamento através da determinação de quais outros itens são mais similares a ele. Um uso típico do algoritmo do vizinho mais próximo segue as seguintes etapas gerais:

1. **Calcule a matriz de similaridade a partir dos itens no conjunto de dados.**

   Essa matriz, chamada de *matriz de distâncias*, conterá os valores de similaridade para cada um dos itens no conjunto de dados. (Esses valores são explicados em detalhes no próximo exemplo.)

2. **Com a matriz pronta, compare cada item no conjunto de dados a todos os outros e calcule o valor de similaridade (como mostrado na seção anterior).**

DICA

   Inicialmente, todo item é atribuído a um agrupamento de um item.

3. **Usando a matriz de distâncias, examine cada item para avaliar se a distância em relação a seu vizinho é menor do que o valor que você definiu.**

   Esse valor é chamado de *limite*.

4. **O algoritmo coloca cada elemento em um agrupamento separado, analisa os itens, decide quais itens são similares e adiciona itens similares ao mesmo agrupamento.**

5. **O algoritmo para quando todos os itens tiverem sido examinados.**

Considere, por exemplo, um conjunto de dados de oito localidades geográficas onde moram indivíduos. A finalidade é dividir esses indivíduos em grupos com base em suas localidades geográficas, como determinado pelo GPS – Global Positioning System [Sistema de Posicionamento Global] (veja a Tabela 6-8).

A Tabela 6-8 mostra um conjunto de dados simples de dados geográficos de indivíduos. Para simplificar, a latitude e a longitude do posicionamento global são representadas por números inteiros. Considere que todos os dados coletados sobre esses oito indivíduos foram coletados em um momento específico.

TABELA 6-8 **GPS Conjunto de Dados**

ID do Indivíduo	Longitude no GPS	Latitude no GPS
1	2	10
2	2	5
3	8	4
4	5	8
5	7	5
6	6	4
7	1	2
8	4	9

Assim como K-means, a primeira etapa de preparação é calcular os valores de similaridade para cada par de indivíduos. Uma das formas de se calcular a similaridade entre dois itens é determinar a distância euclidiana (conforme descrito na seção anterior). O valor de similaridade entre dois pontos é calculado conforme mostrado anteriormente na Tabela 6-9.

Similaridade entre Item A e Item B = $\sqrt{(f_{a,1} - f_{b,1})^2 + (f_{a,2} - f_{b,2})^2 + \cdots + (f_{a,n} - f_{b,n})^2}$

Aqui, $f_{a,1}$ é o primeiro atributo do Item A, $f_{a,2}$ é o segundo atributo do Item A, e os valores correspondentes rotulados como b representam os atributos do Item B. A variável n é o número de atributos. Neste exemplo, n é 2. Por exemplo, a similaridade entre o Item 1 e o Item 2 é calculada da seguinte forma:

Similaridade entre o Item 1 e o Item 2 = $\sqrt{(2-2)^2 + (10-5)^2} = 5$

Com base nessa mensuração de similaridade entre itens, você pode usar o algoritmo do vizinho mais próximo para extrair agrupamentos do conjunto de dados de localidades geográficas.

O primeiro passo é colocar no agrupamento C1 o indivíduo cujo ID é 1, a longitude é 2 e a latitude é 10. Depois, analise cada um dos indivíduos remanescentes para calcular o quanto cada um é similar ao indivíduo no C1. Se a similaridade

130 PARTE 2 **Incorporando Algoritmos em Seus Modelos**

entre o Indivíduo 1 e outro Indivíduo *x* for menor do que 4,5 (o valor do limite fornecido pelo usuário a partir do qual um item é muito dissimilar — o usuário do algoritmo pode determinar ou escolher esse valor), então o Indivíduo *x* ingressará no C1. Caso contrário, você cria um novo agrupamento para acomodar o Indivíduo *x*.

A Tabela 6-9 mostra as similaridades e relações numéricas entre os Indivíduos 1 a 8. A similaridade desses elementos de dados é calculada como uma distância euclidiana (explicada anteriormente neste capítulo); por exemplo, a similaridade entre o Indivíduo 1 e Indivíduo 5 é 7,07. Indivíduos com valores de similaridade mais próximos a 0 têm maior similaridade. Metade da matriz não está preenchida porque é *simétrica* (ou seja, a similaridade entre Indivíduos 1 e 4 é a mesma que entre os Indivíduos 4 e 1, uma propriedade garantida por qualquer medida de similaridade apropriada).

Você atribui o Indivíduo 1 ao primeiro agrupamento (C1). A similaridade entre o Indivíduo 1 e o Indivíduo 2 é igual a 5, o que é maior do que o valor limite de 4,5. Um novo agrupamento é gerado — e o Indivíduo 2 pertence a ele. Neste estágio, você tem dois agrupamentos de um item cada: C1 = {Indivíduo 1} e C2 = {Indivíduo 2}.

Mudando o foco para o Indivíduo 3, você descobre que as similaridades tanto entre o Indivíduo 3 e o 1 como entre o 3 e o 2 são maiores do que o valor limite de 4,5. Portanto, você atribui o Indivíduo 3 a um novo agrupamento contendo um item: C3 = {Indivíduo 3}.

Passando para o Indivíduo 4, você calcula o quanto o Indivíduo 4 é similar aos Indivíduos 1, 2 e 3. O mais próximo (mais similar) ao Indivíduo 4 é o Indivíduo 1. A similaridade entre 4 e 1 é de aproximadamente 3,61, que é menor do que o valor limite de 4,5. O Indivíduo 4 se junta ao Indivíduo 1 no Agrupamento C1. Os agrupamentos construídos até agora são: C1 = {Indivíduo 1, Indivíduo 4}, C2 = {Indivíduo 2} e C3 = {Indivíduo 3}.

O próximo passo é examinar o Indivíduo 5 e calcular o quanto ele é similar aos Indivíduos 1, 2, 3 e 4. O item mais próximo em distância (mais similar) ao Indivíduo 5 é o Indivíduo 3. A similaridade é $\sqrt{2}$, que é menor do que o valor limite de 4,5. Assim, o Indivíduo 5 ingressa em C3. Os agrupamentos construídos até agora são: C1 = {Indivíduo 1, Indivíduo 4}, C2 = {Indivíduo 2} e C3 = {Indivíduo 3, Indivíduo 5}.

Quando você examina o Indivíduo 6 e calcula o quanto ele é similar aos Indivíduos 1, 2, 3, 4 e 5, descobre que o Indivíduo 5 é mais próximo (mais similar) ao Indivíduo 6. Portanto, o Indivíduo 6 ingressa em C3. Os agrupamentos construídos até agora são: C1 = {Indivíduo 1, Indivíduo 4}, C2 = {Indivíduo 2} e C3 = {Indivíduo 3, Indivíduo 5, Indivíduo 6}.

CAPÍTULO 6 **Identificando Similaridades nos Dados** 131

TABELA 6-9   Determinando o Grau de Similaridade (Distância Euclidiana) entre Indivíduos

	Indivíduo #1	Indivíduo #2	Indivíduo #3	Indivíduo #4	Indivíduo #5	Indivíduo #6	Indivíduo #7	Indivíduo #8
Indivíduo #1	0	5	8,49	3,61	7,07	7,21	8,06	2,24
Indivíduo #2		0	6,08	4,24	5	4,12	3,16	4,47
Indivíduo #3			0	5	1,41	2	7,28	6,40
Indivíduo #4				0	3,61	4,12	7,21	1,41
Indivíduo #5					0	1,41	6,71	5
Indivíduo #6						0	5,39	5,39
Indivíduo #7							0	7,62
Indivíduo #8								0

Quando você examina o Indivíduo 7 e calcula o quanto ele é similar aos Indivíduos 1, 2, 3, 4, 5 e 6, descobre que o item mais próximo (mais similar) ao Indivíduo 7 é o Indivíduo 2. Portanto, o Indivíduo 7 ingressa em C2. Os agrupamentos criados até agora são: C1 = {Indivíduo 1, Indivíduo 4}, C2 = {Indivíduo 2, Indivíduo 7} e C3 = {Indivíduo 3, Indivíduo 5, Indivíduo 6}.

Ao examinar o Indivíduo 8 e calcular sua similaridade aos Indivíduos 1, 2, 3, 4, 5, 6 e 7, descobre que o item mais próximo (mais similar) ao Indivíduo 8 é o Indivíduo 4. Portanto, o Indivíduo 8 ingressa em C1.

Os grupos de itens de dados similares construídos até agora, contendo os itens mais similares entre si, são:

C1 = {Indivíduo 1, Indivíduo 4, Indivíduo 8}

C2 = {Indivíduo 2, Indivíduo 7}

C3 = {Indivíduo 3, Indivíduo 5, Indivíduo 6}

Algoritmo baseado em densidade

Algoritmos de agrupamento baseados em densidade são um conjunto de técnicas de aprendizado de máquina capazes de descobrir regiões em que um número de elementos de dados estão relativamente próximos um do outro. Essas áreas de elementos de dados criam *regiões densas de dados.* Um algoritmo baseado em densidade descobre as áreas densas de dados e começa a criar agrupamentos entorno dessas áreas.

Um dos algoritmos baseados em densidade mais populares é o DBSCAN (sigla de *Density-Based Spatial Clustering of Applications with Noise* ou *agrupamento espacial baseado em densidade*).

O DBSCAN é inspirado na forma que os humanos descobrem áreas densas. Na verdade, seres humanos normalmente detectam grupos rastreando regiões densas de pessoas. A noção de densidade em agrupamento de dados é baseada no fato de que grupos de dados podem ser descobertos rastreando-se regiões densas.

Para entender como o DBSCAN funciona, é importante observar que o algoritmo DBSCAN requer dois parâmetros predefinidos:

» ε designa o raio de uma vizinhança.

Uma vizinhança de um determinado ponto x é a região circular do raio ε que contém pontos de dados que estão em uma distância menor do que ε.

» MinPts designa o limiar ou a quantidade mínima de pontos a serem considerados para um agrupamento.

CAPÍTULO 6 **Identificando Similaridades nos Dados** 133

O DBSCAN é um algoritmo iterativo, e a cada iteração ele tenta descobrir três tipos de pontos de dados:

» **Ponto central:** Um ponto que tem mais do que o mínimo de pontos (MinPts) dentro de um raio ε. Esses pontos são referidos como estando em *alcance direto* a partir do ponto central X.

» **Ponto de Borda:** Um ponto que tem um número inferior ao mínimo de pontos (MinPts) dentro de um raio ε, mas está na vizinhança de um ponto central. Uma vizinhança de um determinado dado X é o conjunto de pontos que está dentro da faixa de distância ε de X.

» **Ponto de Ruído:** Pontos que não são nem pontos centrais nem pontos de borda.

Resumindo, o algoritmo DBSCAN encontra os pontos nas regiões mais densas, conhecidos como pontos centrais (de modo análogo ao representante do agrupamento no K-means). Os pontos centrais podem depois ser usados para gerar agrupamentos. Ao contrário do K-means, o DBSCAN pode descobrir explicitamente pontos de ruído.

Os principais passos do algoritmo iterativo podem ser resumidos da seguinte forma:

1. **Encontrar e rotular os pontos de dados como central, de borda e ruído.**
2. **Reportar e eliminar pontos de ruído.**
3. **Para cada ponto central C que não tenha sido designado a um agrupamento, crie um novo agrupamento com ponto C e todos os pontos estão conectados pela densidade a C.**

PAPO DE ESPECIALISTA

Veja as terminologias a seguir relacionadas ao conceito de pontos conectados pela densidade:

- Dois pontos X e Y estão conectados se houver um ponto Z ao qual tanto X quanto Y estejam em alcance por densidade de Z.

- Dizemos que o ponto X é alcançável por densidade a partir do ponto Y se houver um conjunto de pontos Q1,..., Qn-1, em que Qi+1 seja diretamente alcançável por densidade a partir do Qi.

4. **Atribua pontos de borda ao agrupamento do ponto central mais próximo.**

LEMBRE-SE

É importante observar os seguintes itens sobre o algoritmo DBSCAN:

» O DBSCAN é capaz de lidar com pontos de ruído.
» O DBSCAN não requer o número de agrupamentos como entrada para o algoritmo.

- » O DBSCAN oferece uma ideia da densidade dos dados.
- » O DBSCAN é capaz de lidar com agrupamentos de diferentes formas e tamanhos na maioria dos casos.
- » O DBSCAN é capaz de descobrir até certo ponto agrupamentos de formatos arbitrários.
- » O DBSCAN é muito sensível aos parâmetros de entrada de raio ε e limiar MinPts.

Encontrando Associações em Itens de Dados

O uso de análise preditiva como uma ferramenta de mineração de dados também tem o objetivo de descobrir relações ocultas entre itens em seus dados. Essas relações ocultas são chamadas de *mineração de regras de associação*.

Considere um grande conjunto de dados de transações de clientes, em que uma *transação de cliente* consiste no(s) produto(s) comprado(s) por um cliente em determinado momento. Em um cenário como esse, a finalidade da análise preditiva *como uma ferramenta* é identificar associações entre produtos no conjunto de dados. Uma associação entre dois produtos é uma *relação*, que pode ajudar o analista a discernir um padrão e criar uma regra a partir dos dados brutos das transações de clientes. Um exemplo dessa regra poderia ser os padrões de compras de alimentos: se um cliente compra manteiga e pão, é provável que ele também compre leite. A regra descoberta nesse caso pode ser escrita como:

{manteiga, pão} → {leite}.

Em termos de mineração de dados, {manteiga, pão} é chamado de *cesta*. Uma cesta de verdade contém itens, é claro, e essa também: manteiga e pão. A regra descoberta é que se uma cesta contém os itens manteiga e pão, então é muito provável que também contenha leite.

Encontrar essas *regras de associação* em um conjunto de dados de transações de clientes ajuda uma empresa (neste caso, um mercado) a maximizar sua receita ao decidir quais produtos vender, como posicionar produtos nas prateleiras da loja e como e quando oferecer um preço promocional.

Analisar os dados gerados pelas transações passadas a fim de maximizar os lucros é uma prática comum. Os dados de vendas coletados regularmente (diariamente, semanalmente, mensalmente) a partir dos sistemas dos pontos de vendas como lojas online, supermercados, livrarias e restaurantes são chamados de *cesta de dados* — que é, neste caso, basicamente dados de larga escala sobre transações de vendas. As regras de associação são geradas com um escore conhecido como *confiança* — que se refere à probabilidade de serem verdadeiras. Por exemplo, se uma regra gerada mostra que 98% das pessoas que compraram manteiga e pão também compraram leite, esse percentual (98%) é o *valor de confiança*.

Outros termos associados com uma regra são *antecedente* (a parte "se" de uma declaração "se-então" [if-then]) e *consequente* (a parte do "então" em "se-então"). No exemplo anterior, a antecedente é pão e manteiga; leite é a consequente.

Na prática, sua empresa usará análise preditiva para obter regras de associação de uma base de dados de clientes. O analista lança consultas com o propósito de encontrar regras relacionadas à antecedente (o que foi comprado) ou regras que possam levar a uma consequente (o que pode se esperar que seja comprado).

Em outro exemplo, imagine que o gerente de uma cafeteria queira maximizar os lucros usando regras de associação como ferramenta de mineração de dados. O gerente requisitaria itens como estes:

» Gere todas as regras que tenham *croissant* na antecedente e *café latte* na consequente.

Essas regras ajudariam o gerente a desenvolver recomendações de quais produtos deveria vender com os croissants; se café latte for proeminente como consequente, é alta a probabilidade de que a recomendação será vender café latte com croissants.

» Gere todas as regras que tenham *cookie com gotas de chocolate* como antecedente.

Essas regras podem ajudá-lo a esquematizar e elaborar um plano para aumentar as vendas de cookies com gotas de chocolate.

» Gere todas as regras que tenham *espresso* como uma antecedente.

Essas regras determinariam os produtos cujas vendas podem ser afetadas se a loja ficar sem espresso.

Algoritmo Apriori

Um dos mais populares algoritmos de mineração de dados para a descoberta de regras de associação é *Algoritmo Apriori*. Ele se baseia no conhecimento de propriedades de itemsets frequentes. É um algoritmo iterativo que começa pela determinação do conjunto de itens frequentes 1-itemset (L1), depois determina o conjunto de itens frequentes 2-itemset usando L1, e assim por diante. O algoritmo está disponível nas principais ferramentas de análise preditiva, como R, Apache Mahout e Weka. Para uma implementação de Apriori em R, veja `https://cran.r-project.org/web/packages/arules/arules.pdf`. Para uma implementação de Apriori em Weka, veja `https://arxiv.org/ftp/arxiv/papers/1406/1406.7371.pdf` [conteúdos em inglês].

Em um projeto recente, foram identificados casos de uso e criado um roteiro para uma grande organização financeira em que frameworks de análise preditiva de larga escala pudessem ser utilizados para aperfeiçoar as operações de negócios. Uma das áreas analisadas foi a manutenção preditiva (o processo de capturar e analisar registros de sistemas como indicadores para prever falhas em um sistema). Depois esses indicadores podem ser usados para gerar decisões de agir antecipadamente para evitar a interrupção do sistema.

Neste caso, o Algoritmo Apriori foi aplicado no campo da manutenção preditiva. A finalidade do projeto era apenas prever falhas do software antes que ocorressem.

Veja como o Apriori foi usado para minerar associações que pudessem ser usadas para manutenção preditiva.

O primeiro passo foi a exploração de dados para identificar as falhas de hardware e software mais críticas que a organização havia enfrentado nos últimos anos:

» Um dicionário de dados para fontes internas e externas foi criado para ajudar a minerar os conjuntos de eventos frequentes que levaram à falha.

» Foram identificadas ferramentas de monitoramento usadas dentro da organização para os registros de software e de hardware.

Algumas das falhas mais comuns de software podem ser resumidas em:

» Processo incapaz de ser iniciado.

» Processos são iniciados em uma sequência incorreta que leva a um status incorreto do processo.

» Degradação/crash da performance devido a uma falha de implementação (como vazamento de memória [esgotamento pela não liberação de memória não mais necessária] ou procedimento de chamada incorreto).

» Falha no desenvolvimento do software.

» Ausência de patch automatizado de gerenciamento de sistemas.

» Expiração de licença(s).

» DDoS — *distributed denial-of-service attack* [ataque de negação de serviço distribuído].

Se um serviço ou rede é incapaz de lidar com o tráfego, ele pode criar um gargalo nos serviços ou máquinas e tornar inacessíveis todos os serviços na máquina ou na rede.

CAPÍTULO 6 **Identificando Similaridades nos Dados** 137

Algumas das falhas de hardware mais comuns podem ser resumidas em:

- **»** **Hard drives:** Corrupção do sistema de arquivos, falha mecânica, umidade e aquecimento.
- **»** **CPUs:** Aquecimento, superutilização, overclocking e oscilações de voltagem, que causam danos aos transistores.
- **»** **Fontes de energia:** Sobrecarga e superaquecimento (falha na ventoinha, poeira, sujeira e oscilações de voltagem).
- **»** **Portas de rede:** Danos.

O segundo passo foi identificar as fontes de dados, tais como:

- **»** **Registros (logs) de eventos:** Mecanismos de registro de eventos automatizados ou registros manuais.
- **»** **Relatórios Ativos de Sistemas (SAR):** Relatórios do API [Interface para Programação de Aplicativos] dos sistemas operacionais.
- **»** **Tecnologia de Automonitoramento, Análise e Relatório (SMART):** Captura a saúde do drive de disco dos dados syslog, agente de log do hardware, memória, CPU e memória, RPM da ventoinha e o consumo de energia.
- **»** **Registros (logs) de Software:** Como Tableau, SharePoint e SQL servers.

O terceiro passo foi reunir uma equipe de cientistas de dados, arquitetos de dados, os usos na empresa que empregariam a framework, um fornecedor de ferramentas de análise de dados para Hadoop e usuários da empresa que utilizariam a framework. (O Capítulo 16 traz os detalhes sobre Hadoop.)

Os arquitetos de dados desenharam um processo ETL (sigla em inglês para extrair, transformar e carregar) e moveram os dados das fontes de dados para o hub de dados no Hadoop Distributed File System (HDFS).

Depois que os dados foram armazenados no HDFS, ele foi pré-processado. Os trabalhos do MapReduce foram escritos para executar as seguintes tarefas:

- **»** Converter os logs em um formato em comum.
- **»** Registros do sistema (Syslog), registros de eventos, registros de sensores de hardware e logs ambientais são semiestruturados (por exemplo, pela hora dos dados: *List<time, List(events>).*
- **»** Converter dados não estruturados do rastreamento web para capturar hardwares em comum, nome do software, tipo de falha e gravidade da falha.

Depois que os dados foram pré-processados e harmonizados em uma matriz de dados, foram considerados muitos possíveis modelos preditivos para prever falhas. Um dos algoritmos adotados foi o Apriori. Ele foi capaz de minerar eventos relacionados a partir do hub de dados. Por exemplo, alguns dos resultados estavam no seguinte formato:

{Evento A do tipo Error, Evento B do tipo Error} → {Evento C do tipo Critical}

{Evento D do tipo Critical, Evento E do tipo Error} → {Evento F do tipo System Outage}

A partir dessas regras de associação, foram detectados diversos caminhos para a falha que poderiam ser usados como preditores para falhas iminentes, baseados em eventos históricos.

Aplicando Técnicas de Agrupamento Biologicamente Inspiradas

A natureza é uma coleção de sistemas eficientes, belos e simples. Mesmo um processo natural tão simples como uma maçã caindo de uma árvore inspirou Newton a identificar a Lei da Gravidade. Mas a natureza é também o melhor lugar para buscar padrões que indiquem soluções para problemas complexos — comportamentos naturais coletivos tais como cardumes, revoadas de pássaros e trilhas de formigas levaram especialistas em análise preditiva a desenhar algoritmos de agrupamento de dados biologicamente inspirados.

Desenhar uma solução biologicamente inspirada envolve os seguintes passos:

1. **Observe e analise um fenômeno da natureza.**

2. **Imite ou modele o comportamento e desenhe uma representação para isso que um computador consiga compreender.**

3. **Use a representação para resolver um problema real.**

Em agrupamento de dados, dois algoritmos amplamente usados puramente inspirados na natureza são baseados na revoada de pássaros e no comportamento coletivo de colônias de formigas. Ambos os algoritmos podem modelar e agrupar seus dados de uma forma simples e natural.

Revoada de pássaros:
Algoritmo Flock by Leader

Imagine o comportamento de bando de pássaros como um modelo para os dados de sua empresa. Cada item corresponde a um único pássaro no bando; uma aplicação visual apropriada pode demonstrar a revoada em ação em um espaço visual imaginário. Seu conjunto de dados corresponde ao bando. O comportamento natural de bando corresponde aos padrões de dados que poderiam passar despercebidos. O objetivo é detectar enxames (agrupamentos de dados) dentro da revoada de pássaros (elementos de dados).

O comportamento de bando tem sido usado em aplicações reais como operações de resgate baseado em robótica e animação digital. Por exemplo, os produtores do filme *Batman: O Retorno* geraram comportamento de bando matemático para simular os bandos de morcegos e de pinguins.

O uso do comportamento de bando como uma técnica de análise preditiva — analisar os dados de uma empresa como bandos de elementos de dados similares — é baseado na dinâmica por trás do comportamento de bando na natureza.

Comportamento de bando [enxames ou colônias] de pássaros, peixes, moscas, abelhas e formigas é um sistema auto-organizável; os indivíduos tendem a se movimentar de acordo com seu ambiente e com os indivíduos próximos.

Em um bando de pássaros, cada indivíduo aplica três regras principais quando agrupados:

>> **Separação** mantém um pássaro distante de seus parceiros mais próximos.

>> **Alinhamento** permite que um pássaro se mova ao longo da mesma direção média que a de seus companheiros de bando.

>> **Coesão** mantém o pássaro dentro do grupo local.

Cada pássaro em uma revoada se move de acordo com essas regras. Os *companheiros de bando* são os pássaros dentro de uma certa distância de determinado pássaro, e a uma certa distância entre si. Para evitar colisão entre as aves, uma distância mínima precisa ser mantida; isso também pode ser matematicamente definido. Essas são as regras que orquestram o comportamento de bando, e utilizá-las para analisar os dados é o próximo passo natural.

Considere um conjunto de dados de usuários de rede social online. O agrupamento de dados pode identificar comunidades sociais que compartilham os mesmos interesses. Identificar comunidades sociais em uma rede social é uma ferramenta valiosa capaz de transformar o modo de pensar, agir, operar e gerenciar as estratégias de marketing das organizações.

Suponha que Zach seja um usuário ativo de rede social cujo perfil tem mais de mil amigos. Se você descobrir quem são os dez amigos online mais próximos de Zach, quem dentre eles Zach interage mais *e* (a partir de outras fontes de análises de dados) que Zach acaba de comprar um livro chamado *Análise Preditiva Para Leigos*, você pode então avisar seus amigos mais próximos (os que são mais semelhantes a Zach) e sugerir o mesmo livro a eles, em vez de tentar sugeri-lo para todos os mil amigos.

Além disso, a detecção de agrupamentos sociais online pode ser extremamente valiosa para agências de inteligência, especialmente se (digamos) Zach e alguns de seus amigos mais próximos — mas não todos seus amigos — estiverem envolvidos em atividades suspeitas.

Como você obtém um conjunto de dados de usuários de rede social? Bem, alguns dados e ferramentas já estão disponíveis: as principais redes sociais e sites de microblog, como Facebook e Twitter, fornecem uma API — interface de programação de aplicações que permita a você desenvolver programas capazes de obter dados públicos postados pelos usuários. Essas APIs oferecidas pelo Twitter são chamadas de Twitter Streaming APIs. Elas vêm em três tipos principais: streams públicos, de usuário e de sites:

» **Streams Públicos** permitem que um usuário colete tuítes públicos sobre um assunto ou usuário específico, ou suporte uma finalidade analítica.

» **Streams de Usuário** permitem que um usuário colete tuítes que estejam acessíveis através da conta do usuário.

» **Streams de Site** são para servidores de larga escala que se conectam ao Twitter em prol de muitos usuários.

Agora suponha que você use esse programa para baixar dados de usuários e organizá-los em forma de tabela como a matriz mostrada na figura a seguir. A Tabela 6-10 mostra uma matriz simples que registra as interações dos amigos online de Zach ao longo de duas semanas diferentes. Esse conjunto de dados consiste em sete elementos e sete atributos. Os atributos, como mostra a coluna da tabela, são o número de interações entre cada membro e os outros membros.

Por exemplo, o número de interações online entre Mike e John ao longo da Semana 1 é 10. Essas interações incluem — entre outras — conversas de chat, aparições nas mesmas fotos, tuítes e trocas de e-mail. Depois de construir esse conjunto de dados, o comportamento de bando será aplicado para detectar comunidades (agrupamentos) e visualizar esses dados como um bando de itens de dados.

CAPÍTULO 6 **Identificando Similaridades nos Dados** 141

Vamos refazer a trajetória percorrida pelo computador para aplicar o comportamento de revoada de pássaros para detectar comunidades de interesses em comum.

Pegue uma folha de papel em branco e imagine que você tem informações sobre 20 usuários em uma rede social que quer analisar. Na folha de papel, desenhe 20 pontos aleatoriamente distribuídos. Cada ponto representa um usuário na rede social. Se você movimentasse os pontos como se fossem pássaros, eles se moveriam de acordo com dois princípios centrais:

>> A similaridade entre esses usuários de rede social na vida real.

>> As regras que criam o comportamento de bando como visto na natureza.

Digamos que você tenha informações sobre interações online dos 20 membros ao longo de 10 dias. Você pode reunir informações sobre esses usuários diariamente, incluindo dados sobre suas interações entre si.

Por exemplo, Mike e John apareceram no mesmo álbum de fotos, eles frequentaram o mesmo evento ou "curtiram" a mesma página na rede social online. Essa informação será processada, analisada e convertida em uma matriz de números, com esses resultados:

>> Os pontos (pássaros) representando Mike e John se movem em direção um do outro (regra de aglomeração de atração).

>> Os pontos se movem com a mesma velocidade (regras de alinhamento e coesão de bando) no pedaço de papel (espaço de revoada virtual).

>> Em um dia, diversas interações do mundo real conduzirão os movimentos desses pontos (pássaros) em sua folha de papel.

>> Aplicar o comportamento de bando ao longo de 20 dias levará naturalmente à formação de aglomeração de pontos (pássaros) que são semelhantes de alguma forma.

Existem muitas maneiras de aplicar o comportamento de revoada de pássaros para descobrir agrupamentos em grandes conjuntos de dados. Uma das variações mais recentes é o algoritmo de agrupamento de aprendizado de máquina Flock by Leader, inspirado pela descoberta de pássaros líderes nas espécies de pombos. O algoritmo prevê elementos de dados que poderiam potencialmente liderar outro grupo de objetos de dados. Um líder é designado, e depois ele inicia e lidera o comportamento de revoada. Ao longo do curso do algoritmo, líderes podem se tornar seguidores ou discrepantes. Em essência, esse algoritmo trabalha de um modo que segue as regras da "sobrevivência do mais apto".

O algoritmo *Flock by Leader* [Aglomeração pelo Líder, em tradução livre] foi apresentado pela primeira vez pelos professores Abdelghani Bellaachia e Anasse Bari em "Flock by Leader: A Novel Machine Learning Biologically Inspired Clustering Algorithm" [Flock pelo Líder: Um Novo Algoritmo de Agrupamento de Aprendizado de Máquina Biologicamente Inspirado, em tradução livre], publicado como um capítulo nos anais de Advances in Swarm Intelligence [Avanços na Inteligência de Enxame, em tradução livre] no Volume 7332 das séries Lecture Notes in Computer Science.

As Tabelas 6-10 e 6-11 mostram uma forma possível de representar os dados gerados por interações sociais online ao longo de duas semanas. A Tabela 6-10 mostra que Zach interagiu 41 vezes com Kellie e 4 vezes com Arthur.

A Figura 6-2 mostra como aplicar o algoritmo de revoada de pássaros para analisar dados de rede social. Conforme ilustrado na figura, cada membro é representado por um pássaro em espaço virtual. Observe que:

» Os pássaros estão inicialmente dispersos aleatoriamente no espaço virtual.

» Cada pássaro tem uma velocidade e uma posição associadas a ele.

» Velocidade e posição são calculadas para cada pássaro usando-se três vetores: separação, atração e alinhamento.

» Cada pássaro se move de acordo com os três vetores, e esse movimento reproduz o comportamento de revoada visto na natureza.

A Figura 6-3 ilustra a dinâmica da aplicação do comportamento de revoada aos pássaros iniciais mostrados na Figura 6-2.

TABELA 6-10 **Semana 1 de um Conjunto de Dados das Interações Semanais de Usuários de Rede Social**

Membro da Rede Social	Interações com John	Interações com Mike	Interações com Zach	Interações com Emma	Interações com Kellie	Interações com Nicole	Interações com Arthur
John	-	10	10	12	4	4	10
Mike		-	5	5	56	57	5
Zach			-	6	41	4	4
Emma				-	28	8	8
Kellie					-	5	5
Nicole						-	4
Arthur							-

TABELA 6-11 **Semana 2 de um Conjunto de Dados das Interações Semanais de Usuários de Rede Social**

Membro da Rede Social	Interações com John	Interações com Mike	Interações com Zach	Interações com Emma	Interações com Kellie	Interações com Nicole	Interações com Arthur
John	-	10	12	10	0	10	8
Mike		-	50	2	0	0	5
Zach			-	9	0	1	3
Emma				-	2	2	1
Kellie					-	4	9
Nicole						-	1
Arthur							-

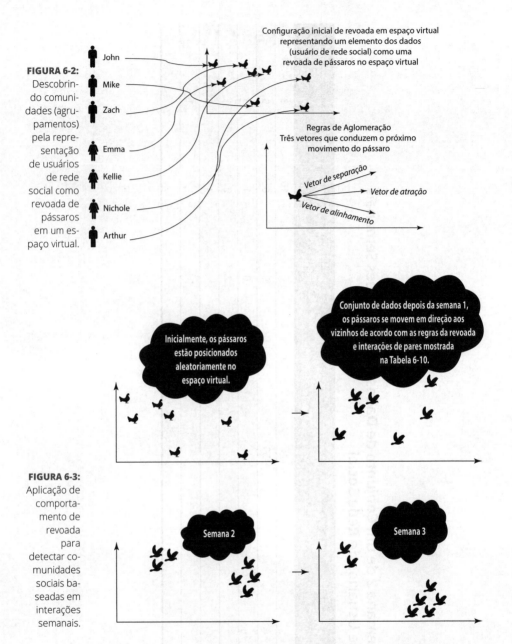

FIGURA 6-2: Descobrindo comunidades (agrupamentos) pela representação de usuários de rede social como revoada de pássaros em um espaço virtual.

FIGURA 6-3: Aplicação de comportamento de revoada para detectar comunidades sociais baseadas em interações semanais.

Aqui os dados de interação são analisados semanalmente para encontrar usuários similares de redes sociais. A cada semana, os pássaros podem ser visualizados em uma grade simples. As posições desses pássaros refletem as interações de cada indivíduo no mundo real.

Colônias de formigas

Outro exemplo da natureza de comportamento de grupo auto-organizável é o de uma colônia de formigas em busca de alimento. As formigas otimizam coletivamente suas trilhas para que sigam a rota mais curta possível até o alimento. Mesmo que você tente interromper a marcha de uma colônia de formigas e evitar que cheguem até a fonte de alimento — digamos, bloqueando a trilha com um dedo —, elas retornam à trilha rapidamente e (novamente) encontram o caminho mais curto possível até o alimento, todas elas evitando os mesmos obstáculos quando buscam por comida. Essa uniformidade de comportamento é possível porque todas as formigas depositam um rastro de feromônios no chão. Muito bem, mas o que isso tem a ver com análise preditiva? Surpreendentemente, muita coisa. Continue a leitura.

Considere um exército de formigas à toa em seu ninho. Quando elas começam a procurar alimento, elas não têm qualquer informação sobre onde encontrá-lo. Elas caminham aleatoriamente até que uma formiga encontre alimento, e agora a sortuda formiga (vamos chamá-la de Formiga X) tem que comunicar sua descoberta para o restante da colônia — e para fazer isso, ela precisa encontrar o caminho de volta para o ninho.

Felizmente, a Formiga X estava produzindo seus feromônios o tempo todo em que estava procurando o alimento, assim, ela pôde seguir seu próprio rastro de volta para o ninho. No caminho de volta, a Formiga X deposita mais feromônios na mesma trilha. Como resultado, o cheiro sobre a trilha da Formiga X será o mais forte entre as trilhas de todas as outras formigas. A trilha mais forte de feromônios atrairá todas as demais formigas que ainda estão procurando alimento. Elas abandonarão a busca e seguirão a trilha mais forte. Conforme mais formigas se juntam à trilha da Formiga X, elas depositam mais feromônios, e o cheiro da trilha fica ainda mais forte. Logo, todas as outras formigas têm um cheiro forte para seguir.

Até aqui, tudo bem: a primeira formiga que descobre o alimento leva o restante das formigas até ele ao reforçar o cheiro da trilha. Mas como as formigas encontram o caminho mais curto? A trilha com o cheiro mais forte de feromônio atrairá mais formigas, mas quando grandes números de formigas estão envolvidas no processo, as trilhas mais curtas até o alimento terão recebido mais viagens do que as mais longas. Se muitas formigas tiverem descoberto a mesma fonte de alimento, as formigas que pegaram a trilha mais curta terão feito mais viagens em comparação àquelas que seguiram as trilhas mais longas — assim mais feromônios serão depositados no trajeto mais curto. A relação entre comportamento individual e coletivo é um exemplo natural muito esclarecedor.

Na Figura 6-4, cada ponto representa um documento. Presuma que os pontos pretos são documentos sobre análise preditiva e os pontos brancos são documentos sobre antropologia. Pontos representando os diferentes tipos de documentos são aleatoriamente distribuídos na grade de cinco células.

"Formigas" são distribuídas aleatoriamente na grade para procurar documentos similares. Cada célula com um valor representa uma instância de um "feromônio". Usando o documento matriz, cada valor da célula "feromônio" é calculado a partir do documento correspondente.

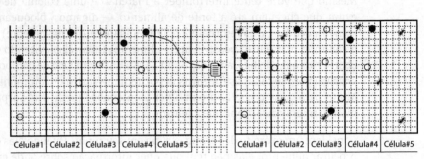

FIGURA 6-4: Organizando a fase inicial de agrupamento de documentos usando um modelo baseado no comportamento de colônias de formigas.

Até aqui tudo certo, mas como a inteligência coletiva de uma colônia de formigas produz um modelo para agrupar dados com eficiência? A resposta está em uma simples analogia: formigas estão em busca de alimento em seu ambiente, e, de modo parecido, nós estamos procurando agrupamentos em um conjunto de dados — procurando documentos similares dentro de um grande conjunto de documentos.

Considere um conjunto de dados de documentos que quer organizar por assunto. Documentos similares serão agrupados no mesmo agrupamento. É aqui que a colônia de formigas pode nos dar dicas de como agrupar documentos similares.

Imagine uma grade bidimensional (2D) em que podemos representar documentos como pontos (geralmente chamado de *vetores* com coordenadas). A grade 2D é dividida em células. Cada célula tem um "feromônio" (valor) associado a ela (mais adiante nesta seção mostramos como calcular esse valor). Em resumo, o valor "feromônio" distingue cada documento em uma determinada célula.

De início, os pontos são distribuídos aleatoriamente — e cada ponto na grade representa um documento único. O passo seguinte é aplicar outros pontos aleatoriamente na grade 2D, simulando a busca da colônia de formigas procurando alimentos em seu ambiente. Esses pontos são inicialmente espalhados na mesma grade 2D que os documentos. Cada novo ponto adicionado à grade representa uma formiga. Essas "formigas", frequentemente chamadas no algoritmo de colônia de formigas de *agentes*, estão se movendo na grade 2D. Cada "formiga" irá pegar ou largar os outros pontos (documentos), dependendo do melhor lugar para o documento. Nesta analogia, a "comida" assume a forma de documentos suficientemente similares que podem ser agrupados.

Na Figura 6-5, uma "formiga" caminha aleatoriamente na grade. Se encontrar um documento, ela pode executar uma de duas ações possíveis: pegar ou largar. Cada célula tem uma "intensidade de feromônio" (um tamanho relativo de valor numérico) que indica o quanto um documento é similar a outros documentos (pontos) próximos do documento em questão — aquele que uma "formiga" está prestes a pegar ou largar. Observe que uma "formiga" na Célula 3 pegará o documento com ponto preto, pois o valor "feromônio" branco é predominante, e irá movê-lo para a célula em que o valor é próximo (similar) ao que está na Célula 4 (muitos pontos pretos). A busca continua iterando até que um agrupamento seja formado.

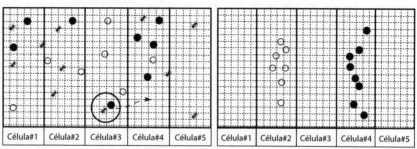

FIGURA 6-5: Implementando "formigas" no espaço virtual de documentos para descobrir documentos similares.

Como consequência, a "formiga" move os documentos de uma célula para outra para formar agrupamentos, realizando uma de duas ações: pegar um documento ou largar um documento. Quando as "formigas" começam a se mover aleatoriamente na grade, encontrar um ponto (documento) resulta na ação da "formiga" de pegar um documento de sua célula atual, movê-lo e largá-lo na célula que tenha similaridade suficiente.

Como uma "formiga" determina a melhor célula para largar o documento? A resposta é que os valores nas células atuam como "feromônios" — e cada célula na grade 2D contém um valor numérico que pode ser calculado de uma forma que represente um documento na célula. Lembre-se de que cada documento é representado como um conjunto de documentos ou um vetor de valores numéricos. A "intensidade do feromônio" (o valor numérico) aumenta quando mais documentos são inseridos na célula — e esse valor diminui quando os números que representam documentos são movidos da célula. Existem diversas publicações sobre desenho de algoritmo de mineração de dados baseado em inteligência de enxame em colônias de formigas. Veja alguns dos trabalhos sobre algoritmo de mineração de dados baseados em colônias de formigas:

> He, Yulan, Siu Cheung Hui e Yongxiang Sim. "A novel ant-based clustering approach for document clustering" [Uma nova abordagem de agrupamento de documentos, em tradução livre], Asia Information Retrieval Symposium. Springer Berlin Heidelberg, 2006.

Bellaachia, Abdelghani e Deema Alathel. "Trust-based ant recommender (T-BAR)" 2012 6th IEEE International Conference Intelligent Systems. IEEE, 2012.

Martens, David, et al. "Classification with ant colony optimization" [Classificação com otimização baseada em colônia de formigas, em tradução livre]. IEEE Transactions on Evolutionary Computation 11.5 (2007): 651-665.

LEMBRE-SE

Grande parte dos algoritmos de agrupamento discutidos neste capítulo está disponíveis na maioria das ferramentas de análise preditiva, incluindo R, Weka e RapidMiner. Eles também estão disponíveis para análise de dados de larga escala no Apache Mahout e Apache Spark. Você encontra mais detalhes sobre essas tecnologias no Capítulo 16.

NESTE CAPÍTULO

» Apresentando a classificação de dados

» Uma visão geral do algoritmo de classificação de dados mais usado

» Prevendo o comportamento futuro de clientes com a classificação de dados

» Avaliando a oportunidades de negócios com as árvores de decisão

» Apresentando os fundamentos do aprendizado profundo

Capítulo **7**

Prevendo o Futuro com Classificação de Dados

Este capítulo apresenta um conceito fácil e amplamente utilizado que pode ajudar a prever o futuro: *classificação de dados*, uma técnica de mineração de dados usada para gerar significado de conjunto de dados gigantescos e humanamente intratáveis para descobrir padrões ocultos nos dados. Esse pode ser um possível primeiro passo na direção da construção de um modelo preditivo.

Modelos preditivos que usam essa técnica são chamados de *modelos de classificação*, frequentemente referidos como *classificadores*. Nos bastidores desses classificadores existe um conjunto de algoritmos de aprendizado de máquina sofisticados que aprendem com a experiência — como representado pelos dados históricos — para descobrir tendências e padrões ocultos nos dados. Quando essas relações invisíveis vêm à tona, o modelo é capaz de prever o resultado (uma categoria — rótulo de classe —, ou valor numérico) baseado em uma nova entrada de dados.

CAPÍTULO 7 **Prevendo o Futuro com Classificação de Dados** 151

Por exemplo, a maioria das instituições financeiras que concedem empréstimos para empresas ou indivíduos usa *modelagem de risco* para prever se um empréstimo será pago (ou, no caso de empréstimos hipotecários, pagos antecipadamente). Com frequência esses modelos usam um algoritmo de classificação. Na essência, um algoritmo de classificação prevê a classe ou a categoria de um evento desconhecido, fenômeno ou valor numérico futuro. As categorias ou classes são extraídas dos dados, uma forma de organizar os dados em categorias de objetos de dados similares usando o agrupando de dados (coberto em detalhes no Capítulo 6).

Analistas financeiros, instituições de empréstimos e subscritores de títulos dependem enormemente desses modelos preditivos para decidir se devem ou não conceder empréstimos. A maioria das pessoas já ouviu falar do *FICO Score* — mostrado no box a seguir, é um número que representa seu histórico e sua avaliação de crédito. Ele é também um exemplo clássico de um resultado obtido a partir de um modelo de classificação.

Além de fornecer apenas um número (ou score) como resultado, um classificador pode enquadrar um solicitante de crédito em uma dentre diversas categorias de risco — arriscado, não arriscado ou moderadamente arriscado. Depende do analista ou do modelador determinar se o resultado será um número determinado ou uma categoria. Assim, um modelo de classificação pode desempenhar um importante papel no fato de alguém comprar uma casa ou um carro novo. O modelo preditivo utiliza dados históricos de crédito do usuário, classifica o usuário como pertencente a uma categoria específica e especula a respeito do comportamento futuro do usuário caso sua solicitação de crédito seja aprovada.

A classificação pode também ser usada na detecção de fraude, identificação de e-mail spam, diagnóstico médico, reconhecimento de imagem, marketing direcionado, análise de texto e muitas outras aplicações práticas.

Este capítulo explica os conceitos por trás da classificação de dados e ilustra as técnicas usadas para criar preditores baseados em classificação. Você também conhecerá uma abordagem geral que incorpora a classificação de dados em seus negócios.

FICO SCORE E RISCO DE CRÉDITO

O FICO Score foi introduzido em 1989 pela Fair, Isaac and Company (FICO). O seu FICO Score é calculado usando diversos critérios, tais como extensão do histórico de crédito, histórico de pagamentos de contas, tipos e balanços de cartões de crédito e também solicitações recentes de crédito.

Um FICO Score varia entre 300 e 850. Quanto mais alto o escore, menor o risco de crédito previsto e maiores as chances de que o solicitante pagará o empréstimo no prazo. Para o solicitante, um alto FICO Score significa chances mais altas de ter o empréstimo aprovado.

Explicando a Classificação de Dados

Em mineração de dados, a *classificação de dados* é o processo de rotular um item de dados como pertencente a uma classe ou categoria. Um item de dados também é chamado de (no vocabulário de mineração de dados) *objeto de dados, caso* ou *instância*.

LEMBRE-SE

Agrupamento de dados (veja o Capítulo 6) é diferente de classificação de dados:

» **Agrupamento de dados** é usado para descrever os dados extraindo agrupamentos ou categorias significativas de um corpo de dados que contenha elementos similares.

» **Classificação de dados** é usada para prever a categoria ou agrupamento a que um novo objeto de dados pertence.

Você pode usar a classificação de dados para prever novos elementos de dados com base nos agrupamentos descobertos por um processo de agrupamento de dados. A seção seguinte descreve o uso de classificação de dados para resolver problemas práticos.

Empréstimo

Um empréstimo pode servir como exemplo cotidiano de classificação de dados. O agente de empréstimos precisa analisar as solicitações para decidir se o empréstimo será aprovado ou negado.

Uma forma de tomar uma decisão tão importante é usar um classificador para auxiliar com o processo de tomada de decisão. Na essência, o *classificador* é simplesmente um algoritmo que contém instruções que dizem ao computador como analisar a informação mencionada na solicitação de empréstimo e como referenciar outras fontes de informação (externas) do solicitante. Então o classificador pode rotular a solicitação de empréstimo como enquadrada em uma das categorias de amostra, tais como "seguro", "arriscado demais" ou "seguro com condições", supondo que essas exatas categorias sejam conhecidas e rotuladas nos dados históricos.

LEMBRE-SE

Ao remover grande parte do processo de decisão das mãos do agente de empréstimos ou subscritor de título, o modelo reduz o trabalho humano e o portfólio de risco da empresa. Isso aumenta o retorno sobre o investimento (ROI) ao permitir que os funcionários concedam mais empréstimos e/ou façam uma melhor precificação caso a companhia decida revender os empréstimos de maior qualidade.

Caso o classificador retorne um resultado que rotule um solicitante como "seguro com condições", o agente ou processador do empréstimo pode requerer que o solicitante preencha as condições para obter o empréstimo. Se as condições forem satisfeitas, então os novos dados podem ser reprocessados no classificador novamente para a aprovação. Usando o aprendizado de máquina, o classificador de solicitação de empréstimo aprenderá com as solicitações passadas, aproveitando a informação atual mencionada na solicitação e prevendo o comportamento futuro do solicitante do empréstimo.

Como sempre, prever o futuro envolve aprender com o passado e avaliar o presente. A classificação de dados conta com a informação passada e presente — e acelera a tomada de decisão usando ambas mais rápido.

Marketing

Para ilustrar o uso dos classificadores no marketing, considere um marqueteiro que recebeu a tarefa de desenvolver uma estratégia de marketing inteligente para um produto específico. A compreensão dos dados demográficos dos clientes direciona a criação de uma estratégia de marketing eficiente. Em última análise, ela ajuda a empresa a escolher os produtos adequados para divulgar os clientes com mais probabilidade de comprá-lo.

Por exemplo, um dos critérios que você pode usar para selecionar clientes-alvo é uma localização geográfica específica. Você pode ter uma loja desconhecida (ou uma loja que não é conhecida por vender um produto específico — digamos, uma loja de utensílios domésticos que pode começar a vender um novo processador de alimentos) e quer começar uma campanha de marketing para uma nova linha de produtos.

Usando os dados coletados ou comprados e uma agência de marketing, você pode construir um classificador. Pode criar um classificador que antecipe se os clientes comprarão o novo produto. Para cada perfil de cliente, o classificador prevê uma categoria que enquadre cada linha de produto que você processar nele, rotulando o cliente como, por exemplo, "interessado", "não interessado" ou "desconhecido".

Usando a análise produzida pelo classificador, você pode identificar facilmente as localizações geográficas que contenham mais clientes que se encaixem na categoria "interessado". Seu modelo descobre, por exemplo, que a população de São Francisco inclui um grande número de clientes que compraram produtos similares ao que você tem à venda.

Você agarra essa chance de agir sobre o insight que seu modelo acaba de lhe oferecer, e pode enviar uma propaganda daquele novo aparelho descolado para esses clientes — e apenas para eles.

Para limitar os custos de operação e de marketing, é preciso evitar contactar os clientes desinteressados, pois o esforço desperdiçado poderia afetar seu ROI. Aliás, fazer muitos contatos desnecessários com clientes dilui o valor de suas campanhas de marketing e aumenta a fadiga do cliente, até que suas solicitações pareçam mais uma chateação. Você não quer que seus lindos panfletos sejam jogados diretamente no lixo ou que seus e-mails acabem na pasta de spams.

DICA

Como marqueteiro, você pode preferir usar os dados de perfis de potenciais clientes, coletados de fontes diversas ou fornecidos por terceiros. Essas fontes incluem a mídia social e a base de dados de históricos de transações online de clientes.

Assistência médica

Na área médica, um classificador pode ajudar um médico a decidir sobre o tratamento mais adequado para um determinado paciente. Ele pode ser projetado para analisar os dados do paciente, aprender com ele e classificar o paciente como pertencente a uma categoria de pacientes similares. O classificador pode aprovar e recomendar o mesmo tratamento que ajudou pacientes semelhantes na mesma categoria no passado.

Como nos exemplos previamente descritos, o classificador prevê um rótulo ou categoria de classe, usando tanto dados passados quanto presentes. No caso de assistência médica, o modelo preditivo pode usar mais dados, com mais rapidez, para ajudar o médico a chegar a um tratamento eficaz.

Para ajudar os médicos a prescrever medicamentos individualizados, o classificador o auxiliaria na determinação do estágio específico da doença de um paciente. Hipoteticamente, os dados (digamos, análise genética de uma amostra de sangue) poderiam ser fornecidos a um classificador treinado que rotularia o estágio da doença de um novo paciente. No caso de câncer, por exemplo, o classificador poderia ter os seguintes rótulos descrevendo as seguintes classes ou agrupamentos: "saudável", "benigno", "estágio inicial", "metastático" ou "terminal".

E depois?

Futuros usos de classificadores prometem ser até mais ambíguos. Suponha que você queira prever quanto um cliente gastará em uma data específica. Nesse caso, você projeta um classificador que prevê valores numéricos, em vez de nomes de categorias especificados. É claro, preditores numéricos podem ser desenvolvidos usando não apenas métodos estatísticos, como a regressão, mas também outra técnica de mineração de dados, como as redes neurais (tratadas mais adiante neste capítulo). Por causa de seus designs suficientemente sofisticados, os classificadores são comumente usados em áreas como eleições presidenciais, segurança nacional e mudanças climáticas. O Capítulo 5 também apresenta alguns exemplos atuais de análise preditiva utilizando a modelagem baseada em classificação.

Introduzindo a Classificação de Dados em Sua Empresa

Voltando para a realidade, se sua empresa ainda não utiliza a classificação de dados, talvez seja a hora de introduzi-la como uma forma de melhorar as decisões administrativas e operacionais. Esse processo começa com um passo investigativo: identificar uma área problemática em sua empresa em que haja abundância de dados, mas que atualmente não estão sendo usados para direcionar decisões de negócios.

Uma forma de identificar essa área problemática é fazer uma reunião com seus analistas, gerentes e outros tomadores de decisão para perguntar quais decisões difíceis ou arriscadas eles precisam repetidamente tomar — e de que tipo de dados eles precisam para embasar suas decisões. Se você tem dados que reflitam os resultados de decisões passadas, esteja preparado para criar a partir deles. Esse processo de identificação é chamado de *fase de descoberta.*

Depois da fase de descoberta, a próxima fase pode envolver o questionamento individual endereçado para as partes interessadas no negócio. Considere fazer os seguintes tipos de perguntas:

> » O que você quer saber a partir dos dados?
>
> » Que ações você tomará quando tiver sua resposta?
>
> » Como você medirá os resultados das ações tomadas?

Se os resultados do modelo analítico preditivo produzirem insights significativos, alguém precisa fazer algo com eles — agir. Obviamente, você vai querer ver se os resultados dessa ação acrescentam valor de negócio à organização. Assim você terá que encontrar um método de medição desse valor — seja em termos de economia de custos operacionais, aumento de vendas ou melhor retenção de clientes.

Ao conduzir essas entrevistas, procure entender por que certas tarefas são executadas e como elas estão sendo usadas no processo do negócio. Perguntar por que as coisas são como são pode ajudar a revelar expectativas inesperadas. Não há motivo para coletar e analisar dados apenas para criar mais dados. Você quer usar esses dados para responder a necessidades específicas do negócio.

Para o cientista de dados ou modelador, esse exercício define que tipos de dados precisam ser classificados e analisados — um passo essencial para o desenvolvimento de um modelo de classificação de dados. Uma distinção básica para começar é se os dados que você usará para treinar o modelo são internos ou externos:

> » **Dados internos** são específicos de sua empresa, geralmente colhidos das fontes de dados internas de sua empresa, e podem incluir muitos tipos de dados — tais como estruturados, semiestruturados e não estruturados.
>
> » **Dados externos** vêm de fora da empresa, geralmente são dados comprados de outras empresas.

Independentemente de os dados que você usa para seu modelo serem internos ou externos, é preciso avaliá-los primeiro. Diversas questões são prováveis de surgir nessa avaliação:

> » Quão críticos e precisos são os dados em questão? Se forem muito sensíveis, podem não servir a seus propósitos.
>
> » Quão precisos são os dados em questão? Se a precisão for questionável, então sua utilidade é limitada.
>
> » Quando as políticas da empresa e as leis aplicáveis permitem que os dados sejam utilizados e processados? Obtenha permissão de seu departamento jurídico para o uso dos dados para eventuais questões legais que possam surgir (veja o box a seguir para um famoso exemplo recente).

PREVISÕES, PRIVACIDADE E LUCRO

Questões legais resultantes do uso de modelos preditivos são especialmente relevantes se sua escolha de implementação (ou público-alvo) pode gerar problemas com grupos de privacidade ou provocar uma resposta negativa de grupos sociais.

Recentemente, a Target Corporation se meteu em uma grande confusão quando seu modelo preditivo focou mulheres grávidas. De acordo com o artigo do *The New York Times*, o modelo previu com precisão uma adolescente grávida antes que seus pais soubessem da gravidez.

Os pais da garota em certo momento descobriram a gravidez da filha devido ao material de marketing enviado para sua casa, que continha diversos itens que uma mulher gestante receberia. Neste caso, a campanha de marketing direcionada resultou em uma invasão de privacidade não intencional.

Por outro lado, empresas como LinkedIn e Netflix usam dados e análise preditiva de forma muito eficiente para direcionar suas decisões de negócios. Elas transformaram os dados que seus clientes geram em uma máquina de fazer dinheiro.

CAPÍTULO 7 **Prevendo o Futuro com Classificação de Dados** 157

Depois de identificar os dados que são apropriados para a construção de seu modelo, o passo seguinte é classificá-lo — para criar e aplicar rótulos úteis a seus elementos de dados. Por exemplo, se você estiver trabalhando em dados sobre o comportamento de compra de seus clientes, os rótulos podem definir as categorias de acordo com o modo com que alguns grupos de clientes compram, dentro dessas diretrizes:

» **Clientes sazonais** podem ser os que compram regularmente ou com certa regularidade.

» **Clientes orientados por descontos** podem ser os que tendem a comprar somente quando são oferecidos grandes descontos.

» **Clientes fiéis** são os que compraram muitos de seus produtos ao longo do tempo.

Prever a categoria em que um novo cliente se enquadrará pode ser de grande valor para a equipe de marketing. A ideia é gastar tempo e dinheiro de modo eficiente na identificação de para quais clientes enviar a propaganda, determinando quais produtos recomendar e escolhendo o melhor momento para isso. Grande parte do tempo e do dinheiro pode ser desperdiçada se você direcionar seus esforços para os clientes errados, provavelmente tornando-os menos propensos a comprar do que se não recebessem qualquer propaganda. Usar a análise preditiva para marketing direcionado não deve apenas objetivar campanhas de mais sucesso, mas também evitar as armadilhas e as consequências não intencionais.

Explorando o Processo de Classificação de Dados

Na essência, a classificação de dados consiste em duas fases:

» **A fase de aprendizado** envolve o treinamento do modelo de classificação pelo processamento de um determinado conjunto de dados passados por um classificador. O objetivo é ensinar seu modelo a extrair e descobrir relações e regras ocultas — as *regras de classificação* a partir dos dados (de treinamento) históricos. O modelo faz isso empregando um algoritmo de classificação.

» **A fase de predição** que vem depois da fase de aprendizado, consiste em fazer com que o modelo preveja rótulos de classe ou valores numéricos que classificam os dados que ainda não foram identificados (ou seja, dados de teste).

Para ilustrar essas fases, suponha que você seja o dono de uma loja online que venda relógios. A loja já tem algum tempo, e você coletou muitos dados transacionais e pessoais sobre clientes que compraram relógios de sua loja. Suponha que você tenha capturado esses dados através de seu site fornecendo formulários web, além dos dados transacionais que você coletou através das operações.

Você pode também comprar dados de terceiros que contenham informações sobre seus clientes além de seus interesses por relógios. Não é tão difícil quanto parece. Existem empresas cujo modelo de negócios é rastrear os clientes online, coletar e vender informações valiosas sobre eles. Muitas dessas empresas que terceirizam dados coletam esses dados de sites de mídia social e aplicam métodos de mineração de dados para descobrir relações entre usuários individuais e produtos. Nesse caso, como dono de uma loja de relógios, você estaria interessado nas relações entre clientes e o interesse deles em comprar relógios.

Você pode inferir esse tipo de informação a partir da análise, por exemplo, do perfil de rede social de um cliente, ou de um comentário em microblog como o Twitter. Para medir o nível de interesse de um indivíduo em relógios, você poderia aplicar quaisquer das muitas ferramentas de análise de texto capazes de descobrir essas correlações no texto escrito por determinado indivíduo (status de mídia social, tuítes, posts de blogs, entre outros) ou atividade online (tais como interações em redes sociais, upload de fotos e buscas).

Depois de coletar todos esses dados sobre as transações passadas de seus clientes e interesses atuais — os *dados de treinamento* que mostram a seu modelo o que procurar —, você precisará organizá-los em uma estrutura que torne mais fácil acessá-los e usá-los (por exemplo, uma base de dados).

Neste ponto, você atingiu a segunda fase da classificação de dados: a *fase de predição*, que envolve testar seu modelo e a acurácia das regras de classificação que ele gerou. Para essa finalidade, em muitos casos você precisará de mais dados históricos e clientes, referidos como *dados de teste* (que é diferente dos dados de treinamento). Esses dados são fornecidos ao modelo e medem a acurácia das predições resultantes. Você conta quantas vezes o modelo previu corretamente o comportamento futuro dos clientes representados em seus dados de teste, e conta também as vezes em que o modelo fez predições erradas.

Neste ponto, você tem apenas dois resultados possíveis: ou está satisfeito com a acurácia do modelo ou não está:

» Se você estiver satisfeito, então pode começar a preparar seu modelo para fazer predições como parte de um sistema de produção.

» Se você não estiver satisfeito, então precisará retreinar ou redesenhar seu modelo com um novo conjunto de dados de treinamento, rever a fase de preparação dos dados para o conjunto de dados de treinamento original ou experimentar outro modelo preditivo.

CAPÍTULO 7 **Prevendo o Futuro com Classificação de Dados** 159

Se seus dados de treinamento não forem representativos o suficiente do seu pool de clientes — ou contenham dados de ruído que alteram os resultados do modelo introduzindo sinais falsos —, então há mais trabalho a ser feito para deixar seu modelo pronto. Cada resultado é útil de uma forma específica.

Usando a Classificação de Dados para Prever o Futuro

Quando seus dados são divididos em agrupamentos de objetos similares, seu modelo está em uma posição melhor para fazer predições confiáveis. Esta seção examina alguns dos algoritmos mais comuns usados para classificar os dados na análise preditiva.

Árvore de decisão

Nesta seção você conhecerá os fundamentos da utilização da árvore de decisão para tomar uma decisão. A seção seguinte oferece um algoritmo, passo a passo, amplamente usado para gerar uma árvore de decisão a partir de dados históricos brutos.

A *árvore de decisão* é uma abordagem de análise que pode ajudar você a tomar decisões. Suponha, por exemplo, que precisa decidir se deve investir uma certa quantidade de dinheiro em três projetos de negócios: um food truck, um restaurante ou uma livraria. Uma analista de negócios calculou a taxa de falhas e sucessos para cada uma dessas ideias como porcentuais (mostrado na Tabela 7-1) e o lucro que você obteria em cada caso (mostrado na Tabela 7-2).

TABELA 7-1   **Percentuais de Sucesso do Negócio**

Negócio	Taxa de Sucesso	Taxa de Falha
Food Truck	60%	40%
Restaurante	52%	48%
Livraria	50%	50%

TABELA 7-2   **Alterações de Valor de Negócio**

Negócio	Lucro (USD)	Perda (USD)
Food Truck	20 mil	-7 mil
Restaurante	40 mil	-21 mil
Livraria	6 mil	-1 mil

160   PARTE 2 **Incorporando Algoritmos em Seus Modelos**

A partir dos dados estatísticos mostrados na Tabela 7-1, você pode construir uma árvore de decisão, como mostra a Figura 7-1.

FIGURA 7-1: Árvore de decisão para três ideias de negócios.

Usar essa árvore de decisão para decidir sobre um empreendimento começa pelo cálculo do *valor esperado* para cada alternativa — uma classificação numerada que ajuda você a selecionar a melhor na média.

O valor esperado é calculado de modo que inclua todos os resultados possíveis para uma decisão. O cálculo do valor esperado para a ideia do food truck é assim:

Valor esperado da empresa de food truck = (60% x 20 mil (USD)) + (40% x -7 mil (USD)) = 9.200 (USD)

Aqui o valor esperado reflete o lucro médio do investimento em uma empresa de food truck. Nesse cenário — trabalhamos com números hipotéticos, é claro —, se você tentar investir em uma empresa de food truck diversas vezes (nas mesmas circunstâncias todas as vezes), seu lucro médio será de US$ 9.200 por empresa.

Assim, você pode calcular os valores esperados de um restaurante e uma livraria da mesma forma:

Valor esperado do restaurante = (52% x 40 mil (USD)) + (48% x -21 mil (USD)) = 10.720 (USD)

Valor esperado da livraria = (50% x 6 mil (USD)) + (50% x -1 mil (USD)) = 2.500 (USD)

O valor esperado do restaurante representa uma predição de quanto você lucraria (em média) se investisse em um restaurante diversas vezes. Portanto, o valor esperado se torna um dos critérios computados em sua tomada de decisão sobre o negócio. Nesse exemplo, os valores esperados das três alternativas devem incliná-lo em favor do investimento no restaurante.

A árvore de decisão também pode ser usada para visualizar regras de classificação (como as mencionadas no exemplo anterior da loja de relógios online).

No exemplo da loja de relógios mencionado na seção anterior, você quer prever se determinado cliente comprará um relógio de sua loja. A árvore de decisão será, essencialmente, um fluxograma (veja a Figura 7-1): cada *nó* da árvore de decisão representa um atributo identificado na matriz de dados. As folhas da árvore são decisões previstas, como mostrado na Figura 7-2.

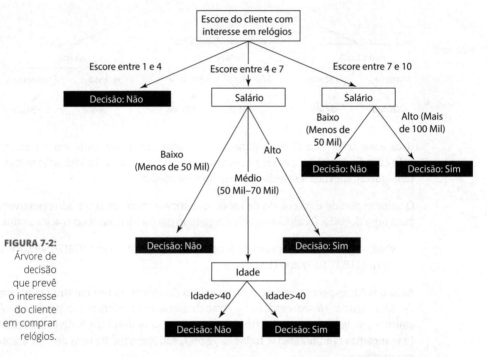

FIGURA 7-2: Árvore de decisão que prevê o interesse do cliente em comprar relógios.

Essa árvore de decisão prevê se um cliente deve comprar um determinado relógio na loja online. Os nós nessa árvore de decisão representam alguns dos atributos que você está analisando; cada um é um escore — do interesse do cliente em relógios, da idade do cliente e da renda do cliente.

Aplicando o modelo a um novo Cliente X, você pode rastrear o caminho da raiz da árvore até a folha da árvore de decisão (sim ou não) que indica e mapeia como aquele cliente se comportará em relação ao relógio objeto do anúncio.

No exemplo anterior, mostramos como a árvore de decisão pode ser usada como uma ferramenta útil de administração para tomada de decisões. A seção a seguir percorre o passo a passo de um algoritmo para gerar uma árvore de decisão a partir dos dados brutos do cliente.

Algoritmo para gerar uma árvore de decisão

O executivo sênior de longa data da Walt Disney Company, Roy Disney, disse certa vez: "Não é difícil tomar decisões quando você sabe quais são os seus valores." Isso é especialmente verdade quando se está diante de uma árvore de decisão. Assim, como é possível gerar automaticamente a árvore de decisão a partir de dados históricos a fim de prever o futuro?

Um artigo recente da CNNMoney intitulado "Você usaria um rastreador para obter um desconto no seguro?" explica que pela primeira vez nos Estados Unidos as seguradoras utilizam rastreadores de atividades para descontos. Em outras palavras, as seguradoras podem oferecer um desconto se você usar um rastreador de condicionamento físico que avalie seu estilo de vida.

Imagine que você decidiu usar o rastreador para obter o desconto do seguro. O rastreador de condicionamento físico captura seus dados pessoais, seu ritmo cardíaco, suas horas de sono, suas localizações, suas visitas à academia e seus exercícios favoritos, entre outros. Esses dados podem ser combinados em uma função matemática simples que pode gerar um escore para determinar se você está mantendo um estilo de vida saudável.

Imagine que a seguradora tenha coletado os dados históricos, como mostra a Tabela 7-3 (este é um conjunto de dados imaginários para fins de explicação do algoritmo da árvore de decisão).

Como mostrado na Tabela 7-3, a tabela representa os rótulos de nome, CEP, idade, estilo de vida de cada cliente (conforme inferido a partir do dispositivo de rastreamento) e faixa de desconto concedido.

TABELA 7-3   **Amostra Histórica dos Dados Pessoais e Condicionamento Físico do Cliente**

Nome do Cliente	CEP	Idade	Estilo de Vida (Saúde)	Desconto
Sara	10036	30–40	Média	1%–5%
Ana	10020	20–30	Boa	1%–5%
Maria	10018	30–40	Boa	6%–15%
Mike	10011	40–50	Média	1%–5%
Zach	20052	20–30	Média	1%–5%
John	20037	30–40	Boa	6%–15%

CAPÍTULO 7 **Prevendo o Futuro com Classificação de Dados**   163

Considere esse novo cliente a quem a companhia de seguros está prestes a conceder um desconto:

{nome do cliente = David, idade 20–30, estilo de vida = bom, **desconto=?**}

A seguradora quer decidir qual desconto concederá a David. Para esse fim, usaremos os dados na Tabela 7-3 para criar uma árvore de decisão que ajudará na tomada dessa decisão.

Antes de mergulharmos em como podemos criar automaticamente uma árvore de decisão, você precisa conhecer um importante conceito conhecido como *entropia*, que é amplamente usado em algoritmos que geram árvores de decisão.

No mundo da teoria da informação, a entropia mede a quantidade de informação em uma variável aleatória. Por exemplo, podemos calcular a entropia das variáveis (atributo) Estilo de Vida ou Idade mostradas na Tabela 7-3 para ver quanta informação eles podem descobrir para prever a faixa de desconto para um determinado cliente. A entropia pode ser usada para selecionar os nós que comporão a árvore de decisão. Em geral, a alta entropia de um atributo X significa que o atributo é de distribuição uniforme. Se a entropia de X for baixa, significa que a variável é de distribuição variada e interessante.

A entropia da variável X pode ser calculada da seguinte forma:

$$Entropia\,(X) = \sum_{d \in\, Decisões}^{n} -P(d) * \log_2(P(d))$$

Onde P(d) é a probabilidade que representa o número de itens de dados para decisão (rótulo) dividido pelo número total de itens.

Na Tabela 7-3 existem duas decisões possíveis a serem tomadas para um determinado cliente: conceder 6%–15% ou 1%–5% de desconto. Para entender melhor como calcular a entropia de um atributo, aqui está o atributo Idade como exemplo. Ele pode ser calculado da seguinte forma para três classes para as idades: 20–30, 30–40 e 40–50. Com base na Idade, podemos dividir os elementos de dados (linhas) em três subconjuntos. Calcularemos a entropia para cada subconjunto:

» Para as idades entre 20–30, dois clientes receberam 1%–5% de desconto. Estamos usando log de base 2 no cálculo a seguir.

$$Entropia\,(Idade\,(20-30)) = -\frac{2}{2} * \log\frac{2}{2} - \frac{0}{2} * \log\frac{0}{2} = 0$$

A entropia é zero porque o resultado (desconto) é certo na dimensão da faixa etária (20–30) para o conjunto de dados mostrado na Tabela 7-3.

» Para a faixa de 30–40, dois clientes receberam 6%–15% de desconto, e um cliente recebeu 1%–5 %.

$$Entropia\,(Idade\,(30-40)) = \frac{2}{3} * \log\frac{2}{3} - \frac{1}{3} * \log\frac{1}{3} = 0,918$$

164   PARTE 2 **Incorporando Algoritmos em Seus Modelos**

» Para as idades entre 40-50, um cliente recebeu 1%-5% de desconto.

$$Entropia\,(Idade\,(40-50)) = -\frac{1}{1}*\log\frac{1}{1}-\frac{0}{1}*\log\frac{0}{1}=0$$

PAPO DE ESPECIALISTA

O log usado nesses cálculos é de base 2.

A entropia condicional geral para o atributo Idade é:

$$Entropia\,(Idade) = \frac{1}{6}*Entropia\,(Idade\,(40-50))$$
$$+\frac{3}{6}*Entropia\,(Idade(30-40)) + \frac{2}{6}*Entropia\,(Idade\,(20-30)) = 0,459$$

Para construir uma árvore de decisão, é importante determinar quais atributos (por exemplo, idade e estilo de vida) são mais discriminantes entre as classes de dados. A medida a seguir, Ganho de Informação, pode revelar a importância de um determinado atributo que pode levar à criação da árvore de decisão.

PAPO DE ESPECIALISTA

O atributo CEP foi descartado na análise porque nos dados de amostra na Tabela 3-7 não há mapeamento claro entre valores de CEP e desconto (pelo menos nos dados de amostra). Em um conjunto de dados real, CEP quase sempre tem possíveis categorias demais para ser útil como uma variável nominal.

$$GanhodeInformação(X) = Entropia(Rótulo) - \sum_{x \in Values(X)} \frac{|Rótulo_x|}{|conjuntorótulo|} \cdot Entropia\,(X)$$

Onde:

$$Entropia\,(Desconto) = -\frac{2}{6}*\log\frac{2}{6}-\frac{4}{6}*\log\frac{4}{6}=0.918$$

O ganho de informação para o atributo idade é:

GanhodeInformação (Idade) = Entropia (Desconto) - Entropia (idade) = 0,459

Do mesmo modo, o ganho de informação para o atributo Estilo de Vida é:

GanhodeInformação (Estilo de Vida) = Entropia (Desconto) - Entropia (Estilo de Vida) = 0,459

Nesse exemplo, ambos os atributos, Estilo de Vida e Idade, têm ganho de informação igual. Em outros casos, você pode ter diferentes valores para atributos. Como ambos, "Estilo de Vida" e "Idade", têm o mesmo valor de ganho de informação, podemos começar com qualquer um deles como o primeiro nó na árvore de decisão. Escolheremos Estilo de Vida como raiz da árvore.

Como a variável "Estilo de Vida" tem dois valores possíveis, médio e bom, faremos dois galhos saindo da raiz, como mostrado na Figura 7-3.

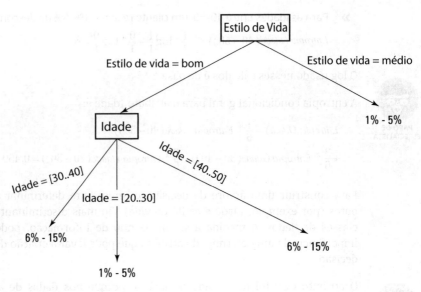

FIGURA 7-3: Árvore de decisão decidindo o desconto de seguro do cliente.

Se Estilo de Vida for médio, então está claro, a partir dos dados históricos na Tabela 7-3, que o desconto é de 1% a 5%, independentemente da idade. Se Estilo de Vida for bom, o desconto dependerá do atributo Idade:

» Se a idade for entre 20 e 30, o desconto será de 1% a 5%.
» Se a idade for entre 30 e 40, o desconto será de 6% a 15%.

Como os dados históricos não sustentam o caso em que o estilo de vida é bom e a idade é entre 40–50, presumimos que o desconto seja de 6% a 15% (pois a maioria dos resultados para estilo de vida é de 6% a 15%).

A árvore de decisão final é mostrada na Figura 7-3. Agora que derivamos a árvore de decisão, podemos facilmente decidir sobre o desconto que daremos ao cliente David (apresentado anteriormente):

{NomedoCliente = David, Idade 20-30, Estilo de Vida = Bom, **Desconto = ?**}

Se seguirmos a árvore de decisão mostrada na Figura 7-3, David receberá um desconto na faixa de 1% a 5%.

Múltiplos algoritmos podem aprender automaticamente uma grande quantidade de dados. Alguns dos algoritmos mais amplamente usados são:

» ID3 (Iterative Dichotomiser 3).
» C4.5 (sucessor do ID3).
» CART (Classification and Regression Tree).

A maioria desses algoritmos é implementada em R, RapidMiner e Weka. Com alguns cliques você pode construir uma árvore de decisão depois de carregar seus dados históricos.

Máquina de vetores de suporte

A *máquina de vetores de suporte* (SVM, do inglês *support vector machine*) é um algoritmo de classificação de dados que atribui a novos elementos de dados uma das categorias rotuladas.

A SVM é, na maioria dos casos, um classificador *binário*, ela assume que os dados em questão contêm dois possíveis valores-alvo. Outra versão do algoritmo SVM, *SVM multiclasse*, amplia a máquina de vetores de suporte a ser usada como classificador em um conjunto de dados que contenha mais de duas classes (agrupamento ou categoria). A SVM tem sido usada com sucesso em muitas aplicações, tais como reconhecimento de imagem, diagnóstico médico e análise de texto.

Suponha que esteja desenhando um modelo de análise preditiva que automaticamente reconheça e preveja o nome de um objeto em uma imagem. Esse é essencialmente o problema do *reconhecimento de imagem* — ou, mais especificamente, reconhecimento de rostos: você quer que o classificador reconheça o nome de uma pessoa em uma foto.

Bem, antes de lidar com esse tipo de complexidade, considere uma versão mais simples do mesmo problema: suponha que você tenha fotos de frutas individuais e gostaria que seu classificador previsse que tipo de fruta aparecerá na imagem. Presuma que tenha apenas dois tipos de frutas: maçãs e peras, uma em cada foto.

Assim, ao analisar outra imagem, você gostaria de prever se a fruta é uma maçã ou uma pera — sem olhar para a imagem. Você quer que a máquina de vetores de suporte classifique cada imagem como pera ou maçã. Assim como todos os outros algoritmos, o primeiro passo é treinar o classificador.

Suponha que tenha 200 fotos de diferentes maçãs e 200 fotos de peras. A fase de aprendizado consiste em fornecer essas imagens ao classificador para que ele aprenda qual a aparência de uma maçã e de uma pera. Antes de chegar a esse primeiro passo, você precisa transformar cada imagem em uma matriz de dados, usando (por exemplo) o pacote estatístico R (que é tratado em detalhes no Capítulo 14). Uma maneira simples de representar uma imagem como números em uma matriz é procurar por formas geométricas dentro da imagem (como círculos, linhas, quadrados ou retângulos) e também as posições de cada instância de cada forma geométrica. Esses números também podem representar as coordenadas desses objetos dentro da imagem, conforme plotado em um sistema de coordenadas.

CAPÍTULO 7 **Prevendo o Futuro com Classificação de Dados**   167

Como você pode imaginar, representar uma imagem como uma matriz numérica não é exatamente uma tarefa simples. Uma área de pesquisa totalmente distinta é dedicada à representação de imagem.

A Figura 7-4 mostra como uma máquina de vetores de suporte consegue prever a classe de uma fruta (rotulando-a matematicamente como *maçã* ou *pera*), com base no que o algoritmo aprendeu no passado.

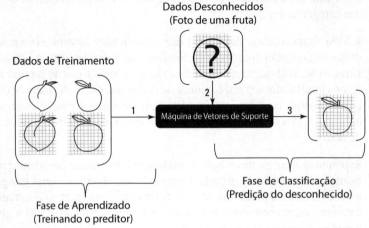

FIGURA 7-4:
A máquina de vetores de suporte que prevê a classe de uma fruta.

Suponha que você converteu todas as imagens em matrizes de dados. Então a máquina de vetores de suporte recebe duas principais entradas:

» Dados prévios (de treinamento): Este conjunto de matrizes corresponde a imagens de maçãs e peras visualizadas previamente.

» Os dados novos (não visualizados): Consistem em uma imagem convertida em uma matriz. A finalidade é prever automaticamente o que está na imagem — uma maçã ou uma pera.

O vetor de suporte usa uma função matemática, normalmente chamada de *função kernel*, que é uma função matemática que combina os novos dados à melhor imagem a partir dos dados de treinamento para prever o rótulo desconhecido da fotografia (maçã ou pera).

LEMBRE-SE

Em comparação com outros classificadores, a máquina de vetores de suportes produz predições robustas e precisas e menos afetadas pelos dados de ruído, e são menos propensas a sobreajuste (veja o Capítulo 15 para saber mais a respeito do sobreajuste). Lembre-se, porém, de que as máquinas de vetores de suporte são mais adequadas para classificação binária — quando você tem apenas duas categorias (como maçã e pera, por exemplo).

Métodos Ensemble para Melhorar a Acurácia da Predição

Tanto no mundo real quanto na multiplicidade de modelos preditivos, a união faz a força. Diversos modelos podem ser combinados de diferentes maneiras para fazer predições. Você pode aplicar o modelo combinado — chamado de *modelo ensemble* — na fase de aprendizado, na fase de classificação ou em ambas as fases.

Eis uma maneira de usar um modelo ensemble:

1. **Divida os dados de treinamento em vários conjuntos.**

2. **Faça com que cada modelo individual que compõe o modelo ensemble processe partes dos dados e aprenda com eles.**

3. **Cada modelo produz seu resultado de aprendizado a partir dos dados.**

Até aqui, tudo bem. Mas para fazer com que o modelo ensemble preveja o futuro rótulo da classe ou categoria para novos dados e tome uma decisão, você tem que processar os novos dados em seus modelos treinados. Cada modelo prevê um rótulo de classe. Então, com base na predição ou classificação coletiva, você pode gerar uma predição geral.

Você pode gerar essa predição geral simplesmente implementando um mecanismo de votação que decide o resultado final. Uma técnica de votação que poderia usar um rótulo que a maioria dos modelos prevê como o rótulo que o modelo ensemble produz como resultado.

Suponha que queira construir um modelo que preveja se um e-mail é spam. Presuma que os dados de treinamento consistam em um conjunto de e-mails em que alguns são spams e outros não. Então você pode distribuir esse conjunto de dados para um número de modelos para fins de treinamento.

Depois os modelos treinados processam um e-mail que chega à caixa de entrada. Se a maioria dos modelos o classificar como spam, então o modelo ensemble atribui um rótulo final de spam ao e-mail.

Outra forma de implementar um modelo ensemble é atribuir o peso da acurácia de cada modelo que está inserindo no modelo ensemble em relação à acurácia de todos os outros modelos no *conjunto*:

1. **Você atribui um peso específico (acurácia) para cada modelo.**

LEMBRE-SE

   Esse peso varia de um conjunto de dados para outro e de um problema de negócios para outro.

2. Depois que os modelos são treinados, você pode usar dados de teste em que você já sabe a classificação de cada ponto de dado nos dados de teste.

3. Avalie a predição feita por modelo para cada caso de teste.

4. Aumente o peso para os modelos que previram corretamente e diminua o peso para os modelos que classificaram os dados incorretamente.

Algoritmo de classificação Naïve Bayes

Naïve Bayes é um algoritmo de classificação de dados baseado em análise probabilística. O termo *probabilidade* é frequentemente associado com o termo *evento*. Assim, é comum ouvirmos declarações mais ou menos assim: "A probabilidade do Evento X é essa ou aquela."

Bem, a probabilidade do Evento X é um valor numérico. Você calcula esse valor numérico dividindo o número de vezes que o Evento X pode ocorrer pelo número de eventos possíveis de ocorrer nas mesmas circunstâncias.

Probabilidade de uma caixa de surpresas

Considere uma caixa que contenha sete frutas: três maçãs e quatro laranjas. Imagine que você irá tirar uma fruta de cada vez da caixa, sem olhar. Qual a chance (probabilidade) de que você tire uma laranja? Nesse caso, seguindo a definição que acabamos de mencionar, o Evento X é *pegar uma laranja de uma caixa contendo sete frutas.*

» O número de vezes que o Evento X em questão *poderia* ocorrer é quatro, pois há quatro laranjas na caixa.

» O número total de eventos *possíveis* é sete, pois há sete frutas na caixa.

» Cada vez que uma fruta é tirada da caixa é considerada um evento. Assim, a probabilidade de escolher uma laranja é quatro dividido por sete.

» Se você seguir o mesmo raciocínio, deduzirá que a probabilidade de tirar uma maçã da caixa com sete frutas é o resultado da divisão de três por sete.

» A probabilidade de escolher uma banana da mesma caixa é zero, pois o número de vezes que o evento pode ocorrer é zero, o número total de eventos possíveis é sete, e zero dividido por sete é igual a zero.

PARTE 2 **Incorporando Algoritmos em Seus Modelos**

Algoritmo Naïve Bayes e o Teorema de Bayes

O algoritmo de classificação Naïve Bayes é baseado nas probabilidades básicas e no *Teorema de Bayes*, uma poderosa fórmula que pode ser usada para calcular a probabilidade de um evento com base em conhecimento prévio. Esse conhecimento prévio é geralmente chamado de *evidência*.

Considere X o evento para o qual você quer calcular a probabilidade, e Y o evento anterior que já ocorreu (evidência). O Teorema de Bayes declara que:

Probabilidade de (Evento X considerando Y) = Probabilidade de (Eventos X e Y ocorrendo) / Probabilidade de (Evento Y)

A mesma equação pode ser escrita da seguinte forma: $\text{Prob}(X \mid Y) =$

$[P(X) * P(Y \mid X)] / [P(X) * P(Y \mid X) + P(\text{não\_}X) * P(Y \mid \text{não\_}X)]$

Onde

P (X) é a probabilidade de o Evento X ocorrer.

P (não_X) é a probabilidade de o Evento X não ocorrer.

P (X|Y) é a probabilidade de o Evento X ocorrer, considerando que o Evento Y ocorreu.

P (Y|X) é a probabilidade de o Evento Y ocorrer, considerando que o Evento X ocorreu.

P (Y|não_X) é a probabilidade de o Evento Y ocorrer, considerando que o Evento X não ocorreu.

Na prática, a primeira equação na lista é a mais usada ao se aplicar o Teorema de Bayes.

Fundamentos do classificador Naïve Bayes

Considere um cenário em que você queira anunciar o Produto X para um cliente. Você coletou informação sobre seu cliente, como mostra a Figura 7-5, e quer prever se ele comprará o Produto X.

A Figura 7-5 mostra os dados do cliente que você poderia coletar. Cada cliente tem um ID [número de identificação], uma renda, uma classificação de crédito e um histórico de compras de produtos similares. Cada registro de cliente também contém uma análise de sentimento dos textos de suas redes sociais sobre o Produto X.

ID do cliente	Renda (R)	Classificação de Crédito (CC)	Análise de Sentimento de Mídias Sociais sobre o Produto (AS)	Produtos Similares Comprados (PS)
3345	Alta	Boa	Neutra	Sim
3346	Média	Excelente	Positiva	Sim
3347	Baixa	Boa	Positiva	Sim
3348	Média	Ruim	Positiva	Não
3349	Média	Excelente	Positiva	Sim
3350	Alta	Ruim	Negativa	Sim
3351	Baixa	Boa	Positiva	Não
3352	Alta	Boa	Negativa	Não
3353	Alta	Excelente	Positiva	Não
3354	Alta	Boa	Positiva	Sim

FIGURA 7-5: Dados de clientes.

Considere as seguintes definições e notações das probabilidades:

P(X) é a probabilidade de X ser comprado.

P(não_X) é a probabilidade de X não ser comprado.

P(CC_bom|X) é a probabilidade de que a classificação de crédito de um cliente seja "bom", considerando que o cliente compre o Produto X.

P(CC_excelente|X) é a probabilidade de que a classificação de crédito de um cliente seja "excelente", considerando que o cliente compre o Produto X.

P(CC_ruim|X) é a probabilidade de que a classificação de crédito de um cliente seja "ruim", considerando que o cliente compre o Produto X.

P(CC_bom|não_X) é a probabilidade de que a classificação de crédito de um cliente seja "bom", considerando que o cliente não compre o Produto X.

P(CC_excelente|não_X) é a probabilidade de que a avaliação de crédito de um cliente seja "excelente", considerando que o cliente não compre o Produto X.

P(CC_ruim|não_X) é a probabilidade de que a classificação de crédito do cliente seja "ruim", considerando que o cliente não compre o Produto X.

P(R_média|X) é a probabilidade de que a renda do cliente seja "média", considerando que o cliente compre o Produto X.

P(R_alta|X) é a probabilidade de que a renda do cliente seja "alta", considerando que o cliente compre o Produto X.

P(R_baixa|X) é a probabilidade de que a renda do cliente seja "baixa", considerando que o cliente compre o Produto X.

P(R_média|não_X) é a probabilidade de que a renda do cliente seja "média", considerando que o cliente não compre o Produto X.

P(R_alta|não_X) é a probabilidade de que a renda do cliente seja "alta", considerando que o cliente não compre o Produto X.

172   PARTE 2 **Incorporando Algoritmos em Seus Modelos**

P(R_baixa|não_X) é a probabilidade de que a renda do cliente seja "baixa", considerando que o cliente não compre o Produto X.

P(AS_neutra|X) é a probabilidade de que a análise de sentimento de um cliente na mídia social seja "neutra" sobre o Produto X, considerando que o cliente compre o Produto X.

P(AS_positiva|X) é a probabilidade de que a análise de sentimento de um cliente na mídia social seja "positiva" sobre o Produto X, considerando que o cliente compre o Produto X.

P(AS_negativa|X) é a probabilidade de que a análise de sentimento de um cliente na mídia social seja "negativa" sobre o Produto X, considerando que o cliente compre o Produto X.

P(AS_neutra|não_X) é a probabilidade de que a análise de sentimento de um cliente na mídia social seja "neutra" sobre o Produto X, considerando que o cliente não compre o Produto X.

P(AS_positiva|não_X) é a probabilidade de que a análise de sentimento de um cliente na mídia social seja "positiva" sobre o Produto X, considerando que o cliente não compre o Produto X.

P(AS_negativa|não_X) é a probabilidade de que a análise de sentimento de um cliente na mídia social seja "negativa" sobre o Produto X, considerando que o cliente não compre o Produto X.

P(PS_sim|X) a probabilidade de que o cliente tenha comprado um produto similar ao X, considerando que o cliente compre o Produto X.

P(PS_não|X) a probabilidade de que o cliente não tenha comprado um produto similar ao X, considerando que o cliente compre o Produto X.

P(PS_sim|não_X) a probabilidade de que o cliente tenha comprado um produto similar ao X, considerando que o cliente não compre o Produto X.

P(PS_não|não_X) a probabilidade de que o cliente não tenha comprado um produto similar ao X, considerando que o cliente não compre o Produto X.

Essas probabilidades são calculadas das seguintes formas, usando a explicação básica sobre probabilidades descrita no início desta seção:

$P(X) = 6/10 = 0,6$

$P(não\_X) = 4/10 = 0,4$

$P(CC\_bom|X) = 4/6 = 0,67$

$P(CC\_excelente|X) = 2/6 = 0,33$

$P(CC\_ruim|X) = 0/6 = 0$

$$P(CC\_bom|não\_X) = 1/4 = 0,25$$

$$P(CC\_excelente|não\_X) = 1/4 = 0,25$$

$$P(CC\_ruim|não\_X) = 2/4 = 0,5$$

$$P(R\_média|X) = 2/6 = 0,33$$

$$P(R\_alta|X) = 3/6 = 0,5$$

$$P(R\_baixa|X) = 1/6 = 0,17$$

$$P(R\_média|não\_X) = 1/4 = 0,25$$

$$P(R\_alta|não\_X) = 2/4 = 0,5$$

$$P(R\_baixa|não\_X) = 1/4 = 0,25$$

$$P(AS\_neutra|X) = 1/6 = 0,17$$

$$P(AS\_positiva|X) = 4/6 = 0,67$$

$$P(AS\_negativa|X) = 1/6 = 0,17$$

$$P(AS\_neutra|não\_X) = 0/4 = 0$$

$$P(AS\_positiva|não\_X) = 3/4 = 0,75$$

$$P(AS\_negativa|não\_X) = 1/4 = 0,25$$

$$P(PS\_sim|X) = 4/6 = 0,67$$

$$P(PS\_não|X) = 2/6 = 0,33$$

$$P(PS\_sim|não\_X) = 2/4 = 0,5$$

$$P(PS\_não|não\_X) = 2/4 = 0,5$$

Eis um novo cliente, cujo ID é 3356 e que tem os atributos (evidência) mostrados na Figura 7-6.

FIGURA 7-6: Dados de novos clientes.

ID do cliente	Renda (R)	Classificação de Crédito (CC)	Análise de Sentimento de Mídias Sociais sobre o Produto (AS)	Produtos Similares Comprados (PS)
3356	Média	Boa	Positiva	Sim

A Figura 7-6 mostra os dados pertencentes ao novo cliente (3356). Você quer saber se a empresa deve gastar recursos com propaganda do Produto X para esse novo cliente. Em outras palavras, você quer saber qual a probabilidade de que o cliente compre o Produto X, considerando o que já sabe sobre ele: que o cliente tem renda média, tem uma classificação de crédito ruim, tem um sentimento positivo nas mídias sociais sobre o Produto X e tem um histórico de compras de produtos similares.

O classificador usa dados históricos (como mostra a Figura 7-6) e o Teorema de Bayes (mencionado anteriormente nesta seção) para rotular o novo cliente como um potencial comprador do Produto X... ou não.

Considere P(X|Cliente#3356) a probabilidade de que o Produto X seja comprado pelo Cliente#3356, considerados os atributos do cliente.

Considere P(não_X|Cliente#3356) a probabilidade de que o Produto X não seja comprado pelo Cliente#3356, considerados os atributos do cliente.

Seguindo o Teorema de Bayes, as seguintes probabilidades podem ser calculadas:

P (X|Cliente#3356) =

[P(X) * P(Cliente#3356|X)] / [P(X) * P(Cliente#3356|X) + P (não_X) * P (Cliente#3356|não_X)]

P(não_X|Cliente#3356) = [P(não_X) * P(Cliente#3356|não_X)] /

[P (não_X) * P (Cliente#3356|não_X) +P(X) * P(Cliente#3356|X)]

Observe que essas probabilidades têm o mesmo denominador. Portanto, focaremos a comparação dos numeradores, da seguinte forma:

P(Cliente#3356|X) é a probabilidade de ter clientes como o Cliente#3356, sabendo que o Cliente#3356 comprou o Produto X.

P(Cliente#3356|X) = P(CC_bom|X) * P(R_média|X) * P(AS_positiva|X) * P(PS_sim|X)

= 0,67 * 0,33 * 0,67 * 0,67 = 0,0993

P(Cliente#3356|não_X) = P(CC_bom|não_X) * P(R_média|não_X) * P(AS_positiva|não_X) * P(PS_sim|não_X)

= 0,25 * 0,25 * 0,75 * 0,5 = 0,0234

P(X|Cliente#3356) = [P(X) * P(Cliente#3356|X)] /

[P(X) * P(Cliente#3356|X) + P (não_X) * P (Cliente#3356|não_X)]

= 0,6 * 0,0993 / [P(X) * P(Cliente#3356|X) + P (não_X) * P (Cliente#3356|não_X)]

P(não_X|Cliente#3356) = [P(não_X) * P(Cliente#3356|não_X)] / [P(X) * P(Cliente#3356|X) + P (não_X) * P (Cliente#3356|não_X)]

= 0,4 * 0,0234 / [P(X) * P(Cliente#3356|X) + P (não_X) * P (Cliente#3356|não_X)]

Observe que ambas as probabilidades P(não_X/Cliente#3356) e P(X/Cliente#3356) têm o mesmo denominador. Através da comparação dos numeradores, a seguinte desigualdade pode ser deduzida:

P(X|Cliente#3356) > P(não_X|Cliente#3356)

Assim, podemos concluir que o Cliente#3356 tem mais chance de comprar o Produto X.

O Modelo de Markov

O *Modelo de Markov* é um modelo estatístico fortemente embasado na teoria da probabilidade. (Ele recebeu seu nome do matemático russo pioneiro nas pesquisas sobre a teoria da probabilidade.)

Observe o seguinte cenário prático que ilustra como ele funciona: imagine que você queira prever se o Time X (digamos, um time de futebol) vencerá o jogo de amanhã. A primeira coisa que precisa fazer é coletar a estatística prévia sobre o Time X. A pergunta que pode surgir é quanto tempo deve ser incluído no histórico. Vamos presumir que conseguimos obter os resultados dos 10 últimos jogos sequenciais. Você quer saber qual a probabilidade de o Time X vencer o próximo jogo, considerados os resultados dos últimos 10 jogos (por exemplo, o Time X venceu 3 vezes e depois perdeu 7 vezes). O problema é que quanto mais tempo quiser voltar no histórico, mais difícil e mais complexa se tornam a coleta de dados e os cálculos da probabilidade.

Acredite ou não, o Modelo Markov simplifica sua vida fornecendo a *Suposição de Markov*, que é mais ou menos assim em palavras:

> A probabilidade de que um evento ocorrerá, considerados *n* eventos passados, é aproximadamente igual à probabilidade de que o evento ocorrerá considerado o último evento ocorrido.

PAPO DE ESPECIALISTA

Escrita como uma fórmula, a Suposição de Markov é assim:

$$P(evento_t \mid evento_{t-1}, evento_{t-2}, \ldots, evento_1) = P(evento_t \mid evento_{t-1})$$

De ambas as formas, a Suposição de Markov significa que você não precisa examinar um longo histórico para prever o resultado futuro. Basta usar o evento passado mais recente. Isso se chama *predição de primeira ordem de Markov*, pois você está considerando apenas o evento presente para prever o evento futuro. Uma *predição de Markov de segunda ordem* inclui apenas os dois últimos eventos que ocorreram em sequência. A partir da equação anterior, uma equação amplamente utilizada pode ser derivada:

$$P(evento_1, evento_2, \ldots, evento_n) = \prod_{i=2}^{n} P(evento_i \mid evento_{i-1})$$

Essa equação objetiva calcular a probabilidade de que alguns eventos ocorrerão em sequência: *evento1*, depois *evento2*, e assim por diante. Essa probabilidade pode ser calculada pela multiplicação da probabilidade de cada *evento t* (considerando o evento anterior a ele) pelo próximo evento na sequência. Por exemplo, suponha que queira prever a probabilidade de que o Time X vença, depois perca e depois empate.

Uma típica predição do modelo de Markov

Eis como um típico modelo preditivo baseado em um Modelo de Markov funcionaria. Considere o mesmo exemplo: suponha que queira prever os resultados de um jogo de futebol a ser disputado pelo Time X. Os três resultados possíveis — chamados de *estados* — são vitória, derrota ou empate.

Presuma que coletou os dados estatísticos passados dos resultados dos jogos do Time X e que ele perdeu seu jogo mais recente. Você quer prever o resultado da próxima partida. Tudo se resume a adivinhar se o Time X vencerá, perderá ou empatará — contando apenas com os dados dos jogos passados. Então veja como usar o Modelo de Markov para fazer a predição.

1. **Calcule algumas probabilidades com base nos dados passados.**

Por exemplo, quantas vezes o Time X perdeu jogos? Quantas vezes o Time X venceu jogos? Por exemplo, imagine que o Time X venceu 6 partidas de 10 disputadas. Então o Time X venceu 60% das vezes. Em outras palavras, a probabilidade de vitória para o Time X é de 60%. Você chega a esse número dividindo o número de vitórias por 10 (o total de partidas), o que resulta em uma probabilidade de 60%.

2. **Calcule a probabilidade de uma derrota, e então a probabilidade de um empate, da mesma forma.**

3. **Use a equação de probabilidade mostrada na seção anterior sobre Naïve Bayes para calcular as probabilidades da seguinte forma:**

- A probabilidade de que o Time X vença, considerado que o Time X perdeu a última partida.

- A probabilidade de que o Time X perca, considerado que o Time X venceu a última partida.

Vamos atribuir arbitrariamente essas probabilidades. Observe que você pode calcular facilmente $P(X|Y)$ — a probabilidade de X considerando Y —, como mostrado anteriormente na seção Naïve Bayes neste capítulo.

CAPÍTULO 7 **Prevendo o Futuro com Classificação de Dados** 177

4. **Calcule as probabilidades para cada estado (vitória, derrota ou empate).**

   Presumindo que o time jogue apenas uma partida por dia, as probabilidades são as seguintes:

   - P (Vitória | Derrota) é a probabilidade de que o Time X vença hoje, considerando que perdeu ontem.

   - P (Vitória | Empate) é a probabilidade de que o Time X vença hoje, considerando que empatou ontem.

   - P (Vitória | Vitória) é a probabilidade de que o Time X vença hoje, considerando que venceu ontem.

5. **Usando as probabilidades calculadas, crie um fluxograma como o mostrado na Figura 7-7.**

   Um círculo nesse fluxograma representa um possível estado em que o Time X poderia obter em qualquer momento (vitória, derrota, empate). Os números nas setas representam as probabilidades de que o Time X possa se mover de um estado para outro.

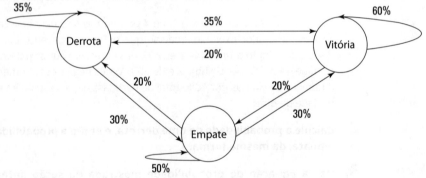

FIGURA 7-7: Os possíveis estados do Time X (vitória, derrota, empate) e as probabilidades passadas.

Por exemplo, se o Time X acaba de vencer a partida de hoje (seu estado atual = vitória), a probabilidade de que ele vença novamente é de 60%, e a probabilidade de que ele perca o próximo jogo é de 20% (nesse caso, ele mudará do estado atual = vitória para estado futuro = derrota).

Suponha que queira saber as chances de que o Time X vença mais duas partidas em sequência e perca a terceira. Como você pode imaginar, essa não é uma predição muito simples de fazer.

Entretanto, usando o fluxograma que acabamos de criar e a suposição de Markov, você pode prever facilmente as chances de esse evento ocorrer. Comece pelo estado de vitória, percorra duas vezes o estado de vitória e registre 60% duas vezes; depois passe para o estado de derrota e registre 20%. As chances de que o Time X vença duas vezes e perca a terceira partida se tornam simples de calcular: 60% vezes 60% vezes 20%, cujo resultado é 7,2%.

Usando os modelos ocultos de Markov

Um *Modelo oculto de Markov* é um Modelo de Markov em que o estado anterior a partir do qual o estado atual se originou pode ser oculto ou desconhecido. Os dados de entrada para o modelo são as probabilidades de mudança de estados e o número de observações. Um Modelo oculto de Markov leva em consideração estados de observação. Usaremos um exemplo que prevê um estado futuro com base no estado anterior e em algumas observações.

Suponha que você esteja assistindo a uma partida disputada pelo Time X e faça a seguinte observação:

O Time X está vencendo, até o momento, por 1 x 0 (o placar atual nos primeiros 30 minutos de jogo).

Com base apenas na observação atual, você quer prever um futuro estado oculto: o Time X irá vencer, perder ou empatar?

Presuma que conhece as probabilidades estatísticas passadas para o Time X, como mencionado na seção anterior (veja a Figura 7-7). Eis os passos para prever o próximo estado oculto (desconhecido) — se o Time X irá vencer, perder, ou empatar — com base unicamente em sua atual observação.

A primeira fase (como mencionado anteriormente) é a do aprendizado: você aprende sobre o Time X a partir de seus dados passados e resultados das partidas. Os seguintes fatos surgem:

» O Time X venceu 55% de suas partidas passadas, perdeu 40% desses jogos e empatou 5% das vezes.

» Em todos os jogos passados, o Time X venceu 60% das vezes quando marcou um gol nos primeiros 30 minutos.

» Em todos os jogos passados, o Time X perdeu 35% das vezes quando marcou um gol nos primeiros 30 minutos.

» Em todos os jogos passados, o Time X empatou 5% das vezes quando marcou um gol nos primeiros 30 minutos.

A estatística que reflete os resultados do aprendizado dos jogos passados pode ser resumida assim:

	Vitória	Derrota	Empate
P(X)	55%	40%	5%

A tabela a seguir mostra as probabilidades de um resultado X, considerada a observação Z.

	Z = gol marcado dentro dos primeiros 30 minutos
X = vitória	60%
X = derrota	35%
X = empate	5%

Usando a regra da probabilidade conhecida como Teorema de Bayes (mencionado na seção sobre Naïve Bayes) e a Suposição de Markov, citada na seção anterior, você pode facilmente calcular a probabilidade de que o Time X vença caso a observação atual seja a de que o time marcou um gol nos primeiros 30 minutos de jogo. Da mesma forma, você pode calcular a probabilidade de que o Time X perca caso a observação seja de que o time marcou um gol nos primeiros 30 minutos do jogo. Presuma, também, que o Time X empatou no jogo anterior, e que a probabilidade anterior de o Time X marcar um gol nos primeiros 30 minutos em qualquer jogo é de 40%. Considerados esses fatos e observações, qual a probabilidade de que o Time X vença o jogo?

Veja como calcular a probabilidade de que o Time X vença, considerando que ele empatou no último jogo e você observou que o time marcou um gol nos primeiros 30 minutos da partida atual. Essa probabilidade pode ser escrita da seguinte forma:

$$P(evento_{t=futuro} = vitória | evento_{t-1} = empate, observação = gol\ marcado\ nos\ primeiros\ 30\ minutos)$$

Para simplificar, considere as seguintes notações nas equações:

$X: evento_{t=futuro} = vitória$

$Y: evento_{t-1} = empate$

$Z: observação = gol\ marcado\ nos\ primeiros\ 30\ minutos$

Agora você pode escrever a mesma probabilidade — de que o Time X vença, considerando que ele empatou no último jogo e você observou que o time marcou um gol nos primeiros 30 minutos da partida atual, e considerando, ainda, que Y e Z são independentes — assim:

P(X|Y, Z) = P(X,Y|Z) / P(Y|Z)

= P(X,Y|Z) / P(Y)

Aplicando as regras de Naïve Bayes explicadas anteriormente, temos o seguinte:

= P(Z|Y, X) * P(X, Y) / [P(Y) * P (Z)]

Aplicando a equação da Suposição de Markov (mencionada na seção anterior), temos o seguinte resultado:

= P(Z|X) * P(X, Y) / [P(Y) * P (Z)]

= P(Z|X) * P(X|Y) * P(Y) / [P(Y) * P (Z)]

= P(Z|X) * P(X|Y) / P (Z)

= (60% x 30%) / 40% = 45%

Escrita, a fórmula ficaria assim:

$$P(evento_{t=futuro} = vitória|evento_{t-1} = empate, observação = gol\ marcado\ nos\ primeiros\ 30\ minutos) = 45\%\ (porcento)$$

Modelos ocultos de Markov têm sido usados com sucesso em predições de séries temporais e em aplicações práticas, tais como reconhecimento de fala e análise de sequência biológica.

Regressão linear

Regressão linear é um método estatístico que analisa e descobre relações entre duas variáveis. Ela pode ser usada para prever o valor numérico futuro de uma variável.

Considere um exemplo de dados que contêm duas variáveis: dados passados consistindo em horários de chegada de um trem e seus respectivos atrasos. Suponha que queira prever qual será o atraso do próximo trem. Se aplicar a regressão linear a essas duas variáveis — o horário de chegada e o tempo de atraso —, você gera uma equação linear como:

Atraso = a + (b * Hora de chegada) + d

Essa equação expressa as relações entre o tempo de atraso e o horário de chegada. As constantes *a* e *b* são os parâmetros do modelo. A variável *d* é o *termo de erro* (também conhecido como *resto*) —, um valor numérico que representa a divergência entre as duas variáveis *atraso* e *hora de chegada*.

CAPÍTULO 7 **Prevendo o Futuro com Classificação de Dados** 181

Se você estiver esperando na estação de trem, basta aplicar o horário de chegada na equação anterior e calcular o atraso esperado usando os parâmetros dados pelo modelo de regressão linear *a, b* e *d*.

A regressão linear pode ser muito sensível a valores atípicos nos pontos de dados. Os valores atípicos em seus dados podem ter um impacto significativo no modelo (para saber mais sobre valores atípicos, veja o Capítulo 15). Recomendamos que remova cuidadosamente esses valores do conjunto de treinamento se planeja usar regressão linear em seu modelo preditivo.

Redes neurais

Um algoritmo complexo, a *rede neural*, é biologicamente inspirado na estrutura do cérebro humano. Uma rede neural oferece um modelo muito simples em comparação ao cérebro humano, mas funciona bem o bastante para nossos propósitos.

Amplamente usada para classificação de dados, a rede neural processa dados passados e presentes para estimar valores futuros — descobrindo quaisquer relações ocultas nos dados — em uma forma análoga à empregada pelo cérebro humano.

As redes neurais podem ser usadas para fazer predições em dados de séries temporais, como dados climáticos. Uma rede neural pode ser designada para detectar padrões em dados de entrada e produzir um resultado livre de ruído.

A Figura 7-8 ilustra a estrutura de um algoritmo de rede neural e suas três camadas:

>> **A camada de entrada** alimenta valores de dados passados para a próxima camada (oculta). Os círculos pretos representam os *nós* da rede neural.

>> **A camada oculta** encapsula diversas funções complexas que criam preditores; frequentemente essas funções estão escondidas do usuário. Um conjunto de nós (círculos pretos) na camada oculta representa as funções matemáticas que modificam os dados de entrada. Essas funções são chamadas de *neurônios*.

>> **A camada de saída** coleta as predições feitas pela camada oculta e produz um resultado final: a predição do modelo.

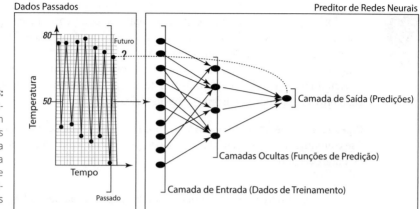

FIGURA 7-8: Redes neurais criam preditores na segunda camada (oculta) de uma estrutura de três camadas.

Vamos analisar mais de perto como uma rede neural pode produzir um resultado a partir dos dados de entrada. A camada oculta é o componente-chave de uma rede neural por causa dos neurônios que ela contém. Eles trabalham juntos para fazer os principais cálculos e produzir o resultado.

Cada neurônio pega um conjunto de valores de entrada; cada um associado a um *peso* (mais sobre isso em breve) e um valor numérico conhecido como *viés* (bias). A saída de cada neurônio é uma função do resultado da soma ponderada de cada saída mais o viés.

A maioria das redes neurais usa funções matemáticas para ativar neurônios. Uma *função* na matemática é uma relação entre um conjunto de entradas e um conjunto de saídas, com a regra de que cada entrada corresponde a uma saída. (Por exemplo, considere uma função negativa em que um número inteiro pode ser uma entrada e a saída é seu equivalente negativo.) Em essência, uma função na matemática funciona como uma caixa-preta que pega uma entrada e produz uma saída.

Os neurônios em uma rede neural podem usar funções *sigmoides* para combinar entradas e saídas. Quando usada dessa forma, uma função sigmoide é chamada de *função logística*, e sua fórmula é assim:

$$f(entrada) = \frac{1}{1+e^{saída}}$$

Onde *f* é a *função de ativação* que ativa o neurônio, e *e* é uma constante matemática amplamente usada que tem um valor aproximado de 2,718.

PAPO DE ESPECIALISTA

Você pode estar imaginando por que essa função é usada em neurônios. Bem, a maioria das funções sigmoides tem derivativos positivos e fáceis de calcular. Eles são contínuos, podem servir como uma espécie de funções de suavização e são também funções limitadas. Essa combinação de características, única das funções sigmoides, é vital para o funcionamento do algoritmo de rede neural — especialmente quando o cálculo de um derivativo (tais como o peso associado a cada entrada para um neurônio) é necessário.

O peso para cada neurônio é um valor numérico que pode ser derivado usando-se treinamento supervisionado ou não supervisionado, tal qual o agrupamento de dados (veja o Capítulo 6):

» No caso do treinamento supervisionado, os pesos são derivados pelo fornecimento de entradas e saídas de amostra para o algoritmo até que os pesos sejam *ajustados* (ou seja, até que haja uma combinação quase perfeita entre entradas e saídas).

» No caso de treinamento não supervisionado, a rede neural recebe apenas as entradas; o algoritmo gera suas respectivas saídas. Quando fornecemos o algoritmo com entradas "novas e similares" e o algoritmo produz novas saídas similares às saídas anteriores, então os pesos dos neurônios foram ajustados.

LEMBRE-SE

Redes neurais tendem a ter uma alta acurácia, mesmo quando os dados têm uma quantidade significativa de ruído. Essa é uma grande vantagem. Quando a camada oculta ainda é capaz de descobrir relações nos dados apesar dos ruídos, você pode conseguir usar dados que de outra forma seriam inutilizáveis.

Aprendizado Profundo

Os algoritmos de aprendizado profundo estão entre as mais recentes e modernas inovações no campo do aprendizado de máquina.

DICA

Pense em um algoritmo de aprendizado profundo como uma caixa-preta que faz predições. Considere um cenário em que uma imagem é primeiro convertida em números e pixels. Um algoritmo de aprendizado profundo executa uma série de funções matemáticas nesses números e retornar números diferentes que podem revelar a natureza do objeto na imagem.

Essas funções matemáticas são baseadas nos parâmetros dos neurônios em uma rede neural. O maior desafio ao usar redes neurais é ensiná-la e treiná-la em grandes conjuntos de entradas a fim de derivar os parâmetros de neurônios corretos. Isso pode levar a uma melhor acurácia de predição.

O renascimento das redes

Os algoritmos de aprendizado profundo estão aqui para aprimorar a capacidade da rede neural de detectar padrões complexos. Na verdade, uma das fases essenciais no ciclo de análise preditiva envolve o processo de *Extração de Atributos* explicado no Capítulo 9.

A Extração de Atributos, também conhecida como Engenharia de Atributos, é um processo muito demorado e que deve ocorrer, na maioria dos casos, antes da aplicação de um modelo preditivo. É também um processo na rota de processamento da análise preditiva que tem muita influência na acurácia final do modelo.

Os algoritmos de aprendizado profundo são desenhados para pular o passo de extração de atributos da análise preditiva e do aprendizado de máquina. O *aprendizado automático de atributos relevantes para os dados de treinamento* é a principal vantagem do aprendizado profundo. Em muitos casos, especialmente no campo de reconhecimento de padrão em imagem, o aprendizado profundo tem superado a acurácia do modelo tradicional de algoritmos de engenharia de extração de atributos.

Assim como qualquer outro modelo preditivo, a escolha do conjunto de dados de treinamento tem um grande efeito na acurácia do algoritmo de aprendizado profundo.

Apresentando o aprendizado profundo

O aprendizado profundo é um novo subcampo do aprendizado de máquina. Ele é frequentemente chamado de *aprendizado estruturado profundo*, *aprendizado de máquina profundo* ou *aprendizado hierárquico*. Consiste em algoritmos que tentam aprender automaticamente múltiplos níveis de abstrações de dados. Essas abstrações auxiliam o processo de obter insights e insights avançados.

O aprendizado profundo está relacionado às redes neurais. Como explicamos na seção anterior, uma rede neural é um fluxograma de nós chamados de "neurônios" que têm setas entre eles. A rede neural pega um conjunto de números como entradas, depois aplica complexos cálculos matemáticos nelas e produz um conjunto de saídas que pode ser usado para classificação de dados.

Como mencionamos na seção anterior, uma rede neural é uma rede de nós que são organizados em camadas. A primeira camada é chamada de *camada de entrada*, e a última, de *camada de saída*. As camadas entre elas são chamadas de *camadas ocultas*. Cada nó na camada oculta pode ser visto como um classificador que pega uma entrada e retorna uma saída (que é também uma entrada para outro neurônio nas camadas ocultas subsequentes). As últimas saídas são uma combinação das saídas de muitos neurônios nas camadas da rede neural. Esse processo de passar entradas de uma camada para outra através de camadas ocultas até que elas atinjam o resultado final na camada de saída é chamado de *propagação positiva*.

PAPO DE ESPECIALISTA

Você pode estar imaginando por que cada nó nas camadas ocultas está produzindo uma saída diferente. O motivo é que cada nó está associado a dois valores: viés e peso. Um *peso* é um valor numérico pelo qual a entrada está sendo multiplicada; um *viés* é outro valor numérico que está sendo somado à saída de cada nó. Os pesos e vieses são críticos para a acurácia da classificação em uma rede neural.

Uma rede neural precisa ser treinada, como qualquer outro modelo preditivo. A validação cruzada, por exemplo, pode ser usada para treinar o modelo. Em outras palavras, o valor de referência de saída é comparado ao resultado gerado pela rede neural, e os valores do viés e do peso são ajustados de acordo toda vez que há um erro no resultado. O objetivo final por trás do treinamento de uma rede neural é reduzir custos, que são a diferença entre o valor previsto gerado pela rede neural e o valor real conhecido a partir dos dados de treinamento.

Os vieses e pesos são ajustados e refinados através do processamento na rede neural em um grande número de amostras de dados de treinamento.

As redes neurais são complexas porque múltiplos neurônios, que podem ser considerados classificadores, estão sendo treinados. Para um conjunto de dados de padrões muito complexos, as redes neurais tendem a oferecer uma melhor acurácia de predição, quando comparadas a outros classificadores, ao custo de treinamento da rede neural. Entretanto, com os recentes avanços no poder computacional, as redes neurais podem ser treinadas em um tempo relativamente curto.

O aprendizado profundo utiliza a abordagem "dividir e conquistar" para detectar padrões muito complexos. Na verdade, um algoritmo de aprendizado profundo tenta dividir o problema de detecção de padrões complexos em partes menores. Ele faz isso detectando um conjunto de subpadrões menos complexos que, coletivamente, levarão à descoberta do padrão original.

No exemplo anterior das frutas, considere o problema da classificação de dados em que o objetivo é classificar e determinar se a imagem é de uma banana. Em termos simples, um algoritmo de aprendizado profundo tentará detectar as bordas do objeto, o formato e a cor. Depois ele calculará um escore de resultado que reflita uma decisão sobre a foto ser ou não de uma banana.

Uma analogia seria como nós, seres humanos, detectamos padrões complexos. Tendemos a detectar esses padrões encontrando padrões menores e mais simples, que nos levarão a tomar decisões finais. Curiosamente, o desenho de uma rede neural profunda foi inspirado pela arquitetura do cérebro humano.

Os algoritmos de aprendizado profundo são muito robustos e em muitos casos têm melhor desempenho do que todos os classificadores para a detecção de padrões muito complexos. Entretanto, redes de aprendizado profundo demoram muito tempo para ser treinadas. Em alguns casos, por exemplo, pode levar uma semana para treinar uma rede profunda.

Uma rede neural é treinada através do cálculo de um valor de custo. O custo é a diferença entre o valor real (valor de referência e dados de treinamento rotulados) e o valor preditivo produzido pela rede neural, e é minimizado pela execução de diversas iterações do treinamento. Os pesos e vieses em cada neurônio são ajustados de acordo para reduzir o custo.

O processo de treinamento das redes neurais utiliza uma função matemática chamada *gradiente*. Ele mede quanto o custo mudará em relação a uma mudança em vieses, valores e pesos. A *propagação negativa* é o processo de treinar as redes neurais, e esse processo pode ser visto como o inverso das propagações positivas (discutidos anteriormente nesta seção). Ela começa pela última camada e se move em direção à primeira. Os gradientes estão sendo multiplicados através da propagação negativa. Conforme as redes se tornam mais complexas, a propagação negativa leva mais tempo para treinar a rede neural, e a acurácia se deteriora. Enquanto treinavam redes profundas, pesquisadores descobriram um grande problema, conhecido como *desaparecimento do gradiente*. Esse problema ocorre conforme os valores dos gradientes se tornam muito pequenos (multiplicando números entre 0 e 1), até que desaparecem conforme propagamos negativamente ao longo da rede.

Esses problemas foram enfrentados por pesquisadores como o professor Yann LeCun, do Instituto de Ciências Matemáticas da Universidade de Nova York. Ele é também diretor de Inteligência Artificial do Facebook.

Os resultados do trabalho de pesquisadores em aprendizado profundo e outras equipes levaram à criação da Máquina de Boltzmann Restrita (RBM, de seu nome em inglês). Uma RBM é considerada uma rede neural de extração de atributos. Em termos simples, uma RBM é uma rede neural de duas camadas: a camada visível e a camada oculta. Cada neurônio (nó) na camada visível está conectado a todos os outros neurônios na camada oculta. Nós da mesma camada não podem se conectar. A RBM converte o conjunto de entradas em saídas na passagem positiva e tenta reconstruir as entradas a partir das saídas na passagem negativa. Através desse processo, pesos e vieses em uma RBM estão sendo ajustados, e a RBM está tentando aprender quais entradas são mais importantes por meio de diversas iterações de passagens positivas e negativas. Uma RBM não requer necessariamente dados rotulados. Ela tem tido um bom desempenho para mineração e classificação de vídeos e imagens.

Combinar múltiplas RBMs lida parcialmente com o problema de desaparecimento do gradiente. Um conjunto de RBMs combinadas é capaz de construir *redes de crenças profundas*, outro algoritmo de aprendizado profundo da família do aprendizado profundo. Cada camada oculta da RBM é considerada uma camada visível da RBM subsequente em uma estrutura de redes de crenças profundas. Por causa de sua estrutura, as redes de crenças profundas só precisam de um conjunto de dados razoavelmente pequeno para treinar.

Existem múltiplos algoritmos de aprendizado profundo que sabemos funcionar para diferentes aplicações. Siga estas diretrizes para começar e fazer escolhas dentre os algoritmos disponíveis:

» Algoritmos de redes recorrentes são adequados para análise de séries temporais.

» Algoritmos de rede neural recursiva com tensor são adequados para problemas de mineração de texto para o aprendizado supervisionado.

» Em muitos casos, algoritmos de *redes de crenças profundas* e *redes neurais convolucionais* tendem a ter um bom desempenho para problemas de aprendizado supervisionado para reconhecimento de objetos em imagens.

» Algoritmos de *Máquina de Boltzmann Restrita* e *autoencoder* são mais adequados para o aprendizado não supervisionado, dados não rotulados para a finalidade de extração de atributos.

» Algoritmos de *redes de crenças profundas* e de *unidades lineares retificadas* (ReLU) são bons para classificação de dados de propósito geral.

Lembre-se:

» Em algoritmos de aprendizado profundo, os dados estão sendo passados através de uma sequência de camadas. Cada camada pega alguns números e os interpreta, que então são passados para a outra camada.

» Cada camada está tentando identificar um subconjunto de atributos nos dados de entrada. Esses dados podem ser texto, vídeo ou imagens.

188   PARTE 2 **Incorporando Algoritmos em Seus Modelos**

» Uma rede neural está sendo treinada calculando o valor de custo. O custo é a diferença entre o valor real (valor de referência e dados de treinamento rotulados) e o valor preditivo produzido pela rede neural.

» O custo é minimizado através da execução de diversas iterações de treinamento. Os pesos e vieses de cada neurônio estão sendo ajustados de acordo para reduzir o custo.

» Para detecção de padrões simples, você não precisa usar um algoritmo de rede neural ou de aprendizado profundo; um simples classificador como a regressão linear ou a máquina de vetores de suporte executa o trabalho.

» Para tarefas complexas, como reconhecimento facial, os algoritmos de aprendizado profundo são mais apropriados.

» Para treinar adequadamente uma rede neural convolucional (repetições), você precisa de milhões de imagens, caso contrário, pode sobreajustar o modelo.

» O aprendizado profundo pode ser usado no reconhecimento de fala em tempo real, processamento de linguagem natural, mineração de texto, mineração de stream de vídeo e reconhecimento de imagem. O ALPHAGO é um programa desenvolvido pelo Google DEEPMIND orientado por aprendizado profundo.

ALPHAGO: GOOGLE DEEPMIND ORIENTADO POR APRENDIZADO PROFUNDO

Em 2013, um programa de computador chamado AlphaGo derrotou um oponente humano no jogo Go, um feito considerado impossível. O Go é um jogo de tabuleiro originário da China e é considerado muito mais complexo do que o xadrez. Ele é jogado em um tabuleiro como o do xadrez, com um jogador controlando as peças brancas, e outro, as peças pretas.

O objetivo de cada jogador é tentar criar uma cadeia de peças ao redor das pedras do seu oponente. A pontuação é baseada no números de obstáculos que cada jogador consegue criar para o outro.

Imagine um computador jogando Go contra uma pessoa. A complexidade está na magnitude de movimentos possíveis para cada pedra. Na primeira iteração, cada jogador tem cerca de 360 jogadas possíveis, depois disso o número de jogadas possíveis aumenta exponencialmente nas iterações subsequentes. O enorme número de jogadas possíveis torna quase impossível para um computador acompanhar uma abordagem de força bruta para descobrir os resultados de uma jogada possível.

(continua)

(continuação)

O AlphaGo é um programa de computador baseado em algoritmo de aprendizado profundo que prevê a qualidade de uma jogada (boa ou ruim). Ele julga o sucesso das possíveis jogadas com base em uma "rede de política". A rede de política usada pelo AlphaGo pega uma entrada de um arranjo de 19 por 19 que representa o tabuleiro do jogo. O objetivo da rede neural profunda é prever o melhor movimento em qualquer iteração. A camada de saída mostra todas as localizações possíveis de uma pedra do jogador e um escore que representa a probabilidade de sucesso de cada jogada.

Para treinar o AlphaGo foram necessários 30 milhões de configurações de tabuleiro e partidas disputadas por experts para ajustar os parâmetros da rede. O AlphaGo aprendeu com a experiência a prever se determinada jogada era boa ou ruim.

O aprendizado profundo é o futuro da inteligência artificial. Ele levará a aplicações em assistência médica, tradução automática, reconhecimento de padrões e carros autodirigíveis.

3 Desenvolvendo um Roteiro

NESTA PARTE...

Avalie resultados.

Crie propostas.

Processe dados.

Construa e mantenha modelos.

Visualize predições e resultados.

> **NESTE CAPÍTULO**
>
> » **Mensurando os benefícios de adotar a análise preditiva**
>
> » **Otimizando decisões operacionais**
>
> » **Desenvolvendo métricas de sucesso não ambíguas**
>
> » **Criando uma proposta para a equipe executiva**

Capítulo **8**

Incutindo a Adoção da Análise Preditiva

A análise preditiva deve estar no radar de toda empresa. Se não estiver no kit de ferramentas de sua empresa, dê uma boa olhada no cenário competitivo a seu redor: as margens são menores; os clientes são mais exigentes e seletivos e têm cada vez mais opções a seu dispor. As empresas que prosperam nesse ambiente são aquelas que se adaptam a essas mudanças e inovam para superar a concorrência. Elas são enxutas, ágeis e adotaram a análise preditiva.

Para exemplos do uso efetivo da análise preditiva, considere o sucesso da Amazon, Netflix, LinkedIn e Facebook. A Amazon e a Netflix existem há cerca de duas décadas e se tornaram empresas de capital aberto há cerca de metade desse tempo; o LinkedIn e o Facebook existem há cerca de uma década, e se tornaram empresas de capital aberto há apenas alguns anos. Embora essas empresas sejam relativamente novas em comparação com gigantes blue-chips como Walmart ou IBM, elas são algumas das maiores do mundo. Na verdade, a Amazon e o Facebook superaram o Walmart e a IBM em capitalização de mercado. Um dos principais motivos para isso é o fato de essas empresas terem sido pioneiras no uso de dados e análise preditiva para tomar decisões de negócios.

O mercado recompensou essa nova geração de empresas com avaliações muito altas de ações — e expectativas igualmente altas. Para justificar essas altas avaliações, espera-se que essas empresas aumentem seus ganhos em um ritmo muito rápido ao longo dos próximos anos. A velocidade de crescimento dessas jovens empresas reflete o crescimento explosivo na geração de dados — e o uso desses dados para crescer.

A Amazon e a Netflix não são apenas empresas comuns de comércio eletrônico; elas transformaram a forma como compramos e assistimos filmes pelo uso inovador de análises preditivas para aperfeiçoar o mercado do varejo. O Facebook e o LinkedIn começaram como empresas que forneciam um serviço online. Elas usaram de forma inteligente a análise preditiva dos dados que geravam para criar um serviço ainda melhor, que é usado por milhões de pessoas todos os dias. Então, em essência, seus dados são o coração de seu produto.

Todas essas empresas coletam, analisam e monetizam seus dados, utilizando-os para entender as necessidades de seus clientes e oferecer produtos e serviços atraentes e personalizados. Sem usar dados de maneiras inovadoras e engenhosas, essas empresas provavelmente não teriam crescido tanto e tão rápido.

Então, se a sua empresa quiser seguir o exemplo, deve fazer as seguintes perguntas:

» Como a equipe de análise ou o gerenciamento intermediário (para as empresas que não tinham equipes de ciência de dados [ou *data science*] na época) convenceram a alta gerência a adotar a análise preditiva?

» Como a equipe de gerenciamento executivo teve (ou adquiriu) o insight para criar equipes de ciência de dados?

Nada parecido tinha sido feito antes, o que torna tudo ainda mais impressionante. Pelo menos não temos que nos preocupar com isso agora. Você pode usar o sucesso das empresas pioneiras como um exemplo do mundo real para convencer seus gestores sobre a importância de aplicar a análise preditiva à sua organização.

Criando um Caso de Negócios

Muitos CMOs e CIOs já podem incluir a análise preditiva no roteiro da empresa, mas talvez ainda não saibam como incorporá-la em seus negócios. Outros podem nunca ter ouvido falar de análise preditiva ou podem confundi-la com análises descritivas tradicionais. Depois de ler este capítulo, você entenderá essa distinção. Se é um executivo da empresa, compreenderá os benefícios da análise preditiva como parte de sua estratégia geral de negócios.

194   PARTE 3 **Desenvolvendo um Roteiro**

Se exerce uma função de gerenciamento intermediário, provavelmente está procurando maneiras de fazer recomendações efetivas à alta administração. Você quer aproveitar o burburinho em torno do big data e da análise preditiva — e descobrir como pode usá-los para beneficiar sua empresa. Depois de ler este capítulo, você estará armado com tudo de que precisa para propor uma solução de análise preditiva para o gerenciamento de decisões da equipe executiva.

Benefícios para o negócio

Os benefícios da adoção da análise preditiva podem ser alcançados em qualquer empresa. No entanto, empresas maiores identificam mais benefícios do que as menores, devido à multiplicidade de ineficiências que podem ser encontradas nas grandes corporações.

Em geral, empresas mais estabelecidas conseguem obter maiores benefícios e têm maior oportunidade de:

>> Otimizar suas operações.

>> Procurar novas oportunidades.

>> Adquirir novos clientes.

>> Manter os clientes atuais.

>> Encontrar novos fluxos de receita a partir de sua base de clientes atual.

As empresas iniciantes podem identificar um benefício menor e adiar a adoção da análise preditiva, pois os roteiros de seus produtos já devem estar priorizados pelos próximos meses, e elas precisam se manter bem focadas em sua estratégia atual. As empresas menores também podem considerar uma solução preditiva muito cara e complexa de se implementar. Mas podem pensar diferente mais adiante: depois que todas as principais estratégias de negócios foram executadas e a empresa começou a procurar formas de aumentar seu valor de tempo de vida do cliente e melhorar a lealdade do cliente, é hora de adicionar a análise preditiva às operações padrão.

Uma exceção ao parágrafo anterior seria uma empresa iniciante (startup) que já tenha conseguido centralizar seus negócios em dados e análises. Se uma empresa desse tipo já está fazendo análises preditivas ou já tem uma equipe e as ferramentas necessárias para criar uma solução de análise preditiva, o custo e a complexidade podem não ser uma barreira.

As empresas estão tendo muito mais dificuldade em obter vantagem sobre seus concorrentes, pois muitas vantagens competitivas das empresas líderes acabaram sendo eliminadas à medida que os concorrentes se adaptavam ou copiavam as práticas dos líderes. Isto é especialmente verdade para empresas que oferecem os mesmos tipos de produtos.

CAPÍTULO 8 **Incutindo a Adoção da Análise Preditiva** 195

Adotar a análise preditiva é um dos últimos aprimoramentos de processo que muitas empresas buscam para obter uma vantagem competitiva. A maioria das empresas começa com a inteligência de negócios tradicional para responder:

» O que aconteceu nos seus negócios?
» Por quê?

Eles usam dashboards e pesquisas *ad hoc* em suas bases de dados para criar relatórios para a equipe de gerenciamento.

» Um *dashboard* é uma exibição gráfica em que usuários podem visualizar resumos de informações-chave predefinidas sobre a empresa.
» *Pesquisas ad hoc* são pesquisas não predefinidas e não rotineiras na base de dados, usadas quando informações específicas são necessárias.

No entanto, o uso dessas ferramentas só oferece a essas empresas uma compreensão do que aconteceu no passado, e não uma ideia do que acontecerá no futuro. Você pode, naturalmente, usar matemática e estatística padrão para tentar prever o futuro extrapolando a partir de dados históricos, mas às vezes essa abordagem leva a resultados incorretos ou não otimizados.

Há poucas chances de que um analista de dados, usando matemática ou estatística padrão, encontre relações entre as centenas ou milhares de variáveis que podem afetar o resultado que ele está tentando prever. Por exemplo, usar apenas algumas variáveis preditivas pode levar o analista a prever um aumento nas vendas nos próximos meses para um produto. Mas a análise preditiva pode apresentar um cenário totalmente diferente.

Ao levar em conta mais variáveis, e com maior rapidez, a análise preditiva pode fornecer uma resposta mais confiável à pergunta que toda empresa deseja responder: o que acontecerá no futuro? Nesse caso, suponha que o modelo previu um declínio nas vendas, em vez de um aumento, nos próximos meses. O algoritmo de aprendizado de máquina descobriu dezenas de variáveis preditivas altamente úteis que afetam o resultado, às vezes de forma muito sutil, para ser facilmente identificada como uma razão ou causa contribuinte. Somente depois que um determinado preditor surgir a equipe poderá pensar analiticamente sobre por que o resultado depende dele. Neste ponto, os preditores mais sutis foram trazidos à tona. O poder obtido com a análise preditiva é o insight para tomar decisões mais bem informadas.

196   PARTE 3 **Desenvolvendo um Roteiro**

Mesmo assim, a análise preditiva ainda é atualmente pouco adotada (e pouco compreendida) por muitas empresas. Algumas empresas que investiram tempo e dinheiro para entender e implementar uma solução preditiva para seus processos operacionais obtiveram o dobro de retorno sobre o investimento (ROI) daquele fornecido por soluções não preditivas.

Nesse difícil cenário competitivo, a análise preditiva oferece uma maneira de se destacar da concorrência.

Melhorando processos operacionais

O principal benefício de adotar a análise preditiva é sua capacidade de descobrir insights úteis que não são facilmente encontrados a olho nu. Com esses insights, a empresa pode otimizar os processos de negócios.

A análise preditiva é normalmente aplicada a decisões de negócios operacionais, como:

- » Predição de tendências em vendas:
  - Prevendo as vendas de um determinado produto.
  - Prevendo a contribuição de receita de uma divisão da empresa.
  - Pontuação de leads (prevendo o valor de um lead de vendas).
- » Predição de tendências em marketing:
  - Marketing direcionado: Prevendo quais clientes responderão ao anúncio.
  - Cross-selling: Prevendo em quais produtos um cliente também se interessará.
- » Predição de rotatividade de clientes [churn] (quais clientes deixarão o relacionamento comercial):
  - Prevendo quais clientes trocarão sua empresa por uma concorrente.
  - Prevendo quais clientes cancelarão uma assinatura.
- » Predição de fraude:
  - Prevendo quais transações de varejo provavelmente serão fraudulentas.
  - Prevendo acessos não autorizados a contas.
- » Previsão de tendências entre os funcionários:
  - Prevendo quais funcionários deixarão seus empregos.
  - Prevendo se um candidato é o mais adequado para o trabalho.

LEMBRE-SE

Historicamente as aplicações específicas de análise preditiva costumam estar associadas ao ramo específico em que uma empresa faz negócios. No entanto, a análise preditiva pode ser aplicada a muitos mais domínios e problemas. As aplicações são limitadas apenas à imaginação de sua equipe e aos recursos disponíveis. Comece pequeno com um protótipo e amplie a partir daí.

Usar a análise preditiva para tomar decisões baseadas em dados fornece algumas vantagens importantes:

» Alivia as tensões e ineficiências dos processos tradicionais.

Esse alívio não apenas otimiza a tomada de decisões em toda a organização, mas também estabelece uma decisão consistente, livre de influências potencialmente prejudiciais de outros fatores externos.

» Libera recursos humanos para lidar com outros problemas operacionais que não podem ser (ou não foram) automatizados.

O resultado é uma melhoria na qualidade geral dos processos operacionais, permitindo que a empresa aumente suas operações sem precisar adicionar uma quantidade igual de recursos humanos.

Conhecendo o escore

O escore preditivo é o melhor exemplo do uso da análise preditiva para tomar decisões orientadas em dados para processos operacionais. A melhor maneira de descrever o escore é com um exemplo familiar — os escores de avaliação de crédito criados pela empresa FICO para ajudar os credores a tomar decisões sobre empréstimos ao consumidor. Várias outras empresas de crédito criam e vendem seus próprios escores de crédito, mas o FICO Score é, de longe, o mais popular. Aqui estão alguns exemplos de decisões embasadas em escores e seus benefícios:

» Entrar em contato somente com os leads de vendas da base de dados CRM (gerenciamento de relações com o cliente ou *customer relations manager,* em inglês) que tenham altas pontuações de leads.

Os gerentes de vendas economizam tempo e recursos valiosos, não ligando para contatos que não comprarão.

» Direcionar as ações apenas para um segmento da base de dados de clientes que tenha alta pontuação de resposta para uma campanha de marketing específica.

Economiza custos de marketing, diminui o cancelamento de recebimento de campanhas por e-mail e melhora as taxas de satisfação geral do cliente ao não fazer contato com clientes que não estão interessados.

» Entrar em contato com clientes que têm altas pontuações de rotatividade.

Envie uma oferta de retenção, como um desconto, para evitar que os clientes desertem.

» O sistema de fraude negará a transação e/ou enviará uma pergunta ao cliente sobre a transação suspeita que tenha uma alta pontuação de fraude.

Economiza em pagamentos das fraudes para criminosos e aumenta a lealdade do cliente.

A Tabela 8-1 mostra alguns usos típicos do escore preditivo.

TABELA 8-1 Usos Típicos da Análise Preditiva

Casos de Uso	Modelo Preditivo	Resultado	Ação
Contratos de telefonia móvel, assinaturas de cabo	Modelo de rotatividade	Escore de rotatividade do cliente	Enviar oferta de retenção quando o escore for alto.
Reivindicações de seguro, transações de comércio eletrônico (e-commerce)	Modelo de detecção de fraudes	Escore de fraude de transação	Enviar as reivindicações ao investigador ou ao gerenciamento de risco quando o escore for alto.
Conta de negociação de ações	Modelo de risco	Escore de risco do portfólio	Enviar notificação ou rotear transação para gerenciamento de risco quando a pontuação for alta.
e-commerce, marketing	Modelo de resposta	Escore de resposta do cliente	Enviar propaganda para clientes com scores altos.

DICA

As decisões operacionais são geralmente classificadas ao longo de um intervalo de números. Se o intervalo for de 0 a 100, você poderá tratar cada valor de pontuação como uma porcentagem e permitir que o usuário tome uma decisão com base nessas informações. Ou pode criar uma regra que instrua o sistema a sempre agir quando uma pontuação for maior que um número específico (desde que as regras de negócios permitam).

As equipes de vendas e de marketing estão entre os maiores usuários de análise preditiva. Uma pesquisa de 2016 da Gartner informou que a análise e a inteligência de negócios são as principais prioridades para os CIOs (Chief Information Officers). Esse resultado é, quase certamente, uma resposta à crescente tendência entre as equipes de vendas e marketing de usar big data para fornecer insights de negócios. Um CEO popular e amplamente respeitado chega até a citar uma predição da Gartner de que o CMO (diretor de marketing) de uma empresa passará a gastar mais em tecnologia do que o CIO até 2017.

Construindo relacionamentos com seus clientes

Representantes da empresa passam muitas horas tentando conhecer seus clientes e construir um relacionamento. À medida que o relacionamento cresce, o mesmo acontece com o *valor do tempo de vida do cliente (em inglês, customer lifetime value — CLV)*: clientes leais continuarão a aumentar os lucros no futuro. Clientes fiéis também encaminham novos clientes para seu negócio. Seu custo de aquisição de clientes diminui e sua receita aumenta — o resultado está mais próximo de um ambiente de negócios ideal.

Obviamente, leva tempo para conhecer cada cliente — e é praticamente impossível conhecer cada um deles em igual detalhe. A maioria das empresas considera alto demais o custo de aquisição para cada cliente usando o método individual.

A análise preditiva fornece uma maneira de obter uma compreensão virtual do cliente combinando e analisando dados de:

» Formulários de inscrição preenchidos por clientes.
» Pesquisas do cliente.
» Redes sociais.
» Histórico de compras de clientes.

O algoritmo de aprendizado de máquina aprende e prevê o comportamento dos clientes. Os dados podem ser considerados com um apanhado das experiências dos clientes, assim o algoritmo está aprendendo com as experiências de todos eles. Ao classificar cada cliente pela rotatividade ou resposta, você pode otimizar os processos operacionais em todos os pontos de contato (*touchpoints*) com os clientes (instâncias de contato da empresa com o cliente, seja pessoalmente ou por meio de uma mensagem veiculada por vendedores, caixas de lojas, centrais de atendimento, sites, mala direta, televisão, rádio, outdoors e outros). Essa é a vantagem competitiva que você obtém aplicando a análise preditiva no cliente.

CUIDADO

Não enlouqueça seu cliente obtendo ou usando a análise de dados de forma socialmente inaceitável. O resultado disso pode ser o oposto do que você está tentando realizar. Os clientes são muito sensíveis aos problemas de privacidade de dados. Por exemplo, houve uma grande repercussão quando os consumidores descobriram que a Target Corporation estava usando a análise preditiva para prever a gravidez de suas clientes.

MELHORE A RETENÇÃO DE CLIENTES

À medida que o mercado se torna saturado, o *custo de aquisição de clientes* geralmente aumenta. O suprimento de clientes fáceis diminui, então as empresas precisam trabalhar mais para manter os clientes que gastaram tanto para adquirir.

Modelagem de rotatividade é a aplicação da análise preditiva para prever a propensão de um cliente a deixar o relacionamento com a empresa. Se você sabe quais clientes estão prontos para sair, pode implementar algum tipo de programa de retenção, e isso pode ser tão simples quanto uma oferta de desconto para um produto ou serviço. O segredo é oferecer esses incentivos só a clientes de alto risco — mantendo os custos de retenção baixos e as margens altas.

Os adotantes típicos da modelagem de rotatividade são provedores de assinaturas de serviço, como os serviços de telefonia celular. Uma implementação dessa modelagem é integrar a pontuação de rotatividade no momento da solicitação do serviço pelo cliente. Em seguida, o representante do serviço do cliente pode receber uma notificação em tempo real para oferecer um desconto para um novo telefone ou serviço quando a pontuação de rotatividade for alta, mesmo durante o contato com o cliente. O sistema também pode gerar uma oferta de desconto via mensagem de texto, e-mail ou correio padrão, se a pontuação de rotatividade de um cliente for alta, quando o período de renovação estiver se aproximando.

MELHORE AS TAXAS DE RESPOSTA

Não seria bom lançar campanhas de marketing com taxas de resposta mais altas do que aquelas com que você está acostumado? Ao aplicar a análise preditiva, você pode direcionar suas ações para clientes com anúncios mais coerentes em termos de retorno esperado. O modelo pode segmentar sua lista de contatos inteira, separando os clientes que tenham uma alta pontuação de resposta (aqueles com maior probabilidade de responder) para um determinado produto ou campanha de marketing. Para aumentar as taxas de resposta, as empresas devem mudar do marketing de massa para o *marketing segmentado.*

O marketing segmentado também reduz os dispendiosos efeitos colaterais provocados pelo marketing de massa. Quando muitos anúncios erram o alvo, os clientes começam a considerar suas mensagens de marketing como spam. Os clientes acabam irritados e cancelam o recebimento futuro. Isso, por sua vez, reduzirá sua lista de contatos, a satisfação do cliente e a imagem da empresa.

Muitos clientes só estão dispostos a gastar uma quantia limitada de dinheiro. Ao comercializar produtos que sejam personalizados e tenham uma classificação alta na lista de recomendações, você aumenta não apenas sua taxa de resposta como também a satisfação e a fidelidade do cliente.

Verifique seus dados regularmente. Os clientes geralmente alteram seus e-mails ou criam vários perfis de usuário com e-mails diferentes (que são encaminhados para o e-mail principal). Encontre o e-mail válido e tente não poluir suas caixas de entrada com repetições do mesmo anúncio. Você não quer que eles fiquem irritados e cancelem o recebimento.

Recrutando o Apoio das Partes Interessadas

A maioria das pessoas não gosta de mudanças, e convencer os administradores ou outras partes interessadas a abraçar a mudança é difícil. Para piorar a situação, a adoção da análise preditiva é baixa, em comparação com outras formas de análise. Os executivos da empresa não sabem o que é ou até já ouviram falar sobre isso, mas não acreditam em seu valor, portanto, convencê-los a enxergar esse valor requer algum trabalho.

A boa notícia é que, por mais difícil que pareça, esse objetivo é tangível. Muitos novos CMOs, VPs, diretores e gerentes de marketing são tecnicamente experientes e valorizam os benefícios da tecnologia. Algumas empresas têm executivos de gerenciamento de produtos que atuam com engenharia, e alguns gerentes de engenharia de software estão mudando para trabalhar com produtos. Esses executivos têm buscado formas tecnológicas para sair na frente de seus concorrentes, e o uso de análise preditiva é uma forma inovadora e única de diferenciá-los.

Em qualquer caso, começar uma iniciativa de análise preditiva principia com a equipe de liderança, conforme mostrado na Figura 8-1.

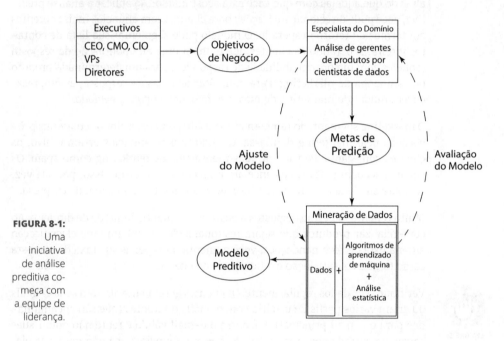

FIGURA 8-1: Uma iniciativa de análise preditiva começa com a equipe de liderança.

Trabalhando com seus patrocinadores

Para desenvolver uma iniciativa de análise preditiva otimizada e bem-sucedida, os patrocinadores devem pensar coletivamente sobre o(s) problema(s) que estão tentando resolver e como resolvê-lo(s). O desenvolvimento de uma solução de análise preditiva inclui algumas atividades indispensáveis:

» Pensar estrategicamente.
» Fazer perguntas.
» Definir o sucesso em grupo no início do processo.
» Investir em recursos humanos e ferramentas.

As próximas subseções examinam esses aspectos de desenvolvimento.

Pensamento estratégico

Tal como acontece com a maioria das iniciativas da empresa, reunir a equipe executiva em uma sala e fazê-la concordar com a estratégia é fundamental para o sucesso dessa iniciativa. Fazer isso exige muita reflexão sobre os objetivos atuais, práticas de negócios, investimentos, recursos e concorrência. Ter um plano claramente definido da equipe executiva permite que os gerentes de nível intermediário priorizem e implementem os recursos necessários para executar o plano.

Fazendo as perguntas certas

Você precisa saber quais insights está procurando — e quais decisões operacionais eles ajudam a resolver. Se essas coisas não forem conhecidas logo de cara, fazer perguntas concretas ajudará a esclarecer as respostas. A equipe executiva deve responder, com detalhes, a estas perguntas aparentemente simples:

- » O que você deseja buscar?
- » Quais ações você tomará quando receber as respostas?
- » Qual é o resultado esperado?
- » Quais são as métricas de sucesso?

Essas perguntas devem levar a uma série de perguntas de acompanhamento. Quando a equipe estiver satisfeita com o grau de detalhamento das respostas, você deve ter uma imagem do problema de negócios que mais deseja resolver. O tempo investido pela equipe no início desse processo — para definir e entender claramente todos os aspectos da tarefa — contribuirá para o sucesso do projeto.

DICA

Tente pensar do ponto de vista dos clientes. A criação de personas de clientes ajudará você a entender quem são seus clientes, suas necessidades e os *pontos de dor* (ou problemas que a empresa quer resolver). Faça as perguntas que acha que seus clientes fariam. Isso ajuda a identificar os objetivos operacionais mais importantes.

Definindo sucesso

Para medir o ROI que se espera obter com a solução da análise preditiva, você precisa ser muito específico ao definir as metas de predição. Ter uma definição ambígua de sucesso pode levar a resultados equivocados e interpretações conflitantes entre as partes interessadas. Comece com pequenos projetos que tenham resultados claros. Uma vitória dá à equipe executiva mais confiança na análise preditiva em geral e pode levar a novos projetos de maior escopo e valor. Um histórico de sucesso também aumenta a confiança das equipes que trabalham no projeto e pode melhorar a colaboração interfuncional e interorganizacional.

Hora de ir para o mercado

Seu primeiro projeto de análise preditiva demorará algum tempo, e esse tempo varia muito, dependendo de muitos fatores, como o tamanho da empresa e qual meta de predição pretendida. Peça a suas equipes de marketing, análise, TI e engenharia para determinar um prazo para um projeto pequeno. Uma alternativa é contratar um consultor especialista que possa discutir o plano do projeto e revisar sua infraestrutura. Esse consultor pode fornecer uma estimativa de custo e um cronograma realista.

Normalmente, a maior parte do tempo é gasta na preparação de dados. Quase todos os fornecedores comerciais disponibilizam recursos para ajudá-lo a preparar seus dados para análise. Por exemplo: depois de carregar os dados, você pode explorá-los e decidir se (e como) manipular colunas com dados ausentes.

Você pode ter a opção de usar seus dados em seu estado atual — em vez de ter que gastar um tempo precioso limpando-os — durante a construção do modelo preditivo. Se fizer isso, seus resultados podem ser menos precisos do que com dados cuidadosamente preparados. Na verdade, isso depende de sua situação específica. Sua empresa pode estar sob pressão para que a solução seja implantada rapidamente, e, nesse caso, dados sujos podem ser menos importantes que a velocidade. No entanto, é necessário comunicar à equipe de liderança que os resultados da prova de conceito podem ser drasticamente diferentes daqueles de um modelo pronto para produção.

Orçamento

Na prática, implementar um projeto de análise preditiva custará mais do que um não preditivo. Tais custos podem incluir a adição de recursos humanos em marketing, análise, TI e engenharia. Você precisa de pessoas e ferramentas para armazenar, preparar e modelar os dados e implementar o modelo, o que pode fazer com que todo o empreendimento pareça caro demais para muitas empresas menores. Empresas maiores podem absorver o custo inicial mais facilmente e podem já dispor de funcionários que possam ser alocados para a tarefa.

Para determinar se deve criar um projeto de análise preditiva, você precisa avaliar se os benefícios estimados excedem os custos. Os projetos preditivos retornaram até duas vezes o ROI obtido por suas contrapartes não preditivas. Se a criação de uma solução personalizada não for viável, os produtos disponíveis de fornecedores de análise preditiva podem ser úteis.

Obtendo a adesão das equipes de negócio e de operações

Depois que a estratégia tiver sido definida e a solução implementada, os principais agentes do sucesso do projeto serão a equipe de negócios e a de operações.

204   PARTE 3 **Desenvolvendo um Roteiro**

Você precisa que os gerentes de pessoal (como gerentes de programas e gerentes de projetos) conduzam e coordenem a equipe com as outras partes interessadas. Esse grupo de pessoas manterá o projeto no caminho certo, resolverá os obstáculos, programará o treinamento interfuncional e ajudará a resolver quaisquer problemas interorganizacionais complexos que possam surgir.

Seus gerentes de produto e analistas terão que criar requisitos, decifrar a saída do modelo (nos vários estágios do projeto) e relatar as métricas de desempenho aos níveis superiores de gerenciamento. Sua equipe de operações do cliente deve se certificar de que os dados estejam fluindo bem entre a empresa e o cliente.

Para obter o apoio total dessas pessoas, você deve ser capaz de explicar por que essas iniciativas estão sendo implementadas — e por que os processos operacionais rotineiros estão sendo alterados. O projeto trata da otimização das decisões operacionais, e seu alvo é a essência do que muitos funcionários vêm fazendo ao longo do tempo. As mudanças em seus requisitos de trabalho exigirão adaptação por parte deles, e serão eles os primeiros a sentir os efeitos se o projeto estiver funcionando — ou se não estiver.

Treinamento intraorganizacional

Será necessário fornecer treinamento intraorganizacional para os membros que tenham contato com o cliente, seja pessoalmente, por telefone ou online, e os vendedores precisarão entender o que as principais pontuações significam. E podem querer saber como essas pontuações foram obtidas para que possam usar essas informações para solidificar seus conhecimentos sobre o cliente.

Você também deve treinar sua equipe de suporte do cliente não apenas para entender a pontuação dos dados, mas também para aplicá-la no momento do contato com o cliente. Seus representantes de serviço ao cliente devem saber como responder a uma alta pontuação de fraude (pedir mais verificação ou recusar transações de alto risco) ou uma alta pontuação de rotatividade (oferecer um desconto ou brinde específico).

Procedimentos operacionais padrão devem ser criados para orientar a interação quando tais situações ocorrerem. Para tornar as coisas mais simples, você pode exibir a pontuação como uma cor que mostra o nível de atenção, e outra opção é incorporar as decisões corretas diretamente na aplicação.

Um cenário simples entre o Serviço de Atendimento ao Cliente e um cliente de telefonia celular seria assim:

1. **Um cliente liga para o Serviço de Atendimento ao Cliente para informar sobre sua conta inusitadamente alta este mês.**

2. **No Serviço de Atendimento ao Cliente, um indicador vermelho na tela mostra que a pontuação de rotatividade é alta. A predição é a de que a cliente cancele o serviço.**

CAPÍTULO 8 **Incutindo a Adoção da Análise Preditiva** 205

O modelo obteve essa pontuação alta porque:

- Seu contrato de serviço tem mais ou menos um mês remanescente.

- Ele já ligou várias vezes no passado reclamando do alto custo do serviço.

- Ele é cliente há apenas um ano.

3. **Ação realizada: O agente do Serviço de Atendimento ao Cliente oferece um desconto para um novo telefone se ela renovar por mais um ano.**

Uma versão mais avançada desse mesmo cenário alteraria o escore de rotatividade dinamicamente conforme o agente do serviço de atendimento insere notas da conversa. O modelo usa análise de texto e análise de sentimento para prever a probabilidade de o cliente encerrar seu contrato de serviço.

Promovendo um ambiente de compartilhamento de dados

Ser uma empresa orientada por dados não se limita a usar a análise preditiva para criar dados em silos. Os dados devem ser compartilhados para todas as funções de negócios. Conforme as equipes produzem dados a partir dos existentes, devem armazená-los e disponibilizá-los para utilização das outras.

Outra equipe pode encontrar exatamente o dado que está procurando — o que, de outra forma, exigiria refazer o trabalho, desperdiçando recursos. Assim como os dados devem ser compartilhados, as técnicas usadas para gerá-los também. Fazer uso eficiente do conhecimento em toda a empresa garante que o negócio obtenha o máximo retorno do investimento.

Obtendo a adesão da equipe de TI

A análise preditiva é uma ciência. Para garantir que obtenha os melhores resultados possíveis, você precisa do talento e das habilidades de sua equipe de engenharia. A equipe de TI desempenha um papel fundamental no sucesso de seus projetos de análise preditiva.

Além dos cientistas de dados, você precisa de cientistas da computação e engenheiros de software com experiência em aprendizado de máquina, processamento de linguagem natural e mineração de dados. Eles podem ajudá-lo a escolher o algoritmo apropriado (por exemplo, um algoritmo de agrupamento, classificação ou árvore de decisão) para a construção de seu modelo preditivo. A TI também pode ter a base de dados a que você precisa ter acesso. São eles que configuram os direitos de acesso para que os dados não sejam acidentalmente modificados ou excluídos durante a criação do modelo. Depois de construir seu modelo preditivo, é necessário coordenar novamente com o departamento de TI para implementar o modelo que você criou.

Em todas as fases, a adesão do departamento de TI é fundamental para o sucesso do projeto, desde seu início, passando pelo acesso, integração de dados de fornecedores terceirizados, preparação, mineração de dados e aplicação de análises estatísticas até, finalmente, a implementação e a manutenção do modelo.

Construindo uma equipe de dados científicos

Construir uma equipe de ciência de dados é parte essencial do projeto preditivo. Essa é a equipe que ajuda na criação do modelo preditivo para resolver o problema de negócios.

Você pode contratar novos talentos se sua organização não tiver funcionários qualificados para a tarefa. Ou pode recrutar de dentro dela. Recrutar pessoal interno para fazer parte de sua equipe de ciência de dados realmente aumenta suas chances de sucesso, pois essas pessoas já têm o tão necessário conhecimento de domínio de negócios. No entanto, a equipe deve ter um membro líder forte com experiência em todo o ciclo de vida da análise preditiva.

O histórico da equipe deve ser diverso. A equipe deve abranger especialistas no domínio de negócios, cientista de dados e TI, e todos os departamentos de negócios devem ter representação na composição de sua equipe de ciência de dados. Seus cientistas de dados devem ter profundo conhecimento matemático e, preferencialmente, proficiência em sua linha de negócios, além de uma experiência mais ampla na construção de diferentes tipos de modelos. A equipe de TI deve incluir cientistas da computação que conheçam algoritmos de aprendizado de máquina, arquitetos de software que possam ajudar no projeto e implementação de todo o projeto, especialistas em base e em armazenamento de dados e pessoal experiente na execução de operações de TI.

Se a sua organização não tiver os conjuntos de habilidades necessárias para produzir uma solução de análise preditiva, será possível analisar o compromisso entre a contratação de uma empresa de consultoria e a construção de uma equipe interna. Existem inúmeras soluções de software de nível empresarial disponíveis, e os gerentes e analistas de negócios podem usá-las para construir modelos preditivos sem precisar saber muito sobre aprendizado de máquina ou algoritmos. Você pode contratar consultores para construir os modelos iniciais com o software e também treinar sua equipe para usar os modelos. Sua equipe pode manter e aprimorar os modelos.

Dependendo de suas necessidades específicas, pode ser mais fácil e mais econômico comprar uma ferramenta simples, mas poderosa, projetada para permitir que os usuários corporativos criem modelos preditivos. Esses produtos de software têm modelos de fluxo de trabalho incorporados para a modelagem preditiva. As ferramentas fazem suposições com base nos dados que você está carregando no programa, o que pode ajudá-lo a começar imediatamente. Essa opção pode ser mais rápida do que contratar profissionais especializados e diversificados para criar sua equipe de ciência de dados.

CAPÍTULO 8 **Incutindo a Adoção da Análise Preditiva** 207

Escolhendo suas ferramentas

Se for comprar uma ferramenta de software para seu projeto de análise preditiva, qual ferramenta é a melhor para você? Assim como em todas as decisões de negócios importantes, você tem vários fatores para avaliar. A escolha da(s) ferramenta(s) certa(s) depende de:

» Orçamento.

» Escopo do seu projeto.

» Dados a serem analisados.

» Os principais usuários da ferramenta.

Você pode precisar contratar consultores para fazer um estudo de viabilidade para ver quais as ferramentas disponíveis e quais funcionam melhor para você, dadas as questões comerciais que gostaria de responder. Consultores experientes com conhecimento prático de pelo menos algumas ferramentas de análise preditiva — que conhecem os prós e contras dessas ferramentas, bem como os problemas de negócios para os quais são desenvolvidas — serão mais capazes de ajudá-lo a escolher uma ferramenta. Ou você pode pedir que criem um modelo piloto, se isso estiver dentro do orçamento de sua empresa.

Como acontece com todas as tecnologias de informação, as ferramentas de análise preditiva estão ficando mais poderosas, e o hardware padrão para armazenar dados está ficando mais barato. Essa é uma tendência impressionante, considerando que os dados estão ficando maiores e mais complexos. A expectativa é a de que a adoção da análise preditiva se dissemine conforme a disponibilidade de dados aumentar e a tecnologia para analisá-la se tornar mais acessível.

As ferramentas estão sendo construídas com interfaces práticas. Elas são fáceis de usar e já vêm equipadas com todos os recursos necessários para que gerentes com formação técnica e analistas de dados comecem a usá-las para gerar valor imediatamente. Os analistas podem selecionar e processar os dados, executar vários algoritmos e visualizar os resultados como visualizações ou relatórios, tudo em poucos cliques.

Há também ferramentas de *código aberto* disponíveis online, que geralmente são gratuitas e têm comunidades ativas onde você pode discutir e postar perguntas. No entanto, tenha em mente que as ferramentas de código aberto:

» São direcionadas a usuários mais avançados (algumas, por exemplo, exigem conhecimentos de programação).

» Geralmente são menos fáceis de usar (algumas não têm interfaces gráficas avançadas).

» Têm capacidade limitada para lidar com problemas de big data.

>> Podem ficar sem memória ao manusear grandes conjuntos de dados.
>> Podem não ser capazes de lidar com dados analíticos ou de *streaming* em tempo real.
>> Exigem que você invista tempo para aprendê-las.
>> Geralmente não têm uma divisão de serviços de atendimento para problemas e necessidades. Você terá que procurar consultoria de fornecedores terceirizados.

A curva de aprendizado e a falta de suporte comercial podem tornar uma ferramenta de código aberto inadequada para ampla adoção em uma grande corporação. Usar uma ferramenta comercial projetada como uma solução corporativa pode levar a uma implementação muito mais tranquila.

A escassez ou o excesso de dados

Os dados são abundantes e estão aumentando cada vez mais; *big data* tornou-se um chavão familiar. Todo mundo está coletando e falando sobre a grande quantidade de dados disponível atualmente, e as organizações estão acumulando mais dados do que nunca.

Nesse ambiente, é difícil imaginar um cenário em que uma empresa tenha escassez de dados. Mas, caso esse cenário ocorra, a maneira mais rápida de obter mais dados é pedir a seus clientes que preencham pesquisas ou classifiquem os produtos que já compraram. Aqui o objetivo é gerar um feedback valioso que possa ser usado na análise de dados.

Você já deve ter armazenado todas as transações anteriores que sua empresa realizou. Construir uma base de dados que contenha perfis detalhados de seus clientes pode ser de grande valor para seu modelo de análise preditiva. Outra opção é comprar dados de terceiros.

Por outro lado, ter muitos dados também apresenta desafios. Como determinar quais itens são importantes? Por onde começar a lidar com o influxo constante? Cada vez mais, as ferramentas de software e a literatura especializada estão tratando desses problemas de grandes volumes de dados. Esses desafios continuarão a crescer à medida que as complexidades dos dados, em termos de velocidade e volume, se aprofundarem.

Os principais produtos de software em análise preditiva facilitam muito a utilização de big data, tornando sua análise mais gerenciável. Além disso, esses mesmos produtos oferecem ferramentas que empresas menores podem usar e aplicar com eficácia, mesmo em conjuntos de dados menores.

Empregando dados que você já armazena

Como resultado de operações normais, sua organização já deve ter coletado uma quantidade razoável de dados que podem ser usados para análise preditiva.

LEMBRE-SE

Esses dados podem não estar prontos para análise, mas com um pouco de esforço é possível fazer com que eles funcionem para você.

Um dos passos importantes na preparação de dados é remover suas entradas duplicadas. Certifique-se de não ter (por exemplo) IDs múltiplos para o mesmo perfil de cliente. Ao mesclar os dados, você pode ter inserido o mesmo cliente com um endereço de e-mail diferente. O mesmo cliente pode ter se registrado várias vezes por acidente ou por meio de canais diferentes. Como primeiro passo, verifique se o endereço de e-mail que você tem para cada cliente é o mais recente.

Você também pode comprar dados de terceiros, como aqueles derivados de (e por) mídia social com o objetivo de vendê-los a partes interessadas, como (talvez) sua empresa. Adicionar esses dados o ajuda a criar uma imagem melhor e um perfil mais rico de seus clientes — e esses dados são prontamente disponíveis. Cada vez mais, os dados e seu armazenamento são commodities acessíveis.

DICA

Para reduzir a preparação de dados, você pode impor a verificação de entrada no momento em que as informações do cliente são coletadas ou (melhor ainda) fornecer aos clientes pesquisas de múltipla escolha e opções limitadas de respostas, minimizando erros de entrada de dados.

Comprando dados de fornecedores terceirizados

Apenas os dados que sua empresa tem podem não ser suficientes para fornecer uma boa base para a análise preditiva. Por exemplo, para produzir insights acionáveis no ritmo cada vez maior de hoje, usar apenas dados demográficos e inferências básicas a partir de seus dados pode não ser o bastante. Os dados demográficos de clientes fiéis podem ser idênticos aos de clientes propensos a rotatividade.

Você também pode ter dados transacionais de suas operações para combinar com perfis de clientes. Mas, em alguns casos, sua base de clientes existente pode ser limitada ou pertencer a um segmento específico da clientela. Ou quer fazer predições ou ter como objetivo um segmento totalmente diferente de clientes, e seus dados transacionais podem não conseguir isso. Além disso, há casos em que você pode ter dados transacionais e de perfil do cliente muito limitados. Por exemplo, só tem nome e local, mas também deseja idade, renda e sexo.

Para gerar insights úteis, você precisa de dados mais completos. Para obtê-lo, provavelmente precisará obtê-los de várias fontes, e uma maneira de fazer isso é comprá-los de fornecedores terceirizados. Alguns fornecedores oferecem o que é chamado de DMP (*data management platform* ou plataforma de gerenciamento de dados). Eles podem integrar seus dados primários com dados de terceiros para criar modelos de personalização e segmentação. Se você puder obter dados de terceiros relevantes para seu modelo preditivo, o próximo passo é integrá-los em seus conjuntos de dados existentes para criar modelos melhores.

Com o surgimento das mídias sociais, uma abundância de dados está sendo gerada, alguns dos quais são coletados por empresas cujo modelo de negócios envolve a coleta, o empacotamento e a venda desses dados. Eles são os produtos dessas empresas, e a sua empresa pode ter um uso para esse produto.

Prototipagem rápida

A análise preditiva é uma ciência complexa em todos os aspectos. Requer muito pensamento estratégico de executivos e especialistas de domínio. Requer tecnologia e habilidades especializadas. Isso exige tempo e dinheiro. Quando as empresas finalmente tomam a iniciativa, precisam saber por onde começar.

Depois que a equipe executiva chega a um consenso sobre qual problema operacional deseja solucionar, a bola passa a estar com você. É preciso provar a eles que a análise preditiva funciona e oferecer alguns resultados em um mês ou dois, não em seis meses ou um ano. Sem conquistar a confiança da equipe executiva na ciência da modelagem preditiva, qualquer tentativa de lançar uma iniciativa preditiva em toda a empresa não terá futuro.

Quando um executivo quer alguma coisa, o tempo é seu inimigo. Sabemos que a maior parte do tempo gasto na criação de um modelo preditivo está na preparação dos dados. Não desperdice muito tempo nela. Criar um protótipo rápido do modelo preditivo é o melhor caminho. Esse protótipo não necessita ser extremamente preciso para ser valioso. A ideia é provar o conceito, e o objetivo é construir algo para que a equipe executiva possa ver em ação.

Pegue um subconjunto limpo dos dados e use-o como base inicial; isso deve ser suficiente para a maioria dos protótipos. Depois que os executivos virem o modelo em ação, poderão vislumbrar o valor da análise preditiva e facilitar a adesão total. Mesmo que eles não entendam imediatamente, a demonstração pode servir para que você ganhe mais tempo. Se eles perceberem que você é capaz de criar um modelo preditivo, provavelmente esperarão um pouco mais para obter resultados mais evidentes.

Você pode desenvolver o protótipo e mostrar o progresso incremental para a equipe executiva. Dessa forma, eles podem avaliar seu progresso e fazer recomendações ao longo do caminho — o que também reforça o relacionamento deles com o projeto. O investimento também é alocado em pequenos pedaços, em vez de em um grande montante de início, o que pode tornar a decisão de aprovar o projeto muito mais fácil. A alta gerência adora pequenos investimentos e retornos rápidos.

CAPÍTULO 8 **Incutindo a Adoção da Análise Preditiva** 211

Apresentando Sua Proposta

Quando estiver pronto para se reunir com a equipe executiva para propor uma iniciativa de análise preditiva, você deve ser capaz de explicar seu funcionamento de forma clara e em termos simples. Embora muitos executivos já conheçam a análise preditiva (ou pelo menos já tenham ouvido falar), esteja preparado para aqueles que não a conhecem. Estruture a explicação de várias maneiras diferentes.

A seguir mostramos algumas definições de análise preditiva que você pode usar para suas necessidades específicas:

>> Uma ferramenta que usa dados para ajudar uma empresa a tomar decisões estratégicas e operacionais mais inteligentes.

>> Uma ferramenta que usa algoritmos avançados de aprendizado de máquina e de mineração de dados para extrair padrões ocultos que produzem insights acionáveis de negócios.

>> Uma ferramenta que usa ciência da computação para calcular a melhor ação a partir dos dados.

>> Software que modela futuros eventos com base em dados históricos.

>> Software que permite simular decisões de negócios e visualizar os resultados previstos.

>> Uma tecnologia que prevê o comportamento do cliente usando dados de históricos de compras, dados demográficos, mídias sociais e blogs.

Outra obviedade dos negócios: executivos são (por definição) ocupados, então geralmente estão sempre pressionados pelo tempo e são céticos em relação a comprar uma nova ideia. Você precisa ser conciso. Eles chegaram aonde estão porque tomaram decisões que os possibilitaram alcançar esse sucesso. Sabem quais iniciativas colocar em prática e quais não, e, provavelmente, têm fortes opiniões sobre ambas. É melhor que você tenha uma proposta muito bem elaborada.

Com a mensagem certa, você conseguirá chamar a atenção deles. Para obter a aprovação definitiva, terá que impressioná-los com uma visualização e uma demonstração. Depois que conquistar o interesse da equipe executiva, peça que patrocinem um protótipo rápido.

Aqui estão algumas dicas sobre como apresentar a proposta:

- » Este é um tópico complexo, então espere — e esteja preparado — para responder a muitas perguntas.
- » Nenhuma apresentação está completa sem fornecer um resumo e responder a perguntas no final. Você pode encontrar respostas para muitas dessas perguntas neste capítulo. Outras questões serão específicas para sua situação. Geralmente é preciso responder:
  - Como a análise preditiva agregará valor ao negócio?
  - Quanto tempo demorará?
  - Quanto custará?
  - Quem fará isso?
- » Conte a eles pelo menos uma história interessante sobre quem está usando e como está obtendo os benefícios antes de mostrar os detalhes de como implementar a análise preditiva.
- » Prepare-se com histórias de sucesso de implementação da análise preditiva por outras empresas — especialmente seus concorrentes. Se você não encontrar algo específico para seu domínio, conte as histórias de sucesso mais famosas:
  - Mecanismo de recomendação de produtos da Amazon.
  - Mecanismo de recomendação de filmes da Netflix.
  - Recomendações do Facebook baseadas em "curtidas" dos usuários.
  - "Pessoas que talvez conheça", do LinkedIn.
- » Mostre a eles uma lista de benefícios específicos que sua empresa obterá ao aplicar a análise preditiva.

DICA

Para refrescar sua memória, veja a seção "Benefícios para os negócios" neste capítulo.

- » Você pode classificar os benefícios em termos de um objetivo abrangente: obter uma vantagem competitiva sobre seus concorrentes através de:
  - Otimização das operações da empresa.
  - Busca de novas oportunidades de negócios.
  - Aquisição de novos clientes.
  - Manutenção dos clientes atuais.
  - Identificação de novos fluxos de receita de sua base de clientes atual.
- » Mostre que os custos de perder esses benefícios são maiores do que o pequeno custo de aprovação do programa piloto.

» Tenha uma lista de funcionários (e as razões pelas quais) que você acha que são membros potenciais ideais para sua equipe de ciência de dados.

O programa piloto deve ser de curto prazo e de escopo restrito. Os membros de sua equipe ainda podem trabalhar em seus projetos atuais se não puderem ser alocados em tempo integral ao piloto de análise preditiva.

DICA

Os funcionários podem achar divertido e gratificante trabalhar em algo novo para a empresa. Encontrar significado nos dados é muito desafiador e recompensador. Big data e análise preditiva são os tópicos mais atuais em tecnologia — e os funcionários certamente mergulharão de cabeça para aprender essas novas habilidades, se tiverem a oportunidade.

» Peça o patrocínio da equipe executiva para a construção de um modelo piloto em um curto período de tempo.

DICA

Use ferramentas de código aberto para criar o modelo preditivo para resolver um problema simples. Por exemplo, crie um mecanismo de recomendação simples que aborde uma pequena porcentagem do tráfego geral da web ou uma pequena mala direta direcionada.

NESTE CAPÍTULO

» **Documentando seus objetivos de negócios**

» **Processando seus dados**

» **Criando amostras de seus dados**

» **Transformando seus dados**

» **Extraindo atributos**

» **Selecionando atributos**

Capítulo 9

Preparando os Dados

O roteiro para a construção de um modelo preditivo bem-sucedido envolve a definição de objetivos de negócios, a preparação dos dados e a construção e implementação do modelo. Este capítulo trata da preparação de dados, que envolve:

» Adquirir os dados.

» Explorar os dados.

» Limpar os dados.

» Selecionar as variáveis de interesse.

» Gerar as variáveis derivadas.

» Extrair, carregar e transformar os dados.

» Criar amostras de dados em conjuntos de treinamento e de teste.

Dado é uma palavra de quatro letras. É incrível que uma palavra tão pequena descreva trilhões de gigabytes de informações: nomes de clientes, endereços, produtos, preços com desconto versus preços originais, códigos de loja, horários de compra, localização dos fornecedores, taxas de exibição de publicidade impressa, a cor de suas vans de entrega. E isso apenas para citar alguns. Os dados são, ou podem ser, literalmente qualquer coisa.

CAPÍTULO 9 **Preparando os Dados** 215

Nem todas as fontes ou tipos de dados serão relevantes para a pergunta de negócios que você está tentando responder. Os modelos de análise preditiva são criados a partir de várias fontes de dados, e uma das primeiras etapas críticas é determinar quais fontes incluir em seu modelo. Se está tentando determinar, por exemplo, se os clientes que assinam revistas eletrônicas na primavera têm maior probabilidade de comprar livros impressos de capa dura no outono, você pode decidir omitir os registros de vendas de livros em brochura em julho. Então é preciso examinar os registros e atributos específicos de cada fonte possível para formato, quantidade e qualidade. Dados pode ser uma palavra pequena, mas requer grandes tarefas.

Listando os Objetivos de Negócios

Neste estágio, presumivelmente, você já se reuniu com os administradores do negócio e identificou os objetivos que eles pretendem alcançar. Agora é hora de entrar nos detalhes, avaliar quais fontes de informação ajudarão a atingir os objetivos e escolher as variáveis que analisará para uso operacional.

Entender o que as partes interessadas realmente querem do projeto é desafiador. Você pode encontrar várias necessidades concorrentes, bem como limitações sobre o que pode ser feito de forma realista.

Para este estágio, você e o destinatário dos resultados precisam arregaçar as mangas e fazer um *brainstorming* de possíveis fontes de informação. O objetivo é determinar quais informações, a partir de quais fontes, serão relevantes para alcançar o tipo de resultado concreto que fornecerá valor real tanto para o negócio quanto para o cliente. Sem essa atividade prática, seus resultados podem ser meramente teóricos — de pouco valor prático para o seu cliente. Você pode descobrir inferências fascinantes a partir dos, digamos, registros de vendas do segundo trimestre da divisão de acessórios — e descobrir qual a probabilidade de *cross-dressers* que usam sapatos baixos comprarem bolsas de couro sintético —, mas isso não terá qualquer implicação prática se a divisão de acessórios descontinuará sua linha de produtos de couro sintético no próximo trimestre.

Um objetivo de negócios pode ser quantificável e objetivo — por exemplo, "identificar dois grupos de clientes principais atualmente desconhecidos com uma probabilidade maior de 50% de rotatividade nos próximos seis meses" ou "identificar três grupos de fornecedores na Ásia com prazos de entrega decrescentes nos próximos cinco anos". Você também pode listar metas mais subjetivas, como "fornecer insights valiosos sobre a eficácia dos programas de incentivos e recompensas para o cliente".

DICA

Nos casos subjetivos, não se esqueça de definir o que você entende por "valioso".

Identificando objetivos relacionados

Normalmente haverá muitos subconjuntos de perguntas de negócios que a empresa gostaria de responder — e todas podem fornecer insights sobre a pergunta principal. Por exemplo, o principal objetivo de negócios pode ser identificar clientes insatisfeitos antes da rotatividade [churn] (mudar para um produto concorrente). As perguntas de negócio relacionadas podem ser: "Quantas vezes um cliente abandonou um carrinho de compras online antes de comprar de outro varejista online?"; "Diminuir o limite de frete grátis de R$100 para R$75 evitaria a rotatividade?" A Tabela 9-1 mostra alguns exemplos úteis de perguntas de negócios primárias e secundárias.

Tabela 9-1 Perguntas de Negócios Primárias e Secundárias

Primário	Secundário
Como aumentamos as vendas de livros impressos?	Qual porcentagem de pessoas que compraram ou baixaram um e-book de ficção em 2012 comprou um livro de ficção impresso em 2013?
Como podemos prever o efeito de decisões baseadas em saúde sobre produtos *fitness* com maior precisão?	Se os clientes compram menos batatas fritas neste ano, compram mais ou menos colchonetes de yoga no ano que vem?
Como um novo tablet afetará as vendas de produtos digitais existentes?	Os usuários do iPad são menos propensos a comprar laptops?

Reunindo requisitos do usuário

Suponha que os objetivos de alto nível foram documentados e agora você passará aos detalhes. Quais os requisitos e cronogramas do projeto que precisará cumprir e seguir? Quais os requisitos para o seu negócio, projeto, sistema, modelos e dados?

Para evitar expectativas incompatíveis, os gerentes de projeto devem se reunir com todos os grupos relevantes no departamento do cliente. No de marketing, isso pode incluir gerentes de marketing de mídia social, especialistas em análise de marketing ou gerentes de marketing de banco de dados. As fontes de informação a serem especificadas podem incluir (por exemplo) listas de clientes, orçamentos, cronogramas e outras logísticas.

A documentação completa — e a aprovação da administração principal — é essencial para garantir que todos embarquem no intenso esforço que têm pela frente com o mesmo entendimento, comprometimento e expectativas.

CAPÍTULO 9 **Preparando os Dados** 217

Processando Seus Dados

Não se surpreenda se a preparação dos dados que serão fornecidos ao modelo preditivo se mostrar uma tarefa tão tediosa quanto é crucial. Entender a qualidade dos dados, a disponibilidade, as fontes e quaisquer restrições existentes terá um efeito direto na implementação bem-sucedida de seu projeto de análise preditiva.

Os dados brutos geralmente precisam ser limpos — e possivelmente integrados, combinados com outros conjuntos de dados e usados para derivar novas variáveis de dados. Portanto, a qualidade e a quantidade de dados devem ser analisadas de forma cuidadosa e detalhada em todas as fontes de dados usadas para construir o modelo.

Nesta fase de exploração você obterá conhecimento profundo de seus dados — o que, por sua vez, o ajudará a escolher as variáveis relevantes a serem analisadas. Esse entendimento também facilita a avaliação dos resultados de seu modelo.

Identificando os dados

Para o seu projeto analítico, você precisará identificar fontes apropriadas de dados, reunir os dados e colocá-los em um formato estruturado e bem organizado. Essas tarefas podem ser muito desafiadoras e provavelmente exigirão coordenação cuidadosa entre diferentes administradores de dados em toda a sua organização.

Você também precisará selecionar as variáveis que analisará. Esse processo deve levar em consideração restrições de dados, restrições de projeto e objetivos de negócios.

LEMBRE-SE

As variáveis selecionadas devem ter poder preditivo. Além disso, é preciso considerar variáveis valiosas e viáveis para seu projeto dentro do orçamento e dos prazos. Por exemplo, se estiver analisando transações bancárias em uma investigação criminal, os registros telefônicos de todas as partes envolvidas podem ser relevantes para a análise, mas não ser acessíveis aos analistas.

Espere gastar um tempo considerável nessa fase do projeto. A coleta e a análise de dados e o processo de se dedicar ao conteúdo, à qualidade e à estrutura dos dados podem resultar em uma lista de tarefas demorada.

Durante o processo de identificação de dados, é de grande ajuda entender seus dados e suas propriedades, pois esse conhecimento auxilia na escolha de que algoritmo usar para construir seu modelo. Por exemplo, dados de séries temporais podem ser analisados por algoritmos de regressão, e algoritmos de classificação podem ser usados para analisar dados discretos.

A seleção de variáveis é afetada pelo seu entendimento dos dados. Não fique surpreso se tiver que olhar e avaliar centenas de variáveis, pelo menos no começo. Felizmente, à medida que você trabalha com essas variáveis e começa a obter insights importantes, passa a reduzi-las a poucas dezenas. Além disso, é normal mudar a seleção de variáveis à medida que sua compreensão dos dados se modifica durante o projeto.

Você pode achar útil criar um inventário de dados que possa ser usado para rastrear o que sabe, o que não sabe e o que pode estar faltando. O inventário de dados deve incluir uma listagem dos vários elementos de dados e quaisquer atributos que sejam relevantes nas etapas subsequentes do processo. Por exemplo, você precisa documentar se em algum segmento está faltando CEPs ou registros para um período específico.

As pessoas a quem você recorre para adquirir conhecimento dos negócios (também conhecidas como *especialistas do domínio de conhecimento*) o ajudarão a selecionar as principais variáveis que podem influenciar positivamente os resultados de seu projeto. Eles podem explicar a importância dessas variáveis, bem como onde e como obtê-las, entre outras informações valiosas.

Limpando os dados

Você precisará se certificar de que os dados estão limpos de itens incongruentes antes de poder usá-los em seu modelo. Isso inclui localizar e corrigir quaisquer registros que contenham valores errados e tentar preencher os valores ausentes. Você também precisará decidir se deseja incluir registros duplicados (duas contas do mesmo cliente, por exemplo). O objetivo principal é garantir a integridade das informações que está usando para construir seu modelo preditivo. Preste especial atenção à integridade, exatidão e atualidade dos dados.

É útil criar *estatísticas descritivas* (características quantitativas) para vários campos, como cálculo de mínimo e máximo, checagem de *distribuição de frequência* (com que frequência ocorre algo) e verificação de intervalos esperados. Executar uma verificação regular pode ajudar a sinalizar os dados que estão fora do intervalo esperado para uma investigação adicional. Quaisquer registros que mostrem aposentados com datas de nascimento na década de 1990 podem ser sinalizados por este método. Além disso, a verificação cruzada das informações é importante para garantir que os dados estejam corretos. Para uma análise mais profunda das características dos dados e a identificação da relação entre os registros, você pode usar o *perfil de dados* (analisando a disponibilidade de dados e reunindo estatísticas sobre a qualidade dos dados) e ferramentas de visualização.

A ausência de dados pode ser originada do fato de informações específicas não terem sido registradas. Nesse caso, você pode tentar preencher o máximo que puder. Padrões adequados podem ser facilmente adicionados para preencher os espaços em branco de certos campos. Por exemplo, para pacientes na ala de maternidade de um hospital em que o campo de gênero não tem um valor, a aplicação pode simplesmente preenchê-lo como feminino. Da mesma forma, um paciente do sexo masculino internado em um hospital com um registro faltante para o estado de gravidez por ter o campo preenchido como não aplicável. Um CEP ausente para um endereço pode ser deduzido do nome da rua e da cidade fornecida nesse endereço.

Nos casos em que a informação é desconhecida ou não pode ser inferida, então você precisaria usar *outros* valores que não sejam um espaço em branco para indicar que os dados estão faltando sem afetar a exatidão da análise. Um espaço em branco nos dados pode significar várias coisas, e a maioria delas não é boa ou útil. Sempre que possível, especifique a natureza desse espaço em branco com um preenchedor de lacuna significativo. Para dados numéricos compostos inteiramente de números pequenos e positivos (valores entre 0 e 100), o usuário, por exemplo, pode definir o número -999.99 como preenchedor de lacuna para dados ausentes.

Assim como é possível definir uma rosa em um milharal como erva daninha, os desvios podem significar coisas distintas para diferentes análises. É comum que alguns modelos sejam criados apenas para rastrear esses valores discrepantes e sinalizá-los. Modelos de detecção de fraude e monitoramento de atividades criminosas estão interessados nos valores atípicos ou discrepantes, que em tais casos indicam algo indesejado ocorrendo. Portanto, manter os valores atípicos no conjunto de dados em casos como esses é recomendado. No entanto, quando eles são considerados anomalias dentro dos dados — e apenas distorcem as análises e levam a resultados errados —, você deve removê-los de seus dados. O que não queremos que aconteça é que nosso modelo tente prever os valores atípicos e acabe não conseguindo prever mais nada.

A duplicação nos dados também pode ser algo útil ou um incômodo; algumas delas podem ser necessárias, podem indicar valor e refletir um estado preciso dos dados. Por exemplo, um registro de um cliente com várias contas pode ser representado com várias entradas que são (tecnicamente, de qualquer maneira) duplicadas e repetitivas dos mesmos registros. Outro exemplo seria um cliente que tem um telefone comercial e um telefone pessoal com a mesma empresa e com a conta indo para o mesmo endereço — algo que seria valioso saber. Da mesma forma, quando os registros duplicados não contribuem com valor para a análise e não são necessários, removê-los pode ser de grande valor. Isso é especialmente verdadeiro para grandes conjuntos de dados em que a remoção de registros duplicados pode simplificar a complexidade dos dados e reduzir o tempo necessário para análise.

DICA

Você pode impedir preventivamente que dados incorretos entrem em seus sistemas adotando alguns procedimentos específicos:

» Institua verificações de qualidade e validação de dados para todos os dados que estão sendo coletados.
» Permita que seus clientes validem e corrijam seus dados pessoais.
» Forneça a seus clientes os valores possíveis e esperados para escolher.
» Execute rotineiramente verificações sobre a integridade, consistência e precisão dos dados.

Gerando dados derivados

Atributos derivados são registros inteiramente novos construídos a partir de um ou mais atributos existentes. Um exemplo seria a criação de registros identificando best-sellers em feiras de livros. Dados brutos podem não capturar tais registros — mas, para fins de modelagem, esses registros derivados podem ser importantes. O índice preço/lucro e a média móvel de 200 dias são dois exemplos de dados derivados que são muito utilizados em aplicações financeiras.

Os atributos derivados podem ser obtidos a partir de cálculos simples, como inferir a idade a partir da data de nascimento. Os atributos derivados também podem ser calculados resumindo-se informações de vários registros. Por exemplo, converter uma tabela de clientes e os livros comprados em uma tabela permite rastrear o número de livros vendidos através de um sistema de recomendação, através de marketing direcionado e em uma feira de livros — e identificar os dados demográficos dos clientes que compraram esses livros.

A geração desses atributos adicionais traz mais poder de previsão para a análise. Na verdade, muitos desses atributos são criados para investigar seu potencial poder preditivo. Alguns modelos preditivos podem usar mais atributos derivados do que os atributos em seu estado bruto. Se alguns atributos derivados se mostrarem especialmente preditivos e seu poder for comprovadamente relevante, então faz sentido automatizar o processo que os gera.

LEMBRE-SE

Registros derivados são novos registros que trazem novas informações e fornecem novas maneiras de apresentar dados brutos, e eles podem ser de grande valor para o modelo preditivo. Frequentemente são considerados a contribuição mais importante que um modelador pode dar ao processo.

Reduzindo a dimensionalidade de seus dados

Os dados utilizados em modelos preditivos são geralmente agrupados a partir de múltiplas fontes. Sua análise pode ser extraída de dados espalhados por vários formatos de dados, arquivos e bases de dados ou várias tabelas dentro da mesma base de dados. É essencial agrupar os dados e combiná-los em um formato integrado para os modeladores de dados a serem usados.

Se seus dados contiverem algum conteúdo hierárquico, talvez precisem ser *achatados*. Alguns dados têm algumas características hierárquicas, como relacionamentos pai-filho ou um registro que é composto de outros registros. Por exemplo, um produto como um carro pode ter vários fabricantes. Achatar os dados, nesse caso, significa incluir cada fabricante como um recurso adicional do registro que você está analisando. Outro exemplo é um único cliente que pode ter várias transações.

O achatamento de dados é essencial quando eles são mesclados de vários registros relacionados para criar uma melhor visualização. Por exemplo, a análise de eventos colaterais adversos para vários medicamentos feitos por várias empresas pode exigir que os dados sejam achatados no nível da substância. Ao fazer isso, você acaba removendo as *relações um para muitos* (neste caso, muitos fabricantes e muitas substâncias para um produto), que podem causar muita duplicação de dados, replicando várias entradas de substâncias que repetem as informações do produto e do fabricante em cada entrada.

O achatamento obriga você a pensar em reduzir a *dimensionalidade* dos dados, que é representada pelo número de atributos que um registro ou uma observação tem. Por exemplo, um cliente pode ter os seguintes atributos: nome, idade, endereço, itens comprados. Ao iniciar sua análise, você pode avaliar os registros com muitos atributos, sendo que só alguns deles são importantes para a análise. Portanto, você deve eliminar todos os atributos supérfluos, mantendo apenas os que têm a maior capacidade preditiva para seu projeto específico.

A redução da dimensionalidade dos dados pode ser obtida colocando-se todos os dados em uma única tabela que usa várias colunas para representar atributos de interesse. No início, é claro, a análise deve avaliar um grande número de colunas — mas esse número pode ser reduzido à medida que a análise avança. Esse processo pode ser auxiliado pela reconstituição dos campos — por exemplo, agrupando os dados em categorias que têm características semelhantes.

O conjunto de dados resultante — limpo — normalmente é colocado em uma base de dados separada para os analistas usarem. Durante o processo de modelagem, esses dados devem ser facilmente acessados, gerenciados e atualizados.

Aplicando a análise de componentes principais

A análise de componentes principais (PCA, sigla em inglês para *principal component analysis*) é uma técnica valiosa amplamente utilizada em ciência de dados. Ela estuda um conjunto de dados para identificar as variáveis mais relevantes responsáveis pela maior variação naquele conjunto de dados. A PCA é usada principalmente como uma técnica de redução de dados.

Ao construir modelos preditivos, é necessário reduzir o número de atributos que descrevem seu conjunto de dados. É muito útil reduzir essa alta dimensionalidade por meio de técnicas de aproximação, nas quais a PCA se destaca. Os dados aproximados resumem todas as variações importantes dos dados originais.

Por exemplo, o conjunto de dados sobre ações pode incluir preços de ações, máximas e mínimas diárias, volumes de negociação, médias móveis de 200 dias, índices preço/lucro, índice de força relativa em relação a outros mercados, taxas de juros e índice de força da moeda.

Encontrar as variáveis preditivas mais importantes é a essência da construção de um modelo preditivo. Muitos fazem isso usando uma abordagem de força bruta. A ideia é começar com tantas variáveis relevantes quanto possível e, em seguida, usar uma abordagem de funil para eliminar atributos sem impacto ou sem valor preditivo. A inteligência e os insights são trazidos para esse método por partes interessadas engajadas, que podem oferecer palpites sobre quais variáveis terão o maior impacto na análise. A experiência do cientista de dados envolvido no projeto também é importante para identificar com quais variáveis trabalhar e quais algoritmos usar para um tipo específico de dados ou um problema específico do domínio.

Para ajudar com o processo, o cientista de dados emprega muitas ferramentas de análise preditiva que facilitam e agilizam a execução de múltiplas permutações e análises em um conjunto de dados para medir o impacto de cada variável naquele conjunto de dados.

Sabendo que há uma grande quantidade de dados para trabalhar, você pode empregar a PCA para facilitar o processo.

DICA

Reduzir o número de variáveis que precisa checar é motivo suficiente para empregar a PCA. Além disso, usando a PCA você está automaticamente se protegendo de *sobreajuste* (veja o Capítulo 15) do modelo.

Certamente é possível encontrar correlação entre dados meteorológicos em um determinado país e o desempenho do mercado de ações. Ou entre a cor dos sapatos de uma pessoa e o caminho que ela faz até o escritório e o desempenho de seu portfólio naquele dia. No entanto, incluir essas variáveis em um modelo preditivo é mais do que apenas sobreajuste, pois isso gera equívocos e leva a falsas predições.

A PCA usa uma abordagem matematicamente válida para determinar o subconjunto de dados que inclui os atributos mais importantes; ao construir seu modelo nesse conjunto de dados menor, você terá um modelo com valor preditivo para o conjunto de dados maior e geral com o qual está trabalhando. Em resumo, a PCA deve ajudá-lo a entender suas variáveis, identificando o subconjunto de variáveis responsável pela maior variação em seu conjunto de dados original. Isso ajuda a encontrar redundâncias e a descobrir quais as duas (ou mais) variáveis que estão lhe dizendo a mesma coisa.

CAPÍTULO 9 **Preparando os Dados** 223

Além disso, a análise de componentes principais pega seu conjunto de dados multidimensional e produz um novo conjunto de dados cujas variáveis são representativas da linearidade das variáveis no conjunto de dados original. Além disso, o conjunto de dados de saída tem variáveis individualmente não correlacionadas, e sua variância é ordenada por seus componentes principais, onde o primeiro é o maior, e assim por diante. Nesse aspecto, a PCA também pode ser considerada uma técnica para construir atributos.

Ao empregar a PCA ou outras técnicas similares que ajudam a reduzir a dimensionalidade do conjunto de dados com o qual está lidando, você deve sempre ter cuidado para não afetar negativamente o desempenho do modelo. Reduzir o tamanho dos dados não deve ocorrer às custas de um impacto negativo no desempenho (a precisão do modelo preditivo). Caminhe com segurança e gerencie seu conjunto de dados com cuidado.

O aumento da complexidade de um modelo não significa maior qualidade no resultado.

Para preservar o desempenho do modelo, pode ser necessário avaliar cuidadosamente a eficácia de cada variável, medindo sua utilidade na construção do modelo final.

Sabendo que a PCA pode ser especialmente útil quando as variáveis são altamente correlacionadas dentro de um determinado conjunto de dados, então ter um conjunto de dados com variáveis preditivas não correlacionadas só pode complicar a tarefa de reduzir a dimensionalidade dos dados multivariados. Muitas outras técnicas podem ser usadas aqui, além da PCA, como a seleção de recursos em busca para frente (forward feature selection) e eliminação de recursos em busca para trás (backward feature elimination), abordados neste capítulo.

A PCA não é uma solução mágica que resolverá todos os problemas com dados multidimensionais. Seu sucesso é altamente dependente dos dados com os quais você está trabalhando, e a variância estatística pode não se alinhar às variáveis com os valores mais preditivos, embora seja seguro trabalhar com essas aproximações.

Aproveitando a decomposição em valor singular

A *decomposição em valor singular* (SVD sigla em inglês para *single value decomposition*) representa um conjunto de dados eliminando as partes menos importantes e gerando uma aproximação precisa do conjunto de dados original. Nesse aspecto, a SVD e a PCA são métodos de redução de dados.

A SVD pega uma matriz como entrada e a decompõe em um produto de três matrizes mais simples.

Uma matriz M, m x n pode ser representada como um produto de três outras matrizes da seguinte forma:

M = U * S * V ^{T}

Em que U é uma matriz m x r, V é uma matriz n x r, e S é uma matriz r x r, em que r é o rank [posição] da matriz M. O * representa a multiplicação da matriz, e ^{T} indica a transposição da matriz.

Em uma matriz de dados em que menos conceitos podem descrever os dados ou relacionar as colunas da matriz de dados com suas linhas, a SVD é uma ferramenta muito útil para extrair esses conceitos. Por exemplo, um conjunto de dados pode conter avaliações de livros em que as notas são as linhas, e os livros são as colunas. Os livros podem ser agrupados por tipo ou área de conhecimento, como literatura e ficção, história, biografias, livros infantis ou adolescentes. Esses serão os conceitos que a SVD ajuda a extrair.

Esses conceitos devem ser significativos e conclusivos. Se nos ativermos apenas a alguns conceitos ou dimensões para descrever um conjunto de dados maior, nossa aproximação não será tão precisa. Esse é o principal motivo da importância de eliminar apenas conceitos que são menos importantes e não relevantes para o conjunto de dados genéricos.

Indexação semântica latente é uma técnica de mineração de dados e processamento de linguagem natural usada na busca de documentos e similaridade de palavras. A indexação semântica latente emprega SVD para agrupar documentos por conceitos que podem consistir em palavras diferentes encontradas nesses documentos. O universo das palavras pode ser muito amplo, e várias palavras podem ser agrupadas em um conceito. A SVD ajuda a reduzir a correlação de ruído entre essas palavras e seus documentos e nos dá uma representação desse universo usando muito menos dimensões do que o conjunto de dados original.

DICA

É fácil perceber que documentos discutindo tópicos semelhantes podem usar palavras diferentes para descrever esses mesmos tópicos. Um documento descrevendo leões no Zimbábue e outro descrevendo elefantes no Quênia devem ser agrupados. Então nós nos baseamos em conceitos (animais selvagens na África, neste caso), não em palavras, para agrupar esses documentos. A relação entre documentos e suas palavras é estabelecida com esses conceitos ou tópicos.

A SVD e a PCA são utilizadas na classificação e agrupamento (veja os Capítulos 6 e 7). Gerar esses conceitos é apenas uma forma de classificar e agrupar os dados. Ambas também são usadas para filtragem colaborativa (veja o Capítulo 2).

Trabalhando com Atributos

Quando você tem um conjunto de dados, selecionar os atributos mais relevantes é o que determina o sucesso ou o fracasso do modelo. Quanto mais preditivas forem suas características, mais bem-sucedido será seu modelo.

LEMBRE-SE

Em suas pesquisas para construir modelos preditivos, o cientista de dados passa a maior parte do tempo preparando os dados e selecionando os atributos relevantes.

Existem algoritmos e ferramentas que o ajudarão na seleção e na extração de atributos, e você pode até precisar classificar seus recursos com base na importância. Fazer isso confiando apenas na força bruta é sempre uma opção; alguns cientistas adotam uma abordagem de funil e analisam o conjunto de atributos que têm em mãos, um por um, e selecionam os mais relevantes. No entanto, isso consome tempo demais, e existe o risco de pular iterações. Além disso, será mais complexo se os atributos forem altamente dependentes entre si.

Com muita frequência, você não terá certeza sobre qual atributo incluir e qual ignorar. Se adotar uma abordagem de tentativa e erro, adicionando ou removendo um atributo de cada vez, poderá visualizar se essa adição ou subtração terá um grande impacto no modelo que está construindo. O resultado variará substancialmente pela inclusão ou remoção de um atributo ou outro, e essa abordagem se torna ainda mais complexa se um atributo for relevante apenas na presença de outro. Essa abordagem passa a ser um desafio se os atributos ou variáveis forem altamente correlacionadas. Um atributo pode ter um grande impacto na análise quando agrupado com outro, no entanto, esse mesmo atributo sozinho pode não ter efeito algum. É o caso em que o efeito de um atributo só é manifestado quando combinado com outros atributos, mas não existe na ausência ou quando está agrupado com eles.

Digamos que você está construindo uma árvore de decisão como modelo. Essa árvore pode crescer ou diminuir, de acordo com os atributos que você inclui ou exclui. Além disso, muitas vezes não é possível ter certeza de qual modelo é melhor, especialmente se o conjunto de dados for pequeno e você não tiver dados suficientes para testar ou tomar uma decisão informada sobre o resultado. Além da importância de gastar o tempo necessário para acertar essa parte do processo, é aqui que a experiência e as ferramentas farão a diferença. É também em razão dessa etapa que nos referimos a análise preditiva como um negócio e uma disciplina que é parte arte e parte ciência.

A seguir estão as diretrizes a serem lembradas ao preparar seus dados e construir seu modelo:

- » Espere que seus dados tenham muitos atributos.
- » Reserve bastante tempo para preparar e entender seus dados.
- » Conheça o domínio comercial representado em seus dados.
- » Reserve um tempo para selecionar os atributos relevantes.
- » Empregue ferramentas e algoritmos para ajudá-lo na seleção e na extração de atributos.
- » Evite sobreajuste.
- » Evite simplificar demais.
- » Espere executar muitas iterações ao selecionar atributos e zero na construção do modelo.
- » Deixe a análise de dados e os insights do modelo guiarem sua decisão.

Espere uma quantidade gigantesca de dados. Poucos projetos não terão dados suficientes para criar modelos precisos. A maioria dos projetos sofrerá com a abundância dos dados. Atualmente estamos experimentando um crescimento exponencial dos dados disponíveis, e essa abundância se aplica igualmente ao tamanho da amostra dos dados e à sua dimensionalidade. Assim, os dados podem incluir muito ruído. Diferenciar o sinal do ruído é a essência do trabalho do cientista de dados.

Em algumas aplicações, como bioinformática ou classificação de documentos, é comum um conjunto de dados ter milhares de atributos, mas nem todos eles são importantes para todos os problemas. A seleção e a extração de atributos são dois métodos que podem ajudar a reduzir a dimensionalidade do conjunto de dados e identificar os atributos relevantes com os quais trabalhar.

Tanto a extração quanto a seleção de atributos melhoram o poder preditivo de seu modelo e aceleram seu desempenho.

Selecionando atributos

A seleção de atributos é o processo de seleção de um subconjunto de atributos a partir dos originais. O subconjunto é selecionado sem passar por nenhuma transformação e mantendo intactas as propriedades dos atributos originais. Por exemplo, um cientista examinando múltiplas proteínas e seus efeitos em uma doença está procurando identificar quais proteínas são mais relevantes na análise. Para uma solicitação de empréstimo, a pontuação de crédito é provavelmente o fator decisivo mais importante.

Em um problema de classificação (veja o Capítulo 7) em que os dados de treinamento já são rotulados e as classes são conhecidas (como e-mails spam e não spam), selecionar os recursos mais importantes para determinar se um e-mail é spam pode ser iterativo. Desde que os atributos selecionados ainda produzam a classe correta, você está no caminho certo.

LEMBRE-SE

O objetivo é identificar quais atributos deve manter e ainda classificar corretamente os dados rotulados durante a fase de treinamento.

A seleção de atributos para classificação visa selecionar um subconjunto dos atributos originais sem afetar a precisão do classificador. O subconjunto de atributos ainda deve ser um bom preditor da classificação, se todos os atributos disponíveis forem incluídos.

A seleção de atributos é muito complexa, e o grau da dificuldade varia de acordo com a dimensionalidade dos dados, o nível de correlação entre os atributos, se eles são altamente dependentes ou independentes e a estrutura dos dados.

LEMBRE-SE

Identificar os atributos certos ajudará no desempenho de seu modelo, tanto em termos de velocidade quanto de precisão da predição.

Existem dois métodos amplamente utilizados para seleção de atributos:

» **A seleção para frente** começa com um atributo e adiciona um a cada iteração. Ela continua adicionando uma variável de cada vez, o que ajuda a diminuir o erro até que novas adições não melhorem o modelo ou não tenham impacto significativo em diminuir o erro.

» **A seleção para trás** inicia com todos os atributos do conjunto de dados e, em seguida, remove um por vez, garantindo que a remoção diminua o erro ou aumente apenas ligeiramente. Um atributo é removido se produzir o mínimo aumento na taxa de erro. Quando nenhuma melhoria adicional ao modelo é alcançada, ou quando o erro é aumentado significativamente, o processo é interrompido.

Existem três abordagens de seleção de atributos:

» **Filtros:** Técnicas de pré-processamento que calculam uma pontuação para cada atributo e, em seguida, selecionam atributos com pontuações altas.

» **Wrappers:** Técnicas que usam o algoritmo de aprendizado para classificar subconjuntos de atributos de acordo com sua utilidade para um determinado preditor. Vários subconjuntos de atributos são gerados e avaliados.

» **Embedded:** Técnicas que realizam a seleção como parte do algoritmo de treinamento ou do procedimento de aprendizado. A busca por atributos é embutida [embedded] no próprio classificador.

Extraindo atributos

A extração de atributos transforma os atributos originais e cria um pequeno subconjunto de novos, resultando em uma dimensionalidade muito menor. Conforme mostrado nas seções anteriores, a redução de dimensionalidade pode ajudar você a se livrar de atributos redundantes e do ruído em seus dados. A extração de atributos projeta e mapeia os atributos em um novo conjunto muito menor que o original.

Discutimos a ideia de criar conceitos ao analisar livros e gerar grupos significativos, como ficção e literatura, história ou biografias. Então podemos usar esses novos conceitos para analisar nossos dados. Essa transformação de livros individuais em conceitos, ou *agrupamento lógico*, é um tipo de transformação que resulta em redução de dimensionalidade. No entanto, esses novos atributos gerados pela extração de atributos ainda precisam de uma análise mais aprofundada para entender completamente os dados e, eventualmente, construir seu modelo preditivo.

Outro exemplo de extração de atributos, geralmente usado em análise de texto, é a capacidade de transformar texto em representação numérica. Como a capacidade de gerar:

» Frequência de termo (TF) de palavras.
» Frequência do termo-inverso da frequência nos documentos (TFIDF).

A TFIDF é normalmente usada para neutralizar o fato de algumas palavras serem mais usadas do que outras. A frequência de termo, ou contagem de palavras, é compensada com a frequência geral dessa palavra em documentos.

LEMBRE-SE

A principal diferença entre a seleção e a extração de atributos é que a extração reduz a dimensionalidade sem necessariamente preservar os atributos reais, como as unidades dos atributos originais. Além disso, a extração pode ser uma técnica de transformação de dados, que pega um conjunto de atributos originais e o transforma em, ou extrai, novos.

A seleção de atributos mantém o conjunto original, só diminui o número de atributos originais. Ela visa eliminar a redundância e maximizar a relevância.

Classificando atributos

Ao trabalhar com atributos, é normal que se pense em classificá-los. Você não quer saber qual atributo é o mais importante no seu conjunto de dados? Qual atributo ou conjunto de atributos é o indicador absoluto de uma determinada classe ou um rótulo? No caso do biólogo em seu laboratório, faz todo o sentido concentrar-se em um gene ou um subconjunto de genes responsáveis por uma condição biológica. O modelo então pode facilmente observar a existência desse gene ou sua expressão para prever o comportamento esperado.

Os métodos de classificação ajudam a selecionar os atributos e a reduzir a dimensionalidade do conjunto de dados. Para classificar os atributos, você pode escolher entre os seguintes métodos de classificação:

- » Taxa de Ganho
- » Ganho de Informação
- » *Qui-quadrado*
- » Classificador SVM [máquina de vetores de suporte]

Esses algoritmos podem ser divididos em duas grandes categorias:

- » **Métodos estatísticos,** como o qui-quadrado, dependem do cálculo do valor da estatística qui-quadrado para atributos para avaliar sua classificação.
- » **Métodos baseados em entropia** medem a quantidade de informações em um atributo. A relevância de um atributo, como indicado pelo seu escore de classificação, é medida através do cálculo do valor esperado da informação contida em uma mensagem em relação à saída dessa variável:
  - Um valor alto de entropia indica que a variável pertence a uma distribuição uniforme.
  - Um valor baixo de entropia indica que a variável pertence a uma distribuição variada.

Em um modelo de árvore de decisão, a importância de um atributo é medida usando-se uma abordagem baseada em entropia. Os ganhos de informação na determinação de uma determinada classificação são usados para selecionar os atributos para o modelo. Com esse processo, uma árvore de decisão se concentra nos aspectos relevantes que levam a uma determinada decisão.

LEMBRE-SE

Os dois atributos com a maior classificação não são necessariamente os dois melhores para o modelo geral. Em outras palavras, se você contar apenas com os algoritmos de classificação para classificar os atributos com base na quantidade de informações que contêm (ou seja, entropia), não estará necessariamente selecionando os melhores. Um atributo de alta entropia pode não contribuir para uma alta precisão se ele estiver sendo combinado com outros atributos.

O algoritmo de seleção direta usa uma abordagem melhor para selecionar atributos. Em cada iteração, o algoritmo busca os melhores atributos que fornecem alta precisão quando reunidos. Os algoritmos de seleção de atributos, como a seleção para a frente ou para trás, são amplamente utilizados, apesar de seu tempo computacional relativamente alto.

Você pode usar algoritmos de classificação primeiro, como Ganho de Informação, para eliminar os atributos que não contêm informações (valor muito baixo do Ganho de Informação), e então você pode aplicar algoritmos de seleção de atributos no subconjunto restante.

Estruturando Seus Dados

Os dados brutos são um recurso em potencial, mas não podem ser analisados de maneira útil até que recebam uma estrutura consistente. Os dados que residem em múltiplos sistemas devem ser coletados e transformados para que fiquem prontos para análise, e os dados coletados devem residir em um sistema separado, para que não interfiram no sistema de produção ativo. Ao construir seu modelo, divida seu conjunto de dados em um conjunto de dados de treinamento para treinar o modelo e um conjunto de dados de teste para validar o modelo.

Extraindo, transformando e carregando seus dados

Depois de coletados, os dados geralmente estão em um estado disperso; residem em vários sistemas ou base de dados. Antes de poder usá-los para um modelo de análise preditiva, é necessário consolidá-los em um só lugar. Além disso, você não quer trabalhar com dados que residem em sistemas operacionais — isso é um problema. Em vez disso, coloque uma parte em algum lugar onde você possa trabalhar livremente sem afetar as operações. *ETL (extrair, transformar e carregar)* é o processo que atinge esse estado desejável.

Muitas organizações têm múltiplas bases de dados, e seu modelo preditivo provavelmente utilizará dados de todos eles. O ETL é o processo que coleta todas as informações necessárias e as coloca em um ambiente separado onde você pode executar sua análise. No entanto, o ETL não é uma operação única e definitiva.

Geralmente, é um processo contínuo que atualiza os dados e os mantêm assim. Certifique-se de executar seus processos de ETL à noite ou em outros momentos em que a carga no sistema operacional estiver baixa.

- » **O passo de extração** coleta os dados desejados, em sua forma bruta, dos sistemas operacionais.
- » **A etapa de transformação** torna os dados coletados prontos para serem usados em seu modelo preditivo — mesclando-os, gerando os atributos derivados desejados e colocando os dados transformados no formato apropriado para atender aos requisitos de negócios.
- » **O passo de carregamento** coloca os dados em seu local designado, onde você pode executar sua análise — por exemplo, em um data mart (repositório de dados), data warehouse (armazém de dados) ou outra base de dados.

Você deve seguir uma abordagem sistemática para criar seus processos de ETL para atender aos requisitos de negócios. É uma boa prática manter uma cópia dos dados originais em uma área separada para que você possa sempre voltar a ela caso um erro interrompa a transformação ou as etapas de carregamento dos processos. A cópia dos dados originais serve como um backup que pode ser usado para reconstruir todo o conjunto de dados usado pela análise, se necessário. O objetivo é se desviar da Lei de Murphy e voltar aos trilhos rapidamente se tiver que reexecutar todo o processo de ETL a partir do zero.

Seu processo de ETL deve incorporar *modularidade* — separando as tarefas e realizando o trabalho em etapas. Essa abordagem oferece vantagens no caso de você querer reprocessar ou recarregar os dados, ou se quiser usar alguns desses dados para uma análise diferente ou para construir diferentes modelos preditivos. O design de seu ETL deve ser capaz de acomodar até mesmo grandes mudanças nos requisitos de negócios — com apenas alterações mínimas no processo de ETL.

Mantendo os dados atualizados

Após a etapa de carregamento do ETL, depois de obter seus dados em uma base de dados, data mart ou data warehouse separados, você precisará manter os dados atualizados para que os modeladores possam executar novamente os modelos construídos anteriormente em novos dados.

Implementar um data mart para os dados que deseja analisar e mantê-lo atualizado permite revigorar os modelos. Para isso, você deve atualizar os modelos operacionais regularmente após serem implementados, pois novos dados podem aumentar o poder de previsão de seus modelos e permitir que o modelo descreva novos insights, tendências e relacionamentos.

Ter um ambiente separado para os dados também permite obter um melhor desempenho para os sistemas usados para executar os modelos. Isso porque você não está sobrecarregando os sistemas operacionais com as consultas intensivas ou com a análise necessária para que os modelos sejam executados.

Os dados continuam chegando, cada vez mais rápido e em maior variedade o tempo todo, e implementar a automação e a separação de tarefas e ambientes pode ajudá-lo a gerenciar essa enxurrada de dados e auxiliar a resposta em tempo real de seus modelos preditivos.

Para garantir que você esteja capturando os fluxos de dados e atualizando seus modelos enquanto oferece suporte a processos ETL automatizados, a arquitetura analítica deve ser altamente modular e adaptável. Se mantiver esse objetivo de projeto em mente para cada parte que criar para seu projeto analítico preditivo geral, a melhoria contínua e os ajustes que acompanham a análise preditiva serão mais fáceis de manter e terão mais sucesso.

Descrevendo testes e dados de teste

Quando seus dados estiverem prontos e você estiver prestes a começar a criar seu modelo preditivo, é útil descrever sua metodologia de teste e elaborar um plano de teste. Os testes devem ser orientados pelos objetivos de negócios que você reuniu, documentou e sobre os quais coletou todos os dados necessários para ajudá-lo a alcançar.

Logo de cara, você deve criar um método para testar se um objetivo de negócios foi atingido com sucesso. Como a análise preditiva mede a probabilidade de um resultado futuro — e a única maneira de estar pronto para executar esse teste é treinando seu modelo em dados passados, você ainda precisa ver o que ele pode fazer quando se trata de dados futuros. É claro que você não pode arriscar a execução de um modelo inexperiente em dados reais futuros, portanto, precisará usar os dados existentes para simular os dados futuros de forma realista. Para isso, você precisa dividir os dados nos quais está trabalhando em conjuntos de dados de treino e de teste.

Certifique-se de selecionar esses dois conjuntos de dados aleatoriamente e de que ambos contenham e cubram todos os parâmetros de dados que você está medindo.

CAPÍTULO 9 **Preparando os Dados** 233

Ao dividir seus dados em conjunto de treinamento e de teste, você está efetivamente evitando quaisquer problemas de sobreajuste que possam surgir do excesso de treinamento do modelo com o conjunto de dados inteiro e da inserção de todos os padrões de ruído ou atributos específicos que pertencem apenas ao conjunto de amostras e que não são aplicáveis a outros conjuntos de dados. (Veja o Capítulo 15 para saber mais sobre as armadilhas do sobreajuste.)

LEMBRE-SE

Separar seus dados em conjuntos de treinamento e de teste, cerca de 70% e 30%, respectivamente, garante uma medição precisa do desempenho do modelo que está construindo, e você quer avaliar seu modelo em relação aos dados de teste porque é uma maneira direta de medir se as predições do modelo são precisas. O sucesso neste ponto é uma indicação de que o modelo será bem-sucedido quando for implementado. Um conjunto de dados de teste servirá como um conjunto independente de dados que o modelo ainda não viu; a execução do seu modelo em relação ao conjunto de dados de teste fornece uma visualização de como o modelo será executado quando for ativado.

> **NESTE CAPÍTULO**
>
> » **Definindo seu objetivo de negócio**
>
> » **Preparando seus dados**
>
> » **Desenvolvendo, testando e avaliando seu modelo**
>
> » **Implementando e mantendo o modelo**

Capítulo **10**

Construindo um Modelo Preditivo

A lgumas alegações são fraudulentas. Alguns clientes irão embora. Algumas transações são fraudulentas. Alguns investimentos terão prejuízo. Alguns funcionários pedirão demissão. Mas a questão urgente na mente de todos é: quais?

A construção de um modelo de análise preditiva pode ajudar sua empresa a responder a essas perguntas. O modelo analisará os dados disponíveis sobre seus clientes, por exemplo, e lhe dirá qual a probabilidade de um cliente ir embora. Mas essas questões são só a ponta do iceberg do que a análise preditiva pode fazer, pois as potenciais aplicações dessa fascinante disciplina são infinitas.

Como mencionado anteriormente, um *modelo* é uma representação matemática de um fenômeno do mundo real que estamos interessados em entender. Por exemplo, você pode usar os dados disponíveis para construir um modelo que simule o mercado de ações em que sua empresa está ativamente envolvida em todos os tipos de transações — então seu trabalho é separar as transações vencedoras das perdedoras. Nesse caso, seu modelo ajuda você a selecionar uma estratégia para ganhar dinheiro negociando no mercado de ações.

CAPÍTULO 10 **Construindo um Modelo Preditivo** 235

Construir um modelo de análise preditiva torna-se vital quando as consequências de não agir — ou de tomar a decisão errada — seriam dispendiosas. Transações fraudulentas, por exemplo, podem drenar recursos como tempo, dinheiro e pessoal; elas podem prejudicar a saúde financeira de uma empresa. Usar a análise preditiva para detectar e combater a fraude torna-se parte da sua estratégia de gerenciamento de risco — e, novamente, essa função é só a superfície do valor potencial que um modelo preditivo pode trazer para sua empresa.

Começando

Um modelo preditivo combina matemática e dados para resolver um problema de negócios. O objetivo é treinar o modelo para aprender e criar uma função de mapeamento entre os dados de entrada e o resultado desejado ou uma variável--alvo. É um processo de três etapas:

1. **Defina claramente o problema de negócios que você está tentando resolver.**

2. **Colete todos os dados históricos que conseguir encontrar.**

Esses dados precisarão de algum pré-processamento para serem usados como parte dos dados de treinamento e de teste de seu modelo. Existem muitos algoritmos e técnicas para modelagem. Todas as ferramentas comerciais e de código aberto vêm equipadas com os algoritmos mais comuns (veja os Capítulos 6 e 7). Você precisa escolher qual método (ou combinação de métodos) melhor atende às suas necessidades de negócios.

3. **Avalie o modelo e meça sua precisão.**

A análise preditiva tem como objetivo encontrar respostas para perguntas de negócios examinando dados e apresentando uma variedade de resultados possíveis, cada um classificado com um escore. Ela ajuda as organizações a prever resultados e tendências futuras com confiança. Ela melhora a capacidade de uma organização de planejar, adotar e executar estratégias que melhorem sua vantagem competitiva. Depois que sua organização tiver implementado um modelo preditivo, ela terá a responsabilidade de agir de acordo com essas descobertas.

Criar um modelo preditivo de sucesso envolve estas etapas gerais:

1. **Defina os objetivos de negócios. (Veja o Capítulo 8.)**

2. **Prepare os dados para usar no modelo. (Veja o Capítulo 9.)**

3. **Aplique algoritmos estatísticos e/ou de mineração de dados. (Veja os Capítulos 6 e 7.)**

236   PARTE 3 **Desenvolvendo um Roteiro**

4. **Construa, teste, implemente e mantenha o modelo. (Este capítulo mergulha nesta fase.)**

Construir um modelo preditivo é a essência da análise preditiva. A fase específica de construção do modelo ocorre quando você está pronto para executar alguns algoritmos matemáticos para ver quais padrões e relacionamentos interessantes pode encontrar nos dados. Ao fazer isso, lembre-se destas perguntas:

» Como você pode responder às perguntas de negócios?

» Que contribuição pode oferecer para a tomada de decisões de negócios?

» Como você pode aumentar o retorno do investimento?

Nesta fase você já deve ter convencido a administração sobre o valor da análise preditiva. Já determinou o caso de negócios, reuniu-se com a equipe executiva e as partes interessadas para fazer todas as perguntas relevantes, e escolheu abordar uma ou algumas perguntas de negócios pertinentes. Em seguida, reuniu um grupo de pessoas de talento — cientista de dados, pessoal de TI e especialistas em negócios — e montou seu grupo de análise de dados.

É claro que a equipe analítica (que pode consistir em uma pessoa passando em cada setor, verificando e fazendo perguntas em cada etapa) já realizou as poderosas ações de preparação:

» Você identificou as fontes de dados que usará para executar o modelo. (Veja os Capítulos 3 e 9.)

» Você já realizou qualquer pré-processamento de dados necessário (como limpeza e integração) e criou todos os dados derivados que espera ter poder preditivo. (Veja os Capítulos 9 e 15.)

» Você selecionou e identificou todas as variáveis. (Veja o Capítulo 9.)

Finalmente, é hora de executar o algoritmo matemático e ver o que você pode descobrir com ele.

Os passos essenciais do processo preparatório que leva até este ponto são determinar o caso de negócios e preparar seus dados. Agora vem a parte divertida: executar esses algoritmos especializados e ver o que pode descobrir.

Nós abordamos algumas questões práticas aqui:

» Qual é o processo de executar o algoritmo?

» Como proceder?

» Qual algoritmo devo escolher?

» Como faço para testar meu modelo?

» Qual o próximo passo?

A construção de um modelo de análise preditiva começa com a definição clara dos objetivos de negócios que deseja atingir e, depois, identificar e preparar os dados que serão usados para treinar e testar o modelo.

Definindo seus objetivos de negócio

Um modelo de análise preditiva visa resolver um problema de negócios ou obter um resultado comercial desejado. Esses objetivos de negócios tornam-se os objetivos do modelo. Saber disso garante o valor comercial do modelo construído — o que não deve ser confundido com sua precisão. Afinal, hipoteticamente, você pode construir um modelo preciso para resolver um problema de negócios imaginário — mas é uma tarefa totalmente diferente construir um modelo que contribua para atingir as metas de negócios no mundo real.

Definir o problema ou a necessidade de negócio que quer que seu modelo resolva é um primeiro passo vital nesse processo. Uma definição relevante e realista do problema garantirá que, se você for bem-sucedido em sua tentativa de construir esse modelo e depois em usá-lo, ele agregará valor a seu negócio.

» Quais problemas de negócios as partes interessadas gostariam de resolver? Aqui estão alguns exemplos úteis:

- Classificar as transações em legítimas versus fraudulentas.

- Identificar os clientes com maior probabilidade de responder a uma campanha de marketing.

- Identificar quais produtos recomendar a seus clientes.

- Resolver problemas operacionais, como o cronograma ideal de trabalho dos funcionários — dias ou horas.

- Agrupar os pacientes de acordo com seus diferentes estágios da doença.

- Identificar tratamentos individualizados para pacientes.

- Escolher a próxima ação de melhor desempenho para hoje, o próximo trimestre ou ano.

A lista anterior pode ser abordada por meio da criação de modelos supervisionados que preveem resultados específicos no que se refere às necessidades do negócio.

A definição clara do problema de negócios que está tentando resolver ajudará na avaliação da saída ou do resultado produzido pelo seu modelo. Isso dará aos interessados e aos cientistas de dados uma compreensão clara do que buscar, permitindo que avaliem melhor a qualidade da solução.

Além de definir os objetivos de negócios e a visão geral do seu modelo de análise preditiva, você precisa definir o escopo do projeto geral. Aqui estão algumas perguntas gerais que devem ser respondidas nesta fase:

» Se você desenvolver seu modelo preditivo como uma solução, terá outra série de perguntas a serem abordadas:
  - O que as partes interessadas farão com essa solução?
  - Como elas usariam o modelo?
  - Qual é o status atual sem nenhum modelo?
  - Como esse problema de negócios é tratado hoje?
  - Quais são as consequências de prever a solução errada?
  - Qual é o custo de um falso positivo?
  - Como o modelo será implementado?
  - Quem usará o modelo?
  - Como a saída do modelo será representada?

Preparando seus dados

Depois de definir os objetivos do modelo, o próximo passo é identificar e preparar os dados que você usará para construir seu modelo. (O Capítulo 9 aborda essa etapa em detalhes.) Esta seção trata das atividades mais importantes. A sequência geral de etapas é mais ou menos assim:

1. Identifique suas fontes de dados.

Os dados podem estar em diferentes formatos ou em vários locais.

2. Identifique como você acessará esses dados.

Às vezes você precisa adquirir dados de terceiros ou pertencentes a uma divisão diferente em sua organização etc.

3. Considere quais variáveis incluir em sua análise.

Uma abordagem padrão é começar com uma ampla gama de variáveis e eliminar aquelas que não oferecem valor preditivo para o modelo.

DICA

4. Determine se deve usar variáveis derivadas. (Veja o Capítulo 9.)

Em muitos casos, uma variável derivada (como a relação preço por ganho usada para analisar os preços das ações) teria um impacto direto maior no modelo do que a variável bruta.

5. **Explore a qualidade de seus dados, procurando entender seu estado e suas limitações.**

A precisão das predições do modelo está diretamente relacionada às variáveis que você seleciona e à qualidade de seus dados. Neste momento, é bom responder a algumas perguntas específicas de dados:

- Os dados estão completos?

- Têm algum valor atípico?

- Os dados precisam de limpeza?

- Você precisa preencher os valores ausentes, mantê-los como estão ou eliminá-los completamente?

Entender seus dados e suas propriedades pode ajudá-lo a escolher o algoritmo que será mais útil na construção de seu modelo. Por exemplo:

> » Algoritmos de regressão podem ser usados para analisar dados de séries temporais.
> » Algoritmos de classificação podem ser usados para analisar dados discretos.
> » Algoritmos de associação podem ser usados para dados com atributos correlacionados.

Algoritmos individuais e técnicas preditivas têm diferentes fraquezas e pontos fortes. O mais importante, a precisão do modelo, depende de uma grande quantidade e qualidade de dados. Seus dados devem ter um número suficiente de registros para fornecer resultados estatisticamente significativos.

Coletar dados relevantes (de preferência muitos registros por um longo período de tempo), pré-processar e extrair os atributos com maior valor preditivo será a parte que mais demandará tempo. Mas você ainda tem que escolher com sabedoria o algoritmo, um que seja adequado ao problema de negócios.

A preparação de dados é específica para o projeto em que está trabalhando e para o algoritmo que escolheu empregar. Dependendo dos requisitos do projeto, você preparará seus dados de acordo e os fornecerá ao algoritmo conforme constrói seu modelo para atender às necessidades do negócio.

O conjunto de dados usado para treinar e testar o modelo deve conter informações comerciais relevantes para responder ao problema que está tentando resolver. Se seu objetivo for, por exemplo, determinar qual cliente tem maior probabilidade de rotatividade (*churn*), então o conjunto de dados que você escolhe deve conter informações sobre clientes que já mudaram de empresa, além de clientes que não fizeram isso.

LEMBRE-SE

Alguns modelos criados para minerar dados e entender suas relações ocultas — por exemplo, aqueles construídos com algoritmos de agrupamento — não precisam ter um resultado final específico em mente.

Dois problemas surgem quando se lida com dados durante a construção de seu modelo: subajuste e sobreajuste.

Subajuste

O *subajuste* ocorre quando seu modelo não consegue detectar qualquer relação em seus dados. Isso geralmente é uma indicação de que as variáveis essenciais — aquelas com poder preditivo — não foram incluídas em sua análise.

Se as variáveis usadas em seu modelo não tiverem alto poder preditivo, tente adicionar novas variáveis específicas do domínio e execute novamente seu modelo. O objetivo é melhorar o desempenho do modelo nos dados de treinamento.

Outro problema a ser observado é a *sazonalidade* (quando você tem um padrão sazonal, se não conseguir analisar vários períodos, poderá ter problemas). Por exemplo, uma análise de ações que inclui apenas dados de um mercado em alta não leva em conta as crises ou bolhas que podem trazer grandes correções ao desempenho geral das ações. A falha ao incluir dados que abrangem tanto o mercado em alta *quanto em* baixa impede que o modelo produza a melhor seleção de portfólio possível.

Sobreajuste

Sobreajuste é quando seu modelo inclui dados que não têm poder preditivo, mas são específicos apenas do conjunto de dados que você está analisando. *Ruído* — as variações aleatórias no conjunto de dados — pode aparecer em seu modelo, de modo que executá-lo em um conjunto de dados diferente produz uma queda importante no desempenho preditivo e na precisão do modelo. O box a seguir traz um exemplo.

ESTES GENES NÃO SE ENCAIXAM

Um exemplo clássico de sobreajuste pode causar problemas em uma análise de classificação genética que mede as proteínas em determinados genes. Imagine o que acontece quando um técnico de laboratório calibra a máquina com medições que se mostram erradas — ou uma máquina específica usada para um experimento que sofre uma interrupção elétrica ou uma técnica específica que dá errado durante os experimentos: as medições errôneas acabam nos dados, e o potencial preditivo do modelo vai pelo ralo.

Se seu modelo tiver um bom desempenho em um determinado conjunto de dados e só tiver um desempenho inferior quando você testá-lo em um conjunto de dados diferente, suspeite de sobreajuste. (Para saber mais sobre sobreajuste, veja o Capítulo 15.)

Escolhendo um algoritmo

Vários algoritmos estatísticos, de mineração de dados e de aprendizado de máquina estão disponíveis para utilização em seu modelo. Você está em uma posição melhor para selecionar um algoritmo depois de definir os objetivos do seu modelo e selecionar os dados nos quais trabalhará. Alguns desses algoritmos foram desenvolvidos para resolver problemas de negócios específicos, aprimorar algoritmos existentes ou fornecer novos recursos — o que pode tornar alguns deles mais apropriados para seus propósitos do que outros. Você pode escolher entre vários algoritmos para tratar de questões comerciais, como as seguintes:

» Para segmentação de clientes e/ou detecção de comunidades na esfera social, por exemplo, você precisaria de algoritmos de agrupamento.

» Para a retenção do cliente ou para desenvolver um sistema de recomendação, você usaria algoritmos de classificação.

» Para classificação de crédito ou previsão do próximo resultado de eventos baseados em tempo, você usaria um algoritmo de regressão.

Conforme o tempo e os recursos permitirem, você deve executar quantos algoritmos do tipo apropriado puder. Comparar diferentes execuções de vários algoritmos pode trazer descobertas surpreendentes sobre os dados ou a inteligência de negócios incorporados neles. Isso faz com que você tenha uma visão mais detalhada do problema de negócios e ajuda a identificar quais variáveis dentro de seus dados têm poder preditivo.

Alguns projetos de análise preditiva obtêm melhores resultados construindo um *modelo ensemble,* um grupo de modelos que operam nos mesmos dados. Um modelo ensemble usa um mecanismo predefinido para reunir resultados de todos os modelos que o compõe e fornecer um resultado final para o usuário.

Os modelos podem ter várias formas — uma consulta, uma coleção de cenários, uma árvore de decisão ou uma análise matemática avançada. Além disso, certos modelos funcionam melhor para determinados dados e análises. Você pode, por exemplo, usar algoritmos de classificação que empregam regras de decisão para decidir o resultado de um determinado cenário ou transação, abordando questões como estas:

242   PARTE 3 **Desenvolvendo um Roteiro**

» Esse cliente tem probabilidade de responder à nossa campanha de marketing?

» É provável que essa transferência de dinheiro faça parte de um esquema de lavagem de dinheiro?

» É provável que esse solicitante de empréstimo se torne inadimplente?

Você pode usar algoritmos de agrupamento não supervisionados para descobrir as relações existentes em seu conjunto de dados (Para mais informações sobre o uso de agrupamento não supervisionado, veja o Capítulo 6.), podendo usá-los para encontrar diferentes agrupamentos entre seus clientes, determinar quais serviços podem ser agrupados ou decidir, por exemplo, quais produtos podem ser submetidos a *upsell*.

Algoritmos de regressão podem ser usados para prever dados contínuos, como a tendência de movimentação de ações, considerando-se seus preços passados.

Árvore de decisão, máquina de vetores de suportes, redes neurais e regressões logísticas e lineares são alguns dos algoritmos mais comuns, explicados em detalhes nos Capítulos 6 e 7. Embora suas implementações matemáticas sejam diferentes, esses modelos geram resultados comparáveis. A árvore de decisão é mais popular, porque é fácil de entender; é só seguir o caminho até determinada decisão.

Os algoritmos de classificação são ótimos para o tipo de análise em que o destino é conhecido (como a identificação de e-mails de spam). Por outro lado, quando a variável-alvo é desconhecida, os algoritmos de agrupamento são a sua melhor aposta. Eles permitem agrupar ou separar seus dados em grupos significativos com base nas semelhanças entre os membros do grupo.

Esses algoritmos são muito populares. Existem muitas ferramentas, tanto comerciais quanto de código aberto, que os empregam. Com o acúmulo cada vez maior e mais veloz de dados (ou seja, big data) e hardware e plataformas econômicos (como a computação em nuvem e o Hadoop), as ferramentas de análise preditiva estão ganhando espaço rapidamente.

Os dados e os objetivos de negócios não são os únicos fatores a serem considerados quando você está selecionando um algoritmo. A perícia de seu cientista de dados é de tremendo valor neste ponto. Escolher o algoritmo que fará o trabalho é, muitas vezes, uma combinação complicada de ciência e arte, sendo que a parte da arte vem da experiência e proficiência no domínio de negócios, que também desempenha um papel crítico na identificação de um modelo que pode atender aos objetivos de negócios com precisão.

CAPÍTULO 10 **Construindo um Modelo Preditivo** 243

Desenvolvendo e Testando o Modelo

Deixe a mágica começar! O desenvolvimento do modelo começa neste estágio, seguido pelo teste dos resultados das execuções. Você usa conjuntos de dados de treinamento e de teste para alinhar o modelo ainda mais a seus objetivos de negócios e refinar a saída por meio da seleção cuidadosa de variáveis, treinamento adicional e avaliação da saída.

Desenvolvendo o modelo

Desenvolver um modelo preditivo quase nunca pode ser um negócio único, requer um processo iterativo. Você tem que estreitar a lista de variáveis com as quais está trabalhando — começando com mais variáveis do que você imagina que serão necessárias e usando múltiplas execuções no conjunto de dados de treinamento para restringir as variáveis para aquelas que realmente contam.

Execute cada algoritmo várias vezes enquanto ajusta e altera as variáveis de entrada fornecidas para esse modelo. Com cada execução, você está examinando uma nova hipótese, alterando as variáveis de entrada e indo mais fundo para obter melhores soluções e predições mais precisas.

Certo, um processo iterativo pode ser uma tarefa complicada. Você pode facilmente perder a noção do que mudou ou de quais combinações de hipóteses e variáveis já executou. Certifique-se de documentar cada experimento em detalhes. Inclua entradas, o algoritmo e as saídas de cada experimento. Além disso, documente quaisquer observações relevantes que possa ter, como as suposições específicas feitas, sua avaliação inicial e a próxima etapa planejada. Assim você pode evitar esforços duplicados.

Consultar os especialistas do domínio de negócios nesse estágio pode ajudá-lo a manter seu modelo relevante durante a construção. Os especialistas de seu domínio podem:

>> Identificar as variáveis que têm maior poder de previsão.
>> Fornecer a você o idioma de negócios necessário para relatar suas descobertas.
>> Ajudá-lo a explicar o significado comercial de seus resultados preliminares.

Testando o modelo

Para poder testar o modelo, você precisa dividir seu conjunto de dados em dois: um de treinamento e um de teste. Esses conjuntos de dados devem ser selecionados aleatoriamente e ser uma boa representação da população real.

Divida seus dados: 70% para treinar e 30% para testar o modelo. Isso garante que o modelo seja testado em dados que não foram vistos antes.

A seguir trazemos orientações para dividir seus dados entre conjunto de treinamento e de teste:

- » Dados semelhantes devem ser usados para os conjuntos de dados de treinamento e teste.
- » Normalmente o conjunto de dados de treinamento é significativamente maior que o conjunto de dados de teste.
- » Usar o conjunto de dados de teste ajuda a evitar erros como o sobreajuste.
- » O modelo treinado é executado em dados de teste para avaliar a qualidade do desempenho do modelo.

Alguns cientistas de dados preferem ter um terceiro conjunto de dados que tenha características semelhantes às dos dois primeiros: *o conjunto de dados de validação*. A ideia é que, se você estiver usando ativamente seus dados de teste para refinar seu modelo, deverá usar um conjunto (terceiro) separado para verificar a precisão do modelo. Ter um conjunto de dados de validação que não foi usado como parte do processo de desenvolvimento do seu modelo ajuda a garantir uma estimativa neutra da precisão e eficácia do modelo.

Se você criou vários modelos usando diversos algoritmos, a amostra de validação também pode ajudá-lo a avaliar qual modelo apresenta o melhor desempenho.

Certifique-se de verificar novamente seu trabalho desenvolvendo e testando o modelo. Em particular, seja cético se o desempenho ou a precisão do modelo parecer bom demais para ser verdade. Erros podem acontecer onde você menos espera. O cálculo incorreto de datas para dados de séries temporais, por exemplo, pode levar a resultados incorretos.

Empregando validação cruzada

Validação cruzada é uma técnica popular que você pode usar para avaliar e validar seu modelo. O mesmo princípio de usar conjuntos de dados separados para teste e treinamento se aplica aqui: os dados de treinamento são usados para construir o modelo, que é executado contra o conjunto de testes para prever dados que não foram vistos antes, o que é uma forma de avaliar sua precisão.

Na validação cruzada, os dados históricos são divididos em X números de subconjuntos. Cada vez que um subconjunto é escolhido para ser usado como dados de teste, o restante dos subconjuntos é usado como dados de treinamento. Em seguida, na próxima execução, o antigo conjunto de testes se tornará um dos conjuntos de treinamento, e um dos conjuntos de treinamento anteriores se tornará o conjunto de testes. O processo continua até que cada subconjunto desse X número de conjuntos tenha sido usado como um conjunto de testes.

Por exemplo, imagine que temos um conjunto de dados que dividimos em 5 conjuntos numerados de 1 a 5. Na primeira execução, usamos o conjunto 1 como o conjunto de testes, e os conjuntos 2, 3, 4 e 5 como o conjunto de treinamento. Em seguida, na segunda execução, usamos o conjunto 2 como o conjunto de testes e definimos 1, 3, 4 e 5 como conjunto de treinamento. Continuamos esse processo até que cada subconjunto dos 5 conjuntos tenha sido usado como um conjunto de testes.

A validação cruzada permite que você use todos os pontos de dados em seus dados históricos para treinamento e teste. Essa técnica é mais eficaz do que simplesmente dividir seus dados históricos em dois conjuntos, usando o conjunto com mais dados para treinamento, usando o outro conjunto para teste e deixando-os assim. Quando você faz a validação cruzada de seus dados, está se protegendo contra a escolha aleatória de dados de teste que são muito fáceis de prever, o que daria a falsa impressão de que seu modelo é preciso. Ou, se escolher dados de teste difíceis de prever, você pode concluir que seu modelo não está funcionando como esperado.

DICA

A validação cruzada é amplamente usada não só para validar a precisão dos modelos, mas também para comparar o desempenho de vários modelos.

Balanceando viés e variância

Viés e variância são duas fontes de erros que podem ocorrer ao criar seu modelo analítico.

Viés é o resultado da construção de um modelo que simplifica significativamente a apresentação dos relacionamentos entre pontos de dados nos dados históricos usados para construir o modelo.

Variância é o resultado da construção de um modelo explicitamente específico para os dados usados para construir o modelo.

Atingir um equilíbrio entre viés e variância — reduzindo a variância e tolerando algum viés — pode levar a um melhor modelo preditivo. Essa concessão mútua geralmente leva à construção de modelos preditivos menos complexos. Um modelo com alta complexidade tende a ter alta variância e baixo viés. Por outro lado, um modelo muito simples tende a ter alto viés e baixa variância. Seu objetivo é construir modelos preditivos que tenham baixo viés e baixa variância.

Muitos algoritmos de mineração de dados foram criados para levar em conta esse dilema entre viés e variância.

246 PARTE 3 **Desenvolvendo um Roteiro**

Ideias para resolução de problemas

Quando você está testando seu modelo e se vê sem sair do lugar, aqui estão algumas ideias a considerar que podem ajudá-lo a voltar para o caminho certo:

» Sempre verifique duas vezes o seu trabalho. Você pode ter negligenciado algo que assumiu estar correto, mas não está. Tais falhas podem aparecer (por exemplo) entre os valores de uma variável preditiva no conjunto de dados ou no pré-processamento aplicado aos dados.

» Se o algoritmo que você escolheu não está produzindo qualquer resultado, tente outro. Por exemplo, se experimentar vários algoritmos de classificação disponíveis e dependendo de seus dados e dos objetivos de negócios do seu modelo, um deles pode ter um melhor desempenho que outro.

» Tente selecionar diferentes variáveis ou criar variáveis derivadas. Mantenha os olhos sempre abertos para as variáveis que tenham poder preditivo.

» Consulte com frequência os especialistas do domínio de negócios que podem ajudá-lo a compreender os dados, selecionar variáveis e interpretar os resultados do modelo.

Avaliando o modelo

Neste estágio você está tentando se certificar de que seu modelo é preciso, capaz de atingir seu objetivo comercial e pode ser implementado.

Antes de apresentar suas descobertas, assegure-se de que as etapas executadas para construir o modelo estejam corretas. A verificação dessas etapas, do processamento à análise de dados, é essencial.

Depois de particionar seus dados em conjuntos de treinamento e teste e executar uma validação cruzada, você ainda precisa avaliar se o modelo atende aos objetivos de negócios e interpreta seus resultados em termos comerciais conhecidos. Especialistas em domínio podem ajudar nessa questão.

É importante que você avalie o resultado de seu modelo e verifique se ele atende às necessidades de negócios que procurou alcançar. É igualmente importante que seja capaz de explicar os resultados de seu modelo usando termos de negócios que os administradores consigam compreender. Você deve ser capaz de explicar como essas predições afetarão seus negócios, como as partes interessadas podem se beneficiar de seus insights e que eles podem usá-las para tomar decisões informadas.

É aqui que você aborda o desempenho do modelo em termos de velocidade e precisão quando implementado. Você precisa saber até que ponto seu modelo será executado em conjuntos de dados maiores, especialmente no ambiente de produção.

Para determinar quais medidas você pode tomar para julgar a qualidade de seu modelo, comece comparando as saídas de vários modelos (ou várias versões do mesmo modelo). Você quer ter confiança de que o modelo que construiu é sólido e que você é capaz de defender suas descobertas. Certifique-se de poder explicar e interpretar os resultados em termos de negócios que as partes interessadas possam facilmente entender e aplicar.

DICA

Você deve ser capaz de identificar por que seu modelo fornece uma recomendação ou predição específica. Isso faz com que as saídas do modelo sejam transparentes, o que permite que as partes interessadas transformem as predições mais facilmente em decisões acionáveis. Se tiver sorte, poderá tropeçar em algumas novas ideias que só fazem sentido depois que o modelo as trouxer à luz. Eles são raros, mas quando você obtém esses resultados, as recompensas podem ser substanciais.

Colocando o Modelo em Prática

Depois de desenvolver o modelo e testá-lo com sucesso, você estará pronto para implantá-lo no ambiente de produção.

Implementando o modelo

O objetivo de um projeto de análise preditiva é colocar o modelo que você construiu no processo de produção para que ele se torne parte integrante da tomada de decisões de negócios.

O modelo pode ser implementado como uma ferramenta autônoma ou como parte de uma aplicação. De qualquer forma, a implementação do modelo pode trazer seus próprios desafios.

» Como o objetivo é fazer uso dos resultados preditivos do modelo e agir de acordo com eles, é necessário criar uma maneira eficiente de fornecer dados e recuperar os resultados do modelo depois que ele analisar os dados.

» Nem todas as decisões preditivas são automatizadas; às vezes a intervenção humana é necessária. Se um modelo sinalizar uma solicitação como fraudulenta ou de alto risco, um processador de solicitações poderá

DICA

examiná-la mais detalhadamente e descobrir que ela é segura, poupando a empresa de perder a oportunidade de negócio.

Quanto maior o risco de uma decisão preditiva, maior a necessidade de incorporar a supervisão e a aprovação humana nessas decisões.

O modelo acumula valor real apenas quando é incorporado nos processos de negócios — e quando suas previsões são transformadas em decisões acionáveis que implicam no crescimento dos negócios. Isso se torna especialmente útil quando o modelo implementado fornece recomendações, algumas delas em tempo real, durante as interações com os clientes — ou avalia o risco durante as transações, ou avalia as aplicações de negócios. Essa contribuição comercial é especialmente poderosa quando repetida em várias transações, sem problemas.

A PMML (Predictive Model Markup Language) é um modelo preditivo de formato intercambiável que permite que você use sua ferramenta favorita para desenvolver seu modelo e depois o implemente diretamente. É amplamente suportado por ferramentas de análise. O PMML oferece a flexibilidade para desenvolver um modelo em um ambiente e depois implementá-lo em outro sem a necessidade de escrever código ou modificar a aplicação. Como tal, o PMML é uma maneira padrão de representar seu modelo ou sua solução de análise preditiva, independentemente do ambiente em que ela foi construída.

Monitorando e mantendo o modelo

Quanto mais tempo o modelo estiver implementado, maior a probabilidade de perder sua relevância preditiva conforme o ambiente muda. As condições de negócios estão mudando constantemente, novos dados continuam chegando, e novas tendências estão evoluindo. Para manter seu modelo relevante, monitore seu desempenho e atualize-o conforme necessário:

- » Execute o modelo implementado nos dados recém-adquiridos.
- » Use novos algoritmos para refinar a saída do modelo.

Um modelo tende a se degradar com o tempo. Um modelo de sucesso deve ser revisto, reavaliado à luz de novos dados e mudanças de condições, e provavelmente retreinado para dar conta das mudanças. A atualização do modelo deve ser uma parte contínua do processo de planejamento geral, e variará de simplesmente ajustar o modelo implantado até a construção de um modelo totalmente novo.

250   PARTE 3 **Desenvolvendo um Roteiro**

> **NESTE CAPÍTULO**
>
> » Aplicando a visualização ao ciclo de vida da análise preditiva
>
> » Avaliando a visualização de dados
>
> » Usando a visualização em diferentes modelos de análise preditiva
>
> » Apresentando uma nova visualização de análise preditiva
>
> » Destacando ferramentas de visualização de big data

Capítulo **11**

Visualizando os Resultados Analíticos

A visualização é uma arte. Na análise preditiva, é a arte de analisar e contar uma história a partir de dados e resultados analíticos, que pode não tratar apenas do presente ou passado, mas também do futuro.

As visualizações rápidas e fáceis de gerar aprimorariam o processo de tomada de decisões, tornando-as mais rápidas e eficazes. A visualização de dados também forneceria à equipe executiva uma base para fazer perguntas melhores e mais inteligentes sobre a organização.

Este capítulo detalha a importância, os benefícios e as complexidades da visualização de dados. Você se familiariza com quatro critérios que podem ser utilizados para avaliar uma visualização dos resultados analíticos. Você também é apresentado aos diferentes tipos de visualizações que pode implementar para diferentes tipos de modelos de predição.

Este capítulo foca o uso específico da visualização de dados: dar sentido aos resultados analíticos e usar a visualização como parte de seus relatórios para as partes interessadas. Veja o Capítulo 4 para conhecer outras técnicas de visualização de dados que ajudam a analisar e compreender os dados melhor.

Visualizar como uma Ferramenta Preditiva

Napoleão Bonaparte disse: "Um bom esboço é melhor que um longo discurso." A razão para esse clichê é que o cérebro humano acha as imagens mais fáceis de digerir do que o texto ou os números. Desde de seus primórdios, a humanidade tem confiado em representações pictóricas para se comunicar e compartilhar informações. Os mapas foram uma das primeiras visualizações disseminadas, tornando-se tão indispensáveis que deram origem ao campo da cartografia. Os mapas têm desempenhado um importante papel no compartilhamento de ideias e na sua extensa distribuição a muitas gerações, reforçando a tendência humana de comunicar informações visualmente.

Na análise preditiva, a visualização de dados apresenta resultados analíticos como um quadro que pode ser facilmente usado para construir narrativas realistas e acionáveis de possíveis futuros. Essas narrativas podem ser arquivadas e transmitidas por toda a organização, ajudando a formar a base de sua abordagem aos negócios.

Então, como a visualização aparece no ciclo de vida da análise preditiva? Continue lendo!

Por que a visualização é importante

Ler linhas de planilhas, digitalizar páginas e páginas de relatórios e analisar pilhas de resultados analíticos gerados por modelos preditivos pode ser meticuloso, demorado e — vamos encarar — chato. Observar alguns gráficos representando esses mesmos dados é mais rápido e fácil, ao mesmo tempo em que confere o mesmo significado. Os gráficos podem trazer maior compreensão mais rapidamente e elucidar a questão de modo mais direto e eficiente. Gráficos podem dizer mais do que tabelas. Por exemplo, estatísticas de resumo como média e mediana não permitem que você localize uma distribuição bimodal sem um gráfico de acompanhamento. Um gráfico de levantamento é geralmente melhor que uma tabela de ganhos, e certamente melhor que um simples relatório de precisão geral. Tais vantagens estão por trás do aumento da demanda por visualização de dados. As empresas estão sedentas por ferramentas de visualização que possam ajudá-las a entender os principais impulsionadores de seus negócios.

Armar seus analistas de dados com as ferramentas de visualização muda a maneira como eles analisam os dados: eles podem obter mais insights e responder aos riscos mais rapidamente. E terão o poder de utilizar a imaginação e a criatividade em suas explorações e minerações para obter insights mais profundos. Além disso, por meio de ferramentas de visualização, seus analistas podem apresentar suas descobertas aos executivos de maneira a fornecer acesso fácil e prático aos resultados analíticos.

Por exemplo, se você está lidando com análise de conteúdo e tem que analisar textos, e-mails e apresentações (como primeiro passo), você pode usar ferramentas de visualização para converter o conteúdo e as ideias mencionadas no conteúdo bruto (geralmente como texto) em uma representação clara.

Uma dessas visualizações são os gráficos mostrados na Figura 11-5, que representam a correlação entre os conceitos mencionados em fontes de texto. Pense nisso como um dispositivo que economiza trabalho: agora alguém não precisa ler milhares de páginas, analisá-las, extrair os conceitos mais relevantes e derivar um relacionamento entre os itens de dados.

As ferramentas de análise fornecem essas visualizações como saída, o que vai além das visualizações tradicionais, ajudando você com uma sequência de tarefas:

1. **Fazer a leitura de forma eficiente.**

2. **Entender textos longos.**

3. **Extrair os conceitos mais importantes.**

4. **Derivar uma visualização clara da relação entre esses conceitos.**

5. **Apresentar os conceitos de maneiras que as partes interessadas os considerem significativos.**

Esse processo é conhecido como *visualização de dados interativos*. É diferente de uma simples visualização porque:

» Você pode analisar e detalhar os dados representados pelos gráficos e tabelas para obter mais detalhes e insights.

» Você pode alterar dinamicamente os dados usados nesses gráficos e tabelas.

» Você pode selecionar os diferentes modelos preditivos ou técnicas de pré-processamento para aplicar aos dados que geraram o gráfico.

Essas ferramentas de visualização economizam uma grande quantidade de tempo para o analista de dados ao gerar relatórios, gráficos e (o mais importante) uma comunicação eficaz sobre os resultados da análise preditiva.

Essa comunicação eficaz inclui reunir as pessoas em uma sala, apresentar as visualizações e conduzir as discussões que emergem de perguntas como estas:

"O que significa esse ponto no gráfico?"

"Todo mundo vê o que eu vejo?"

"O que aconteceria se adicionássemos ou removêssemos certos elementos de dados ou variáveis?"

"O que aconteceria se mudássemos esta ou aquela variável?"

Tais discussões poderiam desvendar aspectos dos dados que não eram evidentes antes, remover a ambiguidade e responder a algumas novas perguntas sobre padrões de dados.

Obtendo os benefícios da visualização

Usar visualizações para apresentar os resultados de seu modelo de análise preditiva pode poupar muito tempo quando você está transmitindo suas ideias para a equipe executiva. A visualização pode fazer o caso de negócios para você, fornecendo uma compreensão instantânea de resultados analíticos complexos.

Outro benefício do uso de gráficos e tabelas é facilitar o processo de tomada de decisão. Por exemplo, você pode usar visualizações para identificar áreas em sua empresa que precisam de atenção, como quando mostra mapas que apresentam vendas comparativas de seu produto por local e pode identificar mais facilmente áreas que podem precisar de mais publicidade. Fazer várias análises e apresentações ao longo do tempo pode criar uma narrativa de previsão do volume de vendas por localização.

Da mesma forma, em campanhas políticas, mapas são ferramentas de comunicação poderosas que podem ser usadas para transmitir visualmente o status atualizado dos votos e, eventualmente, ajudar a prever as chances de vitória. Eles também podem ajudar a repensar a estratégia da campanha.

Entrar em uma reunião com gráficos atraentes, além de planilhas de números, pode tornar sua reunião mais eficaz, porque as visualizações são fáceis de explicar para um público diversificado. As reuniões podem então se tornar oportunidades de discussão, imaginação focada e engenhosidade, levando à descoberta de novos insights.

A visualização pode ser usada para confirmar ou refutar suposições feitas sobre um tópico ou fenômeno específico em seus dados. Ela também pode validar seu modelo preditivo, ajudando a determinar se a saída do modelo está alinhada com os requisitos de negócios e se os dados suportam as declarações feitas para o modelo.

Em resumo, a visualização:

» É fácil de entender.
» É visualmente atraente.
» Simplifica as complexidades da análise.
» É um meio eficiente para comunicar resultados.
» Faz o caso de negócios.
» Valida a saída de seu modelo.
» Permite o processo de tomada de decisão.

Lidando com as complexidades

Sejamos sinceros: a visualização pode ajudar a simplificar a comunicação, mas o seu uso efetivo não é exatamente simples. Usar a visualização de dados para redigir os enredos de cenários que retratam o futuro de sua organização pode ser ao mesmo tempo poderoso e complexo.

As complexidades do uso de visualização na análise preditiva podem surgir em várias áreas:

» A visualização requer uma ampla gama de habilidades multidisciplinares em estatísticas. Por exemplo: análise, design gráfico, programação de computadores e narrativa.

» Um grande volume de dados provenientes de várias fontes pode ser de difícil trato. Encontrar maneiras inovadoras de plotar todos esses dados — e representá-los para os tomadores de decisão de maneiras que eles considerem significativos — pode ser um desafio.

» A visualização de resultados analíticos pode transmitir acidentalmente padrões ou predições enganosas. Diferentes interpretações e vários insights possíveis podem vir da mesma visualização.

CAPÍTULO 11 **Visualizando os Resultados Analíticos**

DICA Para evitar esse problema, peça que analistas diferentes discutam essas possibilidades e seus significados de antemão, em profundidade. Faça com que concordem em uma única e consistente história derivada da exibição antes de apresentá-la à equipe executiva.

Avaliando Sua Visualização

Existem várias maneiras de visualizar dados. Mas o que define uma boa visualização? A resposta curta: a que consegue transmitir o significado é a melhor escolha. Para ajudá-lo a encontrar a melhor opção, esta seção lista quatro critérios que você pode usar para julgar sua visualização. Essa não é uma lista abrangente, mas deve indicar a melhor maneira de transmitir sua ideia.

Qual é a relevância dessa imagem?

Sua visualização de dados deve ter um objetivo claro e bem definido — ter um objetivo em mente e transmitir uma ideia clara de como chegar lá. Esse propósito poderia ser a resposta da necessidade de negócios que levou você a aplicar a análise preditiva. Um objetivo prático secundário pode ser sua necessidade de transmitir ideias complexas através da visualização. Para atender a ambas as necessidades, primeiro tenha em mente que os dados apresentados na visualização devem ser relevantes para o tema geral de seu projeto analítico. (Essa relevância não será difícil de encontrar; seu projeto analítico começou com a seleção dos dados relevantes para alimentar seu modelo preditivo.)

Com o tema em mente, o próximo passo é criar uma narrativa que apresente os dados relevantes, destaque os resultados que apontam para o objetivo e use um meio de visualização relevante. (Se a sua empresa tiver uma sala ideal para, digamos, apresentações de PowerPoint, considere isso uma boa dica.)

O quanto essa imagem é interpretável?

Se você aplicar análise em seus dados, construir um modelo preditivo e exibir seus resultados analíticos visualmente, poderá obter interpretações bem definidas de suas visualizações. Derivar essas interpretações significativas leva, por sua vez, à obtenção de insights, e essa é a base de todo o processo de análise preditiva.

A história que vai contar por meio de sua visualização deve ser clara e inequívoca. Uma sala cheia de interpretações conflitantes geralmente é um sinal de que algo está errado. Para manter a interpretação da visualização no caminho certo, certifique-se de mantê-la firmemente alinhada com a saída do modelo — que, por sua vez, deve se alinhar a todo o esforço com as perguntas de negócios que levam à utilização da análise preditiva.

Nos casos em que uma visualização permita várias interpretações, estas devem convergir para contar a mesma história no final. Como ocorre em muitas iniciativas, múltiplas interpretações frequentemente são possíveis. Tente antecipar, discutir e ajustá-las até que todas transmitam a mesma ideia subjacente ou apoiem o mesmo conceito abrangente.

A imagem é suficientemente simples?

Uma visão muito complexa ou simples demais pode ser enganosa ou confusa. Para conseguir ser eficaz, sua visualização precisa de clareza e elegância. Por exemplo, para facilitar a leitura, você pode se sentir tentado a usar dois gráficos simples, em vez de um mais complexo, mas se isso não for bem feito, pode dificultar a identificação das relações. Às vezes, um pouco de trabalho extra em um gráfico bem elaborado vale o esforço. O truque é não criar distrações com detalhes desnecessários. Tudo deve funcionar em conjunto para comunicar o padrão.

Sempre tenha como objetivo a clareza, adicionando tantas *legendas* (guias para o que as partes da imagem significam) quanto forem necessárias e torná-las o mais claras possível. Você pode usar legendas para definir todos os símbolos, figuras, eixos, cores, intervalos de dados e outros componentes gráficos presentes em sua visualização.

Escolher a combinação certa de cores e objetos para representar seus dados pode melhorar a elegância. O meio escolhido para apresentar seus dados também é crucial. O meio refere-se às imagens, aos gráficos e aos diagramas de suas apresentações, além da sala de conferências e dos recursos visuais que você usa para apresentar seus resultados analíticos, como telas de TV, quadro branco ou projetor.

Como regra geral, quanto mais simples for a visualização e mais simples for seu significado, melhor será. Você sabe que teve sucesso quando a visualização fala por você.

A imagem leva a novos insights acionáveis?

Sua visualização deve acrescentar algo novo a seu projeto de análise preditiva. Idealmente, ela deve ajudá-lo a encontrar novos insights que não eram conhecidos antes. Durante a construção de seu modelo de análise preditiva, você pode usar a visualização para ajustar a saída de seu modelo, examinar os dados e plotar o resultado da análise. A visualização pode ser seu guia para descobrir novos insights ou discernir e aprender novos relacionamentos entre itens de dados no mar de dados que está analisando.

A visualização deve ajudá-lo a obter a aprovação e dirimir quaisquer dúvidas sobre a análise, bem como apoiar os resultados e a saída do modelo. Se isso acontecer com eficácia, apresentar esses resultados à equipe executiva os ajudará a comprar a ideia e a agir de acordo com os resultados.

Visualizando os Resultados Analíticos de Seu Modelo

Esta seção apresenta algumas maneiras de usar técnicas de visualização para relatar os resultados de seus modelos para as partes interessadas.

Visualizando agrupamentos ocultos em seus dados

Como discutido no Capítulo 6, agrupamento de dados é o processo de descobrir grupos ocultos de itens relacionados em seus dados. Na maioria dos casos, o *agrupamento* consiste em objetos de dados do mesmo tipo, como usuários de rede social, documentos de texto ou e-mails. Uma maneira de visualizar os resultados de um modelo de agrupamento de dados é mostrada na Figura 11-1, onde o gráfico representa as comunidades sociais (*agrupamentos*) que foram descobertas nos dados coletados de usuários de rede social. Na Figura 11-1, os dados sobre os clientes foram coletados em formato tabular. Em seguida, um algoritmo de agrupamento foi aplicado aos dados, e os três agrupamentos (grupos) foram descobertos: clientes fiéis, clientes errantes e clientes de desconto. Suponha que os eixos X e Y representem os dois principais componentes gerados a partir dos dados originais. A análise de componentes principais (PCA) é uma técnica de redução de dados. Para mais informações sobre a PCA, veja o Capítulo 9.

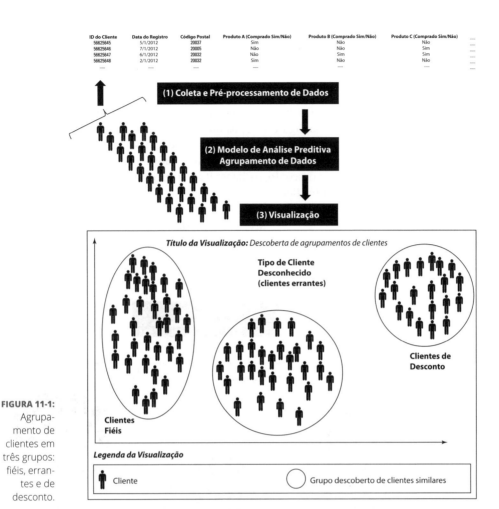

FIGURA 11-1: Agrupamento de clientes em três grupos: fiéis, errantes e de desconto.

Aqui a relação visual entre os três grupos já sugere onde os esforços de marketing aprimorados e direcionados podem obter os melhores resultados.

Visualizando os resultados da classificação de dados

Um modelo de classificação atribui uma classe específica a cada novo ponto de dados examinado. As classes específicas, nesse caso, podem ser os grupos resultantes do trabalho de agrupamento (veja a seção anterior). A saída destacada no gráfico (Figura 11-1) pode definir seus conjuntos-alvo. Para qualquer novo cliente, um modelo de classificação preditiva tenta prever a qual grupo o novo cliente pertencerá.

Depois que você aplicou um algoritmo de agrupamento e descobriu agrupamentos nos dados de clientes, você chega a um momento de verdade: aí vem um novo cliente — você quer que o modelo preveja que tipo de cliente ele será.

A Figura 11-2 mostra como as informações de um novo cliente são fornecidas a seu modelo de análise preditiva, que, por sua vez, prevê a qual grupo esse novo cliente pertence. Na Figura 11-2, os novos Clientes A, B e C estão prestes a ser atribuídos a agrupamentos de acordo com o modelo de classificação. A aplicação do modelo de classificação resultou em uma predição de que o Cliente A só apareceu por causa do desconto, o Cliente B seria um errante e o Cliente C pertencia ao grupo dos clientes fiéis.

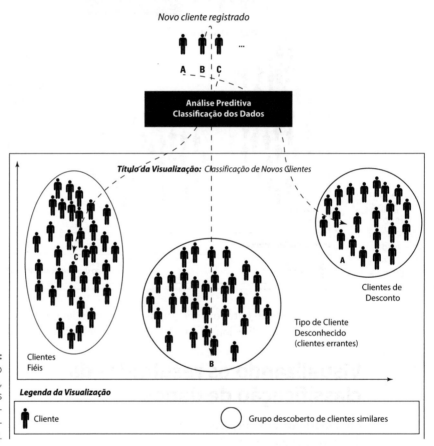

FIGURA 11-2: Atribuindo Clientes A, B e C a suas classificações (agrupamentos).

Visualizando valores atípicos em seus dados

No decorrer do agrupamento ou da classificação de novos clientes, de vez em quando você se depara com *valores atípicos* (*outliers*) (casos especiais que não se encaixam nas divisões existentes).

A Figura 11-3 mostra alguns valores atípicos que não se encaixam bem nos agrupamentos predefinidos. Na Figura 11-3, seis clientes atípicos foram detectados e visualizados. Eles se comportam de maneira diferente o suficiente para o modelo não saber se pertencem a qualquer uma das categorias definidas de clientes.

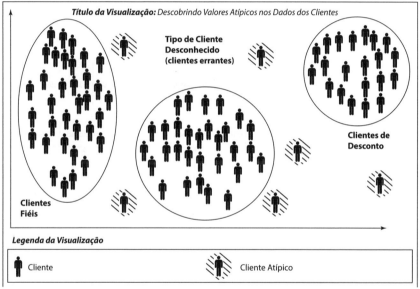

FIGURA 11-3: Seis clientes atípicos desafiam a classificação apenas por aparecer.

Visualização de árvores de decisão

Muitos modelos usam *árvore de decisão* como seus resultados. Esses diagramas mostram os possíveis resultados de cursos de ação alternativos, dispostos como os galhos de uma árvore.

A Figura 11-4 mostra um exemplo de uma árvore usada como um classificador: ela classifica os fãs de beisebol com base em alguns critérios, principalmente o valor gasto em ingressos e as datas de compra. A partir dessa visualização, você pode prever o tipo de fã que um novo comprador de ingresso será: casual, leal, vira-casaca, obstinado ou outro tipo. Atributos de cada fã são mencionados em cada nível na árvore (número total de jogos assistidos, quantia total gasta, temporada). Você pode seguir um caminho de uma determinada "raiz" para uma "folha" específica na árvore, onde você atinge uma das classes de fãs (c1, c2, c3, c4, c5). Para mais informações sobre como gerar algoritmicamente uma árvore de decisão, veja o Capítulo 7.

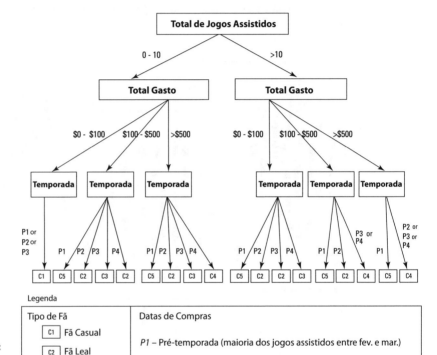

FIGURA 11-4: Encontrar a classe a que um determinado fã de beisebol pertence.

Suponha que queremos determinar o tipo de fã de beisebol que um cliente é para que possamos determinar que tipo de anúncio de marketing enviar. Queremos saber se o cliente é um torcedor fanático por beisebol ou alguém que só curte o esporte. Suponhamos que partimos da hipótese de que fanáticos e vira-casacas possam ser persuadidos a comprar um carro novo (ou outro bem de livre escolha) quando sua equipe estiver indo bem e se encaminhando para a final. Então queremos enviar anúncios de marketing e descontos para persuadi-los a fazer a compra. Além disso, suponha que partimos da hipótese de que fãs vira-casacas possam ser persuadidos a votar apoiando certas questões políticas. Podemos enviar anúncios de marketing solicitando apoio. Se você sabe que tipo de base de fãs você tem, usar a árvore de decisão pode ajudá-lo a decidir como abordá-lo como uma variedade de tipos de clientes.

Visualizando predições

Suponha que executou um arranjo de modelos de análise preditiva, incluindo algoritmos de florestas aleatórias e de aglomeração. Você pode combinar todos os resultados e apresentar uma narrativa consistente embasada por todos eles, como mostrado na Figura 11-5. Aqui confiança é uma porcentagem numérica que pode ser calculada usando-se uma função matemática. O resultado do cálculo resume uma pontuação da probabilidade de uma possível ocorrência. No eixo x, a evidência de suporte representa a fonte de conteúdo que foi analisada com modelos de análise de conteúdo que identificaram os resultados possíveis. Na maioria dos casos, seu modelo preditivo teria processado um grande conjunto de dados, usando dados de várias fontes, para derivar esses possíveis resultados. Assim, você precisa mostrar apenas as evidências de suporte mais importantes em sua visualização, conforme ilustrado na Figura 11-5.

Na Figura 11-5, um resumo dos resultados obtidos da aplicação da análise preditiva é apresentado como uma visualização que ilustra possíveis resultados, com um escore de confiança e evidência de suporte para cada um. Três cenários possíveis são mostrados:

> » O inventário do item A não atenderá à demanda se você não enviar pelo menos 100 unidades por semana para a Loja S. (Pontuação de confiança: 98%.)
>
> » O número de vendas aumentará em 40% se você aumentar a produção do Item A em pelo menos 56%. (Pontuação de confiança: 83%.)
>
> » Uma campanha de marketing na Califórnia aumentará as vendas dos Itens A e D, mas não do Item K. (Pontuação de Confiança: 72%.)

A pontuação de confiança representa a probabilidade de que cada cenário aconteça, de acordo com seu modelo de análise preditiva. Observe que eles estão listados aqui em ordem decrescente de probabilidade.

Aqui a evidência de suporte mais importante consiste em como trechos de várias fontes de conteúdo são apresentados sobre o eixo x. Você pode se referir a eles se precisar explicar como chegou a um cenário possível em particular — e divulgar as evidências que o apoiam.

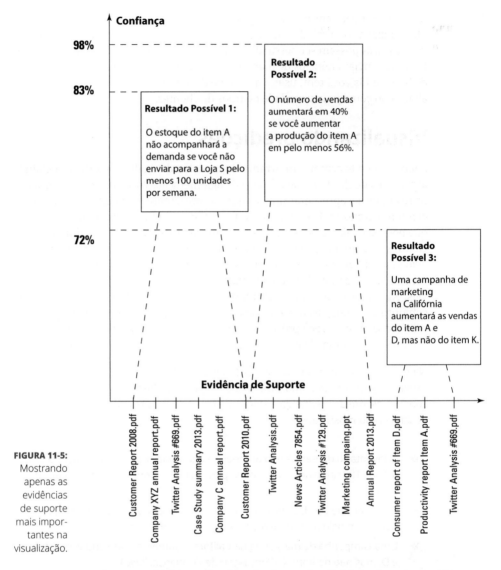

FIGURA 11-5: Mostrando apenas as evidências de suporte mais importantes na visualização.

O poder por trás dessa visualização é sua simplicidade. Imagine, após meses de aplicação da análise preditiva em seus dados, trabalhando em várias iterações, que você se reúne com o tomador de decisões. Você está armado com um slide de três cenários possíveis que podem ter um grande impacto nos negócios. Essa visão cria discussões efetivas e pode levar a administração a momentos de grandes percepções.

A Nova Visualização em Análise Preditiva

Uma visualização também pode representar uma *simulação* (uma representação pictórica de um cenário "e se"). Você pode acompanhar a visualização de uma predição com uma simulação que se sobrepõe e embasa a predição. Por exemplo, o que acontece se a empresa parar de fabricar o Produto D? O que acontece se um desastre natural atingir o escritório central? O que acontece se seus clientes perderem o interesse em um determinado produto? Você pode usar a visualização para simular o comportamento futuro de uma empresa, um mercado, um sistema meteorológico — o que quiser.

Um *dashboard* é outro tipo de visão que você pode usar para exibir um modelo abrangente de análise preditiva. O dashboard permite que você, usando um botão de controle, altere qualquer etapa do fluxo da análise preditiva. Isso pode incluir a seleção de dados, o pré-processamento de dados, a seleção de um modelo preditivo e a seleção das versões corretas de avaliação. Você pode modificar facilmente qualquer parte do fluxo a qualquer momento usando o botão de controle. Um dashboard é um tipo interativo de visualização em que se tem controle e é possível alterar os diagramas, tabelas ou mapas dinamicamente com base nas entradas que escolhe incluir nas análises que geram essas tabelas e gráficos.

Algoritmo flock-by-leader para visualização de dados

Pelo menos uma técnica de análise preditiva é puramente inspirada pelo fenômeno natural das aves reunidas (veja o Capítulo 6). O modelo de agrupamento de aves não só identifica agrupamentos em dados, como os mostra em ações dinâmicas. A mesma técnica pode ser usada para visualizar padrões ocultos em seus dados.

O modelo representa objetos de dados como pássaros voando em um espaço virtual, seguindo *regras de aglomeração* que orquestram como uma revoada migratória de pássaros se move na natureza.

Representar vários objetos de dados como pássaros revela que objetos de dados semelhantes se agruparão para formar *sub-blocos* (agrupamentos). A semelhança entre os objetos no mundo real é o que impulsiona os movimentos das aves correspondentes no espaço virtual. Por exemplo, como mostrado na Figura 11-6, imagine que você deseja analisar os dados online coletados de vários usuários da internet (também conhecidos como *internautas*).

Cada informação (coletada em fontes como informações de usuários de redes sociais e transações online de clientes) será representada como uma ave correspondente no espaço virtual, como mostra a Figura 11-7.

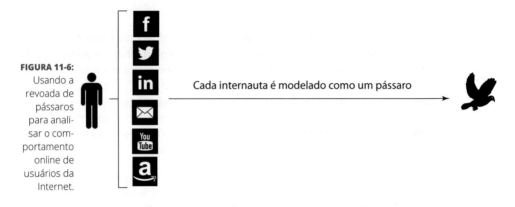

FIGURA 11-6: Usando a revoada de pássaros para analisar o comportamento online de usuários da Internet.

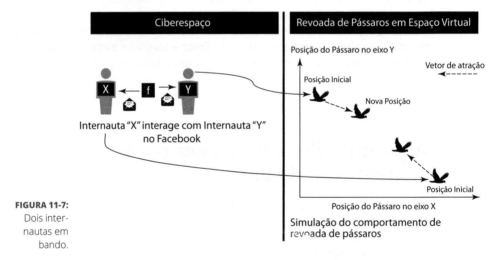

FIGURA 11-7: Dois internautas em bando.

Se o modelo descobrir que dois ou mais usuários interagem por e-mail ou bate-papo, aparecem na mesma foto online, compram o mesmo produto ou compartilham os mesmos interesses, o modelo mostra esses dois internautas como pássaros em bando, seguindo as regras naturais do comportamento de bando.

A interação (isto é, o quanto esses pássaros representativos se aproximam) é expressa como uma função matemática que depende da frequência da interação social, ou da intensidade com que os usuários compram os mesmos produtos ou compartilham os mesmos interesses. Esta última função matemática depende apenas do tipo de análise que você está aplicando.

A Figura 11-7 retrata a interação no Facebook entre os internautas X e Y no ciberespaço como espaço virtual em que os pássaros X e Y são representados como pássaros. Como os internautas X e Y interagiram entre si, a próxima iteração de bando mostrará os dois pássaros mais próximos.

Um algoritmo conhecido como "flock by leader" (agrupamento pelo líder), inventado pelos professores Anasse Bari e Bellaachia (veja as referências a seguir), foi inspirado por uma descoberta recente que revelou a dinâmica de liderança em pombos. Esse algoritmo pode extrair informações do usuário para pontos de dados que permitem detectar líderes, descobrir seus seguidores e iniciar o comportamento de bando no espaço virtual, que simula à risca o que acontece quando os bandos se formam naturalmente — exceto pelo fato de que, neste caso, são agrupamento de dados chamados de *data flocks*.

Essa técnica não apenas detecta padrões em dados, mas também fornece uma representação pictórica clara dos resultados obtidos pela aplicação de modelos de análise preditiva. As regras que orquestram o comportamento de aglomeração e bando na natureza foram estendidas para criar regras de aglomeração em conformidade com a análise de dados:

» **Homogeneidade do data flock:** Os membros do bando mostram similaridade nos dados.
» **Liderança do data flock:** O modelo antecipa os líderes de informações.

Representar um grande conjunto de dados como uma revoada de pássaros é uma maneira de visualizar facilmente grandes dados em um painel.

Esse modelo de visualização pode ser usado para detectar partes de dados que são atípicos, líderes ou seguidores. Uma aplicação política poderia ser a visualização de atípicos da comunidade, líderes comunitários ou seguidores da comunidade. No campo biomédico, o modelo pode ser usado para visualizar genomas atípicos e líderes entre amostras genéticas de uma doença específica (digamos, aquelas que exibem uma mutação em particular de forma mais consistente).

Uma visualização de revoada de pássaros pode também ser usada para prever padrões futuros de fenômenos desconhecidos no ciberespaço — desordem civil, um movimento social emergente, uma futura linhagem de clientes.

A visualização de revoada é especialmente útil se estiver recebendo um grande volume de dados transmitidos em alta velocidade: você pode ver a formação de revoada no espaço virtual que contém as aves que representam seus objetos de dados. Os resultados da análise de dados são refletidos (literalmente) em tempo real no espaço virtual. Realidade com uma representação fictícia, ainda assim observável e analiticamente significativa, puramente inspirada na natureza, essas visualizações também podem funcionar bem como simulações ou cenários hipotéticos.

Na Figura 11-8, uma visualização baseada no comportamento de bando começa indexando cada internauta a um pássaro virtual. Inicialmente, todas as aves estão ociosas. Conforme os dados chegam, cada ave começa a migrar no espaço virtual de acordo com os resultados da análise e as regras de aglomeração.

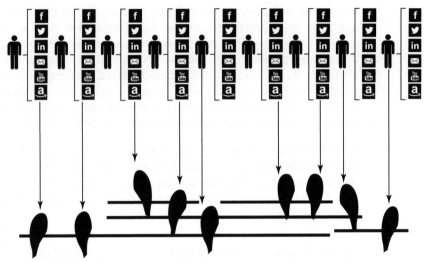

FIGURA 11-8: Acompanhando os internautas reunidos.

Na Figura 11-9, o bando emergente é formado à medida que as análises são apresentadas.

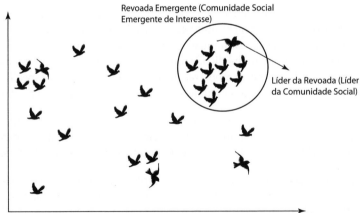

FIGURA 11-9: O que o bando está fazendo.

Depois de analisar os dados durante um grande período de tempo, terminando em t+k, os resultados dessa aplicação de resultados de análise preditiva podem ser descritos como mostrado na Figura 11-10: o algoritmo flock-by-leader diferencia os membros do bando em três classes: um líder, seguidores e atípicos.

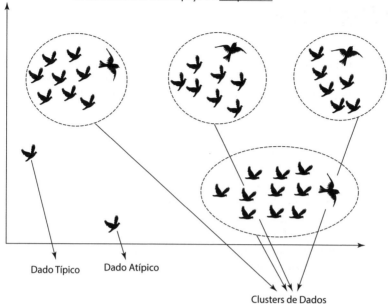

FIGURA 11-10:
O flock-by-leader subdivide o bando.

PAPO DE ESPECIALISTA

O algoritmo flock-by-leader foi inventado pelos doutores Bari e Bellaachia e é (explicado em detalhes nestes recursos (todos em inglês):

» "Flock by Leader: A Novel Machine Learning Biologically-Inspired Clustering Algotithm" (Flock by Leader: Um novo algoritmo de agrupamento de dados de aprendizado de máquina biologicamente inspirado, em tradução livre), IEEE International Conference of Swarm Intelligence, 2012.

Também aparece como capítulo do livro: *Advances in Swarm Intelligence* (*Avanços em Inteligência de Enxame*, em tradução livre), Edição de 2012 — (Springer-Verlag).

» "SFLOSCAN: A Biologically Inspired Data Mining Framework for Community Identification in Dynamic Social Networks" (SFLOSCAN: Uma Estrutura de Mineração de Dados Biologicamente Inspirada para Identificação de Comunidades em Redes Sociais Dinâmicas, em tradução livre), IEEE International Conference on Computacional Intelligence, 2011 (SSCI 2011), 2011.

CAPÍTULO 11 **Visualizando os Resultados Analíticos** 269

Ferramentas de Visualização de Big Data

O big data tem o potencial de inspirar as empresas a tomar melhores decisões. É importante estar ciente das ferramentas que podem ajudá-lo a criar uma boa visualização com rapidez. É sempre bom manter seu público envolvido e interessado.

Esta seção apresenta algumas ferramentas de visualização populares para análise empresarial em larga escala. A maioria dessas ferramentas não requer experiência em codificação e é fácil de usar. Se os dados brutos estiverem em planilhas do Excel ou residirem em base de dados, você poderá carregar seus dados nessas ferramentas para visualizá-los para fins de exploração e análise de dados. Alternativamente, você pode ter os resultados da aplicação de um modelo preditivo em seus dados prontos em planilhas, assim (ou/e) você também pode usar essas ferramentas para visualizar esses resultados. (Exemplos de visualização são ilustrados no Capítulo 4.)

TABLEAU

O Tableau é uma ferramenta de visualização para análise empresarial. Com ele você pode carregar seus dados e visualizá-los em gráficos, mapas, mapas de árvores, histogramas e nuvens de palavras. Você pode executar o Tableau como um aplicativo de desktop para um servidor ou uma solução baseada em nuvem.

O Tableau integra-se a muitas plataformas de big data, como R, RapidMiner e Hadoop. Ele extrai dados da base principal e suporta muitos formatos de arquivo. O Tableau for Enterprise não é gratuito, mas para fins acadêmicos, o Tableau pode fornecer licenças gratuitas.

Para obter informações sobre o Tableau, visite `https://public.tableau.com/s` e `http://www.tableau.com` [conteúdo em inglês].

Google Charts

As ferramentas de gráfico do Google são gratuitas e fáceis de usar. Eles incluem histogramas, gráficos geográficos, gráficos de colunas, gráficos de dispersão, gráficos de linha de tempo e organogramas. Eles são interativos e podem ser ampliados e executados em HTML5 e SVG. O Google Charts também pode visualizar dados em tempo real.

Para mais informações sobre o Google Chart, visite `https://developers.google.com/chart` [conteúdo em inglês].

270   PARTE 3 **Desenvolvendo um Roteiro**

Plotly

Plotly é outra ferramenta de visualização que suas equipes de desenvolvedores podem adotar usando APIs. Permite a criação de gráficos e dashboard.

Ele é compatível com Python R e Matlab, e sua visualização pode ser incorporada em aplicativos de web.

Para mais informações sobre Plotly, visite `https://plot.ly` [conteúdo em inglês].

Infogram

Esta ferramenta ajuda você a criar visualizações em um processo de três etapas: escolhendo um modelo, adicionando gráficos para visualizar seus dados e, em seguida, compartilhando suas visualizações. É necessária uma taxa mensal para usar a ferramenta em uma versão profissional, uma versão comercial ou uma empresa, e a ferramenta pode suportar várias contas para sua equipe.

Para mais informações sobre o Infogram, visite `https://infogr.am` [conteúdo em inglês].

272   PARTE 3 **Desenvolvendo um Roteiro**

4
Programando a Análise Preditiva

NESTA PARTE...

Instale softwares.

Aplique algoritmos.

Conheça modelos de programação com R.

Maximize a precisão.

Aplique a análise preditiva ao big data.

NESTE CAPÍTULO

» **Instalando o software de aprendizado de máquina**

» **Trabalhando com um conjunto de dados de amostra**

» **Criando modelos preditivos simples**

» **Visualizando e avaliando seus resultados**

Capítulo **12**

Criando Exemplos Básicos de Predição

E ste capítulo trata da instalação e configuração do software de aprendizado de máquina e da utilização da linguagem de programação Python para criar alguns modelos preditivos simples. Existem alguns módulos para instalar, o que leva um certo tempo, por isso, certifique-se de ter bastante bateria restante se estiver trabalhando em seu laptop. Se você já tinha o Python instalado antes de ler este livro, verifique se está instalando as versões corretas dos módulos e dependências de aprendizado de máquina para a versão do Python que está usando.

Para este livro, a versão 2.7.11 do Python está sendo usada em uma máquina com Windows 10, mas as instruções de instalação devem funcionar em versões mais antigas do Windows.

Se você acompanhar este capítulo, poderá mergulhar direto e começar a trabalhar com um conjunto de dados de amostra. Não se preocupe muito com a codificação envolvida; a maior parte do código será fornecida, e você poderá executá-lo diretamente no interpretador interativo do Python, linha por linha. Para a maioria das linhas de código, você verá qual é a saída. E se, por algum motivo, ocorrer um erro, saberá exatamente qual linha o causou. É fácil.

Instalando os Pacotes de Software

O objetivo aqui é construir alguns modelos preditivos usando diferentes algoritmos de classificação. Para fazer isso você precisará instalar o Python, seus módulos de aprendizado de máquina e suas dependências. O processo de configuração pode levar de 30 a 60 minutos, dependendo da velocidade da internet disponível e do nível de experiência na instalação de projetos que exijam dependências ou vários outros projetos.

Há uma variedade de linguagens de programação e pacotes adicionais para criar e executar modelos preditivos, e o Python, junto do módulo `scikit-learn`, é uma combinação simples e poderosa de linguagem de programação e pacote de aprendizado de máquina para usar, aprender e começar rapidamente.

O Python é amplamente usado em sistemas de produção e é um requisito em muitos trabalhos de ciência de dados.

Em comparação com outras linguagens, ele é relativamente fácil de aprender. Sua sintaxe é direta, e o código pode ser executado diretamente em um console interativo. Você saberá imediatamente se escreveu uma declaração bem-sucedida e poderá aprender rapidamente por tentativa e erro em muitos casos.

Instalando o Python

Instalar o Python é um processo fácil, que leva menos de 30 minutos e apenas alguns cliques do mouse. Todas as configurações padrão podem ser aceitas durante o processo de instalação, e você pode instalá-lo fazendo o download do programa de instalação do Windows e de outros sistemas operacionais no site do Python em `www.python.org` [conteúdo em inglês]. Este capítulo o guia através do processo de instalação do sistema operacional Windows e da versão 2.7.11 do Python. No site do Python, você pode procurar o link de downloads para obter o arquivo. Depois de baixar, navegue até a pasta em que foi armazenado e clique duas vezes no arquivo para iniciar o processo de instalação.

O instalador do Windows x86 MSI está disponível em [conteúdo em inglês]:

```
https://www.python.org/ftp/python/2.7.11/python-2.7.11.msi
```

Para instalar o Python, inicie o instalador e siga estas etapas:

1. **Escolha em quais usuários você deseja instalar o Python e clique em Avançar.**

Você pode escolher entre todos os usuários ou apenas você. Tanto faz. A Figura 12-1 mostra uma tela de aviso para selecionar para qual usuário instalar o Python. O padrão é instalar para todos os usuários do computador.

276 PARTE 4 **Programando a Análise Preditiva**

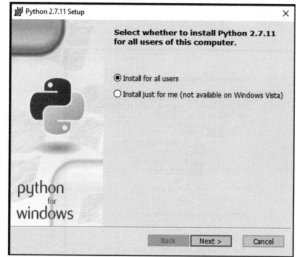

FIGURA 12-1:
Uma tela de aviso para escolher para qual usuário instalar o Python.

2. **Escolha o diretório de destino e clique em Avançar.**

   A Figura 12-2 mostra uma tela de aviso para selecionar o local onde deseja que o Python seja instalado.

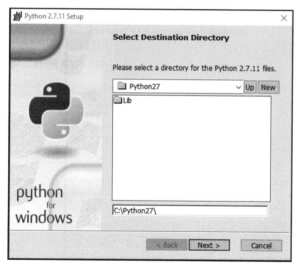

FIGURA 12-2:
Uma tela de aviso para escolher o diretório de destino.

3. **Personalize os recursos de instalação do Python e clique em Avançar.**

   Para um novo usuário, a melhor opção é a configuração padrão. A Figura 12-3 mostra um aviso para selecionar recursos de instalação personalizados e quanto espaço em disco é necessário para esses recursos.

Depois de um minuto, a instalação deve estar concluída. A Figura 12-4 mostra que a instalação do Python está completa. Clique em Finish (Concluir).

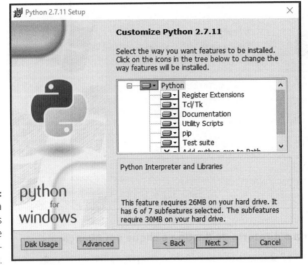

FIGURA 12-3: Um aviso para escolher os recursos de instalação personalizados.

FIGURA 12-4: Um aviso para mostrar que a instalação foi concluída.

Instalando o módulo de aprendizado de máquina

Se você estiver familiarizado com a instalação de pacotes de software, basta fazer o download desses arquivos e pular para a seção "Verificando sua instalação" (os sites a seguir têm conteúdo em inglês):

» Scikit-Learn

```
https://sourceforge.net/projects/scikit-learn/files/
scikit-learn-0.17.win32-py2.7.exe/download
```

» Numpy

```
https://sourceforge.net/projects/
numpy/files/NumPy/1.10.2/
numpy-1.10.2-win32-superpack-python2.7.exe/download
```

» SciPy

```
https://sourceforge.net/projects/
scipy/files/scipy/0.16.1/
scipy-0.16.1-win32-superpack-python2.7.exe/download
```

» Matplotlib

```
https://sourceforge.net/projects/matplotlib/
files/matplotlib/matplotlib-1.2.1/
matplotlib-1.2.1.win32-py2.7.exe/download
```

Se você quiser seguir com a mesma configuração de instalação usada por este livro, siga estas instruções no site da `scikit-learn` (`http://scikit-learn.org`) para obter o pacote de aprendizado de máquina:

1. **Clique no link para a página de instalação.**

2. **Procure as informações sobre a instalação da última versão.**

    Você pode seguir as instruções listadas no site, o que requer que já tenha as instalações dos módulos dependentes ou instalar uma distribuição de terceiros. No entanto, as etapas a seguir instalarão tudo de que precisa.

    Você pode baixar a última versão do `scikit-learn` para seu sistema operacional no SourceForge, um site de repositório de código-fonte.

    Aqui está um link direto para o projeto `scikit` no SourceForge [conteúdo em inglês]:

    `https://sourceforge.net/projects/scikit-learn/files`

    Você usará o arquivo executável `scikit-learn-0.17.win32-py2.7.exe` para a sua instalação.

3. **Clique no link com o nome do arquivo executável.**

    Em cerca de um minuto, o download deve estar concluído. Vá para a pasta de downloads ou sua pasta padrão de downloads e clique duas vezes no arquivo para iniciar o processo de instalação.

    CUIDADO

    Dependendo da versão do Windows e do navegador que está usando, você pode receber algumas telas de aviso para baixar e executar o instalador desses módulos.

CAPÍTULO 12 **Criando Exemplos Básicos de Predição**

A primeira tela é um prompt para baixar o módulo de aprendizado de máquina scikit-learn, como mostrado na Figura 12-5.

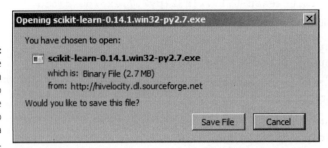

FIGURA 12-5:
Uma tela de aviso para baixar o módulo de aprendizado de máquina scikit-learn.

4. **Clique no botão Save File (Salvar arquivo) e espere o download terminar.**

5. **Quando o download estiver concluído, vá para a pasta onde salvou o arquivo e execute clicando duas vezes no nome do arquivo.**

   Isso pode abrir uma série de telas de avisos (semelhante à Figura 12-6 e Figura 12-7) que perguntam se você deseja prosseguir com a execução de um arquivo executável.

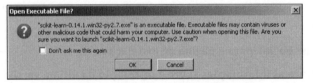

FIGURA 12-6:
Sistema avisando que você está abrindo um arquivo executável.

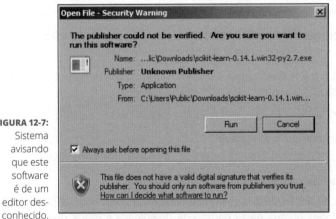

FIGURA 12-7:
Sistema avisando que este software é de um editor desconhecido.

6. **Clique no botão OK/Run (Executar) e continue.**

   A próxima tela, mostrada na Figura 12-8, oferece algumas informações importantes e úteis sobre o projeto scikit-learn.

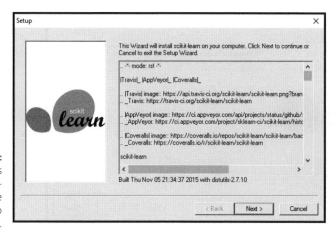

FIGURA 12-8: Informações importantes sobre o projeto scikit-learn.

7. **Depois de terminar de ler as informações, clique no botão Next (Avançar).**

   Durante o processo de instalação, o instalador scikit pode solicitar que você selecione algumas opções personalizadas. Na maioria dos casos, aceitar as seleções padrão será suficiente para executar os exemplos.

DICA

   Quando uma tela perguntar onde você deseja instalar o módulo (como mostrado na Figura 12-9), recomendamos aceitar o diretório padrão. Isso simplifica o processo de instalação, pois há outros módulos dependentes que precisa instalar. C:\Python27\Lib\site-packages\ é o diretório de instalação padrão para módulos de terceiros.

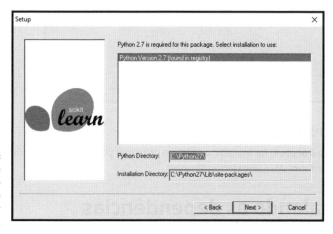

FIGURA 12-9: O diretório onde o módulo deve ser instalado.

8. **Clique no botão Next (Avançar).**

   Agora você está pronto para instalar o scikit-learn. A Figura 12-10 mostra uma tela de aviso final antes do início da instalação.

CAPÍTULO 12 **Criando Exemplos Básicos de Predição** 281

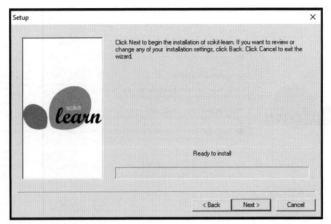

FIGURA 12-10: Pronto pra instalar.

9. **Clique no botão Next (Avançar).**

   Após a conclusão da barra de status, você é notificado de que sua instalação está concluída (conforme mostrado na Figura 12-11).

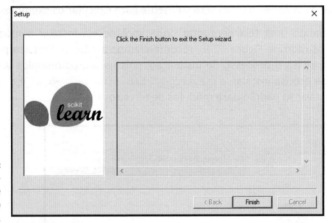

FIGURA 12-11: Mensagem de instalação finalizada.

10. **Clique no botão Finish (Terminar).**

    Você acabou de instalar o módulo principal para `scikit`, e agora está pronto para instalar suas dependências.

Instalando as dependências

O módulo `scikit-learn` requer (ou depende de) alguns outros módulos a serem instalados antes que você possa começar a usá-lo. Módulos dependentes de outros módulos são chamados *dependências*. Neste caso, as dependências são `numpy`, `scipy` e `matplotlib`.

LEMBRE-SE

Você precisa instalar as seguintes dependências:

- » `numpy`
- » `scipy`
- » `matplotlib`

Esses pacotes podem estar disponíveis em vários locais (todos com conteúdo em inglês):

- » O site do Python Package Index em `https://pypi.python.org/pypi`
- » O site da SourceForge em `http://sourceforge.net`
- » O site do `matplotlib` em `http://matplotlib.org/downloads.html`

LEMBRE-SE

Escolher as versões que têm instaladores do Windows tornará o processo de instalação mais rápido e o mais simples possível.

A instalação das dependências é semelhante à do `scikit-learn`. É uma série de telas de aviso e cliques. Para manter a consistência em todas as dependências, escolha as opções padrão.

Instalando numpy

A seção a seguir detalha as etapas necessárias para instalação do `numpy`. Você pode baixar `numpy` no site da SourceForge.

1. **No site do SourceForge, faça uma busca por** *numpy* **na caixa de pesquisa.**

Aparecem muitas listagens. O módulo necessário é `numpy-1.10.2`. Se fizer a busca diretamente pelo nome, ele deve aparecer como o primeiro da lista. Para ter certeza de que é o mesmo arquivo, verifique se há esta descrição:

```
Numerical Python: Numerical Python adds a fast and
sophisticated array facility to the Python language.
```

2. **Clique no link** *Numerical Python*, **então no link da guia** *Files*, **em seguida no** *NumPy* **link da pasta, então no link da pasta** *1.10.2* **para ir para a pasta com a mais recente distribuição binária de** `numpy`.

Aqui está um link direto para a página de download [conteúdo em inglês]:

```
https://sourceforge.net/projects/numpy/files/
NumPy/1.10.2
```

3. **Clique no link** `numpy-1.10.2-win32-superpack-python2.7.exe`.

Em alguns segundos, o arquivo `numpy-1.10.2-win32-superpack-python2.7.exe` deve iniciar automaticamente o download.

CAPÍTULO 12 **Criando Exemplos Básicos de Predição**   283

4. Vá para a pasta de downloads (ou onde quer que você tenha salvado o arquivo) e execute clicando duas vezes no nome do arquivo.

Isso pode abrir uma série de telas de avisos que perguntarão se você deseja prosseguir com a execução de um arquivo executável. Eles serão semelhantes aos que aparecem quando você instala `scikit`.

5. Clique no botão OK/Run/Allow (Executar/Permitir) e continue.

Aparece uma tela mostrando algumas informações importantes e úteis sobre o projeto `numpy` (semelhante à Figura 12-8).

6. Clique no botão Next (Avançar).

Aparece uma tela semelhante à Figura 12-9, perguntando onde você quer instalar o módulo `numpy`.

7. Aceite o local de instalação padrão e clique em Avançar.

Aparece uma tela exibindo uma última tela de aviso antes do início da instalação, conforme mostrado na Figura 12-10.

8. Clicar em Next (Avançar) inicia o processo de instalação.

Quando a barra de status estiver concluída, você será notificado de que sua instalação está concluída, conforme mostrado na Figura 12-11.

9. Clique no botão Concluir e, em seguida, no botão Fechar.

E tudo pronto para esta dependência — `numpy` está instalado.

Instalando scipy

A seção a seguir detalha as etapas necessárias para instalar `scipy`. Você pode baixar `scipy` no site da SourceForge. O processo de instalação é praticamente igual ao do `numpy`.

1. No site do SourceForge, faça uma busca por *scipy* no formulário de pesquisa.

A lista superior da pesquisa deve ser

```
SciPy: Scientific Library for Python
```

2. Clique no link *SciPy*, então no link da guia *Files*, em seguida no link da pasta *scipy*, e depois no link da pasta *0.16.1* para ir para a pasta com a mais recente distribuição binária de `SciPy`.

Aqui está um link direto para a página de download [conteúdo em inglês]:

```
https://sourceforge.net/projects/scipy/files/
scipy/0.16.1
```

3. Clique no link `scipy-0.16.1-win32.superpack-python2.7.exe` e aguarde o download terminar.

O restante do processo de instalação é o mesmo listado para `numpy`.

Instalando o matplotlib

O módulo final a ser instalado é o `matplotlib`. Para obter o arquivo executável, pesquise por matplotlib no site da SourceForge. A versão do matplotlib para este exemplo é matplotlib 1.2.1. Mais uma vez, o restante do processo de instalação é o mesmo de `numpy` e `scipy`.

Aqui está um link direto para a página de download [conteúdo em inglês]:

```
https://sourceforge.net/projects/matplotlib/files/
matplotlib/matplotlib-1.2.1
```

Aqui está um link direto para o arquivo:

```
https://sourceforge.net/projects/matplotlib/files/
matplotlib/matplotlib-1.2.1.win32-py2.7.exe/download
```

Verificando sua instalação

Depois de instalar o `scikit-learn` e todas suas dependências, confirme se a instalação saiu conforme o esperado. Isso evita que você encontre qualquer problema ou erros inesperados mais tarde.

1. Vá para o shell interativo do Python através do botão Iniciar do Windows ⇨ Python 2.7 ⇨ Python (linha de comando).

O processo é semelhante se você fez uma instalação personalizada do Python.

2. No shell interativo, tente executar a seguinte instrução para importar todos os módulos que instalou:

```
>>> import sklearn, numpy, scipy, matplotlib
```

Se o interpretador Python não retornar erros, então sua instalação foi bem-sucedida, conforme mostrado na Figura 12-12.

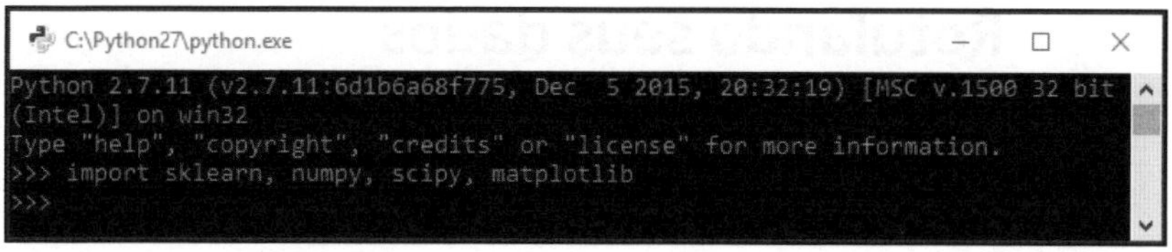

FIGURA 12-12: O que você vê se o Python importou com sucesso os módulos.

CAPÍTULO 12 **Criando Exemplos Básicos de Predição** 285

LEMBRE-SE Se você receber um erro como o mostrado na Figura 12-13, algo deu errado no processo de instalação. Você terá que reinstalar o módulo listado na linha que começa com `ImportError`.

FIGURA 12-13: Uma mensagem de erro informa que o Python não pôde importar um módulo.

Supondo que tudo correu como planejado, então você está pronto para começar a usar `scikit-learn` para construir uma modelo preditivo.

Preparando os Dados

Quando você está aprendendo uma nova linguagem de programação, é costume escrever o programa "hello world". Para o aprendizado de máquina e análise preditiva, a criação de um modelo para classificar o conjunto de dados Iris é o equivalente a "hello world". Este é um exemplo bastante simples, mas muito eficaz, no ensino das noções básicas de aprendizado de máquina e análise preditiva.

Obtendo o conjunto de amostra de dados

Para criar nosso modelo preditivo, você precisará baixar o exemplo do conjunto de dados Iris. Esse conjunto de dados está disponível gratuitamente em muitas fontes, especialmente em instituições acadêmicas que têm departamentos de aprendizado de máquina. Felizmente, o pessoal da `scikit-learn` foi muito bonzinho e incluiu alguns conjuntos de dados de amostra e funções de carregamento de dados junto com seu pacote. Portanto, para os propósitos desses exemplos, você só precisará executar algumas linhas simples de código para carregar os dados.

Rotulando seus dados

A Tabela 12-1 mostra uma observação e suas características de cada classe do conjunto de dados da flor Iris.

TABELA 12-1   O Conjunto de Dados da Flor Iris

Comprimento Sépala	Largura Sépala	Comprimento Pétala	Largura Pétala	Classe Alvo/ Rótulo
5.1	3.5	1.4	0.2	Setosa (0)
7.0	3.2	4.7	1.4	Versicolor (1)
6.3	3.3	6.0	2.5	Virginica (2)

O conjunto de dados da flor Iris é um conjunto de dados multivariado real de três classes da flor Iris (*Iris setosa, Iris virginica* e *Iris versicolor*) apresentado por Ronald Fisher em seu artigo de 1936 "The Use of Multiple Measurements in Taxonomic Problems" (O uso de múltiplas medições em problemas taxonômicos, em tradução livre). Esse conjunto de dados é mais conhecido por sua ampla utilização no meio acadêmico paro aprendizado de máquina e estatística, e é composto de 150 instâncias, com 50 instâncias de cada uma das 3 classes da flor Iris. A amostra tem 4 características (também chamados *atributos*), que são as medidas de comprimento e largura das sépalas e pétalas.

A parte interessante desse conjunto de dados é que as três classes são, de certa forma, linearmente separáveis. A classe *Setosa* pode ser separada das outras duas classes desenhando-se uma linha reta no gráfico entre elas. As classes *Virginica* e *Versicolor* não podem ser perfeitamente separadas usando-se uma linha reta — embora isso quase seja possível. Isso faz com que ele seja um conjunto de dados perfeito para a análise de classificação, mas não tão bom para a análise de agrupamento.

Os dados da amostra já estavam rotulados. A coluna da direita (Rótulo) da Tabela 12-1 mostra os nomes de cada classe da flor Iris. O nome da classe é chamado de *rótulo* (*label*) ou *alvo* (*target*), e geralmente é atribuído a uma variável nomeada *y*. É basicamente a saída ou o resultado do que está sendo previsto. Em estatística e modelagem, muitas vezes é chamado de *variável dependente*. Depende das entradas que correspondem ao comprimento e largura da sépala e ao comprimento e largura da pétala.

Você também deve estar curioso para saber o que é diferente no conjunto de dados Íris pré-processado com `scikit`, em comparação com o conjunto de dados original. Para descobrir, você precisa obter o arquivo de dados original. Você pode fazer uma pesquisa no Google por *conjunto de dados íris* e baixá-lo ou visualizá-lo a partir do site de qualquer uma das instituições acadêmicas. O resultado que geralmente aparece primeiro é o repositório de dados de aprendizado de máquina da Universidade da Califórnia de Irvine (UCI). A seguir, um link direto para o conjunto de dados Iris em seu estado original do repositório de aprendizado de máquina da UCI:

```
http://archive.ics.uci.edu/ml/machine-learning-databases/
iris/iris.data
```

Se baixar o conjunto de dados, você poderá visualizá-lo com qualquer editor de texto. Ao visualizar os dados no arquivo, perceberá que existem cinco colunas em cada linha. As primeiras quatro colunas são as medidas (referidas como *atributos*), e a última coluna é o rótulo (*label*). O rótulo é diferente no original e na versão `scikit` do conjunto de dados Iris. Outra diferença é a primeira linha do arquivo de dados `scikit`. Ela inclui uma linha de cabeçalho usada pela função de carregamento de dados do `scikit` e que não tem qualquer efeito nos algoritmos.

DICA

Transformar atributos em números, em vez de mantê-los como texto, facilita o processamento dos algoritmos — e é muito mais eficiente em termos de memória. Isso é especialmente evidente ao executar conjuntos de dados muito grandes com muitos atributos — o que geralmente é o caso em cenários reais.

A Tabela 12-2 mostra dados de amostra de ambos os arquivos. Todas as colunas de dados são as mesmas, exceto a `Col5`. Observe que `scikit` tem nomes de classe com rótulos numéricos, e o arquivo original tem rótulos de texto.

TABELA 12-2 Dados de Amostra

Fonte	Col1	Col2	Col3	Col4	Col5
scikit	5.1	3.5	1.4	0.2	0
original	5.1	3.5	1.4	0.2	Iris-setosa
scikit	7.0	3.2	4.7	1.4	1
original	7.0	3.2	4.7	1.4	Iris-versicolor
scikit	6.3	3.3	6.0	2.5	2
original	6.3	3.3	6.0	2.5	Iris-virginica

Fazendo Predições Usando Algoritmos de Classificação

Você tem todas as ferramentas e dados necessários para começar a criar um modelo preditivo. A diversão começa agora!

Em geral, a criação de um modelo de aprendizado para tarefas de classificação exige as seguintes etapas:

1. Carregar os dados.
2. Escolher um classificador.
3. Treinar o modelo.
4. Visualizar o modelo.

5. Testar o modelo.

6. Avaliar o modelo.

Criando um modelo de aprendizado supervisionado com SVM

O *aprendizado supervisionado* é uma tarefa de aprendizado de máquina que aprende a partir de dados rotulados. Uma maneira de pensar no aprendizado supervisionado é que a rotulagem dos dados é feita sob a supervisão do modelador; o *aprendizado não supervisionado,* por outro lado, não requer dados rotulados. O aprendizado supervisionado é comumente realizado usando-se um algoritmo de classificação. Nesta seção você usará o algoritmo de classificação Máquina de Vetores de Suporte (*support vector machine* — SVM) para criar um modelo de aprendizado supervisionado.

Carregando seus dados

Você precisa carregar os dados para seus algoritmos usarem. Carregar o conjunto de dados Iris em `scikit` é tão simples como emitir algumas linhas de código, porque o `scikit` já criou uma função para carregar o conjunto de dados.

1. Abra uma nova sessão do shell interativo do Python.

Use uma nova sessão do Python para que não haja mais nada na memória e você tenha uma lista limpa para trabalhar.

2. Digite o seguinte código no prompt e observe a saída:

```
>>> from sklearn.datasets import load_iris
>>> iris = load_iris()
```

Depois de executar essas duas declarações, você não deve ver nenhuma mensagem do interpretador. A variável `iris` deve conter todos os dados do arquivo `iris.csv`.

Antes de criar um modelo preditivo, é importante entender um pouco sobre a nova variável `iris` e o que você pode fazer com ela. Isso torna o código mais fácil de acompanhar e o processo muito mais simples de entender. Você pode verificar o valor de `iris` digitando no interpretador:

```
>>> iris
```

A saída será todo o conteúdo do arquivo `iris.csv`, bem como algumas outras informações sobre o conjunto de dados que a função `load_iris` carregou na variável `iris`, uma estrutura de dados de dicionário com quatro propriedades principais. As propriedades importantes de `iris` estão listadas na Tabela 12-3.

CAPÍTULO 12 **Criando Exemplos Básicos de Predição** 289

TABELA 12-3 Principais Propriedades da Variável Iris

Nome da propriedade	Descrição
data	Contém todas as medidas das observações.
feature_name	Contém o nome da característica (nome do atributo).
target	Contém todos os alvos (rótulos) das observações.
target_names	Contém os nomes das classes iris.

DICA

Você pode visualizar os valores no interpretador digitando o nome da variável seguido por ponto seguido pelo nome da propriedade. Um exemplo é usar iris.data para acessar a propriedade data de iris, assim:

```
>>> iris.data
```

Essa é a maneira padrão de acessar propriedades de um objeto em muitas linguagens de programação.

Para criar uma instância do classificador SVM, digite o seguinte código no interpretador:

```
>>> from sklearn.svm import LinearSVC
>>> svmClassifier = LinearSVC (random_state = 111)
```

A primeira linha de código importa a biblioteca LinearSVC na sessão. O SVC (Support Vector Classifier) linear é uma implementação da SVM para classificação linear e tem suporte para várias classes. O conjunto de dados é linearmente separável e tem três classes, então seria uma boa ideia experimentar LinearSVC para ver como se comporta. (Você pode ler mais sobre a SVM no Capítulo 7.)

A segunda linha cria a instância usando a variável svmClassifier. Essa é uma variável importante a ser lembrada, e ela aparecerá várias vezes ao longo do capítulo. O parâmetro random_state nos permite reproduzir esses exemplos e obter os mesmos resultados. Se você não inseriu o parâmetro random_state, seus resultados podem diferir dos mostrados aqui.

Executando os dados de treinamento

Antes de poder alimentar o classificador da SVM com os dados que foram carregados, você deve dividir o conjunto de dados completo em um conjunto de treinamento e teste.

Felizmente, o scikit-learn implementou uma função que irá ajudá-lo a dividir facilmente o conjunto de dados completo. A função train_test_split pega como entrada um único conjunto de dados e um valor percentual. O valor percentual é usado para determinar o tamanho do conjunto de teste. A função retorna dois conjuntos de dados: o conjunto de dados de teste (com seu tamanho especificado) e o conjunto de dados de treinamento (que usa os dados restantes).

Normalmente, pode-se usar de 70% a 80% dos dados como um conjunto de treinamento e os dados restantes como o conjunto de testes. Mas o conjunto de dados Iris é muito pequeno (apenas 150 instâncias), então você pode pegar 90% para treinar o modelo e usar os outros 10% como dados de teste para ver como será o desempenho de seu modelo.

CUIDADO

No Python, o nível de recuo esquerdo de cada declaração é significativo. No interpretador, cada nova declaração começará com >>>. Para o código de exemplo deste livro, se não aparecer >>> no início de uma nova linha e ela for recuada, significa que é uma continuação da linha anterior e deve ser digitada como uma única linha (não aperte o enter até que toda a declaração tenha sido inserida). Se a próxima linha não tiver >>> no começo e não for recuada, então é a saída do interpretador. O código foi formatado dessa forma para melhor legibilidade.

Digite o seguinte código para dividir seu conjunto de dados:

```
>>> from sklearn import cross_validation
>>> X_train, X_test, y_train, y_test =
        cross_validation.train_test_split (iris.data,
        iris.target, test_size = 0.10, random_state = 111)
```

A primeira linha importa a biblioteca `cross-validation` para sua sessão. A segunda linha cria o conjunto de testes usando 10% da amostra.

`X_train` conterá 135 observações e seus atributos.

`y_train` conterá 135 rótulos na mesma ordem que as 135 observações X_train.

`X_test` conterá 15 (ou 10%) observações e seus atributos.

`y_test` conterá 15 rótulos na mesma ordem que as 15 observações do X_test.

O código a seguir verifica se a divisão é o que você esperava:

```
>>> X_train.shape
(135, 4)
>>> y_train.shape
(135,)
>>> X_test.shape
(15, 4)
>>> y_test.shape
(15,)
```

Você pode ver pela saída que existem 135 observações com 4 atributos e 135 rótulos no conjunto de treinamento. O conjunto de testes tem 15 observações, com 4 atributos e 15 rótulos.

CUIDADO

Muitos iniciantes no campo da análise preditiva se esquecem de dividir os conjuntos de dados — o que introduz uma séria falha de design no projeto. Se as 150 instâncias completas fossem carregadas na máquina como dados de treinamento, não restariam dados desconhecidos para testar o modelo. Então você teria que recorrer à reutilização de algumas das instâncias de treinamento para testar o modelo preditivo. Você verá que, nesse caso, o modelo sempre prevê a classe correta — porque está usando os mesmos dados que usou para treinar o modelo. O modelo já viu esse padrão antes, e não terá problema em apenas repetir o que já viu. Um modelo preditivo funcional precisa fazer predições para dados ainda não conhecidos.

Quando tiver uma instância de um classificador de SVM, um conjunto de dados de treinamento e um conjunto de dados de teste, você está pronto para treinar o modelo com os dados de treinamento. Digitar o seguinte código no interpretador fará exatamente isso:

```
>>> svmClassifier.fit (X_train, y_train)
```

Essa linha de código cria um modelo funcional a partir do qual fazer predições. Especificamente, um modelo preditivo que preverá a qual classe de Iris pertence um novo conjunto de dados não rotulado. A instância svmClassifier terá vários métodos que você pode chamar para fazer várias coisas. Por exemplo, depois de chamar o método fit, o método mais útil para chamar é o predict. Esse é o método em que você alimentará novos dados; em troca, ele prevê o resultado.

Executando os dados de teste

Usando 10% das 150 instâncias do conjunto de dados, você recebe 15 pontos de dados de teste para executar o modelo. Vamos ver como será o desempenho de modelo preditivo. Digite a seguinte listagem de código no interpretador:

```
>>> predicted = svmClassifier.predict (X_test)
>>> predicted
array ([0, 0, 2, 2, 1, 0, 0, 2, 2, 1, 2, 0, 1, 2, 2])
```

A função predict na primeira linha de código é o que faz a predição, como você deve ter adivinhado. Ela pega os dados de teste como entrada e gera os resultados na variável predicted. A segunda linha mostra a saída. A última linha na seção de código é a saída, ou predição: um vetor (array) de 15 — ou seja, 10% da amostra de conjunto de dados, que é o tamanho do conjunto de dados de teste. Os números no vetor representam as classes da flor Iris.

Avaliando o modelo

Para avaliar a precisão de seu modelo, você pode comparar o vetor de saída com o vetor `y_test`. Para esta pequena amostra de conjunto de dados, você pode facilmente dizer como foi realizado, vendo que o vetor de saída da função de previsão é quase o mesmo que a do vetor `y_test`. A última linha no código é uma simples verificação de igualdade entre as duas matrizes, suficiente para este caso de teste simples. Aqui está o código:

```
>>> predicted
array ([0, 0, 2, 2, 1, 0, 0, 2, 2, 1, 2, 0, 1, 2, 2])
>>> y_test
array ([0, 0, 2, 2, 1, 0, 0, 2, 2, 1, 2, 0, 2, 2, 2])
>>> predicted == y_test
array ([True, True, True, True, True, True, True,
        True, True, True, True, True, False, True
        True], dtype = bool)
```

Olhando para o vetor de saída com todos os valores booleanos (`True` [Verdadeiro] e `False` [Falso]), você pode ver que o modelo previu todos, exceto um resultado. No décimo terceiro ponto de dados, previu 1 (Versicolor), quando deveria ter sido 2 (Virginica). O(s) valor(es) `False` indicam que o modelo previu a classe Iris incorreta para esse ponto de dados. A porcentagem de predições corretas determinará a precisão do modelo preditivo. Nesse caso, você pode simplesmente usar a divisão básica e obter a precisão:

resultados corretos/tamanho do teste => 14/15 => 0,9333 ou 93,33%

Não é surpresa que o modelo não tenha conseguido prever o Virginica ou o Versicolor, pois claramente não são separáveis por uma linha reta. Uma falha em prever Setosa, no entanto, seria surpreendente, porque Setosa *é* claramente linearmente separável. Ainda assim, a precisão foi de 14 de 15, ou 93,33%.

Para um conjunto de teste com mais pontos de dados, você pode querer usar o módulo `metrics` para fazer suas medições. O código a seguir obterá a precisão do modelo:

```
>>> from sklearn imports metrics
>>> metrics.accuracy_score (y_test, predicted)
0.93333333333333335
```

O *erro absoluto médio* do modelo é simplesmente 1 — a pontuação de precisão. Nesse caso, seria 1 — 0,9333. Aqui está o código para obter esse valor:

```
>>> metrics.mean_absolute_error (y_test, predicted)
0.06666666666666666
```

Outra ferramenta de medição útil é a *matriz de confusão (confusion matrix)*. Sim, é verdade. É uma matriz (formato tabular) que mostra as predições que o modelo fez nos dados de teste. Aqui está o código que exibe a matriz de confusão:

```
>>> metrics.confusion_matrix (y_test, predicted)
array ([[5, 0, 0],
       [0, 2, 0]
       [0, 1, 7]])
```

A linha diagonal do canto superior esquerdo até o canto inferior direito é o número de predições corretas para cada linha. Cada linha corresponde a uma classe de íris. Por exemplo: a primeira linha corresponde à classe Setosa. O modelo previu cinco pontos de dados de teste corretos e não teve erros prevendo a classe Setosa. Se tivesse um erro, um número diferente de zero estaria presente em qualquer uma das colunas nessa linha. A segunda linha corresponde à classe Versicolor. O modelo previu dois pontos de dados de teste corretos e nenhum erro. A terceira linha corresponde à classe Virginica. O modelo previu sete pontos corretos de dados de teste, mas também um erro, e previu erroneamente uma observação de Virginica como Versicolor. É possível perceber isso olhando a coluna onde o erro está aparecendo. A coluna 1 (a segunda coluna, porque os vetores do Python começam em 0) pertence ao Versicolor.

A precisão dos resultados de um modelo preditivo afetará diretamente a decisão de implementar esse modelo; quanto maior a precisão, maior facilidade você terá para obter aprovação para a implementação do modelo.

DICA

Ao criar um modelo preditivo, comece construindo rapidamente uma solução de funcional simples — e continue a construir iterativamente até obter o resultado desejado. Passar meses construindo um modelo preditivo — e não ser capaz de mostrar às partes interessadas quaisquer resultados — é uma maneira de perder a atenção e o apoio das partes interessadas.

Aqui está a listagem completa do código para criar e avaliar um modelo de classificação de SVM:

```
>>> from sklearn.datasets import load_iris
>>> from sklearn.svm import LinearSVC
>>> from sklearn import cross_validation
>>> from sklearn import metrics
>>> iris = load_iris()
>>> X_train, X_test, y_train, y_test =
      cross_validation.train_test_split (iris.data,
      iris.target, test_size = 0.10, random_state = 111)
>>> svmClassifier = LinearSVC (random_state = 111)
>>> svmClassifier.fit (X_train, y_train)
```

```
>>> predicted = svmClassifier.predict (X_test)
>>> predicted
array ([0, 0, 2, 2, 1, 0, 0, 2, 2, 1, 2, 0, 1, 2, 2])
>>> y_test
array ([0, 0, 2, 2, 1, 0, 0, 2, 2, 1, 2, 0, 2, 2, 2])
>>> metrics.accuracy_score (y_test, predicted)
0.93333333333333335
>>> predicted == y_test
array ([True, True, True, True, True, True, True,
       True, True, True, True, True, False, True
       True], dtype = bool)
```

Visualizando o classificador

Olhando para a área de superfície de decisão no gráfico, como mostrado na Figura 12-14, parece que algum ajuste deve ser feito. Se você olhar próximo ao meio da plotagem, verá que muitos dos pontos de dados pertencentes à área intermediária (Versicolor) estão na área à direita (Virginica).

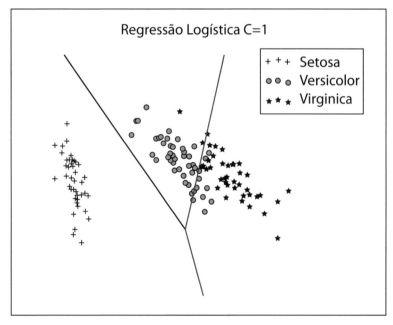

FIGURA 12-14: Classificação baseada em regressão logística com C = 1.

A Figura 12-15 mostra a superfície de decisão com um valor C de 150. Parece visualmente melhor, então escolher usar essa configuração para seu modelo de regressão logística parece apropriado.

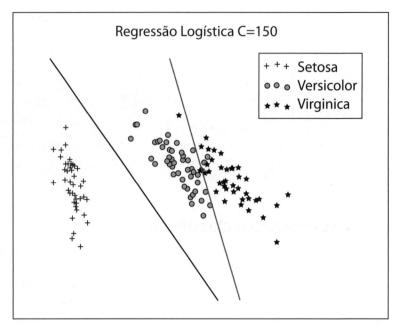

FIGURA 12-15: Classificação baseada em regressão logística com C = 150.

Criando um modelo de aprendizado supervisionado com regressão logística

Depois de construir seu primeiro modelo preditivo de classificação, criar mais modelos como esse é uma tarefa realmente simples no scikit. A única diferença real de um modelo para outro é que você pode ter que ajustar os parâmetros de algoritmo para algoritmo. Achamos importante incluir alguns exemplos da técnica de classificação para que você possa se familiarizar com outros algoritmos da biblioteca scikit.

Carregando seus dados

Esta listagem de código carregará o conjunto de dados iris em sua sessão:

```
>>> from sklearn.datasets import load_iris
>>> iris = load_iris()
```

Criando uma instância do classificador

As duas linhas de código a seguir criam uma instância do classificador. A primeira linha importa a biblioteca de regressão logística. A segunda cria uma instância do algoritmo de regressão logística.

```
>>> from sklearn import linear_model
>>> logClassifier = linear_model.LogisticRegression (C = 1,
            random_state = 111)
```

Observe o parâmetro C (parâmetro de regularização) no construtor. O *parâmetro de regularização* é usado para evitar o sobreajuste (veja o Capítulo 15 para mais informações sobre o sobreajuste). O parâmetro não é essencial (o construtor funcionará bem sem ele porque será padronizado como C = 1). Em uma seção posterior, no entanto, criaremos um classificador de regressão logística, usando C = 150, porque ele cria uma plotagem melhor da superfície de decisão, então apenas o introduziremos aqui. (Você pode ver ambas as plotagens na seção "Visualizando o classificador" neste capítulo, nas Figuras 12-16 e 12-17).

Executando os dados de treinamento

Você precisará dividir o conjunto de dados em conjuntos de treinamento e de teste antes de criar uma instância do classificador de regressão logística. O código a seguir realizará essa tarefa:

```
>>> from sklearn import cross_validation
>>> X_train, X_test, y_train, y_test =
        cross_validation.train_test_split (iris.data,
        iris.target, test_size = 0.10, random_state = 111)
>>> logClassifier.fit (X_train, y_train)
```

A linha 1 importa a biblioteca que nos permite dividir o conjunto de dados em duas partes.

A linha 2 chama a função da biblioteca que divide o conjunto de dados em duas partes e atribui os conjuntos de dados agora divididos a dois pares de variáveis.

A linha 3 pega a instância do classificador de regressão logística que você acabou de criar e chama o método `fit` para treinar o modelo com o conjunto de dados de treinamento.

Executando os dados de teste

No código a seguir, a primeira linha fornece o conjunto de dados de teste para o modelo, e a terceira linha exibe a saída:

```
>>> predicted = logClassifier.predict (X_test)
>>> predicted
array ([0, 0, 2, 2, 1, 0, 0, 2, 2, 1, 2, 0, 2, 2, 2])
```

CAPÍTULO 12 **Criando Exemplos Básicos de Predição**   297

Avaliando o modelo

Você pode fazer a referência cruzada da saída da predição em relação ao array `y_test`. Como resultado, verá que ele previu todos os pontos de dados de teste corretamente. Aqui está o código:

```
>>> from sklearn import metrics
>>> predicted
array ([0, 0, 2, 2, 1, 0, 0, 2, 2, 1, 2, 0, 2, 2, 2])
>>> y_test
array ([0, 0, 2, 2, 1, 0, 0, 2, 2, 1, 2, 0, 2, 2, 2])
>>> metrics.accuracy_score (y_test, predicted)
1.0              # 1.0 é 100% de precisão
>>> predicted == y_test
array ([True, True, True, True, True, True, True,
        True, True, True, True, True, True, True
        True], dtype = bool)
```

Então como é o desempenho do modelo de regressão logística com o parâmetro C = 150 em comparação? Deveria ser melhor, porque a visualização parecia melhor, mas não dá para superar 100%. Aqui está o código para criar e avaliar o classificador logístico com C = 150:

```
>>> logClassifier_2 = linear_model.LogisticRegression (
        C = 150, random_state = 111)
>>> logClassifier_2.fit (X_train, y_train)
>>> predicted = logClassifier_2.predict (X_test)
>>> metrics.accuracy_score (y_test, predicted)
0.93333333333333335
>>> metrics.confusion_matrix (y_test, predicted)
array ([[5, 0, 0],
        [0, 2, 0]
        [0, 1, 7]])
```

Nós esperávamos que fosse melhor, mas, na verdade, foi pior. Houve um erro nas predições. O resultado é o mesmo do modelo SVM construído anteriormente.

Aqui está a listagem completa do código para criar e avaliar um modelo de classificação de regressão logística com os parâmetros padrão:

```
>>> from sklearn.datasets import load_iris
>>> from sklearn import linear_model
>>> from sklearn import cross_validation
>>> from sklearn import metrics
>>> iris = load_iris ()
>>> X_train, X_test, y_train, y_test =
```

```
            cross_validation.train_test_split(iris.data,
            iris.target, test_size=0.10, random_state=111)
>>> logClassifier = linear_model.LogisticRegression(,
            random_state=111)
>>> logClassifier.fit(X_train, y_train)
>>> predicted = logClassifier.predict(X_test)
>>> predicted
array([0, 0, 2, 2, 1, 0, 0, 2, 2, 1, 2, 0, 2, 2, 2])
>>> y_test
array([0, 0, 2, 2, 1, 0, 0, 2, 2, 1, 2, 0, 2, 2, 2])
>>> metrics.accuracy_score(y_test, predicted)
1.0                # 1.0 is 100 percent accuracy
>>> predicted == y_test
array([ True,    True,    True,    True,    True,    True,    True,
        True,    True,    True,    True,    True,    True,    True,
        True], dtype=bool)
```

Visualizando o classificador

O conjunto de dados Iris não é fácil de representar graficamente em sua forma original, porque você não pode plotar todas as quatro coordenadas (dos atributos) do conjunto de dados em uma tela bidimensional. Portanto, você pode escolher dois dos quatro atributos para fins de visualização, ou, muitas vezes, é melhor reduzir as dimensões aplicando um algoritmo de *redução de dimensionalidade* nos atributos. Nesse caso, o algoritmo usado para fazer a transformação de dados (reduzindo as dimensões dos atributos) é chamado de Análise de Componente Principal (PCA).

O algoritmo PCA pega todos os quatro atributos (números), faz alguns cálculos e gera dois novos números que você pode usar para fazer o gráfico. Pense no PCA como seguindo duas etapas gerais:

1. **Pega como entrada um conjunto de dados com muitos atributos.**

2. **Ele reduz essa entrada a um conjunto menor de atributos (definidos pelo usuário ou determinados pelo algoritmo), transformando os componentes do conjunto de atributos no que considera como os principais componentes.**

Essa transformação do conjunto de atributos é chamada também de *extração de atributo*. O código a seguir faz a redução da dimensão:

```
>>> from sklearn.decomposition import PCA
>>> pca = PCA(n_components=2).fit(X_train)
>>> pca_2d = pca.transform(X_train)
```

DICA

Se você já importou quaisquer bibliotecas ou conjuntos de dados listados nesta seção de código, não é necessário reimportá-los ou carregá-los na sua sessão atual do Python. No entanto, isso não afeta seu programa.

Depois de executar o código, você pode digitar a variável `pca_2d` no interpretador e verificar que ele gera vetores (arrays) com dois itens, em vez de quatro. Esses dois novos números são representações matemáticas dos quatro números antigos. Com o conjunto de recursos reduzido, você pode plotar os resultados usando o seguinte código:

```
>>> import pylab as pl
>>> for i in range(0, pca_2d.shape[0]):
>>>    if y_train[i] == 0:
>>>        c1 = pl.scatter(pca_2d[i,0],pca_2d[i,1],c='r',
            marker='+')
>>>    elif y_train[i] == 1:
>>>        c2 = pl.scatter(pca_2d[i,0],pca_2d[i,1],c='g',
            marker='o')
>>>    elif y_train[i] == 2:
>>>        c3 = pl.scatter(pca_2d[i,0],pca_2d[i,1],c='b',
            marker='*')
>>> pl.legend([c1, c2, c3], ['Setosa', 'Versicolor',
        'Virginica'])
>>> pl.title('conjunto de dados de treinamento Iris com 3
classes e resultados conhecidos')
>>> pl.show()
```

A Figura 12-16 é um *gráfico de dispersão* — uma visualização de pontos plotados representando observações em um gráfico. Esse gráfico de dispersão em particular representa os resultados conhecidos do conjunto de dados de treinamento Iris. Existem 135 pontos plotados (observações) do nosso conjunto de dados de treinamento. (Veja uma plotagem semelhante, usando todas as 150 observações, no Capítulo 13.) O conjunto de dados de treinamento consiste em:

» 45 sinais de mais que representam a classe Setosa.
» 48 círculos que representam a classe Versicolor.
» 42 estrelas que representam a classe da Virginica.

Você pode confirmar o número indicado de classes digitando o seguinte código:

```
>>> sum(y_train==0)
45
>>> sum(y_train==1)
48
```

```
>>> sum(y_train==2)
42
```

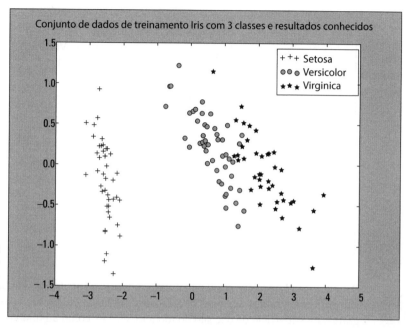

FIGURA 12-16: Plotando elementos do conjunto de dados Iris.

A partir desse gráfico, a classe Setosa é linearmente separável das outras duas classes. Embora as classes Versicolor e Virginica não sejam completamente separáveis por uma linha reta, elas não se sobrepõem muito. De uma perspectiva visual simples, os classificadores devem se sair muito bem.

A Figura 12-17 mostra um gráfico do modelo da Máquina de Vetores de Suporte (SVM) treinado com um conjunto de dados que foi dimensionalmente reduzido a dois atributos. Esse não é o mesmo modelo de SVM que você treinou na seção anterior; aquele modelo SVM usou todos os quatro atributos. Quatro atributos é um conjunto de atributos pequeno; queremos manter todos os quatro para que os dados possam reter a maior parte de suas informações úteis. A plotagem é mostrada aqui como uma ajuda visual.

Essa plotagem inclui a *superfície de decisão* para o classificador — a área no gráfico que representa a função de decisão que a SVM usa para determinar o resultado da nova entrada de dados. As linhas separam as áreas em que o modelo prevê a classe específica a que um ponto de dado pertence. A seção esquerda do gráfico prevê a classe Setosa, a seção do meio, a classe Versicolor e a seção direita, a classe Virginica.

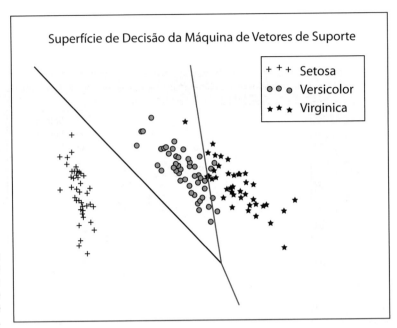

FIGURA 12-17: Classificação baseada em Máquina de Vetores de Suporte.

LEMBRE-SE

O modelo SVM que você criou não usou o conjunto de atributos reduzido dimensionalmente. Usamos apenas a redução de dimensionalidade aqui para gerar um gráfico da superfície de decisão do modelo SVM — como auxílio visual. A listagem completa do código que cria o gráfico é fornecida como referência. *Ela não deve ser executado em sequência com o nosso exemplo atual, se você estiver acompanhando nossa execução.* Ela pode sobrescrever algumas das variáveis que você já pode ter na sessão. O código para produzir esse gráfico é baseado no código de exemplo fornecido no site do `scikit-learn`. Você pode aprender mais sobre como criar gráficos como esses no site do `scikit-learn`.

Aqui está a lista completa do código que cria o enredo:

```
>>> from sklearn.decomposition import PCA
>>> from sklearn.datasets import load_iris
>>> from sklearn import svm
>>> from sklearn import cross_validation
>>> import pylab as pl
>>> import numpy as np
>>> iris = load_iris()
>>> X_train, X_test, y_train, y_test =
        cross_validation.train_test_split(iris.data,
        iris.target, test_size=0.10, random_state=111)
>>> pca = PCA(n_components=2).fit(X_train)
>>> pca_2d = pca.transform(X_train)
>>> svmClassifier_2d =
        svm.LinearSVC(random_state=111).fit(
```

```
        pca_2d, y_train)
>>> for i in range(0, pca_2d.shape[0]):
>>>     if y_train[i] == 0:
>>>         c1 = pl.scatter(pca_2d[i,0],pca_2d[i,1],c='r',
                s=50,marker='+')
>>>     elif y_train[i] == 1:
>>>         c2 = pl.scatter(pca_2d[i,0],pca_2d[i,1],c='g',
                s=50,marker='o')
>>>     elif y_train[i] == 2:
>>>         c3 = pl.scatter(pca_2d[i,0],pca_2d[i,1],c='b',
                s=50,marker='*')
>>> pl.legend([c1, c2, c3], ['Setosa', 'Versicolor',
        'Virginica'])
>>> x_min, x_max = pca_2d[:, 0].min() - 1,
        pca_2d[:,0].max() + 1
>>> y_min, y_max = pca_2d[:, 1].min() - 1,
        pca_2d[:, 1].max() + 1
>>> xx, yy = np.meshgrid(np.arange(x_min, x_max, .01),
        np.arange (y_min, y_max,.01))
>>> Z = svmClassifier_2d.predict (np.c_[xx.ravel (),
        yy.ravel ()])
>>> Z = Z.reshape (xx.shape)
>>> pl.contour (xx, yy, z)
>>> pl.title ('Superfície de Decisão da Máquina de Vetores
de Suporte')
>>> pl.axis ('off')
>>> pl.show ()
```

Criando um modelo de aprendizado supervisionado com floresta aleatória

O modelo de floresta aleatória é um modelo ensemble, e pega um ensemble (seleção) de *árvores de decisão* para criar seu modelo. A ideia é pegar uma amostra aleatória de preditores potencialmente fracos (um subconjunto aleatório dos dados de treinamento) e fazer com que eles votem para selecionar o modelo melhor e mais forte. O modelo de floresta aleatória pode ser usado para classificação ou regressão. No exemplo a seguir, o modelo de floresta aleatória é usado para classificar as espécies de iris.

Carregando seus dados

Esta listagem de código carregará o conjunto de dados `iris` em sua sessão:

```
>>> from sklearn.datasets import load_iris
>>> iris = load_iris()
```

Criando uma instância do classificador

As duas linhas de código a seguir criam uma instância do classificador. A primeira linha importa a biblioteca de floresta aleatória. A segunda linha cria uma instância do algoritmo de floresta aleatório:

```
>>> from sklearn.ensemble import RandomForestClassifier
>>> rf = RandomForestClassifier(n_estimators=15,
        random_state = 111)
```

O parâmetro `n_estimators` no construtor é um parâmetro de ajuste comumente usado para o modelo de floresta aleatória. O valor é usado para criar o número de árvores na floresta. É geralmente entre 10% e 100% do conjunto de dados, mas depende dos dados que você está usando. Aqui o valor é definido como 15, que é 10% dos dados. Mais adiante, na seção "Avaliando o modelo", você verá que alterar o valor do parâmetro para 150 (100%) produz os mesmos resultados.

O `n_estimators` é usado para ajustar o desempenho do modelo e o sobreajuste. Quanto maior o valor, melhor o desempenho, mas à custa de sobreajuste. Quanto menor o valor, maiores as chances de não ocorrer sobreajuste, mas à custa de um menor desempenho. Além disso, há um ponto em que aumentar o número geralmente diminuirá a melhoria da precisão e poderá aumentar drasticamente o poder computacional necessário. O parâmetro padrão é 10, caso seja omitido no construtor.

Assim como os outros classificadores criados anteriormente neste capítulo (Criando um modelo de aprendizado supervisionado com Máquinas de Vetores de Suporte; Criando um modelo de aprendizado supervisionado com regressão logística), os passos para treinar, testar e avaliar são semelhantes.

Executando os dados de treinamento

Você precisará dividir o conjunto de dados em conjuntos de treinamento e de teste antes de poder criar uma instância do classificador de floresta aleatória. O código a seguir realizará essa tarefa:

```
>>> from sklearn import cross_validation
>>> X_train, X_test, y_train, y_test =
        cross_validation.train_test_split (iris.data,
        iris.target, test_size = 0.10, random_state = 111)
>>> rf = rf.fit (X_train, y_train)
```

1. **A linha 1 importa a biblioteca que nos permite dividir o conjunto de dados em duas partes.**

2. **A linha 2 chama a função da biblioteca que divide o conjunto de dados em duas partes e atribui os conjuntos de dados agora divididos a dois pares de variáveis.**

3. **A linha 3 pega a instância do classificador de floresta aleatória que você acabou de criar e, em seguida, chama o método de ajuste para treinar o modelo com o conjunto de dados de treinamento.**

Executando os dados de teste

No código a seguir, a primeira linha fornece o conjunto de dados de teste ao modelo, e a terceira linha exibe a saída:

```
>>> predicted = rf.predict(X_test)
>>> predicted
array ([0, 0, 2, 2, 2, 0, 0, 2, 2, 1, 2, 0, 1, 2, 2])
```

Avaliando o modelo

Você pode fazer a referência cruzada da predição com a array `y_test`. Como resultado, verá que ele previu dois pontos de dados de teste incorretamente. Portanto, a precisão do modelo de floresta aleatória foi de 86,67%.

Aqui está o código:

```
>>> from sklearn import metrics
>>> predicted
array ([0, 0, 2, 2, 2, 0, 0, 2, 2, 1, 2, 0, 1, 2, 2])
>>> y_test
array ([0, 0, 2, 2, 1, 0, 0, 2, 2, 1, 2, 0, 2, 2, 2])
>>> metrics.accuracy_score (y_test, predicted)
0.86666666666666667     # 1.0 é 100% de precisão
>>> predicted == y_test
array ([True, True, True, True, False, True, True,
        True, True, True, True, True, False, True
        True], dtype = bool)
```

Qual o desempenho do modelo de floresta aleatória se mudarmos o parâmetro `n_estimators` para 150? Parece que não vai fazer diferença para este pequeno conjunto de dados. Ele produz o mesmo resultado:

```
>>> rf = RandomForestClassifier (n_estimators=150,
            random_state = 111)
>>> rf = rf.fit (X_train, y_train)
>>> predicted = rf.predict (X_test)
>>> predicted
array ([0, 0, 2, 2, 2, 0, 0, 2, 2, 1, 2, 0, 1, 2, 2])
```

Comparando os modelos de classificação

Os modelos de regressão logística e classificação de SVM apresentam um bom desempenho usando o conjunto de dados Iris. O modelo de regressão logística com parâmetro C = 1 foi perfeito em suas predições, enquanto o modelo SVM e o modelo de regressão logística com C = 150 perderam apenas uma predição. O modelo de floresta aleatória perdeu duas predições e foi o menos preciso dos três modelos, mas obter mais de 86% de precisão ainda é muito bom.

De fato, a alta precisão de todos os três modelos é o resultado de ter um pequeno conjunto de dados que tem pontos de dados muito próximos de serem linearmente separáveis. Ao mesmo tempo, o conjunto de dados é tão pequeno, que as pequenas diferenças de desempenho podem ser facilmente influenciadas pela aleatoriedade sutil.

Curiosamente, o modelo de regressão logística com C = 150 teve uma plotagem de superfície de decisão de melhor aparência do que aquela com C = 1, mas não teve melhor desempenho. Isso não é tão importante, considerando que o conjunto de testes é muito pequeno. Se outra divisão aleatória entre o conjunto de treinamento e o conjunto de testes tivesse sido selecionada, os resultados poderiam ter sido facilmente diferentes.

Isso revela outra fonte de complexidade que surge na avaliação do modelo: o efeito da amostragem e como a escolha dos conjuntos de treinamento e teste pode afetar a saída do modelo. Técnicas de validação cruzada (veja o Capítulo 15) podem ajudar a minimizar o impacto da amostragem aleatória no desempenho do modelo.

Para um conjunto de dados maior com dados não linearmente separáveis, você esperaria que os resultados se desviassem ainda mais. Além disso, a escolha do modelo apropriado torna-se cada vez mais difícil devido à complexidade e ao tamanho dos dados. Esteja preparado para gastar muito tempo ajustando seus parâmetros para obter um ajuste ideal.

Ao criar modelos preditivos, experimente alguns algoritmos e ajuste seus parâmetros exaustivamente até encontrar o que melhor funciona para seus dados. Em seguida, compare as saídas entre si. Quase todos os algoritmos de modelagem têm esses tipos de parâmetros, e o ajuste fino deles pode ter um impacto mensurável no resultado final.

NESTE CAPÍTULO

» Trabalhando com um conjunto de dados de amostra

» Criando modelos preditivos simples usando algoritmos de agrupamento

» Visualizando e avaliando seus resultados

Capítulo 13

Criando Exemplos Básicos de Predições Não Supervisionadas

Este capítulo trata da criação de alguns modelos preditivos usando aprendizado não supervisionado com algoritmos de agrupamento, como K-means, DBSCAN e mean shift. Esses exemplos usam a linguagem de programação Python, versão 2.7.4, em uma máquina Windows. Veja o Capítulo 12 se precisar de instruções sobre como instalar o Python e o pacote de aprendizado de máquina `scikit-learn`.

Nenhum conhecimento prévio de aprendizado supervisionado é necessário para entender os conceitos de aprendizado não supervisionado. No *aprendizado supervisionado*, as categorias de saída são conhecidas nos dados históricos; no *aprendizado não supervisionado* elas são desconhecidas. O Capítulo 12 abrange exemplos de aprendizado supervisionado com algoritmos de classificação e regressão.

CAPÍTULO 13 **Criando Exemplos Básicos de Predições Não Supervisionadas** 307

Você pode ler os Capítulos 12 e 13 de forma independente. Uma vantagem de ler ambos os capítulos na mesma sessão é que poderá reutilizar o trabalho já feito de carregar o conjunto de dados Iris no *interpretador* Python (a linha de comando em que você insere as instruções ou comandos de código). Assim, se você acabou de ler o Capítulo 12, pode pular a próxima seção.

Obtendo o Conjunto de Dados de Amostra

O conjunto de dados de amostra Iris está incluído na instalação do scikit-learn — junto de um conjunto de funções que carregam dados na sessão do Python.

Para carregar o conjunto de dados Iris, siga estas etapas:

1. **Abra uma nova sessão do shell interativo do Python.**

   Use uma nova sessão do Python para que não haja mais nada na memória e você tenha uma lista limpa para trabalhar.

2. **Cole o seguinte código no prompt e pressione Enter:**

   ```
   >>> from sklearn.datasets import load_iris
   >>> iris = load_iris ()
   ```

   Depois de executar essas duas instruções, você não verá nenhuma mensagem do interpretador. A variável iris deve conter todos os dados do arquivo iris.csv.

3. **Digite o seguinte comando para confirmar que a variável iris contém os dados:**

   ```
   >>> iris
   ```

   O comando exibe uma descrição verbosa do conjunto de dados Iris, seguido por uma lista de todos os membros de dados. Por favor, consulte a Tabela 12-3 para as principais propriedades e descrições da variável iris.

LEMBRE-SE

Você não usa um conjunto de dados de treinamento para uma tarefa de aprendizado não supervisionado porque normalmente não conhece os resultados. Por isso o conjunto de dados não é rotulado e o algoritmo de agrupamento não aceita um valor-alvo em sua criação.

Utilizando Algoritmos de Agrupamento para Fazer Predições

Em geral, o uso de algoritmos de agrupamento para criar um modelo de aprendizado não supervisionado envolve as seguintes etapas genéricas:

1. **Preparar e carregar os dados.**
2. **Adaptar o modelo**
3. **Visualizar os clusters.**
4. **Ajustar os parâmetros.**
5. **Repetir as etapas de 2 a 4 até obter a saída de cluster que você acha que produz os melhores resultados.**
6. **Avaliar o modelo.**

Comparando modelos de agrupamento

O aprendizado não supervisionado tem muitos desafios — incluindo não saber o que esperar quando se executa um algoritmo. Cada algoritmo produzirá resultados diferentes, e até que você experimente uma variedade de soluções, não saberá qual solução funcionará. Mas quando a encontrar, não terá dúvidas. Ela fornecerá valor ou não. E como isso é analisado através das lentes do problema de negócios, no final do processo você saberá.

No caso do conjunto de dados Iris, você sabe quais devem ser os resultados e, sendo assim, pode ajustar os algoritmos para produzi-los. Em conjuntos de dados do mundo real, você não terá esse luxo. Terá que contar com algum conhecimento prévio dos dados (ou da intuição do especialista do domínio) para decidir quais parâmetros de inicialização e algoritmos usar ao criar seu modelo.

Estamos começando com o famoso conjunto de dados Iris porque ele torna os padrões especialmente fáceis de ver, mas você enfrentará mais desafios em situações do mundo real; as saídas são desconhecidas, e o resultado desejado é difícil de encontrar. Por exemplo, em K-means, escolher o número correto de clusters é o principal problema. Se você encontrar o número certo de clusters, seus dados produzirão insights com os quais poderá fazer predições altamente precisas. Por outro lado, escolher o número errado de clusters pode produzir resultados abaixo do esperado.

O algoritmo K-means é uma boa escolha para conjuntos de dados que têm um pequeno número de clusters com tamanhos proporcionais e dados linearmente separáveis — e você pode escalá-lo para usar o algoritmo em conjuntos de dados muito grandes.

CAPÍTULO 13 **Criando Exemplos Básicos de Predições Não Supervisionadas** 309

Imagine dados *linearmente separáveis* como um monte de pontos em um gráfico dividido por uma linha reta. Se os dados não forem linearmente separáveis, então versões mais avançadas de K-means terão que ser empregadas — o que se tornará mais caro computacionalmente e pode não ser adequado para conjuntos de dados muito grandes. Em sua implementação padrão, a complexidade para calcular os centroides e as distâncias do agrupamento é baixa.

O K-means é amplamente empregado para resolver problemas de big data porque é simples de usar, efetivo e altamente escalável. Não é de se admirar que a maioria dos fornecedores comerciais use o algoritmo K-means como um componente-chave de seus pacotes de análise preditiva.

O DBSCAN (Density-Based Spatial Clustering of Applications with Noise ou Agrupamento Espacial Baseado em Densidade de Aplicações com Ruído) e implementações mean shift em `scikit-learn` não requerem parâmetro de inicialização definido pelo usuário para criar uma instância. Você pode substituir os parâmetros padrão durante a inicialização, se desejar. Infelizmente, se estiver usando os parâmetros padrão, os algoritmos não conseguem fornecer uma correspondência próxima ao resultado desejado.

Dito isso, nem o DBSCAN nem o mean shift funcionam bem com o conjunto de dados Iris. Mesmo após ajustes exaustivos dos parâmetros de inicialização, ainda é muito difícil obter um resultado que imite os resultados conhecidos para o Iris. O DBSCAN é mais adequado para conjuntos de dados que têm tamanhos de agrupamento desproporcionais e cujos dados podem ser separados de maneira não linear. Embora o deslocamento médio possa lidar muito bem com formas e tamanhos arbitrários, sua implementação padrão não é muito escalável, pois é um algoritmo $O(n^2)$, e pode não funcionar bem em dados de alta dimensão. Assim como o K-means, o DBSCAN é escalável, mas usá-lo em conjuntos de dados muito grandes requer mais memória e poder computacional. Você verá em detalhes o DBSCAN e o mean shift em ação mais adiante neste capítulo.

Criando um modelo de aprendizado não supervisionado com K-means

O algoritmo K-means normalmente requer um parâmetro de inicialização do usuário para criar uma instância. Ele precisa saber quantos agrupamentos K usar para executar seu trabalho. A implementação de K-means no Python usará o padrão de $K= 8$, se o usuário não fornecer um parâmetro.

Como usa o conjunto de dados Iris, você já sabe que ele contém três agrupamentos. Conforme descrito no Capítulo 12, o conjunto de dados Iris tem três classes da flor Iris (Setosa, Versicolor e Virginica). Em geral, quando você está criando uma tarefa de aprendizado não supervisionado com um algoritmo de agrupamento, não sabe quantos agrupamentos especificar. Alguns algoritmos tentam determinar o melhor número de agrupamentos, iterando por meio de uma série de agrupamentos e, em seguida, selecionando o número de agrupamentos que melhor se ajusta a seus critérios matemáticos.

A melhor maneira de obter resultados imediatos é fornecer uma estimativa sobre o número de agrupamentos a serem usados — baseada nos atributos presentes nos dados (se há um ou vários atributos) ou em algum outro conhecimento dos dados fornecido pelo especialista no domínio de negócios.

Essa retomada da adivinhação (ainda que baseada em fatos ou informações) é uma limitação importante do algoritmo de agrupamento K-means. Mais adiante exploraremos alguns outros algoritmos de agrupamento, DBSCAN e mean shift, que não precisam do número de agrupamentos para fazer seu trabalho.

Executando o conjunto de dados completo

Para criar uma instância do algoritmo de agrupamento K-means e analisar seus dados nela, digite o seguinte código no interpretador.

```
>>> from sklearn.cluster import KMeans
>>> kmeans = KMeans(n_clusters=3, random_state=111)
>>> kmeans.fit(iris.data)
```

A primeira linha de código importa a biblioteca KMeans para a sessão. A segunda linha cria o modelo e o armazena em uma variável denominada kmeans. O modelo é criado com o número de agrupamentos definidos como 3. A terceira linha ajusta o modelo para os dados da iris. A montagem do modelo é a parte central do algoritmo, onde ele produzirá os três agrupamentos com o conjunto de dados fornecido e construirá uma função matemática que descreve a linha ou curva que melhor se ajusta aos dados. Para ver os agrupamentos que o algoritmo produz, digite o seguinte código.

```
>>> kmeans.labels_
```

A saída deve ser semelhante a esta:

```
array([1, 1, 1, 1, 1, 1, 1, 1, 1, 1, 1, 1, 1, 1, 1, 1, 1,
       1, 1, 1, 1, 1, 1, 1, 1, 1, 1, 1, 1, 1, 1, 1, 1, 1,
       1, 1, 1, 1, 1, 1, 1, 1, 1, 1, 1, 1, 1, 1, 1, 1, 0,
       0, 2, 0, 0, 0, 0, 0, 0, 0, 0, 0, 0, 0, 0, 0, 0, 0,
       0, 0, 0, 0, 0, 0, 0, 0, 0, 2, 0, 0, 0, 0, 0, 0, 0,
       0, 0, 0, 0, 0, 0, 0, 0, 0, 0, 0, 0, 0, 0, 2, 0,
       2, 2, 2, 2, 0, 2, 2, 2, 2, 2, 2, 0, 0, 2, 2, 2, 2,
       0, 2, 0, 2, 0, 2, 2, 0, 0, 2, 2, 2, 2, 2, 0, 2, 2,
       2, 2, 0, 2, 2, 2, 0, 2, 2, 2, 0, 2, 2, 0])
```

CAPÍTULO 13 **Criando Exemplos Básicos de Predições Não Supervisionadas**   311

É assim que o algoritmo K-means rotula os dados como pertencentes a agrupamentos, quando não há entrada do usuário para os valores-alvo. Aqui a única coisa que a K-means sabia era o que fornecemos: o número de agrupamentos. Esse resultado mostra como o algoritmo visualizou os dados e o que aprendeu sobre os relacionamentos dos itens de dados entre si — daí o termo *aprendizado não supervisionado*.

É possível perceber imediatamente que alguns dos pontos de dados foram rotulados incorretamente. Você sabe, do conjunto de dados Iris, quais devem ser os valores de destino:

» As primeiras 50 observações devem ser rotuladas da mesma forma (como 1s neste caso).

Esse intervalo é conhecido como *classe Setosa*.

» As observações 51 a 100 devem ser rotuladas da mesma forma (como 0s neste caso).

Esse intervalo é conhecido como *classe Versicolor*.

» As observações 101 a 150 devem ser rotuladas da mesma forma (como 2s neste caso).

Esse intervalo é conhecido como *classe Virginica*.

Não importa se K-means rotulou cada conjunto de 50 como 0, 1 ou 2. Desde que cada conjunto de 50 tenha o mesmo rótulo, a previsão do resultado foi precisa. Cabe a você dar um nome e encontrar significado em cada agrupamento. Se você executar o algoritmo K-means novamente, ele poderá produzir um número inteiramente diferente para cada conjunto de 50 — mas o significado seria o mesmo para cada conjunto (classe).

PAPO DE ESPECIALISTA

Você pode criar um modelo K-means que gere a mesma saída todas as vezes fornecendo o parâmetro `random_state` com um valor semente fixo para a função que cria o modelo. O algoritmo depende da aleatoriedade para inicializar os centroides do agrupamento. Fornecer um valor semente fixo elimina a aleatoriedade. Isso, na essência, diz ao K-means para selecionar os mesmos pontos de dados iniciais para inicializar os centroides do agrupamento toda vez que você executar o algoritmo. É possível obter um resultado diferente removendo o parâmetro `random_state` da função.

Visualizando os agrupamentos

LEMBRE-SE

Como mencionado no Capítulo 12, não é fácil representar o conjunto de dados Iris em sua forma original. Portanto, você precisa reduzir o número de dimensões aplicando um *algoritmo de redução de dimensionalidade* que opera em todos os quatro campos e gera dois novos números (que representam os quatro campos originais) que podem ser usados para fazer o gráfico.

Observe que a forma atual do conjunto de dados Iris tem 150 linhas, com 4 campos em cada. Você visualiza a forma inserindo esta linha de código:

```
>>> iris.data.shape
(150, 4)
```

O código a seguir fará a redução da dimensão:

```
>>> from sklearn.decomposition import PCA
>>> pca = PCA(ncomponents=2).fit(iris.data)
>>> pca_2d = pca.transform(iris.data)
```

Depois de executar o código de redução de dimensionalidade, os dados de iris transformados serão armazenados em um novo nome de variável, pca_2d. Você pode verificar se a forma foi transformada em duas dimensões:

```
>>> pca_2d.shape
(150, 2)
```

Também é possível digitar a variável pca_2d no interpretador, e ele produzirá os vetores [arrays] (pense em um *array* como um contêiner que armazena itens em uma lista) com dois campos, em vez de quatro. Agora que tem o conjunto de atributos reduzido, é possível plotar os resultados com o seguinte código:

```
>>> import pylab como pl
>>> pl.figure('Figura 13-1')
>>> for i in range(0, pca_2d.shape[0]):
>>> if iris.target[i] == 0:
>>> c1 = pl.scatter(pca_2d[i,0],pca_2d[i,1],c='r',
       marker='+')
>>> elif iris.target[i] == 1:
>>> c2 = pl.scatter(pca_2d[i,0],pca_2d[i,1],c='g',
     marker='o')
>>> elif iris.target [i] == 2:
>>> c3 = pl.scatter(pca_2d[i,0],pca_2d[i,1],c='b',
     marker='*')
>>> pl.legend([c1, c2, c3], ['Setosa', 'Versicolor',
     'Virginica'])
>>> pl.title('Conjunto de Dados Iris com 3 agrupamentos e
     resultados conhecidos')
>>> pl.show()
```

A saída desse código é um gráfico que deve ser semelhante ao da Figura 13-1. Esse é um gráfico representando como os resultados conhecidos do conjunto de dados Iris devem se parecer. É o que você gostaria que o agrupamento K-means obtivesse. A figura mostra um gráfico de dispersão, que é um gráfico de pontos representando uma observação em um gráfico, de todas as 150 observações. Conforme indicado nas plotagens e legendas do gráfico:

» Existem 50 sinais de mais que representam a *classe Setosa*.
» Existem 50 círculos que representam a *classe Versicolor*.
» Existem 50 estrelas que representam a *classe Virginica*.

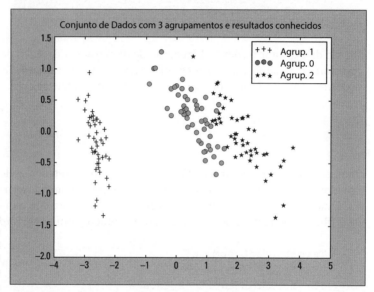

FIGURA 13-1: Plotando elementos de dados do conjunto de dados Iris.

A Figura 13-2 mostra uma representação visual dos dados que estamos pedindo que o K-means agrupe: um *gráfico de dispersão* com 150 pontos de dados que não foram rotulados (portanto, todos os pontos de dados são da mesma cor e forma). O algoritmo K-means não conhece nenhum resultado desejado. Os dados reais que vamos rodar no algoritmo ainda não tiveram sua dimensionalidade reduzida.

As seguintes linhas de código criam esse gráfico de dispersão usando os valores X e Y de `pca_2d` e colorindo todos os pontos de dados de preto (`c='black'` define a cor para preto).

```
>>> pl.figure('Figura 13-2')
>>> pl.scatter(pca_2d[:,0],pca_2d[:,1],c='black')
>>> pl.title('Conjunto de dados Iris sem rótulos como
        visualizado por K-means')
>>> pl.show()
```

CUIDADO

Se você tentar ajustar os dados bidimensionais que foram reduzidos pelo PCA, o algoritmo K-means não conseguirá agrupar corretamente as classes Virginica e Versicolor. Usar o PCA para pré-processar os dados destruirá muitas informações de que o K-means precisa.

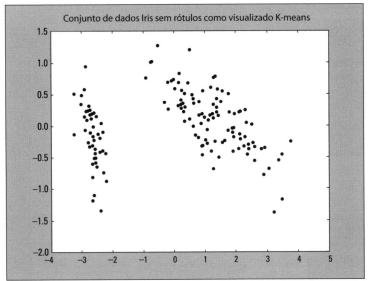

FIGURA 13-2: Representação visual de dados fornecidos ao algoritmo K-means.

Depois que o K-means ajustou os dados da Iris, você pode fazer um gráfico de dispersão dos agrupamentos que o algoritmo produziu; basta executar o seguinte código:

```
>>> pl.figure('Figura 13-3')
>>> for i in range(0, pca_2d.shape[0]):
>>>    if kmeans.labels_[i] == 1:
>>>       c1 = pl.scatter(pca_2d[i,0],pca_2d[i,1],c='r',
            marker='+')
>>>    elif kmeans.labels_[i] == 0:
>>>       c2 = pl.scatter(pca_2d[i,0],pca_2d[i,1],c='g',
            marker='o')
>>>    elif kmeans.labels_[i] == 2:
>>>       c3 = pl.scatter(pca_2d[i,0],pca_2d[i,1],c='b',
            marker='*')
>>> pl.legend([c1, c2, c3],['Agrupamento 1', 'Agrupamento 0',
            'Agrupamento 2'])
>>> pl.title('K-means agrupa o conjunto de dados Iris em 3
            agrupamentos')
>>> pl.show()
```

Lembre-se de que o K-means rotulou as primeiras 50 observações como 1, as 50 seguintes como 0, e as últimas 50 como 2. No código anterior, as linhas com as declarações `if`, `elif` e `legend` refletem esses rótulos. Essa alteração foi feita para facilitar a comparação com os resultados reais.

A saída do gráfico de dispersão é mostrada na Figura 13-3.

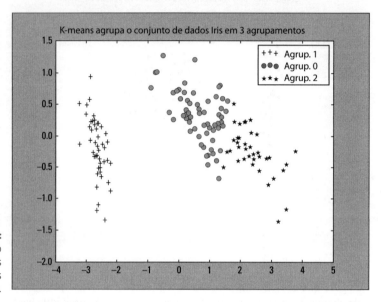

FIGURA 13-3:
O algoritmo K-means produz três agrupamentos.

Compare a saída de agrupamento de K-means (mostrada na Figura 13-3) com o gráfico de dispersão original (veja a Figura 13-1) — que fornece rótulos porque os resultados são conhecidos. Você pode ver que as duas plotagens são parecidas. O algoritmo K-means fez um bom trabalho com o agrupamento. Embora as predições não sejam perfeitas, elas chegam perto. Essa é uma vitória para o algoritmo.

No aprendizado não supervisionado, você raramente obtém uma saída 100% precisa, porque os dados do mundo real dificilmente são tão simples. Você não saberá com certeza quantos agrupamentos deve escolher (ou outros parâmetros de inicialização para outros algoritmos de agrupamento). Você terá que lidar com atípicos (pontos de dados inconsistentes com os outros) e conjuntos de dados complexos que são densos, altamente dimensionais e não linearmente separáveis.

LEMBRE-SE

Você só pode chegar a este ponto se souber quantos agrupamentos o conjunto de dados tem. Não é necessário se preocupar com quais atributos usar ou em reduzir a dimensionalidade de um conjunto de dados que tenha tão poucos atributos (neste caso, quatro) para ajustar o modelo. Apenas reduzimos as dimensões para visualizar os dados em um gráfico. Não ajustamos o modelo com um conjunto de dados com dimensionalidade reduzida.

Aqui está a listagem completa do código que cria os gráficos de dispersão e os códigos de cores dos pontos de dados:

```
>>> from sklearn.decomposition import PCA
>>> from sklearn.cluster import KMeans
>>> from sklearn.datasets import load_iris
>>> import pylab as pl
>>> iris = load_iris ()
>>> pca = PCA(ncomponents=2).fit(iris.data)
>>> pca_2d = pca.transform(iris.data)
>>> pl.figure('Plotagem de Referência')
>>> pl.scatter(pca_2d[:, 0], pca_2d[:, 1], c=iris.target)
>>> kmeans = KMeans(n_clusters=3, random_state=111)
>>> kmeans.fit(iris.data)
>>> pl.figure('K-means com 3 agrupamentos')
>>> pl.scatter(pca_2d[:, 0], pca_2d[:, 1], c=kmeans.labels_)
>>> pl.show()
```

Repetindo as execuções com um valor K diferente

Um resultado comum para agrupar o conjunto de dados Iris é uma solução de dois agrupamentos: um contendo a classe Setosa, e o outro, as classes Versicolor e Virginica.

Se você não tinha conhecimento prévio de quantos agrupamentos o conjunto de dados Iris tem, pode ter escolhido usar dois agrupamentos com o algoritmo K-means. Com dois agrupamentos, o K-means agrupa corretamente a classe Setosa e combina as classes Virginica e Versicolor em um único agrupamento.

O código a seguir usa K-means para criar dois agrupamentos e depois exibe um gráfico de dispersão dos resultados. A Figura 13-4 mostra a saída da solução k-means de dois agrupamentos.

```
>>> kmeans2 = KMeans(n_clusters=2, random_state=111)
>>> kmeans2.fit(iris.data)
>>> pl.figure('Figura 13-4')
>>> for i in range(0, pca_2d.shape[0]):
>>>     if kmeans2.labels_[i] == 1:
>>>         c1 = pl.scatter(pca_2d[i,0],pca_2d[i,1],c='r',
                marker='+')
>>>     elif kmeans2.labels_[i] == 0:
>>>         c2 = pl.scatter(pca_2d[i,0],pca_2d[i,1],c='g',
                marker='o')
```

```
>>> pl.legend([c1, c2], ['Agrupamento 1', 'Agrupamento
            2'])
>>> pl.title('K-means agrupa o conjunto de dados Iris em 2
            agrupamentos')
>>> pl.show()
```

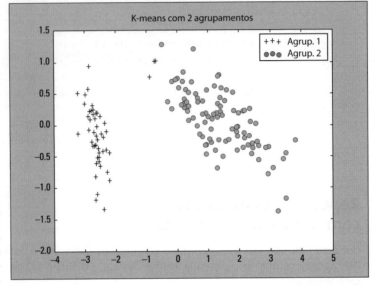

FIGURA 13-4: Aqui está uma saída de K-means com dois agrupamentos.

À primeira vista, os resultados parecem ser lógicos — e um potencial candidato para a criação de seu modelo. Na verdade, se você usasse esses resultados para criar seu modelo preditivo, sua taxa de sucesso estaria em torno de 67% — nada mal para um modelo muito básico que uso aprendizado não supervisionado e um palpite errado para o número de agrupamentos. A precisão em torno de 67% é esperada porque o algoritmo é muito preciso no agrupamento da classe Setosa linearmente separável (33,3% dos dados). Agrupar os dados restantes em uma única classe automaticamente daria uma precisão adicional de 33,3%, pois só há duas possibilidades de escolha.

Uma solução de quatro grupamentos pode produzir um resultado com um grande agrupamento à esquerda (Setosa) e outro à direita, que é separado em três agrupamentos (como mostrado na Figura 13-5). No entanto, quando você começa a aumentar o valor de K (o número de agrupamentos), seus resultados se tornam menos significativos.

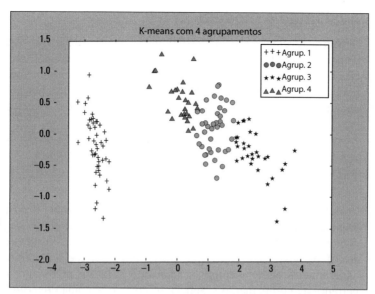

FIGURA 13-5: Aqui está uma saída K-means com quatro agrupamentos.

O código a seguir cria um modelo de quatro agrupamentos com K-means:

```
>>> kmeans4 = KMeans(n_clusters=4, random_state=111)
>>> kmeans4.fit(iris.data)
>>> pl.figure('Figura 13-5')
>>> for i in range(0, pca_2d.shape[0]):
>>>    if kmeans4.labels_[i] == 1:
>>>        c1 = pl.scatter(pca_2d[i,0],pca_2d[i,1],c='r',
            marker='+')
>>>    elif kmeans4.labels_[i] == 0:
>>>        c2 = pl.scatter(pca_2d[i,0],pca_2d[i,1],c='g',
            marker='o')
>>>    elif kmeans4.labels_[i] == 2:
>>>        c3 = pl.scatter(pca_2d[i,0],pca_2d[i,1],c='b',
            marker='*')
>>>    elif kmeans4.labels_[i] == 3:
>>>        c4 = pl.scatter(pca_2d[i,0],pca_2d[i,1],c='c',
            marker='^')
>>> pl.legend([c1, c2, c3, c4], ['Agrupamento 1',
        'Agrupamento 2', 'Agrupamento 3', 'Agrupamento 4'])
>>> pl.title('K-means agrupa o conjunto de dados Iris em 4
            agrupamentos')
>>> pl.show()
```

Avaliando o modelo

Depois de escolher o número e configurar o algoritmo para preencher os agrupamentos, você tem um modelo preditivo. O exemplo a seguir usa o modelo de três agrupamentos construído anteriormente neste capítulo. Você pode fazer predições com base em novos dados de entrada chamando a função `predict` da instância K-means e fornecendo um vetor de observações. Ficaria assim:

```
>>> # chamar a função predict com uma única observação
>>> kmeans.predict([[5.1, 3.5, 1.4, 0.2]])
array([1])
```

Quando a função `predict` localiza o centroide do agrupamento do qual a observação está mais próxima, ela exibe o índice do vetor do centroide desse agrupamento. Os vetores Python são indexados em 0 (isto é, o primeiro item inicia em 0). As observações mais próximas a um centroide serão agrupadas nesse agrupamento. Neste exemplo, o algoritmo K-means prediz que a observação pertence ao Agrupamento 1 (Setosa, neste caso) — uma predição fácil, porque a classe Setosa é linearmente separável e distante das outras duas classes. Além disso, selecionamos apenas a primeira observação do conjunto de dados para tornar a predição verificável e fácil de explicar. Você pode ver que os atributos da observação que estamos tentando prever estão muito próximos dos atributos do segundo centroide de agrupamento (`kmeans.cluster_centers_[1]`).

A nova observação que estamos tentando prever [5.1, 3.5, 1.4, 0.2] está mais próxima do segundo centroide do agrupamento [5.006, 3.418, 1.464, 0.244].

Para ver todos os centroides de agrupamento, digite o seguinte código:

```
>>> kmeans.cluster_centers_
array ([[5,9016129, 2,7483871, 4,39354839, 1,43387097],
  [5,006, 3,418, 1,464, 0,244],
  [6,85, 3,07368421, 5,74210526, 2,07105263]])
```

Você também pode usar a função `predict` para avaliar um conjunto de observações, como mostrado aqui:

```
>>> # chamar o método predict com um conjunto de
        pontos de dados
>>> kmeans.predict([[5,1, 3,5, 1,4, 0,2],
                    [5,9, 3,0, 5,1, 1,8]])
array([1, 0])
```

O resultado é um vetor com uma lista de predições. A primeira observação é prevista como sendo o Agrupamento 1, e a segunda, o Agrupamento 0.

320 PARTE 4 **Programando a Análise Preditiva**

Para ver os rótulos dos agrupamentos produzidos pelo K-means, digite:

```
>>> kmeans.labels_
array ([1, 1, 1, 1, 1, 1, 1, 1, 1, 1, 1, 1, 1, 1, 1, 1, 1,
        1, 1, 1, 1, 1, 1, 1, 1, 1, 1, 1, 1, 1, 1, 1, 1, 1,
        1, 1, 1, 1, 1, 1, 1, 1, 1, 1, 1, 1, 1, 1, 1, 1, 0,
        0, 2, 0, 0, 0, 0, 0, 0, 0, 0, 0, 0, 0, 0, 0, 0, 0,
        0, 0, 0, 0, 0, 0, 0, 0, 0, 2, 0, 0, 0, 0, 0, 0, 0,
        0, 0, 0, 0, 0, 0, 0, 0, 0, 0, 0, 0, 0, 0, 2, 0,
        2, 2, 2, 2, 0, 2, 2, 2, 2, 2, 2, 0, 0, 2, 2, 2, 2,
        0, 2, 0, 2, 0, 2, 2, 0, 0, 2, 2, 2, 2, 2, 0, 2, 2,
        2, 2, 2, 0, 2, 2, 2, 0, 2, 2, 2, 0, 2, 2, 0]))
```

Embora você saiba que a solução com três agrupamentos está correta, não se surpreenda se, intuitivamente, a solução com dois agrupamentos parecer melhor e a com quatro também parecer bastante razoável. Se você aumentar o número de agrupamentos além de três, a taxa de sucesso de suas predições começará a diminuir. Com um pouco de sorte (e alguns palpites bem fundamentados), você escolherá o melhor número de agrupamentos. Pense nesse processo como uma mistura de arte e ciência. Até mesmo o algoritmo usa aleatoriedade em sua seleção dos pontos de dados iniciais de cada agrupamento. Então, mesmo se estiver adivinhando, você está em boa companhia.

Para esse conjunto de dados fictício, avaliamos como o K-means se saiu ao agrupar as 150 observações, porque sabemos os resultados. Ao ver os rótulos criados por K-means entendemos como os agrupamentos foram formados. Sabemos que as primeiras 50 observações devem estar no mesmo agrupamento (Agrupamento 1), as 50 seguintes, em outro (Agrupamento 0), bem como as últimas 5 (Agrupamento 2). Aqui estão os resultados reais:

» K-means agrupou os primeiros 50 juntos.

» Para o segundo grupo de 50, um par de 2 foi misturado; para esse grupo, o erro foi de 2/50 ou 4%.

» Para o terceiro grupo de 50, houve uma mistura de 0 e 2. Os 0s pertenciam ao segundo agrupamento. Portanto, 14 de 50 (28%) foram agrupados incorretamente nesse grupo.

» O erro total é de 16/150, ou 10,67%.

Avaliar o desempenho de um algoritmo requer um rótulo que represente o valor *esperado* e o *previsto* para comparar. Lembre-se de que quando você aplica um algoritmo de agrupamento a um modelo de aprendizado não supervisionado, você não sabe quais são os valores esperados — e não oferece os rótulos ao algoritmo de agrupamento. O algoritmo agrupa os pontos de dados com base em quais são mais semelhantes entre si, encontrando o centroide do agrupamento mais próximo para cada observação. Para o conjunto de dados Iris, o K-means não conhece as classes Setosa, Versicolor ou Virginica; ele só sabe que deve agrupar os dados em três agrupamentos e nomeá-los aleatoriamente de 0 a 2.

O propósito do aprendizado não supervisionado com agrupamento é a exploração de dados; encontrar relações significativas nos dados, de preferência onde não seria possível ver de outra forma. O modelo formou grupos distintos e interpretáveis de agrupamentos para um projeto de segmentação de mercado? Cabe a você decidir se essas relações são uma boa base para um insight acionável.

Criando um modelo de aprendizado não supervisionado com DBSCAN

Como mencionado, o DBSCAN é um algoritmo de agrupamento popular usado como alternativa ao K-means. Ele não requer a inserção do número de agrupamentos para que possa ser executado. Mas, em troca, você precisa ajustar dois outros parâmetros. A implementação scikit-learn fornece um padrão para os dois parâmetros, eps e min_samples, mas normalmente você precisa ajustá-los. O parâmetro eps é a distância máxima entre dois pontos de dados a serem considerados na mesma vizinhança. O parâmetro min_samples é a quantidade mínima de pontos de dados em uma vizinhança para que seja considerado um agrupamento.

Uma vantagem do DBSCAN sobre o K-means é que o DBSCAN não está restrito a um número definido de agrupamentos durante a inicialização. O algoritmo determinará um número de agrupamentos com base na densidade de uma região. Tenha em mente, no entanto, que o algoritmo depende dos parâmetros eps e min_samples para descobrir qual deve ser a densidade de cada agrupamento. O raciocínio é o de que esses dois parâmetros são muito mais fáceis de escolher para alguns problemas de agrupamento.

DICA

Na prática, você deve testar com vários algoritmos de agrupamento.

Como o algoritmo DBSCAN tem um conceito de ruído embutido, é comumente usado para detectar valores atípicos nos dados — atividade fraudulenta em cartões de crédito, comércio eletrônico ou solicitações de pagamento de seguro.

Executando o conjunto de dados completo

Você precisará carregar o conjunto de dados Iris na sua sessão do Python. Se está acompanhando desde a seção anterior e ele já estiver carregado, pule as etapas 1 e 2. Aqui está o procedimento:

1. **Abra uma nova sessão do shell interativo do Python.**

Use uma nova sessão do Python para que a memória seja liberada e você tenha uma estrutura limpa para trabalhar.

2. Cole o seguinte código no prompt e observe a saída:

```
>>> from sklearn.datasets import load_iris
>>> iris = load_iris()
```

Após executar essas instruções, não haverá nenhuma mensagem do interpretador. A variável `iris` deve conter todos os dados do arquivo `iris.csv`.

3. Crie uma instância do DBSCAN. Digite o seguinte código no interpretador:

```
>>> de sklearn.cluster import DBSCAN
>>> dbscan = DBSCAN ()
```

A primeira linha de código importa a biblioteca `DBSCAN` na sessão. A segunda cria uma instância de DBSCAN com valores padrão para `eps` e `min_samples`.

4. Verifique quais parâmetros foram usados digitando o seguinte código:

```
>>> dbscan
DBSCAN(algorithm='auto', eps=0.5, leaf_size=30,
 metric='euclidean', min_samples=5, p=None,
   random_state=None)
```

5. Ajuste os dados Iris no algoritmo de agrupamento DBSCAN digitando:

```
>>> dbscan.fit(iris.data)
```

6. Para verificar o resultado, digite o seguinte código no interpretador:

```
>>> dbscan.labels_
array([ 0.,  0.,  0.,  0.,  0.,  0.,  0.,  0.,  0.,  0.,
        0.,  0.,  0.,  0.,  0.,  0.,  0.,  0.,  0.,  0.,
        0.,  0.,  0.,  0.,  0.,  0.,  0.,  0.,  0.,  0.,
        0.,  0.,  0.,  0.,  0.,  0.,  0.,  0.,  0.,  0.,
        0., -1.,  0.,  0.,  0.,  0.,  0.,  0.,  0.,  0.,
        1.,  1.,  1.,  1.,  1.,  1.,  1., -1.,  1.,  1.,
       -1.,  1.,  1.,  1.,  1.,  1.,  1.,  1., -1.,  1.,
        1.,  1.,  1.,  1.,  1.,  1.,  1.,  1.,  1.,  1.,
        1.,  1.,  1.,  1.,  1.,  1.,  1., -1.,  1.,  1.,
        1.,  1.,  1., -1.,  1.,  1.,  1.,  1., -1.,  1.,
        1.,  1.,  1.,  1.,  1., -1., -1.,  1., -1., -1.,
        1.,  1.,  1.,  1.,  1.,  1.,  1., -1., -1.,  1.,
        1.,  1., -1.,  1.,  1.,  1.,  1.,  1.,  1.,  1.,
        1., -1.,  1.,  1., -1., -1.,  1.,  1.,  1.,  1.,
        1.,  1.,  1.,  1.,  1.,  1.,  1.,  1.,  1.,  1.])
```

Se você analisar bem, verá que o DBSCAN produziu três grupos (−1, 0 e 1).

CAPÍTULO 13 **Criando Exemplos Básicos de Predições Não Supervisionadas** 323

Visualizando os agrupamentos

Vamos visualizar um gráfico de dispersão da saída do DBSCAN. Digite o seguinte código:

```
>>> import pylab as pl
>>> from sklearn.decomposition import PCA
>>> pca = PCA(ncomponents = 2).fit(iris.data)
>>> pca_2d = pca.transform(iris.data)
>>> for i in range(0, pca_2d.shape[0]):
>>>     if dbscan.labels_[i] == 0:
>>>         c1 = pl.scatter(pca_2d[i,0],pca_2d[i,1],c='r',
                marker='+')
>>> elif dbscan.labels_[i] == 1:
>>>     c2 = pl.scatter(pca_2d[i,0],pca_2d[i,1],c='g',
                marker='o')
>>> elif dbscan.labels_[i] == -1:
>>>     c3 = pl.scatter(pca_2d[i,0],pca_2d [i,1],c='b',
                marker='*')
>>> pl.legend ([c1, c2, c3], ['Agrupamento 1',
'Agrupamento 2',
            'Ruído'])
>>> pl.title('DBSCAN encontra 2 agrupamentos e ruído)
>>> pl.show()
```

A saída do gráfico de dispersão desse código é mostrada na Figura 13-6.

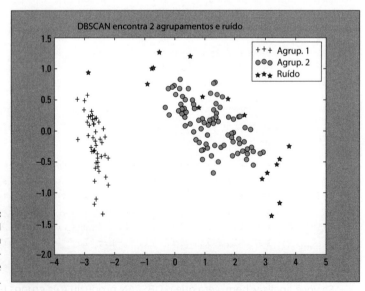

FIGURA 13-6: O DBSCAN encontra dois agrupamentos e ruído.

Você pode ver que o DBSCAN produziu três grupos. Observe, no entanto, que a figura se assemelha a uma solução de dois agrupamentos: ele mostra apenas 17 instâncias de rótulo -1. Isso porque é uma solução de dois agrupamentos; o terceiro grupo (-1) é ruído (atípicos).

DICA

Além de aprimorar campanhas de marketing, a análise preditiva pode servir como uma ferramenta para combater fraudes. Muitos setores sofrem com fraudes — o que é muito caro para se combater em larga escala. O ruído nos resultados do DBSCAN pode indicar que há algo anormal ou suspeito nessas ocorrências. O pensamento é o de que a fraude é incomum e não acontece tanto quanto as transações normais. Assim, um algoritmo de *detecção de atípicos* procura eventos que estão fora dos padrões regulares para detectar fraudes.

Você pode aumentar o parâmetro de distância (`eps`) da configuração padrão de 0.5 para 0.9, e isso se tornará uma solução de dois agrupamentos sem ruído. O parâmetro distância é a distância máxima que uma observação está do agrupamento mais próximo. Quanto maior o valor do parâmetro distância, menos agrupamentos são encontrados, porque eles acabam se mesclando uns com os outros. Os rótulos -1 estão espalhados pelo Agrupamento 1 e Agrupamento 2 em alguns locais:

» Perto das bordas do Agrupamento 2 (classes Versicolor e Virginica).
» Perto do centroide do Agrupamento 2 (classes Versicolor e Virginica).

DICA

O gráfico mostra apenas uma representação bidimensional dos dados. A distância também pode ser medida em dimensões mais altas.

» Uma instância acima do Agrupamento 1 (a classe Setosa).

Avaliando o modelo

Nesse exemplo, o DBSCAN não produziu o resultado ideal com os parâmetros padrão do conjunto de dados Iris. Seu desempenho foi bastante consistente com outros algoritmos de agrupamento que acabam com uma solução de dois agrupamentos. O conjunto de dados Iris não tira proveito dos recursos mais poderosos do DBSCAN — detecção de ruído e capacidade de descobrir agrupamentos de formatos arbitrários.

Criando um modelo de aprendizado não supervisionado com mean shift

Outro algoritmo de agrupamento oferecido no `scikit-learn` é o mean shift. Esse algoritmo, assim como o DBSCAN, não requer que você especifique o número de agrupamentos ou qualquer outro parâmetro ao criar o modelo. O principal parâmetro de ajuste para esse algoritmo se chama `bandwidth`. Você pode pensar em `bandwidth` (largura de banda) como o processo de escolher o tamanho de uma janela redonda capaz de abranger os pontos de dados em um agrupamento. Escolher um valor para a largura de banda não é trivial, então vamos com o padrão.

Executando o conjunto de dados completo

Os passos para criar um modelo com um algoritmo diferente são essencialmente os mesmos todas as vezes. Se você está acompanhando este capítulo ou desde o Capítulo 12, provavelmente já terá quase tudo configurado. As etapas são semelhantes às etapas para criar o modelo com K-means:

1. **Abra uma nova sessão do shell interativo do Python.**

Use uma nova sessão do Python para que a memória esteja liberada e você tenha uma estrutura limpa para trabalhar.

2. **Cole o seguinte código no prompt e observe a saída:**

```
>>> from sklearn.datasets import load_iris
>>> iris = load_iris()
```

3. **Crie uma instância de mean shift. Digite o seguinte código no interpretador:**

```
>>> from sklearn.cluster import MeanShift
>>> ms = MeanShift()
```

Mean shift criado com valor padrão para `bandwidth`.

4. **Verifique quais parâmetros foram usados digitando o seguinte código no interpretador:**

```
>>> ms
MeanShift(bandwidth=None, bin_seeding=False,
  cluster_all=True, min_bin_freq=1, n_jobs=1,
  seeds= None)
```

5. **Ajustar os dados Iris no algoritmo de agrupamento mean shift digitando o seguinte código no interpretador:**

```
>>> ms.fit(iris.data)
```

6. **Para verificar o resultado, digite o seguinte código no interpretador:**

```
>>> ms.labels_
array([1, 1, 1, 1, 1, 1, 1, 1, 1, 1, 1, 1, 1, 1, 1, 1, 1,
       1, 1, 1, 1, 1, 1, 1, 1, 1, 1, 1, 1, 1, 1, 1, 1, 1,
       1, 1, 1, 1, 1, 1, 1, 1, 1, 1, 1, 1, 1, 1, 1, 1, 0,
       0, 0, 0, 0, 0, 0, 0, 0, 0, 0, 0, 0, 0, 0, 0, 0, 0,
       0, 0, 0, 0, 0, 0, 0, 0, 0, 0, 0, 0, 0, 0, 0, 0, 0,
       0, 0, 0, 0, 0, 0, 0, 0, 0, 0, 0, 0, 0, 1, 0, 0, 0,
       0, 0, 0, 0, 0, 0, 0, 0, 0, 0, 0, 0, 0, 0, 0, 0, 0,
       0, 0, 0, 0, 0, 0, 0, 0, 0, 0, 0, 0, 0, 0, 0, 0, 0,
       0, 0, 0, 0, 0, 0, 0, 0, 0, 0, 0, 0, 0, 0])
```

O mean shift produziu dois agrupamentos (0 e 1).

Visualizando os agrupamentos

Um gráfico de dispersão é uma boa maneira de visualizar a relação entre um grande número de pontos de dados. É útil para identificar visualmente agrupamentos de dados e encontrar pontos de dados distantes dos agrupamentos formados.

Vamos produzir um gráfico de dispersão da saída do DBSCAN. Digite o seguinte código:

```
>>> import pylab as pl
>>> from sklearn.decomposition import PCA
>>> pca = PCA(n_components=2).fit(iris.data)
>>> pca_2d = pca.transform(iris.data)
>>> pl.figure('Figura 13-7')
>>> for i in range(0, pca_2d.shape[0]):
>>>    if ms.labels_[i] == 1:
>>>       c1 = pl.scatter(pca_2d[i,0],pca_2d[i,1],c='r',
           marker='+')
>>>    elif ms.labels_[i] == 0:
>>>       c2 = pl.scatter(pca_2d[i,0],pca_2d[i,1],c='g',
           marker='o')
>>> pl.legend([c1, c2], ['Agrupamento 1', 'Agrupamento
       2'])]
>>> pl.title('Mean shift encontra 2 agrupamentos)
>>> pl.show()
```

A saída do gráfico de dispersão desse código é mostrada na Figura 13-7.

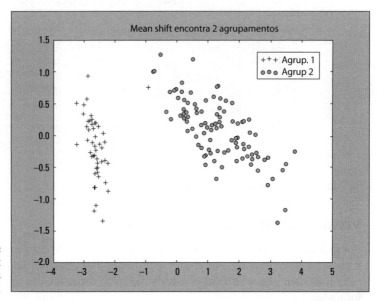

FIGURA 13-7:
O mean shift encontra dois agrupamentos.

A Figura 13-7 mostra que o mean shift encontrou dois agrupamentos. Você pode tentar ajustar o modelo com o parâmetro `bandwidth` para ver se é possível obter uma solução de três agrupamentos. O mean shift é muito sensível ao parâmetro `bandwidth`:

» Se o valor escolhido for muito grande, os agrupamentos tenderão a se combinar, e a saída final será um número menor de agrupamentos do que o desejado.

» Se o valor escolhido for muito pequeno, o algoritmo pode produzir muitos agrupamentos e levará mais tempo para ser executado.

Avaliando o modelo

O mean shift não produziu os resultados ideais com os parâmetros padrão para o conjunto de dados Iris, mas uma solução de dois agrupamentos está alinhada com outros algoritmos de agrupamento. Cada projeto tem que ser examinado individualmente para que se veja qual número de agrupamentos melhor se encaixa no problema de negócios. O benefício óbvio de usar o mean shift é que você não precisa predeterminar o número de agrupamentos. Na verdade, você pode usar o mean shift como uma ferramenta para encontrar o número de agrupamentos para criar um modelo K-means. O mean shift é frequentemente usado para aplicações de visão computacional porque é bom em dimensões mais baixas e acomoda agrupamentos de qualquer formato e tamanho.

NESTE CAPÍTULO

» **Fazendo programação R básica**

» **Configurando seu ambiente de programação**

» **Manipulando dados**

» **Desenvolvendo um modelo de regressão**

» **Desenvolvendo modelos de árvores de classificação**

Capítulo **14**

Modelagem Preditiva com R

U m livro cobrindo as principais facetas da análise preditiva não está completo a menos que trate da linguagem de programação R. Nosso objetivo é deixar você a todo vapor o mais rápido possível. Isso significa começar a fazer predições e experimentar a análise preditiva usando ferramentas padrão, como R, e os algoritmos que cientistas de dados e estatísticos usam para criar modelos preditivos.

Então você precisa saber programar para criar modelos preditivos? Nós responderíamos: "Provavelmente não, mas certamente ajuda." Relaxe. Achamos que você vai se divertir aprendendo R. Tudo bem, sabemos que este capítulo é muito alto nível, então você pode lê-lo apenas para aumentar sua compreensão de como cientistas de dados e estatísticos usam R.

Em um ambiente empresarial, você provavelmente usará ferramentas comerciais disponíveis de fornecedores do setor. Familiarizar-se com uma ferramenta poderosa gratuita, de código aberto e amplamente utilizada, como o R, prepara você para usar as ferramentas comerciais com facilidade. Nesse ponto você deverá ter recebido uma grande dose da terminologia, entenderá como lidar

CAPÍTULO 14 **Modelagem Preditiva com R** 329

com os dados e conhecerá todas as etapas da execução do modelo. Depois de fazer todos esses passos "à mão", estará bem preparado para usar as ferramentas comerciais.

O código aberto R tem memória e capacidade computacional limitadas para análise de big data em nível empresarial. Mesmo assim, o código de fonte aberta R é mais do que capaz de lidar com a maioria dos conjuntos de dados paro aprendizado em um computador pessoal padrão. Em uma máquina altamente equipada, ele pode manipular conjuntos de dados de até alguns gigabytes. Além de alguns gigabytes, o computador pode ficar sem memória ou levar muito tempo para executar os algoritmos de aprendizado de máquina.

As ferramentas empresariais comerciais com R visam suavizar todas as complexidades de armazenamento, análise e processamento de big data, e elas até escolhem os algoritmos para você. Aprender um pouco de R ajuda a entender o funcionamento das ferramentas de software. Isso pode lhe dar a confiança para experimentar ainda mais, ajustando os valores padrão e refinando o conteúdo aqui e ali para ver como ele muda sua versão do modelo.

R é uma linguagem fácil para começar a aprender programação. Ela tem a maioria, se não todos, dos atributos que você encontra na maior parte das linguagens de programação comumente usadas para software comercial — Java, C++, Python e outros. Então, se você já domina uma linguagem de programação, essa será moleza.

Se R for a primeira linguagem de programação com que você tem contato, ainda assim será fácil, mas será necessário algum tempo gasto brincando com ela. Mas essa é a beleza da linguagem R: você pode aprender praticando. Não há um código padronizado de que precise se lembrar de colocar em seu código para fazê-lo funcionar. Você não precisa compilar o programa para que ele funcione. Ele apenas funciona.

R é uma linguagem *interpretada*, o que significa que se pode executá-la de forma interativa. Você pode executar cada linha de código, uma a uma, e obter uma saída instantânea (desde que o código não seja para uma operação intensiva, e a maioria das operações em R não deve ser intensiva).

Também apresentamos o ambiente de desenvolvimento integrado (IDE) RStudio. Usar um IDE para escrever código facilita ainda mais o aprendizado de R. Os IDEs têm um vasto número de recursos usados até pelos desenvolvedores mais experientes. Usar um IDE comercial para uma classe de desenvolvimento de software pode parecer exagerado para programadores experientes que preferem um editor de texto simples como `vi` ou `emacs` com suporte a linguagem de programação e realce de sintaxe. O desenvolvimento de software profissional se beneficia do uso de um IDE porque o volume de código em nível de produção é enorme. Mesmo que você escreva toda a base de código, não há como entender e navegar por todo esse código sem um IDE, que também permite que você faça as coisas de modo muito mais rápido e fácil.

330   PARTE 4 **Programando a Análise Preditiva**

Programação em R

R é uma linguagem de programação originalmente escrita para estatísticos para elaboração de análises estatísticas. É um software de código aberto usado extensivamente no meio acadêmico para ensinar disciplinas como estatística, bioinformática e economia. Desde seu início modesto, foi estendido para modelagem de dados, mineração de dados e análise preditiva.

A R tem uma comunidade muito ativa; contribuições de código livre são feitas de modo constante e consistente. Um dos benefícios de usar uma ferramenta de código aberto como a R é que a maior parte da análise de dados que você deseja fazer já foi feita por alguém. Amostras de código são postadas em muitos fóruns e por universidades. Se você está preso a algum código problemático, basta postar uma pergunta em fórum (como troca de pilha [stack-exchange] ou estouro de pilha [stack-overflow]), e terá uma resposta em pouco tempo.

Como a R é gratuita, é a ferramenta perfeita para criar um protótipo rápido para mostrar os benefícios da análise preditiva para a administração. Você não precisa pedir que comprem nada para começar imediatamente. Qualquer de seus cientistas, analistas de negócios, estatísticos ou engenheiros de software é capaz de fazer o protótipo sem qualquer investimento adicional em software.

Portanto, R pode ser uma maneira barata de testar a análise preditiva sem precisar adquirir um software empresarial. Depois de provar que a análise preditiva pode agregar (ou está adicionando) valor, você deve ser capaz de convencer a administração a considerar a possibilidade de obter uma ferramenta de nível comercial para sua recém-criada equipe de ciência de dados.

Instalando

Instalar R é um processo fácil, que leva menos de trinta minutos. A maioria das configurações padrão pode ser aceita durante o processo de instalação. Você pode instalar R baixando o programa de instalação para Windows e outros sistemas operacionais no site do projeto R em `https://cran.r-project.org` [conteúdo em inglês]. A partir daí, você pode escolher qualquer um dos espelhos de download para obter o binário de instalação. O espelho para este exemplo é `https://cran.rstudio.com`.

Este capítulo o guia através do processo de instalação do sistema operacional Windows 10 e da última versão R (versão R-3.3.1). Depois de chegar ao site do RStudio, procure o link de downloads para obter o arquivo. Depois de baixá-lo, basta clicar duas vezes nele para iniciar o processo de instalação.

Aqui está um link direto para a página de download [conteúdo em inglês]:

```
https://cran.rstudio.com/bin/windows/base/
```

Depois de instalar o R, deve haver dois ícones para ele na sua área de trabalho: uma versão de 32 bits e uma de 64 bits. Escolha a versão apropriada para o seu computador. Você pode encontrar o tipo de sistema da sua máquina acessando as configurações do sistema e procurando a guia "Sobre". Este computador é um sistema operacional de 64 bits, processador baseado em x64. Clique no ícone R x64 3.3.1 para confirmar que a instalação foi bem-sucedida.

Se sua instalação foi bem-sucedida, você deverá ver o R Console, conforme mostrado na Figura 14-1.

FIGURA 14-1: Console RGui.

Instalando o RStudio

Depois de concluir o processo de instalação do R, você poderá instalar o RStudio. Instalar o IDE RStudio é tão fácil quanto instalar o R. Baixe a edição de código-fonte aberto do RStudio Desktop no site www.rstudio.com [conteúdo em inglês]. Você vai querer instalar a versão desktop apropriada para o seu sistema operacional (por exemplo, o RStudio versão 0.99.902 para o Windows 10). Depois de baixar o arquivo, basta clicar duas vezes para iniciar o processo de instalação.

Aqui está um link direto para a página de download:

www.rstudio.com/products/rstudio/download

Se a sua instalação foi bem-sucedida, o programa RStudio deve ser adicionado ao menu Iniciar. Se não conseguir encontrá-lo, use a ferramenta de pesquisa para procurar por "RStudio".

Familiarizando-se com o meio ambiente

O RStudio é uma interface gráfica para o desenvolvimento de programas R. A interface padrão (do jeito que aparece quando você inicia o programa) tem três janelas. Vá para o menu Arquivo e crie um novo script R indo para Arquivo -> Novo Arquivo -> Script R, ou simplesmente pressione Control+Shift+N. Você verá uma tela semelhante à mostrada na Figura 14-2. As quatro são usadas com frequência, e descrevemos para que cada uma é usada e como usá-la.

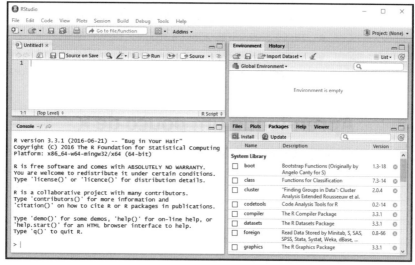

FIGURA 14-2: RStudio na visualização padrão da interface gráfica com o usuário.

» **A janela superior esquerda é o script.**

É aqui que você pode copiar e colar o código R. É possível executar o código linha por linha ou em partes destacando as linhas que deseja executar. A janela de script também é onde se podem visualizar os valores das tabelas de dados. Quando você clica em uma tabela de dados no painel da área de trabalho, ele abre uma nova guia no painel de script com os valores do quadro de dados.

» **A janela inferior esquerda é o console.**

Aqui você pode digitar seu código R uma linha por vez. Ele executará cada linha imediatamente depois que você pressionar o enter, ao contrário da janela de script, na qual é preciso clicar no botão Run para executar a(s) linha(s) do código. A saída (se houver) é exibida na próxima linha logo após o término da execução.

» **A janela superior direita é a área de trabalho e o histórico.**

Ela tem duas guias:

- A guia History armazena o histórico de todo o código que você executou na sessão atual.

- A guia Environment lista todas as variáveis na memória. Aqui você pode clicar nas variáveis para ver os valores e (se quiser) carregar conjuntos de dados de forma interativa.

» **A janela inferior direita é onde você encontrará cinco guias de interesse:**

- Help traz a documentação, como descrições de funções.

- Packages mostra todos os pacotes instalados e disponíveis para serem carregados pelo seu programa. Os pacotes marcados são aqueles que foram carregados para uso do programa. Você pode pesquisar e instalar novos pacotes aqui.

- Plots é onde a saída de qualquer gráfico aparecerá.

- Files é o seu explorador de arquivos dentro do RStudio.

- Viewer é usada para exibir o conteúdo da rede local. É como um navegador que exibe arquivos ou aplicações das redes locais.

Aprendendo um pouco de R

Não é preciso muito esforço para programar algo útil em R. O bom em R é que você pode aprender exatamente aquilo de que precisa no momento. E se necessitar de algo mais, pode ir aprendendo ao longo do caminho. Então, no mínimo você precisará saber como:

» Atribuir valores a variáveis.

» Fazer operações nessas variáveis.

» Acessar e manipular tipos e estruturas de dados.

» Chamar uma função para fazer algo.

As próximas subseções detalham essas operações. O restante você pode ir aprendendo conforme avança.

Atribuindo variáveis

As variáveis podem ser atribuídas de várias maneiras em R. A convenção para R é usar o sinal de menor que (<) e o sinal de menos (-) juntos, fazendo um sinal semelhante a uma seta (<-). Outra maneira (padrão para outras linguagens de programação) é usar apenas o sinal de igual (=). Um outro recurso em R é que você pode atribuir uma variável em qualquer direção usando símbolos de menor que e maior que com o sinal de menos para fazer o sinal de seta (<- ou ->).

Conforme descrito no parágrafo anterior, você pode atribuir um valor a uma variável de três maneiras:

```
> x <- "olá"
> x = "olá"
> "olá" -> x
```

Todas as três linhas de código mostradas acima fazem a mesma coisa; conhecer todas as maneiras diferentes será útil, pois você certamente encontrará todas elas quando começar a ler o código de outras pessoas. Como mencionado anteriormente, a maneira preferida em R é a primeira.

Para exibir o valor da variável, simplesmente digite a variável e pressione Enter, assim:

```
> x
[1] "olá"
```

No painel do console do RStudio, uma linha que tenha um número entre os símbolos [ ] mostra a saída da execução da(s) linha(s) de código anterior(es).

PAPO DE ESPECIALISTA

O interpretador R tem um sinal indicador > como o prompt de comando na janela do console. Você não pode copiar e colar seções inteiras de código nessa janela porque o prompt de comando > será interpretado como parte do código. Isso gerará um erro. Use a janela de script do RStudio se quiser copiar e colar seções de código.

Operações em variáveis

Para a maior parte de seus operadores aritméticos e lógicos, o R usa a sintaxe padrão para a maioria das outras linguagens de programação:

» Estes são exemplos dos operadores aritméticos em R:

```
> w <- 5 + 5  # adição
> x <- w * 5  # multiplicação
> y <- x / 5  # divisão
> z <- y - 5  # subtração
```

O símbolo # indica o início de um comentário; o interpretador R ignora os comentários. Você pode exibir os valores usando a função `concatenate`, da seguinte forma:

```
> c(w, x, y, z)
[1] 10 50 10 5
```

Uma função é chamada quando seu nome é seguido por parâmetros ou argumentos dentro de parênteses. No exemplo anterior, `c` é o nome da função de concatenação, seguido pelos argumentos `w, x, y, z`.

CAPÍTULO 14 **Modelagem Preditiva com R** 335

» Estes são exemplos dos operadores lógicos em R:

```
w == y          # é igual a
x > z           # é maior que
y >= 10         # é maior ou igual a
z <w            # é menor que
10 <= y         # é menor ou igual a
```

Todas essas comparações são avaliadas como valores TRUE; você pode ver os resultados executando-os:

```
> w == y
[1] TRUE
> x > z
[1] TRUE
> y >= 10
[1] TRUE
> z < w
[1] TRUE
> 10 <= y
[1] TRUE
```

Trabalhando com tipos de dados e estruturas

Tipos de dados são por vezes confundidos com *estruturas* de dados. Cada variável na memória de programa tem um tipo de dados. Claro, você pode ter diversas variáveis em seu programa e ele ainda ser manejável. Mas isso provavelmente não funcionará tão bem se você tiver centenas (ou milhares) de variáveis, pois é preciso atribuir um nome a cada variável para poder acessá-la. É mais eficiente armazenar todas essas variáveis em uma coleção lógica.

Por exemplo, se você tem um milhão de clientes, pode usar a estrutura de dados vetoriais (como mostrado na seção "Estruturas de dados", mais adiante neste capítulo) para armazenar os nomes de todos os seus clientes e nomear o vetor como *cliente (customer)*. Essa é uma variável (customer) com um tipo de dados de character que armazena todos os nomes de clientes. Você pode usar notação de vetor para acessar cada cliente. (Para obter mais informações sobre a notação de vetor, veja a discussão sobre estrutura de dados na sessão mais adiante.)

TIPOS DE DADOS

Assim como outras linguagens de programação completas, a R oferece muitos tipos e estruturas de dados. Neste capítulo trabalharemos apenas com alguns. Não há necessidade de especificar o tipo que está atribuindo a uma variável, pois o interpretador faz isso. No entanto, você pode especificar ou converter o tipo, se necessário. Isso é chamado *retipagem (casting)*. Você verá exemplos de conversão ao carregar o conjunto de dados em uma seção posterior deste capítulo. Os tipos de dados tratados aqui são os seguintes:

» **Numéricos:** Esses são os números decimais típicos. Eles são chamados *floats* (abreviatura do termo em inglês *floating-point numbers* [números de pontos flutuantes]) ou *double* (duplos) em outras linguagens.

» **Caracteres:** Essas são as strings formadas com combinações de letras, símbolos e números. Eles não contêm significado numérico, e são chamados de *strings* em outras linguagens.

» **Lógicos:** TRUE ou FALSE. Sempre utilize maiúsculas nesses valores em R. São chamados *Booleans* (booleanos) em outras linguagens.

PAPO DE ESPECIALISTA

Comparar uma sequência de números com um numérico faz com que o interpretador a converta em um numérico e, em seguida, faça uma comparação numérica.

Exemplos de tipos de dados são os seguintes:

```
> i <- 10 # numérico
> j <- 10.0 # numérico
> k <- "10" # caractere
> m <- i == j # lógico
> n <- i == k # lógico
```

Depois de executar essas linhas de código, você pode descobrir seus valores e tipos usando a função de estrutura `str()`. Ela exibe o tipo dos dados e o valor da variável. Essa operação é assim:

```
> str(i)
 num 10
> str(j)
 num 10
> str(k)
 chr "10"
> str(m)
 logi TRUE
> str(n)
 logi TRUE
```

PAPO DE ESPECIALISTA

A expressão na atribuição à variável `n` é um exemplo do interpretador convertendo temporariamente o tipo de dado de `k` em um numérico para fazer a comparação entre numérico `i` e o caractere `k`.

CAPÍTULO 14 **Modelagem Preditiva com R**

ESTRUTURAS DE DADOS

A R precisará de um local para armazenar grupos de tipos de dados para poder trabalhar com eficiência. Esses locais são chamados de *estruturas de dados*. Um exemplo real desse conceito é uma garagem: é uma estrutura que armazena automóveis de forma eficiente. Ela é projetada para estacionar o maior número de automóveis possível e permitir que os automóveis entrem e saiam da estrutura com eficiência (em teoria, pelo menos). Além disso, nenhum outro objeto além dos automóveis deve ser estacionado em uma estrutura de garagem. As estruturas de dados que usamos neste capítulo são as seguintes:

LEMBRE-SE

- » **Vetores:** Armazenam um conjunto de valores de um único tipo de dado. Pense neles como uma caixa de organização de comprimidos semanal. Cada compartimento na caixa só pode armazenar um certo tipo de objeto. Depois de colocar algumas pílulas em um dos compartimentos, todos os outros compartimentos também devem ser preenchidos com zero pílulas ou mais. Você não pode colocar moedas nessa mesma caixa; para isso terá que usar uma "caixa de comprimidos" diferente (vetor). Da mesma forma, uma vez que você armazena um número em um vetor, todos os valores futuros também devem ser números. Caso contrário, o interpretador converterá todos os seus números em caracteres.

- » **Matrizes:** Parecem uma planilha do Excel. Essencialmente, são uma tabela que consiste em linhas e colunas. Os dados preenchem as células vazias por ordem de linha ou coluna, especificadas quando você cria a matriz.

  Todas as colunas em uma matriz devem ter o mesmo tipo de dado.

- » **Tabela de dados:** É semelhante a uma matriz, exceto que as colunas de uma tabela de dados podem conter diferentes tipos de dados. Os conjuntos de dados usados na modelagem preditiva são carregados em tabelas de dados e armazenados lá para uso no modelo.

- » **Fatores:** São vetores com um número limitado de valores distintos. O número de valores distintos é referido como *nível*. Você pode usar fatores para tratar uma coluna que tenha um número limitado e conhecido de valores como valores categóricos. Por padrão, os dados de caracteres são carregados nas tabelas de dados como fatores.

LEMBRE-SE

Você acessa vetores, matrizes e tabelas de dados usando *notação de vetor*. Por exemplo, você digitaria **v[5]** para acessar o quinto elemento do vetor *v*. Para uma matriz bidimensional e tabela de dados, você insere o número da linha e o número da coluna, separados por uma vírgula, dentro dos colchetes. Por exemplo, você digita **m[2,3]** para acessar o valor da terceira coluna na segunda linha da matriz *m*.

LEMBRE-SE

Os vetores, as matrizes e as tabelas de dados em R iniciam a indexação em 1. Python e muitos outros índices de linguagens de programação iniciam em 0.

Estruturas de dados são um assunto avançado em ciência da computação. Por enquanto, vamos nos ater à prática. Basta se lembrar de que as estruturas de dados foram criadas para armazenar tipos específicos de dados e têm funções para inserção, exclusão e recuperação de dados.

Chamando uma função

Funções são linhas de código que fazem algo útil e concreto. Como essas operações são frequentemente repetidas, geralmente são salvas com um nome para que você possa *chamar* (usar) novamente. Normalmente, uma função recebe um parâmetro de entrada, faz alguma coisa com ele e gera um valor. É possível salvar funções em seus próprios programas ou bibliotecas para uso futuro.

Existem muitas funções integradas na linguagem de programação R para uso dos desenvolvedores. Você já usou a função str() para descobrir a estrutura de uma variável. Ela pode ser usada para encontrar a estrutura de objetos de dados, como tabelas de dados, vetores e matrizes, não apenas tipos de dados simples, como numéricos, caracteres e lógicos. A seção a seguir mostra um exemplo do uso da função de estrutura em uma tabela de dados.

Você pode usar a função integrada help para descobrir mais sobre os comandos e funções do R. No console do RStudio, digite help com o parâmetro de str para visualizar a documentação sobre a função str no painel inferior direito. O comando completo é:

```
> help(str)
```

Chamar uma função sempre terá o mesmo formato: o nome da função seguido de parênteses. (Dentro dos parênteses está a lista de parâmetros que pode ou não estar vazia).

Sempre que começar a suspeitar que a operação que está fazendo deve ser comum, verifique se já existe uma função que faça isso para você. Conhecer todas as funções integradas do R melhorará muito sua produtividade e seu código. Ter uma folha de cola ou cartão de referência de todas as funções integradas é útil quando se está aprendendo uma nova linguagem. Aqui está um link para um cartão de referência R [conteúdo em inglês]:

```
http://cran.r-project.org/doc/contrib/Short-refcard.pdf
```

Fazendo Predições Usando R

Usamos R para fazer três modelos preditivos neste capítulo. Todos os comandos R são inseridos no console do RStudio (o painel inferior esquerdo na tela) para execução. O primeiro modelo preditivo usa um algoritmo de regressão para prever a economia de combustível de um automóvel como milhas por galão. O segundo e terceiro modelos usam classificadores de árvores de decisão e floresta aleatória para predizer a qual categoria de trigo uma determinada semente pertence.

Predição usando regressão

Uma tarefa crucial na análise preditiva é prever o *futuro* valor de algo — como o valor de uma casa, o preço de uma ação em uma data futura ou as previsões de venda para um produto. Você pode realizar essas tarefas usando *análise de regressão* — um método estatístico que investiga a relação entre variáveis.

Apresentando os dados

O conjunto de dados que usamos para fazer uma predição é o Auto-MPG. Ele tem 398 observações e 9 atributos mais o rótulo. O *rótulo* (*label*) é o resultado esperado, e é usado para treinar e avaliar a precisão do modelo preditivo. O resultado que estamos tentando prever é o mpg (milhas por galão) esperado (atributo 1) de um automóvel, considerados os valores dos atributos.

Aqui estão os atributos e o rótulo na ordem das colunas em que são fornecidos (as traduções aparecem entre parênteses):

1. `mpg` (milhas por galão)

2. `cylinders` (cilindros)

3. `displacemtent` (deslocamento)

4. `horsepower` (potência do motor)

5. `weight` (peso)

6. `acceleration` (aceleração)

7. `model year` (ano do modelo)

8. `origin` (origem)

9. `car name` (nome do carro)

Você pode obter o conjunto de dados no repositório de aprendizado de máquina da UCI em:

```
http://archive.ics.uci.edu/ml/datasets/Auto+MPG
```

Para obter o conjunto de dados do repositório da UCI e carregá-lo na memória, digite o seguinte comando no console:

340   PARTE 4 **Programando a Análise Preditiva**

```
> autos <-
  read.csv ("http://archive.ics.uci.edu/ml/machine-
  learning-databases/auto-mpg/auto-mpg.data",
  header=FALSE, sep="", as.is=TRUE)
```

Você verá que o conjunto de dados foi carregado na memória como a variável da tabela de dados `autos`, na área de trabalho (o painel superior direito). Clique na variável `autos` para visualizar os valores de dados no painel (o painel superior esquerdo). A Figura 14-3 mostra como os dados aparecem no painel de origem.

FIGURA 14-3: Visualização dos dados autos carregados na memória.

	V1	V2	V3	V4	V5	V6	V7	V8	V9
1	18	8	307.0	130.0	3504	12.0	70	1	chevrolet chevelle malibu
2	15	8	350.0	165.0	3693	11.5	70	1	buick skylark 320
3	18	8	318.0	150.0	3436	11.0	70	1	plymouth satellite
4	16	8	304.0	150.0	3433	12.0	70	1	amc rebel sst
5	17	8	302.0	140.0	3449	10.5	70	1	ford torino
6	15	8	429.0	198.0	4341	10.0	70	1	ford galaxie 500
7	14	8	454.0	220.0	4354	9.0	70	1	chevrolet impala
8	14	8	440.0	215.0	4312	8.5	70	1	plymouth fury iii
9	14	8	455.0	225.0	4425	10.0	70	1	pontiac catalina
10	15	8	390.0	190.0	3850	8.5	70	1	amc ambassador dpl
11	15	8	383.0	170.0	3563	10.0	70	1	dodge challenger se

Os dados são de Bache, K. & Lichman, M. (2013). Repositório de Aprendizado de Máquina da UCI (`http://archive.ics.uci.edu/ml` — conteúdo em inglês). Irvine, CA: Universidade da Califórnia, Escola de Informação e Ciência da Computação.

Usar as funções `head` e `tail` pode ser útil, às vezes, se você quiser apenas ver as primeiras e as últimas cinco linhas dos dados. Essa também é uma maneira rápida de verificar se realmente carregou o arquivo correto e se ele foi lido corretamente. A função `summary` pode fornecer estatísticas básicas sobre cada coluna dos dados. Copie e cole as três linhas de código a seguir, separadamente, no painel de origem, e a saída será mostrada no console:

```
head(autos, 5)
tail(autos, 5)
summary(autos)
```

A saída de `head` e `tail` não é mostrada aqui. Esta é a saída da função `summary`:

```
      V1              V2              V3              V4
 Min.   : 9.00   Min.   :3.000   Min.   : 68.0   Length:398
 1st Qu.:17.50   1st Qu.:4.000   1st Qu.:104.2   Class :character
 Median :23.00   Median :4.000   Median :148.5   Mode  :character
 Mean   :23.51   Mean   :5.455   Mean   :193.4
```

CAPÍTULO 14 **Modelagem Preditiva com R**   341

```
3rd Qu.:29.00    3rd Qu.:8.000    3rd Qu.:262.0
Max.    :46.60   Max.    :8.000   Max.    :455.0
        V5               V6               V7               V8
Min.    :1613    Min.    : 8.00   Min.    :70.00   Min.    :1.000
1st Qu.:2224     1st Qu.:13.82    1st Qu.:73.00    1st Qu.:1.000
Median :2804     Median :15.50    Median :76.00    Median :1.000
Mean    :2970    Mean    :15.57   Mean    :76.01   Mean    :1.573
3rd Qu.:3608     3rd Qu.:17.18    3rd Qu.:79.00    3rd Qu.:2.000
Max.    :5140    Max.    :24.80   Max.    :82.00   Max.    :3.000
        V9
Length:398
Class :character
Mode  :character
```

Preparando os dados

Você tem que obter os dados em um formato que o algoritmo possa usar para construir um modelo. Para fazer isso, precisa dedicar algum tempo para entender os dados e conhecer sua estrutura. Digite a função `str` para descobrir a estrutura dos dados `autos`. O comando e sua saída são assim:

```
> str(autos)

'data.frame': 398 obs. of 9 variables:
 $ V1: num 18 15 18 16 17 15 14 14 14 15 ...
 $ V2: int 8 8 8 8 8 8 8 8 8 8 ...
 $ V3: num 307 350 318 304 302 429 454 440 455 390 ...
 $ V4: chr "130.0" "165.0" "150.0" "150.0" ...
 $ V5: num 3504 3693 3436 3433 3449 ...
 $ V6: num 12 11.5 11 12 10.5 10 9 8.5 10 8.5 ...
 $ V7: int 70 70 70 70 70 70 70 70 70 70 ...
 $ V8: int 1 1 1 1 1 1 1 1 1 1 ...
 $ V9: "chr chevrolet chevelle malibu" "buick skylark 320"
     "plymouth satellite"
     "amc rebel sst" ...
```

Olhando para a estrutura, podemos dizer que será preciso fazer alguma preparação e limpeza de dados. Aqui está uma lista das tarefas necessárias:

» **Renomeie os nomes das colunas.**

Isso não é estritamente necessário, mas para os propósitos deste exemplo, é melhor usar nomes de coluna que possamos entender e nos lembrar.

» Altere o tipo de dados da variável preditora V4 (`horsepower`) **para um tipo de dado** `numeric`.

Neste exemplo, `horsepower` deve ser um valor numérico contínuo, e não um tipo de dado `character` que a função carregou por padrão.

» Lidar com os valores ausentes.

Aqui `horsepower` tem seis valores ausentes. Você pode encontrá-los procurando por "?" na coluna V4. Aqui estão o código e a saída:

```
> sum(autos["V4"] == "?")

[1] 6
```

» Altere os atributos que têm valores discretos para fatores.

Aqui `cylinders`, `model year` e `origin` têm valores discretos.

» Descarte o atributo V9 (`carname`).

Aqui `carname` não agrega valor ao modelo que estamos criando. Se o atributo `origin` atributo não fosse fornecido, poderíamos ter inferido a origem a partir do atributo `carname`.

Para renomear as colunas, digite o seguinte código:

```
> colnames(autos) <-
        c("mpg", "cylinders", "displacement", "horsepower",
        "weight", "acceleration", "modelYear", "origin",
        "carName")
```

Em seguida, alteramos o tipo de dados de `horsepower` para `numeric` com o seguinte código:

```
> autos$horsepower <- as.numeric(autos$horsepower)
```

O programa reclamará, porque nem todos os valores em potência do motor (horsepower) eram representações string de números. Havia alguns valores ausentes que foram representados com o caractere "?". Isso é bom por agora, porque R converte cada instância de ? para NA. A linha de código a seguir confirma que seis valores ausentes foram convertidos em NA:

```
> sum(is.na(autos["horsepower"]))
[1] 6
```

Uma maneira comum de lidar com os valores ausentes de variáveis contínuas é substituir cada valor ausente pela média (mean) da coluna inteira. A seguinte linha de código faz isso:

CAPÍTULO 14 **Modelagem Preditiva com R**   343

```
> autos$horsepower[is.na(autos$horsepower)] <-
              mean(autos$horsepower,na.rm=TRUE)
```

É importante ter `na.rm=TRUE` na função `mean`. Ele informa à função para não usar colunas com valores nulos em sua computação. Sem isso, a função retornará `NA`. A linha de código a seguir verifica se a operação funcionou e não há valores ausentes para o atributo horsepower.

```
> sum(is.na(autos["horsepower"]))
[1] 0
```

Em seguida, alteramos os atributos com valores discretos para fatores. Nós identificamos três atributos como discretos. As três linhas de código a seguir os alteram:

```
> autos$origin <- factor(autos$origem)
> autos$modelYear <- factor(autos$modelYear)
> autos$cilindros <- factor(autos$cilindros)
```

Finalmente, removemos o atributo `carname` da tabela de dados com esta linha de código:

```
> autos$carName <- NULL
```

Neste ponto, os dados são preparados para o processo de modelagem. A seguir mostramos uma visão da estrutura após o processo de preparação de dados:

```
> str(autos)

'data.frame':   398 obs. of  8 variables:
 $ mpg          : num  18 15 18 16 17 15 14 14 14 15 ...
 $ cylinders    : Factor w/ 5 levels "3","4","5","6",..:
              5 5 5 5 5 5 5 5 5 5 ...
 $ displacement: num  307 350 318 304 302 429 454 440 455
              390 ...
 $ horsepower   : num  130 165 150 150 140 198 220 215 225
              190 ...
 $ weight       : num  3504 3693 3436 3433 3449 ...
 $ acceleration: num  12 11.5 11 12 10.5 10 9 8.5 10 8.5
              ...
 $ modelYear    : Factor w/ 13 levels "70","71","72",..:
              1 1 1 1 1 1 1 1 1 1 ...
 $ origin       : Factor w/ 3 levels "1","2","3":
              1 1 1 1 1 1 1 1 1 1 ...
```

Na saída anterior você pode ver que os atributos `cylinders`, `modelYear` e `origin` são agora fatores, e que o atributo `carName` foi removido.

Criando o modelo

Queremos criar um modelo que possamos avaliar usando resultados conhecidos. Para isso, vamos dividir nosso conjunto de dados `autos` em dois: um para treinar e um para testar o modelo. Uma divisão de 70/30 entre conjuntos de dados de treinamento e teste será suficiente. As próximas duas linhas de código calculam e armazenam os tamanhos de cada conjunto:

```
> trainSize <- round(nrow(autos) * 0.7)
> testSize <- nrow(autos) - trainSize
```

Para gerar os valores, digite o nome da variável usada para armazenar o valor e pressione Enter. Aqui está a saída:

```
> trainSize
[1] 279
> testSize
[1] 119
```

Esse código determina o tamanho dos conjuntos de dados que pretendemos criar para treinamento e teste, mas ainda não criamos. Além disso, não queremos simplesmente chamar as primeiras 279 observações do conjunto de treinamento e chamar as últimas 119 observações do conjunto de testes. Isso criaria um modelo ruim, porque o conjunto de dados `autos` aparece ordenado. Especificamente, a coluna `modelYear` é ordenada do menor para o maior.

Ao examinar os dados, você pode ver que a maioria dos carros mais pesados, de oito cilindros, com maior deslocamento e maior potência se localiza no topo do conjunto de dados. A partir dessa observação, sem ter que executar nenhum algoritmo, você já pode dizer que (em geral para este conjunto de dados) carros mais antigos se comparam aos mais novos da seguinte forma:

>> São mais pesados.
>> Têm oito cilindros.
>> Têm maior deslocamento.
>> Têm maior potência.

Certo, obviamente muitas pessoas conhecem um pouco sobre automóveis, então um palpite sobre quais são as correlações não será muito distante depois que você visualizar os dados. Alguém com muito conhecimento automobilístico já saberá sem nem sequer olhar os dados. Este é apenas um exemplo simples de um domínio (carros) que muitas pessoas podem conhecer. Se fossem dados sobre câncer, a maioria das pessoas não entenderia imediatamente o que cada atributo significa.

DICA

É nesse ponto que um especialista em domínio e um modelador de dados são vitais para o processo de modelagem. Especialistas em domínio podem ter um melhor conhecimento de quais atributos podem ser os mais importantes (ou menos importantes) — e como os atributos se correlacionam entre si. Podem sugerir ao modelador de dados quais variáveis experimentar. Eles podem dar pesos maiores para atributos mais importantes e/ou menores para atributos de menor importância.

Então temos que criar um conjunto de dados de treinamento e um de testes que sejam verdadeiramente representativos de todo o conjunto. Uma maneira de fazer isso é criar o conjunto de treinamento a partir de uma seleção aleatória de todo o conjunto de dados. Além disso, queremos tornar esse teste reproduzível para que possamos aprender com o mesmo exemplo. Assim, definimos a semente para o gerador aleatório, de modo que teremos o mesmo conjunto de treinamento "aleatório". O código a seguir faz essa tarefa:

```
> set.seed(123)
> training_indices <- sample(seq_len (nrow (autos)),
          size = trainSize)
> trainSet <- autos[training_indices, ]
> testSet <- autos[-training_indices, ]
```

Como a mesma semente foi usada para criar a amostra aleatória de índices de treinamento, sua saída deve ser assim:

```
> training_indices
  [1] 115 313 162 349 371  18 208 395 216 178 372 176 262
      221  40 345
 [17]  95  17 125 362 337 386 241 373 246 265 203 385 107
       55 355 332
 [33] 253 291   9 174 275  79 398  84  52 148 357 131  54
       49  83 164
 [49]  94 300  16 154 277  43 193  71  44 257 305 127 225
       32 130  92
 [65] 273 150 269 367 263 145 248 206 232   1 155  72 123
      197 113  36
 [81]  78 212 132 249  33 137 308 278 379 369  41 201 106
      307  98  57
 [97] 237  29 141 153 179  99 329 282 142 261 268 389 120
      383 270  87
[113] 393 271 205 312 324 331 351 320 181  89  85  61 102
      281  42  25
```

```
[129]   39 186 166 239 180 196 138 363 390 327 255 114  81
       306   3  47
[145] 215  59 310  20  62 183 211 322  96 252  28 382 139
        53 370 376
[177] 352 118 344 128 184  68 299 303 219 103 254 238 192
       189  58  67
[193] 204 214 210 230 222 133  31 360  48 190 394 101 361
       170  70  56
[209] 314 321  91 198 283 233 364 129  65  75 356 165  51
       171 315 121
[225]  10  69 202 374 119 295 104 323  90 330 289 182 209
       134 285 284
[241] 287 338  27 297 353 111 229 147 146 109 288 396 158
       266  77 279
[257]  24 392 207 175 159 242 335 387 293 228  45  46 256
       163 112 325
[273] 298  21 177 188 220 317 218
```

O conjunto de treinamento `trainSet` contém 279 observações, junto do resultado (`mpg`) de cada observação. O algoritmo de regressão usa o resultado para treinar o modelo observando as relações entre as variáveis preditoras (qualquer um dos sete atributos) e a variável resposta (`mpg`).

O conjunto de teste `trainSet` contém o restante dos dados (ou seja, a parte não incluída no conjunto de treinamento). Você deve notar que o conjunto de testes também inclui a variável resposta (`mpg`). Ao usar a função `predict` (do modelo) com o conjunto de testes, ele ignora a variável de resposta e usa apenas as variáveis preditoras, desde que os nomes das colunas sejam os mesmos do conjunto de treinamento.

Para criar um modelo de regressão linear, usaremos a função `lm`, que significa modelos lineares. A função `lm` usa o atributo `mpg` como variável de resposta e todas as outras como preditoras. Para isso, digite a seguinte linha de código:

```
> model <- lm(formula=trainSet$mpg ~ . , data=trainSet)
```

Explicando os resultados

Para ver algumas informações úteis sobre o modelo que você acabou de criar, digite o seguinte código:

```
> summary(model)
```

A saída fornece informações que você pode explorar se quiser ajustar ainda mais seu modelo. Por enquanto vamos deixar o modelo como está. Aqui estão as duas últimas linhas da saída:

```
Multiple R-square: 0.8741, Adjuested R-squared: 0.8633
F-statistic: 80.82 on 22 and 256 DF, p-value: <2.2e-16
```

Alguns pontos de dados se destacam aqui:

» O valor `Multiple R-squared` informa como a linha de regressão se ajusta aos dados (qualidade de ajuste). Um valor de 1 significa que é um ajuste perfeito. Então um valor `r-squared` de 0.874 é bom; ele diz que 87,4% da variabilidade em `mpg` é explicada pelo modelo.

» O `p-value` indica o quanto o efeito das variáveis preditoras são significativos na variável de resposta. Um `p-value` menor do que (tipicamente) 0.05 significa que podemos rejeitar a hipótese nula de que as variáveis preditoras coletivamente não tenham efeito sobre a variável de resposta (`mpg`). O `p-value` de 2.2e-16 (isto é, 2.2 com 16 zeros à frente) é muito menor que 0.05, então os preditores claramente têm um efeito na resposta.

Com o modelo criado, podemos fazer predições com os dados de teste que particionamos do conjunto completo de dados. Para usar esse modelo para prever o `mpg` para cada linha no conjunto de testes, você emite o seguinte comando:

```
> predictions <- predict(model, testSet,
            interval="predict", level=.95)
```

Estes são o código e a saída das seis primeiras predições:

```
> head(predictions)

  fit        lwr        upr
2 16.48993  10.530223  22.4964
4 18.16543  12.204615  24.12625
5 18.39992  12.402524  24.39732
6 12.09295   6.023341  18.16257
7 11.37966   5.186428  17.57289
8 11.66368   5.527497  17.79985
```

A saída é uma matriz que mostra os valores previstos na coluna `fit` e o intervalo de predição nas colunas `lwr` e `upr` — com um nível de confiança de 95%. Quanto maior o nível de confiança, maior o intervalo, e vice-versa. O valor previsto está no meio do intervalo. Assim, alterar o nível de confiança não altera o valor previsto. A primeira coluna é o número da linha do conjunto completo de dados.

348   PARTE 4 **Programando a Análise Preditiva**

Para ver os valores reais e previstos lado a lado, para que possa compará-los facilmente, digite as seguintes linhas de código:

```
> comparison <- cbind(testSet$mpg, predictions[, 1])
> colnames(comparison) <- c("actual", "predicted")
```

A primeira linha cria uma matriz de duas colunas com os valores reais e previstos. A segunda linha altera os nomes das colunas para atual (actual) e previsto (predicted). Digite a primeira linha de código para obter a saída das seis primeiras linhas de comparison, assim:

```
> head(comparison)

    actual predicted
2       15  16.48993
4       16  18.16543
5       17  18.39992
6       15  12.09295
7       14  11.37966
8       14  11.66368
```

Também queremos ver um resumo (summary) das duas colunas para comparar suas médias. Estes são o código e a saída do resumo:

```
> summary(comparison)

     actual          predicted
 Min.   :10.00    Min.   : 8.849
 1st Qu.:16.00    1st Qu.:17.070
 Median :21.50    Median :22.912
 Mean   :22.79    Mean   :23.048
 3rd Qu.:28.00    3rd Qu.:29.519
 Max.   :44.30    Max.   :37.643
```

Em seguida usamos o *erro percentual absoluto médio* (mape), para medir a precisão de nosso modelo de regressão. A fórmula do erro percentual médio absoluto (*absolute percent error*) é:

$$(\Sigma(|Y-Y'|/|Y|)/N)*100$$

Onde Y é a pontuação atual, Y' é a pontuação prevista, e N é o número de pontuações previstas. Depois de inserir os valores na fórmula, obtemos um erro de apenas 10,94%. Aqui estão o código e a saída do console R:

```
> mape <- (sum(abs)(comparison[,1]-comparison[,2]) /
           abs(comparison[,1]))/nrow(comparison))*100
> mape
[1] 10.93689
```

O código a seguir permite visualizar os resultados e erros em uma visualização de tabela:

```
> mapeTable <- cbind(comparison, abs(comparison[,1]-
           comparison[,2])/comparison[,1]*100)
> colnames(mapeTable)[3] <- "absolute percent error"
> head(mapeTable)

  actual predicted     absolute percent error
2     15  16.48993                   9.932889
4     16  18.16543                  13.533952
5     17  18.39992                   8.234840
6     15  12.09295                  19.380309
7     14  11.37966                  18.716708
8     14  11.66368                  16.688031
```

Aqui está o código que permite ver o erro percentual novamente:

```
> sum(mapeTable[,3])/nrow(comparison)
                    [1] 10.93689
```

Fazendo novas predições

Para fazer predições com novos dados, use a função `predict` com uma lista dos valores de atributo. Não temos uma nova observação de teste, então apenas criaremos alguns valores para os atributos. O código a seguir faz esse trabalho:

```
> newPrediction <- predict(model,
         list(cylinders=factor(4), displacement=370,
         horsepower=150, weight=3904, acceleration=12,
         modelYear=factor(70), origin=factor(1)),
         interval="predict", level=.95)
```

Estes são o código e a saída do novo valor de predição:

```
> newPrediction
    fit      lwr      upr
1 14.90128 8.12795 21.67462
```

O que você tem aqui é sua primeira predição real a partir do modelo de regressão. O modelo prevê que esse carro fictício fará uma média de 14,90 milhas por galão. Como são dados inéditos e você não sabe o resultado, não pode compará-lo com qualquer outra coisa para saber se está correta.

Depois de avaliar o modelo com o conjunto de dados de teste, e estar satisfeito com a precisão, você estaria confiante de que criou um bom modelo preditivo. Bastaria esperar os resultados de negócios para medir sua eficácia.

DICA

Há algumas otimizações a fazer para construir um modelo preditivo melhor e mais eficiente. Através da experimentação, você encontra a melhor combinação de preditores para criar um modelo mais rápido e preciso. Uma maneira de construir um subconjunto de atributos é encontrar a correlação entre as variáveis e remover as altamente correlacionadas. Removendo as variáveis redundantes que não adicionam (ou adicionam muito pouca) informação ao ajuste, você pode aumentar a velocidade do modelo. Isso é especialmente verdadeiro quando está lidando com muitas observações (linhas de dados) onde o poder de processamento ou a velocidade podem ser um problema. Para um grande conjunto de dados, mais atributos em uma linha de dados retardarão o processamento. Portanto, tente eliminar o máximo possível de informações redundantes.

Usando classificação para prever

Outra tarefa na análise preditiva é classificar novos dados prevendo a que classe um item-alvo pertence, dado um conjunto de variáveis independentes. Você pode, por exemplo, classificar um cliente por tipo — digamos, como um cliente de alto valor, um cliente regular ou um cliente que está pronto para mudar para um concorrente — usando uma árvore de decisão.

Configurando o ambiente

O pacote `party` é um dos vários pacotes em R que cria a árvore de decisão. Não é instalado por padrão no pacote básico. Outros pacotes comuns de árvore de decisão incluem `rpart`, `tree` e `randomForest`. O pacote `randomForest` é usado no final deste capítulo. O primeiro passo é configurar o ambiente instalando o pacote `party` e carregá-lo na sessão R.

Digite as seguintes linhas de código para instalar e carregar o pacote `party`:

```
> install.packages("party")
> library(party)
```

O pacote `party` leva alguns minutos para baixar e ser instalado. Você verá uma mensagem no console depois que o pacote tiver se carregado no RStudio.

Apresentando os dados

O conjunto de dados que usamos para fazer uma predição é Seeds. Esse conjunto tem 210 observações e 7 atributos mais o rótulo. O rótulo é o resultado esperado e é usado para treinar e avaliar a precisão do modelo preditivo. O resultado que estamos tentando prever é o tipo de semente (atributo 8), dados os valores dos sete atributos. Os três valores possíveis para o tipo de semente são rotulados como 1, 2 e 3, e representam as variedades de trigo Kama, Rosa e Canadense.

Os atributos na ordem de coluna que são fornecidos são os seguintes (as traduções são fornecidas entre colchetes):

1. `area`   (área)

2. `perimeter`   (perímetro)

3. `compactness`   (compacidade)

4. `lenght of kernel`   (comprimento do grão)

5. `width of kernel`   (largura do grão)

6. `asymmetry coefficient`   (coeficiente de assimetria)

7. `lenght of kernel groove`   (comprimento do sulco do grão)

8. `class of wheat`   (classe de trigo)

Você pode obter o conjunto de dados do repositório de aprendizado de máquina da UCI em [conteúdo em inglês]:

```
http://archive.ics.uci.edu/ml/datasets/seeds
```

Para obter o conjunto de dados do repositório da UCI e carregá-lo na memória, digite o seguinte comando no console:

```
> seeds <-
        read.csv("http://archive.ics.uci.edu/ml/machine
        -learning-database/00236/seeds_database.txt",
        header=FALSE, sep="", as.is=TRUE)
```

Você vê que o conjunto de dados foi carregado na memória como variável da tabela de dados *seeds* olhando o painel da área de trabalho (o canto superior direito). Clique na variável *seeds* para visualizar os valores de dados no painel de origem (o canto superior esquerdo). A Figura 14-4 mostra como eles aparecem.

352   PARTE 4 **Programando a Análise Preditiva**

	V1	V2	V3	V4	V5	V6	V7	V8
1	15.26	14.84	0.8710	5.763	3.312	2.2210	5.220	1
2	14.88	14.57	0.8811	5.554	3.333	1.0180	4.956	1
3	14.29	14.09	0.9050	5.291	3.337	2.6990	4.825	1
4	13.84	13.94	0.8955	5.324	3.379	2.2590	4.805	1
5	16.14	14.99	0.9034	5.658	3.562	1.3550	5.175	1
6	14.38	14.21	0.8951	5.386	3.312	2.4620	4.956	1
7	14.69	14.49	0.8799	5.563	3.259	3.5860	5.219	1
8	14.11	14.10	0.8911	5.420	3.302	2.7000	5.000	1
9	16.63	15.46	0.8747	6.053	3.465	2.0400	5.877	1
10	16.44	15.25	0.8880	5.884	3.505	1.9690	5.533	1
11	15.26	14.85	0.8696	5.714	3.242	4.5430	5.314	1

FIGURA 14-4: Visualização dos dados seeds carregados na memória.

Você pode encontrar mais informações sobre os dados que acabou de carregar usando a função `summary()`.

```
> summary(seeds)

       V1              V2              V3
 Min.   :10.59   Min.   :12.41   Min.   :0.8081
 1st Qu.:12.27   1st Qu.:13.45   1st Qu.:0.8569
 Median :14.36   Median :14.32   Median :0.8734
 Mean   :14.85   Mean   :14.56   Mean   :0.8710
 3rd Qu.:17.30   3rd Qu.:15.71   3rd Qu.:0.8878
 Max.   :21.18   Max.   :17.25   Max.   :0.9183
...
```

Preparando os dados

Você tem que obter os dados em um formato que o algoritmo possa usar para construir um modelo. Para fazer isso, é preciso dedicar algum tempo para entender os dados e conhecer sua estrutura. Digite a função `str` para descobrir a estrutura dos dados `seeds`. Veja como fica:

```
> str(seeds)

'data.frame': 210 obs. de 8 variáveis:
 $ V1: num 15.3 14.9 14.3 13.8 16.1 ...
 $ V2: num 14.8 14.6 14.1 13.9 15 ...
 $ V3: num 0.871 0.881 0.905 0.895 0.903 ...
 $ V4: num 5,76 5,55 5,29 5,32 5,66 ...
 $ V5: num 3,31 3,33 3,34 3,38 3,56 ...
 $ V6: num 2,22 1,02 2,7 2,26 1,35 ...
 $ V7: num 5.22 4.96 4.83 4.8 5.17 ...
 $ V8: int 1 1 1 1 1 1 1 1 1 1 ...
```

Olhando para a estrutura, podemos dizer que os dados precisam de uma etapa de pré-processamento e uma etapa de conveniência:

» **Renomeie os nomes das colunas.** Mais uma vez, isso não é estritamente necessário, mas faz sentido fornecer nomes de coluna significativos que possamos entender e lembrar.

» **Altere o atributo com valores categóricos para um fator.** O rótulo tem três categorias possíveis.

Para renomear as colunas, digite o seguinte código:

```
> colnames(seeds) <-
          c("area","perimeter","compactness","lenght",
          "width","asymmetry","lenght2","seedType")
```

Em seguida, alteramos o atributo que tem valores categóricos para um fator. (Nós identificamos o rótulo como categórico.) O código a seguir altera o tipo de dados para fator:

```
> seeds$seedType <- factor(seeds$seedType)
```

Esse comando conclui a preparação dos dados para o processo de modelagem. A seguir, uma visão da estrutura após o processo de preparação de dados:

```
> str (sementes)

'data.frame': 210 obs. de 8 variáveis:
 $ area       : num 15.3 14.9 14.3 13.8 16.1 ...
 $ perimeter  : num 14.8 14.6 14.1 13.9 15 ...
 $ compactness: num 0.871 0.881 0.905 0.895 0.903 ...
 $ length     : num 5.76 5.55 5.29 5.32 5.66 ...
 $ width      : num 3,31 3,33 3,34 3,38 3,56 ...
 $ assimetria : num 2.22 1.02 2.7 2.26 1.35 ...
 $ length2: num 5.22 4.96 4.83 4.8 5.17 ...
 $ seedType: Fator com 3 níveis "1", "2", "3":
          1 1 1 1 1 1 1 1 1 1 ...
```

Criando o modelo

Queremos criar um modelo que possamos avaliar usando resultados conhecidos. Para fazer isso, vamos dividir nosso conjunto de dados seeds em dois: um para treinar e um para testar o modelo. Usaremos uma divisão 70/30 entre conjuntos de dados de treinamento e de teste. As duas linhas de código a seguir calculam e armazenam os tamanhos de cada conjunto de dados:

```
> trainSize <- round(nrow(seeds) * 0.7)
> testSize <- nrow(seeds) - trainSize
```

Para gerar os valores, digite o nome da variável que usamos para armazenar o valor e pressione Enter. Aqui está a saída:

```
> trainSize
[1] 147
> testSize
[1] 63
```

Esse código determina os tamanhos dos conjuntos de dados de treinamento e teste. Nós ainda não criamos os conjuntos. Além disso, não queremos apenas que as primeiras 147 observações sejam o conjunto de treinamento e que as últimas 63 observações sejam o conjunto de testes. Isso criaria um modelo ruim porque o conjunto de dados seeds é ordenado na coluna de rótulos.

Assim, temos que tornar o conjunto de treinamento e o de testes representativos de todo o conjunto de dados. Uma maneira de fazer isso é criar o conjunto de treinamento a partir de uma seleção aleatória de todo o conjunto de dados. Além disso, devemos tornar esse teste reproduzível para aprender com o mesmo exemplo. Fazemos isso configurando o conjunto de dados seeds para o gerador aleatório, então temos o mesmo conjunto de treinamento "aleatório", assim:

```
> set.seed(123)
> training_indices <- sample(seq_len(nrow(seeds)),
          size=trainSize)
> trainSet <- seeds[training_indices, ]
> testSet <- seeds[-training_indices, ]
```

Como a mesma semente foi usada para criar a amostra aleatória de índices de treinamento, sua saída deve ser assim:

```
> training_indices
  [1]   61 165  86 183 194  10 108 182 112  92 192  91 135 113  21
 [16] 176  48   9  63 207 170 131 121 186 122 132 101 109  53  27
 [31] 174 162 123 141   5  84 185  38  55  40  25  71  70  62  26
 [46]  23  39  76  44 139   8 169 127  20  88  33 157 116 137  57
 [61] 100  15 151  41 119  66 117 144 197 200 106 156  99   1  65
 [76]  30  51  82  47 149  32  87  54 184  13 172 178 110 191  22
 [91]  16  78 147  77 173 188  90  11 203 148 145  37 202 103  52
[106]  94  96 177  42 189 105 198   6 201 168  14 140  89 128 187
[121]  59  29  28 154 130 175 126 160  12  56  50 159 204 111 171
[136]  80 210  58  79 208 115  93 152  85  81 120 136
```

CAPÍTULO 14 **Modelagem Preditiva com R** 355

O conjunto de treinamento `trainSet` que obtemos desse código contém 147 observações e um resultado (`seedType`) para cada observação. Quando criamos o modelo, informamos ao algoritmo qual variável é o resultado. O algoritmo de classificação o utiliza para treinar o modelo observando as relações entre as variáveis preditoras (qualquer um dos sete atributos) e o rótulo (`seedType`).

O conjunto de teste `testSet` contém o restante dos dados, ou seja, todos os excluídos do conjunto de treinamento. Observe que o conjunto de testes também inclui o rótulo (`seedType`). Ao usar a função `predict` (do modelo) com o conjunto de testes, ele ignora o rótulo e usa apenas as variáveis preditivas, desde que os nomes das colunas sejam os mesmos do conjunto de treinamento.

Agora é hora de treinar o modelo. O próximo passo é usar o pacote party para criar um modelo de árvore de decisão, usando seedType como variável de destino e todas as outras como variáveis preditoras. Digite a seguinte linha de código:

```
:> model <- ctree(seedType ~. , data=trainSet)
```

Explicando os resultados

Para ver algumas informações úteis sobre o modelo que você acabou de criar, digite o seguinte código:

```
> summary(model)
   Lenght                Class         Mode
        1            BinaryTree           S4
```

A coluna `Class` informa que você criou uma árvore de decisão. Para ver como as ramificações estão sendo determinadas, basta digitar o nome da variável na qual você atribuiu o modelo, neste caso, `model`, assim:

```
> model

Conditional inference tree with 6 terminal nodes

Response:     seedType
Inputs:  area, perimeter, compactness, lenght, width,
             asymmetry, lenght2
Number of observations: 147

1) area <= 16.2; criterion = 1, statistic = 123.423
  2) area <= 13.37; criterion = 1, statistic = 63.549
  3) lenght2 <= 4.914; criterion = 1, statistic = 22.251
    4)* weights = 11
  3) lenght2 > 4.914
```

PARTE 4 **Programando a Análise Preditiva**

```
        5)* weights = 45
    2) area > 13.37
        6) lenght2 <= 5.396; criterion = 1, statistic = 16.31
            7)* pesos = 33
        6) lenght2 > 5.396
            8)* weights = 8
    1) area > 16.2
        9) lenght2 <= 5.877; criterion = 0.979, statistic =
            8.764
            10)* weights = 10
        9) lenght2 > 5.877
            11)* weights = 40
```

Melhor ainda, você pode visualizar o modelo criando um gráfico da árvore de decisão com este código:

```
> plot(model)
```

Você pode ver a saída na guia de plotagens (parte inferior direita) do RStudio. (Clique no botão de zoom para aumentar a escala.)

A Figura 14-5 mostra uma representação gráfica de uma árvore de decisão. Você pode ver que o formato geral imita a de uma árvore real. Ele é feito de *nós* (os círculos e retângulos) e *ligações* (*links*) ou *arestas* (as linhas de conexão). O primeiro nó (começando no topo) é chamado de *nó raiz*, e os nós na parte inferior da árvore (retângulos) são chamados *nós terminais*, ou *folhas*. Existem cinco nós de decisão e seis nós terminais.

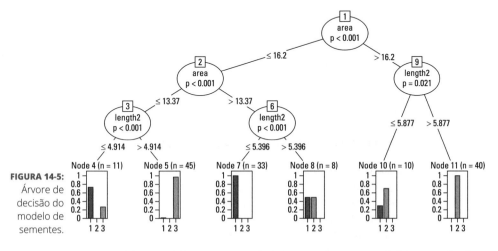

FIGURA 14-5: Árvore de decisão do modelo de sementes.

Em cada nó, o modelo toma uma decisão com base nos critérios no círculo e nas ligações e escolhe um caminho a percorrer. Quando o modelo atinge um nó terminal, um veredito ou uma decisão final é alcançada. Neste caso particular, dois atributos, o `length2` e a `area`, são usados para decidir se um determinado tipo de semente está na classe 1, 2 ou 3.

Por exemplo, veja a observation # 2 do conjunto de dados `seeds`. Ela tem `length2` de 4.956 e `area` de 14.88. Podemos usar a árvore que acabamos de construir para decidir a qual tipo específico de semente essa observação pertence. Aqui está a sequência de etapas:

1. Começamos no nó raiz, que é o nó 1 (o número é mostrado no pequeno quadrado no topo do círculo). Decidimos com base no atributo `area`: a `area` da observação # 2 menor ou igual a (denotada por <=) 16.2? A resposta é sim, então nos movemos ao longo do caminho para o nó 2.

2. No nó 2, o modelo pergunta: a área é <= 13.37? A resposta é não, então tentamos a próxima ligação que pergunta: a área é > 13.37? A resposta é sim, então nos movemos ao longo do caminho para o nó 6. Neste nó, o modelo pergunta: o comprimento é <= 5.396? Sim, e nos movemos para o nó terminal 7, e o veredito é o de que a observação # 2 é do tipo de semente 1. E é, de fato, semente tipo 1.

O modelo faz esse processo para todas as outras observações para prever suas classes.

3. Para descobrir se treinamos um bom modelo, verificamos os dados de treinamento. Podemos ver os resultados em uma tabela com o seguinte código:

```
> table(predict(model),trainSet$seedType)

     1   2   3
 1  45   4   3
 2   3  47   0
 3   1   0  44
```

Os resultados mostram que o erro (ou taxa de classificação incorreta) é 11 de 147, ou 7,48%.

4. Com os resultados calculados, o próximo passo é ler a tabela.

As predições corretas são aquelas que mostram os números de coluna e linha iguais. Esses resultados aparecem como uma linha diagonal do canto superior esquerdo para o canto inferior direito; por exemplo, [1,1], [2,2], [3,3] são o número das predições corretas para essa classe. Assim, para o tipo de semente 1, o modelo previu corretamente 45 vezes, enquanto classifica incorretamente a semente 7 vezes (4 vezes como tipo de semente 2 e 3 vezes como tipo 3). Para o tipo de semente 2, o modelo previu corretamente 47 vezes, enquanto a classificou erroneamente 3 vezes. Para o tipo de semente 3, o modelo previu corretamente 44 vezes, e errou apenas uma vez.

Achamos que este é um bom modelo. Então agora o avaliaremos com os dados de teste. Aqui está o código que usa os dados de teste para prever e armazená-los em uma variável (`testPrediction`) para uso posterior:

```
> testPrediction <- predict(model, newdata=testSet)
```

Para avaliar como o modelo é executado com os dados de teste, visualizamos em uma tabela e calculamos o erro, e o código é o seguinte:

```
table(testPrediction, testSet$seedType)
testePrediction  1  2  3
             1 18  4  4
             2  0 15  0
             3  3  0 19
```

Os resultados mostram que o erro é 11 de 63, ou 17,46%. Isso é um pouco pior do que o que foi produzido com os dados de treinamento.

Fazendo novas predições

Para fazer predições com novos dados, use a função `predict` com uma lista dos sete valores de atributo para o tipo de semente. É apenas coincidência usar sete atributos como fizemos para o conjunto autos. Pode haver qualquer número de atributos em um conjunto de dados. O código a seguir faz isso:

```
> newPrediction <- predict(model, list(area=11,
        perimeter=13, compactness=0.855, lenght=5,
        width=2.8, asymmetry=6.5, length2=5))
```

Estes são o código e a saída do novo valor de predição.

```
> newPrediction
```

```
 [1] 3
Levels: 1 2 3
```

A predição foi semente tipo 3, o que não surpreende, porque os valores escolhidos foram deliberadamente próximos da observação # 165.

Também podemos obter esse valor de predição percorrendo a árvore de decisão mostrada na Figura 14-5. Aqui estão os passos:

1. Comece no nó raiz e observe qual atributo o nó deseja avaliar. A `area` é > 16.2 ou a `area` é <= 16.2. O valor de `área` é 11, então a resposta é <=. Então vamos para o filho da esquerda, nó # 2.

2. No nó # 2, somos perguntados se a `area` é > 13.37 ou a `area` <= 13.37. A resposta é <=. Então vamos para o filho da esquerda, nó # 3.

3. No nó # 3, somos perguntados se `length2` é > 4.914 ou `length2` é <= 4.914. O valor de `length2` é 5, então a resposta é >. Então vamos para o filho da direita, nó # 5.

4. No nó terminal # 5, você pode ver no gráfico de barras que a barra é a mais alta para 3. Assim, o modelo de árvore de decisão prevê que os dados que foram dados pertencem ao tipo de semente 3.

Classificação por floresta aleatória

O último modelo neste capítulo é o modelo de floresta aleatória. O algoritmo de floresta aleatória usa uma técnica de ensemble para construir seu modelo. (Para aprender mais sobre as técnicas ensemble, veja o Capítulo 7.) Este exemplo continua a partir da seção anterior, criando um modelo de floresta aleatória para classificar o conjunto de dados Seeds.

Você já fez todo o trabalho árduo na configuração dos dados na última seção da árvore de decisão, portanto, esta seção basicamente repete esse processo. Tentar um algoritmo de classificação diferente é apenas uma questão de alterar algumas linhas de código. Os passos são os mesmos de modelo para modelo. A maior parte do tempo será gasto na preparação de dados. No entanto, você precisa conhecer os parâmetros necessários para cada algoritmo. Para obter um melhor desempenho, é preciso mergulhar mais fundo nos algoritmos para ajustá-los.

Preparando os dados

Antes de criarmos o modelo, vamos mostrar os passos para preparar os dados para a modelagem. As etapas serão semelhantes à seção anterior sobre árvore de decisão:

1. **Instale o pacote randomForest e carregue-o no RStudio.**

```
> install.packages("randomForest")
> library(randomForest)
```

2. **Carregar os dados.**

```
> seeds <-
    read.csv("http://archive.ics.uci.edu/ml/
```

360   PARTE 4 **Programando a Análise Preditiva**

```
      machine-learning-database/00236/seeds_database.txt",
      header=FALSE, sep="", as.is=TRUE)
```

3. Prepare os dados.

Renomeie as variáveis para nomes significativos.

```
> colnames(seeds) <-
       c("area","perimeter","compactness","lenght",
       "width","asymmetry","lenght2","seedType")
```

Altere o rótulo para um tipo de dados fator.

```
> seeds$seedType <- factor(seeds$seedType)
```

4. Divida os dados em conjuntos de treinamento e de teste.

```
> trainSize <- round(nrow(seeds) * 0.7)
> testSize <- nrow(seeds) - trainSize
> set.seed(123)
> training_indices <- sample(seq_len(nrow(seeds)),
       size=trainSize)
> trainSet <- seeds[training_indices, ]
> testSet <- seeds[-training_indices, ]
```

Com as etapas de pré-processamento concluídas, você está pronto para criar o modelo de floresta aleatória.

Criando o modelo

Para criar o modelo de floresta aleatória, insira o seguinte código no console:

```
> set.seed(123)
> model <- randomForest(seedType ~ . , data=trainSet)
```

Existem muitos parâmetros de ajuste para o algoritmo de floresta aleatória. O parâmetro mais comumente usado é `ntree`, que especifica o número de árvores (ou o número de votos). O valor padrão para `ntree` é 500. Para aprender mais sobre o parâmetro `ntree`, veja a seção floresta aleatória (parâmetro `n_esti-mators`) no Capítulo 12. Você pode encontrar uma lista de todos os parâmetros para o algoritmo de floresta aleatória usando a função de ajuda, como mostrado a seguir.

```
> help(randomForest)
```

Avaliando os resultados

Depois que o modelo de floresta aleatória foi ajustado, basta digitar a variável model no console para encontrar a estimativa da taxa de erro:

```
> model
Call:
 randomForest(formula = seedType ~ ., data = trainSet)
               Type of random forest: classification
                     Number of trees: 500
Nº of variables tried at each split:  2

        OOB estimate error rate: 8.16%
Confusion matrix:
    1   2   3 class.error
1 43   2   4 0.12244898
2  2 49   0 0.03921569
3  4   0 43 0.08510638
```

O modelo estima que terá uma taxa de erro de 8,16% (ou 91,8% de precisão, se você for uma pessoa positiva). Também fornece a taxa de erro de cada classe na matriz de confusão. Cada classe é representada por uma linha:

» Classe 1 tem uma taxa de erro de 12,2%.

» A classe 2 tem uma taxa de erro de 3,9%.

» A classe 3 tem uma taxa de erro de 8,5%.

O algoritmo de floresta aleatória permite que a taxa de erro das árvores seja plotada, conforme mostrado na Figura 14-6. O gráfico mostra o número de árvores no eixo x e a taxa de erro no eixo y. Como a floresta tem 500 árvores, o limite no eixo x é 500. Existem quatro curvas codificadas por cores que mostram o erro de cada classe e a taxa de erro global, de cima para baixo:

» Classe 1 (a maior taxa de erro).

» Classe 3 (aproximadamente 8,51%).

» Taxa de erro global (aproximadamente 8,16%).

» Classe 2 (a menor taxa de erro).

Para criar o gráfico, digite o seguinte código:

```
> plot(model)
```

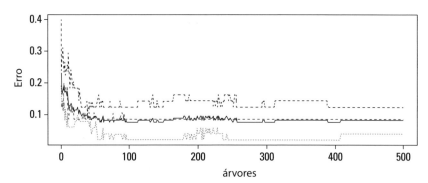

FIGURA 14-6: Gráfico de taxa de erros do modelo de floresta aleatória.

Agora você pode verificar o conjunto de dados de teste. Digite o seguinte código no console:

```
> testPrediction <- predict(model, newdata=testSet)
> table(testPrediction, testSet$seedType)
testPrediction   1  2  3
             1  20  1  0
             2   0 18  0
             3   1  0 23
```

Os resultados mostram que o erro é 2 de 63, ou 3,17%. Isso é muito melhor do que o esperado, uma vez que a taxa de erro foi estimada em aproximadamente 8,16%. Os resultados do modelo de floresta aleatória também são melhores do que os resultados da árvore de decisão criada anteriormente neste capítulo com o pacote `party`.

Fazendo novas predições

Depois de criar o modelo e, em seguida, determinar que é ele que pretende implementar, você fornecerá dados novos e sem rótulo para obter previsões sobre o tipo de semente. Como não temos mais dados novos, usaremos os mesmos valores de atributo que criamos para a árvore de decisão na seção anterior deste capítulo. Isso nos dará a oportunidade de fazer uma comparação simples do modelo de árvore de decisão e do modelo de floresta aleatória.

O código a seguir faz uma nova predição:

```
> newPrediction <- predict(model, list(area=11,
        perimeter=13, compactness=0.855, lenght=5,
        width=2.8, asymmetry=6.5, length2=5))
```

Estes são o código e a saída do novo valor de predição:

```
> newPrediction
1
3
Levels: 1 2 3
```

A predição foi semente do tipo 3, como mostra a segunda linha da saída. (Você pode ignorar o valor na primeira linha e na última linha; são os números da linha da lista e os possíveis resultados, respectivamente.) O resultado é o mesmo que a predição da árvore de decisão `party`. Isso não é surpreendente, pois esta deve ser uma predição fácil, já que os valores dos atributos ficaram muito próximos dos valores dos atributos da observação # 165. Dentre os dois modelos de árvores de classificação criados neste capítulo, o modelo de floresta aleatória apresentou melhor desempenho com os parâmetros padrão no conjunto de dados Seeds, por apresentar menor taxa de erro.

Fazer novas previsões sobre os dados das sementes pode parecer um pouco abstrato e difícil de entender como isso se relaciona com a solução de problemas de negócios. Um exemplo real de usar a classificação que você pode achar mais pertinente é a detecção de e-mails spam.

Este é um exemplo simplificado de criação e implantação de um modelo de detecção de spam. Suponha que você seja o operador de um serviço de e-mail e o problema comercial que deseja resolver seja determinar se o e-mail recebido por um cliente é spam. Os clientes odeiam receber e-mails de spam porque são irritantes, desperdiçam tempo e espaço em disco. Então você quer um modelo que produza a menor quantidade de erros.

Você cria um modelo de detecção de spam usando um conjunto de dados de e-mail spam. Depois de confiar nos resultados do modelo nos dados de teste, você os implementará nos servidores de produção. Agora, para cada novo e-mail que é enviado ao cliente, o modelo fará uma previsão sobre ele ser spam antes de ser entregue. Portanto, o e-mail será colocado na caixa de entrada do cliente ou na pasta de spam (se não houver outros filtros predefinidos). Se o e-mail de spam chegar à caixa de entrada ou se houver e-mails válidos na pasta de spam, isso seria considerado um erro ou uma classificação incorreta.

Ao permitir que os clientes marquem e-mails como spam quando chegam à caixa de entrada ou como não spam se chegarem à pasta de spam, os clientes rotularão os dados para você medir os resultados dos modelos. Obviamente, nem todos os clientes gastarão tempo para marcar um ou todos os e-mails errados, mas você terá o suficiente para trabalhar e também pode usar e-mails internos para medir os resultados.

NESTE CAPÍTULO

» **Examinando seus dados**

» **Explorando os potenciais problemas dos dados**

» **Lidando com atípicos e ajustando dados a uma curva**

» **Avaliando sua análise técnica**

» **Descrevendo as limitações de um modelo preditivo**

Capítulo 15

Evitando as Armadilhas da Análise

N a busca pela construção de um modelo preditivo, você precisará tomar decisões a cada passo do caminho — e algumas são mais difíceis do que outras. Decisões informadas — e uma consciência dos erros comuns que a maioria dos analistas comete ao construir modelos preditivos — são sua melhor chance de sucesso.

Este capítulo oferece insights sobre os problemas que surgem quando você embarca em uma jornada rumo ao uso efetivo da análise preditiva. Para começar, considere esta definição geral:

Um *modelo preditivo* é um sistema capaz de prever o próximo resultado possível e atribuir uma probabilidade realista a ele.

Conforme constrói o modelo preditivo, é provável que encontre problemas em duas áreas — nos dados e na análise. Este capítulo investiga ambas para ajudá-lo a fortalecer suas defesas e ficar atento a eles durante o projeto.

Sua capacidade de lidar com os dados e com a análise na essência de seu modelo preditivo define o sucesso de seu projeto. Problemas de dados são mais proeminentes agora porque *big data* (quantidades massivas de dados analisáveis gerados online) está em voga — e esses dados estão cada vez maiores, graças ao crescimento explosivo de dados nos mundos da mídia digital e social.

Quanto mais dados você tiver, mais diversificados serão os casos que os geram. Seu trabalho como modelador pode ser mais difícil se os dados que estiver usando contiverem *atípicos* (casos extremos), e, neste caso, seu modelo deve levar em consideração:

- » O quanto esses atípicos são raros.
- » Quanta complexidade eles adicionam a seu modelo.
- » Se deve criar componentes de gerenciamento de risco para lidar com eles.

A modelagem requer que você escolha quais variáveis reportar — e que você entenda não apenas as variáveis, mas também o impacto delas no negócio (por exemplo, como uma estação anormalmente ativa em tempestades pode afetar a pesca). Logo de cara, você precisa consultar alguém com *conhecimento de domínio* (experiência no negócio), para que possa identificar essas variáveis com precisão. Afinal, o modelo deve refletir o mundo real em que o negócio está operando. As predições do modelo devem ser precisas o suficiente para melhorar o retorno do investimento para o negócio — ajudando seus tomadores de decisão a responder perguntas difíceis e tomar decisões corajosas e informadas.

LEMBRE-SE

As pessoas com conhecimento de domínio em nível de especialista são mais qualificadas para analisar os dados de maneira abrangente e significativa. **Dica:** você deve se certificar de que sua análise tenha graus apropriados de validade de dados, variedade, *velocidade* (a velocidade com que os dados mudam) e volume — todos abordados detalhadamente no Capítulo 4.

Desafios dos Dados

A mineração de dados é mais do que apenas coletar, gerar ou recuperar dados. É o primeiro passo no tratamento de dados como um recurso para seu negócio, e isso gera mais problemas:

- » Que tipo de análise ou análises adotar.
- » Quais algoritmos empregar.
- » Quais pontos de dados incluir e excluir e por quê.
- » Como preparar seus dados para uso em seu modelo.
- » Como selecionar suas variáveis para construir seu modelo.
- » Quais dados usar para treinar e testar seu modelo.

Os dados são o coração da análise preditiva. A qualidade dos dados é crucial para a eficácia das predições. Como analista de dados, você precisa se familiarizar o suficiente com os dados para avaliar suas limitações (se houver). Aqui está uma lista rápida de perguntas a serem feitas sobre os dados:

- » Onde estão localizados?
- » Como posso recuperá-los?
- » Estão bem documentados?
- » Contêm erros?
- » Há algum valor ausente?
- » Precisam ser *limpos* de registros corrompidos ou imprecisos?
- » Contêm atípicos?
- » Precisam de *suavização* para minimizar as aberrações individuais?
- » Requerem algum tipo de pré-processamento antes do uso no modelo?

DICA

Quando os dados são coletados de várias fontes, os potenciais problemas — como problemas de formatação, duplicação de dados e consolidação de dados semelhantes — se tornam mais prováveis. Em vista de todas essas questões e incertezas, não se surpreenda se seus dados de entrada exigirem algum pré-processamento antes que você possa executá-lo em seu modelo e usá-lo em uma análise significativa.

A preparação de dados (veja o Capítulo 9 para mais detalhes) é tediosa e demorada. Nessa fase de desenvolvimento de seu modelo preditivo, conhecimentos e ferramentas na preparação de dados podem ser essenciais para o sucesso do seu projeto.

A preparação de dados levará até 80% do tempo de criação de um modelo de análise preditiva, e espere gastar a maior parte do tempo preparando seus dados para aplicar a análise. A coleta de variáveis relevantes, a limpeza e o pré-processamento dos dados (bem como a geração de variáveis derivadas, a integração de dados de várias origens e o mapeamento de dados) tomarão a maior parte de seu tempo.

Definindo as limitações dos dados

Assim como ocorre em muitos aspectos de qualquer sistema de negócios, os dados podem ter alguns limites em sua usabilidade assim que os obtém. Aqui está uma visão geral de algumas limitações que provavelmente encontrará:

- » **Os dados podem estar incompletos.** Valores faltantes, até mesmo a falta de uma seção ou uma parte substancial dos dados, poderiam limitar sua usabilidade. Ausência de dados é ter campos vazios para algumas variáveis que está analisando. Quando seus dados se estendem por várias temporadas, podem precisar de atenção extra. Mesmo que os dados não contenham valores ausentes, basta que eles ultrapassem uma determinada temporada ou fase para que não representem outras estações, e, sendo assim, seus dados não estarão completos. Por exemplo, os dados podem abranger apenas uma ou duas condições de um conjunto maior que você está tentando modelar — como quando um modelo criado para analisar o desempenho do mercado de ações só tem dados disponíveis dos últimos cinco anos, o que distorce os dados e o modelo em direção à suposição de um mercado em alta. No momento em que o mercado sofre qualquer correção que leve a um mercado em baixa, o modelo não consegue se adaptar — simplesmente porque não foi treinado e testado com dados representando um mercado em baixa.

DICA

Certifique-se de analisar um período de tempo que ofereça uma visão completa das flutuações naturais de seus dados, que não devem ser limitados por *sazonalidade*.

» **Se você estiver usando dados de autorreportados, lembre-se de que nem sempre as pessoas fornecem informações precisas.** Nem todo mundo responderá sinceramente sobre, digamos, quantas vezes se exercita — ou quantas bebidas alcoólicas consome por semana. As pessoas podem não ser desonestas propositalmente, mas os dados ainda estarão distorcidos.

» **Dados coletados de diferentes fontes podem variar em qualidade e formato.** Dados coletados de fontes tão diversas como pesquisas, e-mails, formulários de entrada de dados e o site da empresa terão diferentes atributos e estruturas. Por exemplo, os dados inseridos em arquivos PDF ou espalhados por várias publicações precisarão ser extraídos, montados e pré-processados antes que você possa incluí-los em qualquer análise. Dados de várias fontes podem não ter muita compatibilidade entre os campos de dados. Esses dados exigem um pré-processamento maior antes de estarem prontos para análise. O box a seguir traz um exemplo.

EM QUE DATA VOCÊ ESTÁ?

Diferentes fontes formatam dados de maneira distintas — e muitos campos podem ter pesos diferentes. Uma data coletada de um site norte-americano, por exemplo, pode ter o formato mm/dd/aaaa — enquanto a mesma empresa, coletando esses mesmos dados na Europa, usa o formato dd/mm/aaaa. Assim, em fontes de documentos das filiais norte-americanas e europeias da mesma empresa, a data numérica 05/11/2014 significaria, respectivamente, 11 de maio de 2014 ou 5 de novembro de 2014.

LEMBRE-SE

Os dados coletados de várias fontes podem ter diferenças na formatação, registros duplicados e inconsistências nos campos de dados mesclados. Espere gastar muito tempo limpando esses dados — e ainda mais validando sua confiabilidade.

Para determinar as limitações de seus dados, certifique-se de:

- » Verificar todas as variáveis que usará em seu modelo.
- » Avaliar o escopo dos dados, especialmente ao longo do tempo, para que seu modelo possa evitar a armadilha da sazonalidade.
- » Verificar os valores ausentes, identificá-los e avaliar seu impacto na análise geral.
- » Ficar atento a valores extremos (atípicos) e decidir se deseja incluí-los na análise.
- » Confirmar se o conjunto de dados de treinamento e teste é grande o suficiente.
- » Verificar se o *tipo de dados* (valores inteiros, decimais ou caracteres e assim por diante) está correto e definir os limites superior e inferior dos valores possíveis.
- » Prestar muita atenção à integração de dados quando seus dados vêm de várias fontes.

LEMBRE-SE

Certifique-se de entender as origens de seus dados e seu impacto na qualidade geral.

- » Escolha um conjunto de dados relevante que seja representativo de toda a população.
- » Escolha os parâmetros certos para sua análise.

Mesmo depois de todo esse cuidado e atenção, não se surpreenda se seus dados ainda precisarem de pré-processamento antes de poder analisá-lo com precisão. Na prática, você descobrirá que fará pelo menos uma ou duas das tarefas listadas a seguir. O pré-processamento geralmente requer um longo tempo e um esforço significativo, pois ele precisa abordar vários problemas relacionados aos dados originais. Esses problemas incluem:

- » Informação obrigatória ausente no formulário.
- » Quaisquer inconsistências e/ou erros existentes nos dados.
- » Quaisquer valores duplicados ou atípicos nos dados.
- » Qualquer normalização ou outra transformação dos dados.
- » Quaisquer dados derivados necessários para a análise.

CAPÍTULO 15 **Evitando as Armadilhas da Análise** 369

Lidando com casos extremos (atípicos)

Seus dados podem conter *atípicos* — valores extremos e significativos, mas incomuns. Você terá que lidar com esses atípicos — manter a integridade dos dados sem afetar negativamente seu modelo preditivo. Esse é um desafio essencial.

Parte de sua preparação de dados é determinar se os valores e tipos de dados de seus dados são os esperados. Verifique:

» Os valores mínimo e máximo esperados.

» Os tipos de dados e os valores esperados para um determinado campo.

» Qualquer anomalia nos valores e/ou tipos de dados.

Atípicos causados por forças externas

Verifique cuidadosamente a existência de atípicos *antes* que eles influenciem sua análise. Os atípicos podem distorcer tanto os dados quanto a análise. Por exemplo, qualquer análise estatística feita com dados contendo atípicos acaba distorcendo as médias e variâncias. Algumas técnicas, como as Árvores, são mais robustas em relação a atípicos do que outras.

Atípicos não checados ou mal interpretados podem levar a conclusões falsas. Digamos que seus dados mostrem que uma ação que foi negociada por um ano inteiro a um preço acima de $50 — mas por apenas alguns minutos durante o ano todo foram negociadas a $20. O preço de $20 — uma exceção óbvia — é o atípico nesse conjunto de dados.

Agora você precisa decidir se deve incluir o preço de $20 das ações em sua análise, pois isso terá ramificações para o modelo geral. Mas o que é o normal? A "quebra relâmpago" que pegou o mercado de ações de surpresa em 6 de maio de 2010 é um evento normal ou uma exceção? Durante esse breve período, o mercado de ações experimentou um declínio acentuado nos preços de todas as ações — o que derrubou o preço das ações da amostra de $50 para $20, mas teve a ver com condições de mercado mais amplas. Seu modelo precisa levar em consideração as maiores flutuações do mercado de ações?

Qualquer um que tenha perdido dinheiro em breves momentos do mercado em queda livre considera esses poucos minutos reais e normais (mesmo que pareçam uma eternidade). Um portfólio que diminui em milissegundos devido a um rápido declínio, embora de curta duração, é claramente real. Porém, a quebra relâmpago é anômala, um atípico que representa um problema para o modelo.

Independentemente do que é considerado normal (o que também pode mudar), os dados às vezes contêm valores que não se ajustam aos valores esperados. Isso é especialmente verdadeiro no mercado de ações, em que praticamente qualquer evento pode fazer o mercado decolar ou mergulhar. Você não quer que seu modelo falhe quando a realidade muda de repente — mas um modelo e uma realidade são duas coisas diferentes. Como cientista de dados, você deve se esforçar para criar modelos que representem o inesperado e sejam capazes de resolvê-lo de uma maneira que fortaleça os negócios.

Atípicos causados por erros no sistema

Quando dependemos de tecnologia ou instrumentação para realizar uma tarefa, uma falha aqui ou ali pode fazer com que esses instrumentos registrem valores extremos ou incomuns. E se os sensores registram valores observacionais que não atendem aos padrões básicos de controle de qualidade, eles podem produzir rupturas reais que são refletidas nos dados.

Alguém executando a entrada de dados, por exemplo, pode facilmente adicionar um 0 extra no final de um valor por engano, tirando a entrada do intervalo e produzindo um atípico. Se você está olhando para dados observacionais coletados por um sensor de água instalado na Baía de Baltimore — e relata uma altura da água de 6 metros acima do nível médio do mar —, você tem um atípico. O sensor está obviamente errado, a menos que a cidade de Baltimore esteja completamente submersa.

Os dados podem acabar tendo atípicos devido a eventos externos ou a um erro cometido por uma pessoa ou por um instrumento. Se um evento real, como uma quebra relâmpago na bolsa, for rastreado para um erro no sistema, suas consequências ainda serão reais — mas se você souber a origem do problema, pode concluir que uma falha nos dados, não em seu modelo, é a culpada pela não predição do evento pelo modelo. Tais problemas podem ser resolvidos fora do modelo, como instituir o gerenciamento de riscos para seu portfólio no caso de dados financeiros.

LEMBRE-SE

Conhecer a origem do atípico orientará sua decisão sobre como lidar com ele. Os atípicos resultantes de erros de entrada de dados podem ser facilmente corrigidos após consultar a fonte de dados. Os atípicos que refletem uma realidade alterada podem requerer que você altere seu modelo.

Não há uma resposta única quando você decide incluir ou ignorar dados extremos que não são um erro ou uma falha. Sua resposta depende da natureza da análise que está fazendo — e do tipo de modelo que você está construindo. Em alguns casos, a maneira de lidar com esses pontos atípicos é bem direta:

» Se você rastrear seu valor atípico para um erro de entrada de dados ao consultar a fonte de dados, poderá corrigir facilmente e (provavelmente) manter o modelo intacto.

» Se esse sensor de água na Baía de Baltimore relatar uma altura da água de 6 metros acima do nível médio do mar, e você estiver em Baltimore, olhe pela janela:

- Se Baltimore não estiver completamente inundada, obviamente o sensor está errado.
- Se você vir um peixe olhando para você, a realidade mudou. Talvez seja preciso revisar seu modelo.

>> A quebra relâmpago pode ter sido um evento único (em curto prazo, pelo menos), mas seus efeitos foram reais — e se você estudou o mercado em longo prazo, sabe que algo semelhante pode acontecer novamente. Se seu negócio é financeiro e você lida com o mercado de ações o tempo todo, vai querer que o seu modelo considere essas aberrações.

Em geral, se o resultado de um evento normalmente considerado um atípico pode ter um impacto significativo no seu negócio, considere como lidar com esses eventos em sua análise. Mantenha estes pontos gerais em mente sobre os valores atípicos:

>> Quanto menor o conjunto de dados, mais significativos serão os impactos que os atípicos podem ter na análise.

>> À medida que você desenvolve seu modelo, certifique-se de também desenvolver técnicas para encontrar valores atípicos e compreender sistematicamente seu impacto em seus negócios.

>> Detectar atípicos pode ser um processo complexo, pois não existe uma maneira simples de identificá-los.

>> Um *especialista de domínio* (alguém que conhece o campo que você está modelando) é a melhor pessoa para verificar se um ponto de dados é válido, um valor atípico que você pode ignorar ou um valor atípico que precisa ser considerado. O especialista em domínio deve ser capaz de explicar quais fatores criaram o atípico e qual é sua variabilidade e seu impacto nos negócios.

>> As ferramentas de visualização podem ajudá-lo a identificar valores atípicos nos dados. Além disso, se o intervalo de valores esperado for conhecido, poderá facilmente questionar os dados que estão fora desse intervalo.

Manter os atípicos na análise — Ou não

Decidir incluir os atípicos na análise — ou excluí-los — terá implicações para seu modelo.

CUIDADO

Manter os atípicos como parte dos dados em sua análise pode levar a um modelo que não é aplicável — nem aos atípicos nem ao restante dos dados. Se decidir manter um atípico, você precisará escolher técnicas e métodos estatísticos que sejam excelentes no manuseio de atípicos sem influenciar a análise. Uma dessas técnicas é usar funções matemáticas como algoritmos naturais e raiz quadrada para reduzir a lacuna entre os atípicos e o restante dos dados. Essas funções, no entanto, só funcionam para dados numéricos maiores que zero — e outros problemas podem surgir. Por exemplo, a transformação dos dados pode exigir interpretações da relação entre variáveis nos dados recém-transformados que diferem da interpretação que rege essas variáveis nos dados originais.

A mera presença de valores atípicos em seus dados pode fornecer insights sobre sua empresa, o que pode ser muito útil para gerar um modelo robusto. Os atípicos podem chamar a atenção para um caso de negócios válido que ilustra um evento incomum, mas significativo.

Procurar por atípicos, identificá-los e avaliar seu impacto devem fazer parte da análise e do pré-processamento de dados. Especialistas em domínio de negócios podem fornecer informações e ajudá-lo a decidir o que fazer com casos incomuns em sua análise. Embora às vezes o senso comum seja tudo de que você precisa para lidar com esses valores discrepantes, geralmente é útil perguntar a alguém que conheça como as coisas funcionam.

Se você está em um negócio que se beneficia de eventos raros — digamos, um observatório astronômico que estuda asteroides que cruzam a órbita da Terra —, você está mais interessado nos atípicos do que na maior parte dos dados.

Atípicos podem ser uma ótima fonte de informações. Desviar-se da norma pode ser um sinal de atividade suspeita, notícias de última hora ou um evento oportunista ou catastrófico. Talvez seja necessário desenvolver modelos que ajudem a identificar valores atípicos e avaliar os riscos que representam.

É prudente realizar duas análises: uma que inclua atípicos e outra que os omita. Em seguida, examine as diferenças, tente entender as implicações de cada método e avalie como a adoção de um método em detrimento do outro influenciaria seus objetivos de negócios.

Suavização de dados

A *suavização de dados* é, essencialmente, tentar encontrar o "sinal" no meio do "ruído", descartando pontos de dados que são considerados "ruidosos". A ideia é aprimorar os padrões nos dados e destacar tendências para as quais os dados estão apontando.

A Figura 15-1 mostra um gráfico típico que resulta da suavização de dados.

A implicação por trás da suavização de dados é que os dados consistem em duas partes: uma parte (consistindo em *pontos de dados principais*) que significa tendências globais ou tendências reais, e outra, que consiste principalmente em desvios (*ruído*) — alguns pontos flutuantes que resultam de alguma volatilidade nos dados. A suavização de dados procura eliminar essa segunda parte.

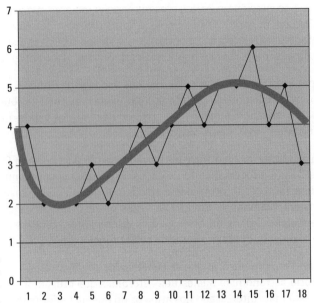

FIGURA 15-1: Um gráfico mostrando dados suavizados.

Reduzindo o ruído

A suavização de dados opera em várias suposições:

» Que essa flutuação nos dados é mais provável ser ruído.
» Que a parte ruidosa dos dados é de curta duração.
» Que a flutuação dos dados, independentemente do quanto é variada, não afetará as tendências subjacentes representadas pelos pontos de dados principais.

O ruído nos dados tende a ser aleatório, e suas flutuações não devem afetar as tendências gerais decorrentes do exame do restante dos dados. Assim, a redução ou a eliminação de pontos de dados ruidosos esclarece tendências e padrões reais nos dados — na verdade, melhorando a "relação sinal-ruído" dos dados.

Desde que você tenha identificado o ruído corretamente e depois o tenha reduzido, a suavização de dados o ajuda a prever os próximos dados observados simplesmente seguindo as principais tendências detectadas. A suavização de dados preocupa-se com a maioria dos pontos de dados, suas posições em um gráfico e o que os padrões resultantes predizem sobre a tendência geral de (digamos) um preço de ação, se sua direção geral é para cima, para baixo ou para os lados. Essa técnica não prevê com precisão o preço exato do próximo negócio para um determinado estoque — mas a previsão de uma tendência geral pode gerar insights mais poderosos do que saber o preço real ou suas flutuações.

LEMBRE-SE

Uma previsão baseada em uma tendência geral deduzida a partir de dados suavizados pressupõe que qualquer direção que os dados tenham seguido até agora continuará no futuro de uma maneira consistente com a tendência. No mercado de ações, por exemplo, o desempenho passado não é uma indicação definitiva do desempenho futuro, mas certamente pode ser um guia geral para o futuro movimento do preço das ações.

Métodos, vantagens e desvantagens

A suavização de dados concentra-se em estabelecer uma direção fundamental para os pontos de dados:

» Ignorando quaisquer pontos de dados ruidosos.
» Desenhando uma curva mais suave ao longo dos pontos de dados que pula os oscilantes e enfatiza os padrões primários — as tendências — nos dados, não importa o quanto seja lenta sua emergência.

Em uma série temporal numérica, a suavização é uma forma de filtragem.

PAPO DE ESPECIALISTA

A suavização de dados não deve ser confundida com *ajuste de um modelo*, que faz parte da análise de dados e que consiste em duas etapas:

1. **Encontrar um modelo adequado que represente os dados.**
2. **Certificar-se de que o modelo se adapte aos dados de forma eficaz.**

Para detalhes sobre o processo de ajuste do modelo, veja o Capítulo 12.

A suavização de dados pode usar qualquer um dos seguintes métodos:

» A **caminhada aleatória** baseia-se na ideia de que o próximo resultado, ou ponto de dados futuro, é um desvio aleatório do último ponto de dados conhecido ou presente.
» A **média móvel** é uma média contínua de períodos consecutivos, igualmente espaçados. Um exemplo seria o cálculo de uma média móvel de 200 dias do preço de uma ação.
» A **suavização exponencial** atribui exponencialmente mais peso ou importância a pontos de dados recentes do que aos mais antigos.
  - **Simples:** Esse método deve ser usado quando os dados da série temporal não têm tendência nem sazonalidade.
  - **Linear:** Esse método deve ser usado quando os dados da série temporal tiverem uma linha de tendência.
  - **Sazonal:** Esse método deve ser usado quando os dados da série temporal não tiverem tendência, mas sazonalidade.

O que todos esses métodos de suavização têm em comum é que eles realizam algum tipo de processo de média em vários pontos de dados. Essa média de pontos de dados adjacentes é a maneira essencial de se concentrar em tendências ou padrões subjacentes.

As vantagens da suavização de dados são:

- » É fácil de implementar.
- » Ajuda a identificar tendências.
- » Ajuda a expor padrões nos dados.
- » Elimina pontos de dados que você decidiu que não são de interesse.
- » Ajuda a prever a direção geral dos próximos pontos de dados observados.
- » Gera bons gráficos suaves.

Mas tudo tem um lado negativo. As desvantagens da suavização de dados são:

- » Pode eliminar pontos de dados válidos que resultam de eventos extremos.
- » Pode levar a predições imprecisas se os dados de teste tiverem apenas uma temporada e não forem totalmente representativos da realidade que gerou os pontos de dados.
- » Pode alterar ou distorcer os dados, especialmente os picos, resultando em uma imagem distorcida do que está acontecendo.
- » Pode ser vulnerável a interrupções significativas de atípicos nos dados.
- » Pode resultar em um grande desvio dos dados originais.

Se a suavização de dados não fizer mais do uma mera maquiagem nos dados, ela pode levar a um caminho fundamentalmente errado das seguintes maneiras:

- » Pode introduzir erros através de distorções que tratam os dados suavizados como se fossem idênticos aos dados originais.
- » Pode distorcer a interpretação ignorando — e ocultando — riscos embutidos nos dados.
- » Pode levar a uma perda de detalhes em seus dados — o que é uma maneira de uma curva suavizada se desviar muito dos dados originais.

A gravidade com que a suavização de dados pode afetar seus dados depende da natureza dos dados disponíveis e de qual técnica de suavização foi implementada. Por exemplo, se os dados originais tiverem mais picos, a suavização de dados levará a uma grande mudança desses picos nos gráficos suavizados — provavelmente uma distorção.

LEMBRE-SE

Aqui estão alguns pontos de precaução a serem lembrados ao abordar a suavização de dados:

> » É uma boa ideia comparar gráficos suavizados a gráficos intocados que traçam os dados originais.
> » Os pontos de dados removidos durante a suavização de dados podem não ser ruído. Eles podem ser pontos de dados válidos que resultam de eventos raros, mas reais.
> » A suavização de dados pode ser útil com moderação, mas seu uso excessivo pode levar a uma deturpação de seus dados.

Ao aplicar seu julgamento profissional e sua experiência em conhecimento de negócios, você pode usar a suavização de dados com eficiência. Remover o ruído de seus dados — sem afetar negativamente a precisão e utilidade dos dados originais — é igualmente arte e ciência.

Ajuste de curva

O *ajuste de curva*, como mencionado anteriormente, é um processo distinto da suavização de dados: aqui o objetivo é criar uma curva que represente a função matemática que melhor se adapta aos pontos de dados reais (originais) em uma série de dados. Em geral, você suaviza dados de séries temporais e relações de regressão de ajuste de curva.

A curva pode passar por todos os pontos de dados ou permanecer dentro da maior parte deles, ignorando alguns pontos na esperança de desenhar tendências. Em ambos os casos, uma única função matemática é atribuída a todo o corpo de dados, com o objetivo de encaixar todos os pontos de dados em uma curva que delineie tendências e auxilie a predição.

A Figura 15-2 mostra um gráfico típico que resulta do ajuste de curva de um corpo de dados.

O ajuste de curva pode ser obtido de uma das três maneiras:

> » Encontrando um ajuste exato para cada ponto de dado (um processo chamado *interpolação*).
> » Mantendo-se dentro da mesma porção dos dados e ignorando alguns pontos de dados na esperança de delinear tendências a partir dos dados.
> » Empregando suavização de dados para criar uma função que represente o gráfico suavizado.

O ajuste de curva pode ser usado para preencher possíveis pontos de dados para substituir valores ausentes ou ajudar os analistas a visualizar os dados.

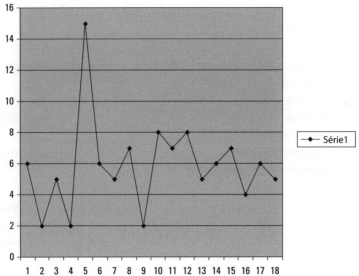

FIGURA 15-2: Um exemplo de ajuste de curva.

CUIDADO

Quando estiver trabalhando para gerar um modelo de análise preditiva, evite adaptar seu modelo para se adequar perfeitamente à sua amostra de dados. Tal modelo falhará — miseravelmente — em prever conjuntos de dados semelhantes e oscilantes fora da amostra de dados. Ajustar um modelo muito próximo a uma amostra de dados específica é um erro clássico chamado *sobreajuste*.

Os infortúnios do sobreajuste

Em essência, sobreajustar um modelo é o que acontece quando você treina o modelo para representar apenas seus dados de amostra — o que não é uma boa representação dos dados como um todo. Sem um conjunto de dados mais realista, o modelo pode ser contaminado por erros e riscos quando entra em operação — e as consequências para seu negócio podem ser sérias.

O sobreajuste de um modelo é uma armadilha comum porque as pessoas querem criar modelos que funcionem — e, assim, são tentadas a manter variáveis e parâmetros até que o modelo tenha um desempenho perfeito — com poucos dados. Errar é humano. Felizmente, também é humano criar soluções realistas.

LEMBRE-SE

Para evitar que seu modelo seja sobreajustado a seu conjunto de dados de amostra, certifique-se de ter um corpo de dados de teste disponível separado dos dados de amostra. Assim, poderá medir o desempenho de seu modelo de forma independente antes de torná-lo operacional. Assim, uma salvaguarda geral contra o sobreajuste é dividir seus dados em duas partes: dados de treinamento e dados de teste. O desempenho do modelo em relação aos dados de teste informará muito se ele está pronto para o mundo real.

Outra prática recomendada é garantir que seus dados representem a população maior do domínio para o qual você está modelando. Tudo o que um modelo de sobreajuste conhece são os atributos específicos do conjunto de dados de amostra para o qual ele é treinado. Se você treinar o modelo apenas em (digamos) vendas de sapatos de neve no inverno, não se surpreenda se ele falhar miseravelmente quando for executado novamente em dados de qualquer outra estação.

Evitando o sobreajuste

Vale a pena repetir: muito ajuste do modelo pode resultar em sobreajuste. Um desses ajustes é incluir muitas variáveis na análise. Mantenha as variáveis no mínimo. Comece por incluir as que considera absolutamente necessárias — aquelas que você acredita que farão uma diferença significativa no resultado. Essa percepção vem do conhecimento íntimo do domínio de negócios em que você está. É aí que a expertise de especialistas em domínio pode ajudar a evitar que se caia na armadilha do sobreajuste. Além disso, podemos obter esse insight através do processo de modelagem, pois os dados geralmente conseguem nos surpreender.

Aqui está uma lista de boas práticas para ajudá-lo a evitar o sobreajuste de seu modelo:

» Escolha trabalhar um conjunto de dados que seja representativo da população como um todo.

» Divida seu conjunto de dados em duas partes: dados de treinamento e dados de teste.

» Mantenha as variáveis analisadas que tenham valor preditivo.

» Conte com a ajuda de especialistas do domínio de conhecimento.

No mercado de ações, por exemplo, uma técnica analítica clássica é *back-testing* — executar um modelo em dados históricos para procurar a melhor estratégia de negociação. Suponha que, depois de executar seu novo modelo em relação a dados gerados por um recente mercado em alta e ajustar o número de variáveis usadas em sua análise, o analista crie o que parece ser uma estratégia de negociação ideal — uma que produziria os maiores retornos *se* ele pudesse voltar no tempo e negociar apenas durante o ano que produziu os dados de teste. Infelizmente, ele não pode. Se ele tentar aplicar esse modelo em um mercado de baixa, estará em risco: ele incorrerá em perdas aplicando um modelo otimizado demais por um período limitado de tempo e um conjunto de condições que não se encaixam nas realidades atuais. (Adeus aos lucros hipotéticos.) O modelo funcionou apenas para aquele mercado em alta porque foi sobreajustado, guardando as marcas do contexto que produziu os dados da amostra — com suas especificidades, atípicos e deficiências. Todas as circunstâncias que cercam esse conjunto de dados provavelmente não serão repetidas no futuro, ou em uma representação verdadeira de toda a população — mas todas elas apareceram no modelo sobreajustado.

CAPÍTULO 15 **Evitando as Armadilhas da Análise** 379

LEMBRE-SE

Se a saída de um modelo for precisa demais, considere isso uma dica para analisá-lo melhor. Peça a ajuda de especialistas em conhecimento de domínio para ver se seus resultados realmente são bons demais para ser verdade e execute esse modelo em mais dados de teste para comparações adicionais.

Mantendo as suposições no mínimo

Apesar de tudo o que nos foi dito sobre as suposições que causam problemas, algumas permanecem a essência de qualquer modelo de análise preditiva. Essas suposições aparecem nas variáveis selecionadas e consideradas na análise — e essas variáveis afetam diretamente a precisão da saída do modelo final. Portanto, sua precaução mais sensata no início é identificar quais suposições são mais importantes para seu modelo — e mantê-las em um mínimo.

Criar um modelo preditivo que funcione bem no mundo real requer um conhecimento profundo do negócio. Seu modelo começa conhecendo apenas os dados da amostra — em termos práticos, quase nada. Então comece pequeno e continue aprimorando o modelo conforme necessário. A investigação de possíveis questões e cenários pode levar a descobertas importantes e/ou podem lançar mais luz sobre os fatores em ação no mundo real. Esse processo pode identificar as variáveis principais que podem afetar o resultado da análise. Em uma abordagem sistemática de análise preditiva, essa fase — explorando cenários hipotéticos — é especialmente interessante e útil. Aqui é onde você altera as entradas do modelo para medir os efeitos de uma variável ou outra na saída do modelo; o que realmente está testando é sua capacidade preditiva.

Melhorar as suposições do modelo — testando como elas afetam a saída, sondando como o modelo é sensível a elas e reduzindo-as ao mínimo — ajudará a guiar o modelo em direção a uma capacidade preditiva mais confiável. E antes de poder otimizar seu modelo, você precisa conhecer as *variáveis preditoras* — atributos que têm um impacto direto em sua saída.

Você pode derivar essas variáveis de decisão executando várias simulações do seu modelo — alterando alguns parâmetros a cada execução — e registrando os resultados, especialmente a precisão das previsões do modelo. Normalmente você pode rastrear variações na precisão até os parâmetros específicos que alterou.

Neste ponto, o século XXI pede ajuda ao XIV. Guilherme de Ockham, um frade franciscano inglês e filósofo escolástico que viveu nos anos 1300, desenvolveu o princípio de pesquisa que conhecemos como Navalha de Occam: é preciso cortar suposições desnecessárias até que sua teoria tenha o menor número possível delas. E então ela terá maior probabilidade de ser verdadeira.

Suposições demais sobrecarregam seu modelo com incertezas e imprecisões. A eliminação de variáveis desnecessárias leva a um modelo mais robusto, mas não é fácil decidir quais variáveis incluir na análise — e essas decisões afetam diretamente o desempenho do modelo. Mas aqui é onde o analista pode se deparar com um dilema: incluir fatores desnecessários pode enviesar ou distorcer a saída do modelo, mas excluir uma variável relevante deixa o modelo incompleto. Portanto, quando chegar a hora de selecionar as variáveis de decisão mais importantes, chame especialistas de domínio. Quando você tem um conjunto preciso de variáveis de decisão baseadas na realidade, não precisa fazer muitas suposições — e o resultado pode ser menos erros em seu modelo preditivo.

Desafios da Análise

A modelagem preditiva está ganhando popularidade como uma ferramenta para gerenciar muitos aspectos do negócio. Garantir que a análise de dados seja feita corretamente aumentará a confiança nos modelos empregados — o que, por sua vez, pode gerar a adesão necessária para a análise preditiva se tornar parte do kit de ferramentas padrão de sua organização.

Talvez essa popularidade crescente seja decorrente das maneiras pelas quais um projeto de análise preditiva embasa a tomada de decisões criando modelos que descrevam conjuntos de dados, descubra novos padrões e tendências possíveis (conforme indicado pelos dados) e preveja resultados com maior confiabilidade.

Para atingir esse objetivo, um projeto de análise preditiva deve fornecer um modelo que melhor se adapte aos dados, selecionando as variáveis de decisão de maneira correta e eficiente. Algumas questões vitais devem ser respondidas em busca desse objetivo:

> » Quais são as suposições mínimas e as variáveis de decisão que permitem que o modelo se ajuste melhor aos dados?
> » Como o modelo em construção se compara a outros modelos aplicáveis?
> » Quais critérios são os melhores para avaliar e pontuar esse modelo?

Mais uma vez, você pode chamar a voz da experiência em seu resgate: os especialistas do domínio podem discutir essas questões, interpretar quaisquer resultados que mostrem padrões ocultos nos dados e ajudar a verificar e validar a saída do modelo. Eles também podem ajudá-lo a navegar nos aspectos complicados da análise preditiva descritos nas próximas seções deste capítulo.

Análise supervisionada

Na *análise supervisionada*, tanto a entrada quanto a saída histórica fazem parte dos dados de treinamento. O modelo é apresentado com os resultados corretos como parte do processo de aprendizado supervisionado, que pressupõe exemplos pré-classificados: o objetivo é fazer com que o modelo aprenda com a classificação anteriormente conhecida, para que possa rotular corretamente o próximo ponto de dados desconhecido com base no que aprendeu.

Quando o treinamento do modelo é concluído, infere-se uma função matemática examinando os dados de treinamento. Essa função será usada para rotular novos pontos de dados.

Para que essa abordagem funcione corretamente, os dados de treinamento — junto dos dados de teste — devem ser cuidadosamente selecionados. O modelo treinado deve ser capaz de prever o rótulo correto para um novo ponto de dados com rapidez e precisão, com base no(s) tipo(s) de dados que o modelo viu nos dados de treinamento.

A análise supervisionada oferece algumas vantagens distintas:

>> O analista está encarregado do processo.

>> A rotulagem é baseada em classificações conhecidas.

>> Erros de rotulagem podem ser facilmente resolvidos.

O outro lado dessas vantagens é um conjunto igualmente distinto de desvantagens potenciais:

>> Quaisquer erros na fase de treinamento serão reforçados mais tarde.

>> A classificação fornecida pelo analista pode não descrever toda a população adequadamente.

>> O modelo pode não conseguir detectar classes que se desviam do conjunto de treinamento original.

>> A suposição de que os agrupamentos dentro dos dados não se sobrepõem — e que eles podem ser facilmente separados — pode não ser válida.

Baseando-se em apenas uma análise

Como você provavelmente adivinhou, a análise preditiva não é uma atividade de tamanho único — nem os seus resultados são definitivos. Para que a técnica funcione corretamente, é preciso aplicá-la várias vezes ao longo do tempo — assim, você precisará de uma abordagem geral adequada a seu negócio. O sucesso de seu projeto de análise preditiva depende de vários fatores:

>> Da natureza de seus dados.

>> Da natureza de seu negócio e sua cultura.

>> Da disponibilidade do conhecimento interno.

>> Do acesso a ferramentas analíticas apropriadas.

A abordagem escolhida influenciará a saída do modelo, o processo de análise de seus resultados e a interpretação de suas previsões. E escolher uma abordagem não é tão tranquilo quanto uma caminhada no parque. Há muitas coisas que podem dar errado, muitas armadilhas nas quais você pode cair e caminhos enganosos que pode tomar.

Felizmente, você pode se defender contra essas armadilhas adotando algumas práticas sensatas desde o início:

» **Teste continuamente os resultados de seu modelo de análise preditiva.** Não confie nos resultados de uma única análise. Em vez disso, execute várias análises em paralelo e compare seu resultado.

» **Execute, teste, compare e avalie vários modelos e seus resultados.** Use o máximo de simulações possíveis e verifique quantas permutações puder. Algumas limitações em seus dados só podem surgir quando você compara os resultados obtidos de seu modelo com aqueles obtidos de outros modelos. Então você pode avaliar o impacto dos resultados de cada modelo diretamente em seus objetivos de negócios.

Use vários modelos para identificar o maior número possível de padrões relevantes em seus dados.

Descrevendo as limitações do modelo

Qualquer modelo analítico preditivo tem certas limitações baseadas nos algoritmos que emprega e no conjunto de dados em que é executado. Você deve estar ciente dessas limitações e fazê-las funcionar a seu favor. As relacionadas aos algoritmos incluem:

» Se os dados têm padrões não lineares (não formam uma linha).
» Quanto as variáveis são altamente correlacionadas (relações estatísticas entre atributos).
» Se as variáveis são independentes (sem relações entre os recursos).
» Se o escopo dos dados da amostra torna o modelo propenso a sobreajuste (como descrito anteriormente neste capítulo).

Para superar as limitações de seu modelo, use técnicas sólidas de *validação cruzada* para testar seus modelos. Comece dividindo seus dados em conjuntos de dados de treinamento e de teste e execute o modelo em relação a cada um desses conjuntos de dados separadamente para avaliar e pontuar as predições do modelo.

Testando e avaliando seu modelo

Nenhum modelo é capaz de produzir previsões 100% precisas, e qualquer modelo tem o potencial de produzir resultados imprecisos. Fique atento a qualquer variação significativa entre as previsões que seu modelo produz e os dados observados — especialmente se os resultados do modelo contrariarem o senso comum. Se parece bom, ruim ou extremo demais para ser verdade, então provavelmente não é (pelo menos para a realidade).

No processo de avaliação, examine minuciosamente as saídas dos modelos que está testando e compare-os com as variáveis de entrada. A capacidade de previsão de seu modelo deve responder a todos os objetivos de negócios declarados que levaram a sua criação.

Se erros ou vieses surgirem na saída de seu modelo, tente rastreá-los até:

» A validade, confiabilidade e sazonalidade relativa dos dados.
» As suposições utilizadas no modelo.
» As variáveis que foram incluídas ou excluídas na análise.

Os fatores precedentes influenciarão diretamente a precisão de seu modelo. Se seus dados não forem apropriados para o modelo que está construindo, então ele não atenderá às suas necessidades de negócios. Se os dados forem bons, mas falhos, como a ausência de representação de um tipo de dados devido à sazonalidade ou se os dados não forem válidos ou confiáveis, não serão considerados para todos os casos que o modelo deve conhecer e abordar quando situações semelhantes surgirem no futuro.

Como parte da construção do modelo, o cientista de dados ou as partes interessadas podem fazer algumas suposições sobre os dados usados para criar o modelo ou o ambiente de negócios no qual o modelo será executado. Se essas suposições estiverem erradas, o modelo será menos preciso.

A decisão de incluir uma variável ou excluí-la da análise tem um impacto direto no resultado do modelo. Algumas variáveis só podem ser efetivas, e seus poderes preditivos só podem entrar em ação na presença de outras variáveis. A decisão de incluir ou excluir uma variável de uma análise é a essência da criação de modelos de análise preditiva. As partes interessadas, a experiência dos cientistas de dados, as ferramentas e a qualidade dos dados devem ser de grande ajuda na criação de modelos de análise preditiva bem-sucedidos.

LEMBRE-SE

Trabalhe com os usuários para avaliar cada etapa do processo de seu modelo, e certifique-se de que as saídas do modelo possam ser facilmente interpretadas e usadas em uma situação comercial do mundo real. Equilibre a precisão e a confiabilidade do modelo com a facilidade com que as saídas do modelo podem ser interpretadas e colocadas em prática.

A capacidade de interpretar facilmente o modelo e fazer com que essa interpretação faça sentido para as partes interessadas do negócio é essencial. Essa interpretação pode ser nova, mas você deve ser capaz de explicar por que essa ou aquela variável, ou uma combinação de variáveis, permitirá a obtenção de uma predição precisa.

Evitando modelos não escaláveis

Quando você está construindo um modelo, sempre mantenha em mente a escalabilidade. Sempre verifique o desempenho, a precisão e a confiabilidade do modelo em várias escalas. Seu modelo deve ser capaz de mudar sua escala — e aumentar o tamanho que for necessário — sem desmoronar ou produzir predições ruins.

A escalabilidade é um grande desafio. Modelos preditivos podem levar muito tempo para serem construídos e executados. No passado, os conjuntos de dados nos quais os modelos eram executados eram pequenos, e os dados eram caros para coletar, armazenar e pesquisar. Mas isso na era "pré-big data".

Hoje, o big data é barato, abundante e crescente. Na verdade, outro problema em potencial se aproxima: o formidável volume, velocidade e a taxa de recebimento dos dados atualmente disponíveis e possíveis podem afetar negativamente o modelo e degradar seu desempenho, tornando-o obsoleto em um período de tempo relativamente curto. Corretamente implementada, a escalabilidade pode ajudar a tornar seu modelo "à prova do futuro".

O futuro não é a única ameaça. Mesmo na era online atual, os dados transmitidos podem sobrecarregar um modelo — especialmente se os fluxos de dados se tornarem uma enchente.

Se o modelo for atualizado a uma velocidade inferior à dos dados recebidos, as predições do modelo serão quase obsoletas para os dados. O universo que ele representa já mudou, e o modelo precisa se atualizar para abordar a nova realidade.

O volume de dados sozinho pode fazer com que as variáveis de decisão e os fatores de previsão cresçam para números gigantescos que exigem atualização contínua para o modelo. Então, sim, é melhor que seu modelo seja escalável — e de forma rápida.

Pontuando suas predições com precisão

Ao analisar a qualidade de um modelo preditivo, você vai querer medir sua precisão. Quanto mais precisa a previsão do modelo, mais útil é para o negócio, o que é uma indicação de sua qualidade. Tudo isso é bom — exceto quando o evento previsto é raro. Nesse caso, a alta precisão do modelo preditivo pode não ter sentido.

CAPÍTULO 15 **Evitando as Armadilhas da Análise** 385

Por exemplo, se a probabilidade de ocorrer um evento raro é de 5%, um modelo que simplesmente responda "não" o tempo todo quando perguntado se o evento raro ocorreu estaria correto em 95% das vezes. Mas o quanto ele seria de fato útil? Assim, se sua empresa estiver interessada em prever e lidar com eventos raros, não confie apenas na precisão como uma medida da confiabilidade de seu modelo.

Nesse caso, você pode avaliar a eficácia e a qualidade de um modelo preditivo à luz da probabilidade do evento raro ocorrer. Uma métrica útil a seguir é especificar quais tipos de erros você pode aceitar do modelo e quais não pode.

Aqui está uma lista rápida de outras maneiras de avaliar seu modelo:

» Verifique se a saída do modelo atende a seus critérios de avaliação.
» Desenvolva uma estratégia de teste para que você possa testar seu modelo repetidamente e de forma consistente.
» Meça como o modelo atende aos objetivos de negócios para as quais foi construído.
» Avalie os riscos de implantar o modelo ao vivo.

LEMBRE-SE

Ajude a eliminar o sobreajuste. Ao construir um modelo preditivo, tenha em mente que seu conjunto de dados é apenas uma amostra de toda a população. Sempre haverá fatores desconhecidos que seus dados não podem explicar, não importa o que faça.

Aborde a análise de seu modelo preditivo com cuidado, começando com esta lista de verificação rápida:

» Prepare seus dados com o maior cuidado antes de usá-los para treinar seu modelo.
» Considere cuidadosamente os atípicos antes de incluí-los ou excluí-los.
» Permaneça vigilante em testes e avaliações repetidos.
» Verifique os dados de amostra e de teste, para evitar o sobreajuste.
» Consulte seus especialistas do domínio com frequência e de forma adequada.

5
Executando o Big Data

NESTA PARTE...

Conheça a arquitetura empresarial para o big data.

Veja os passos da Análise Preditiva de Prova de Valor.

Entenda os frameworks de código aberto para o big data.

Descubra o que é análise como um serviço.

NESTE CAPÍTULO

» **Identificando tendências tecnológicas em análise preditiva**

» **Explorando a análise preditiva como um serviço**

» **Aplicando ferramentas de código aberto**

» **Selecionando uma estrutura de big data em larga escala**

Capítulo **16**

Direcionando para o Big Data

Em sentido amplo, o *big data* é a massa de dados gerada a cada momento. Inclui — entre outros — dados que surgem em tempo real a partir de:

» Redes sociais online, como o Facebook.

» Microblogs, como o Twitter.

» Dados online de transações de clientes.

» Dados climáticos coletados de sensores.

» Localizações GPS para todos os dispositivos equipados com GPS.

» Consultas de usuários em mecanismos de busca, como o Google.

E essa lista é só a ponta do iceberg. Pense no big data como uma camada crescente de dados em todo o mundo. O que faço com isso? Resposta: Use a análise preditiva como um meio de extrair informações valiosas da massa de big data, encontrar padrões nos dados, descobrir insights e prever resultados.

CAPÍTULO 16 **Direcionando para o Big Data** 389

Veja um exemplo familiar: você deve ter notado que os anúncios exibidos em sites durante a navegação "por acaso" mencionam produtos que você já pretendia comprar. Não é mágica. Os sites que mostram tais anúncios estão utilizando análise preditiva para *minerar dados* (escavar informações de) big data: seus padrões de compra deixam um rastro de dados valiosos online, e os anúncios bem direcionados demonstram que alguém está usando esses dados.

Este capítulo mostra como a análise preditiva rompe a casca do big data e extrai sua polpa. Primeiro, nós o guiaremos por uma série de tendências nesse mercado — em particular, a análise preditiva como um serviço —, que oferece aplicações significativas para as empresas. Você também será apresentado a alguns aspectos da análise preditiva e seu uso a fim de domar o big data:

» Utilize big data para prever resultados futuros.

» Explore a análise preditiva como um serviço.

» Aplique ferramentas gratuitas e de código aberto para fundir e usar dados de diferentes fontes.

» Prepare-se para construir um modelo de análise preditiva.

» Construir e testar uma modelo de análise preditiva de prova de conceito.

Principais Tendências Tecnológicas

Técnicas analíticas tradicionais só podem fornecer insights com base em dados históricos. Seus dados — passados e recebidos — podem fornecer um indicador confiável capaz de ajudá-lo a tomar decisões melhores para atingir seus objetivos de negócios. A ferramenta para isso é a análise preditiva.

As empresas que adotam e aplicam essa ferramenta extensivamente buscam não apenas ideias, mas também *insights prospectivos* de várias fontes de dados. Usando uma ampla gama de dados, as empresas querem prever a próxima ação do cliente antes que ela ocorra, prever falhas de marketing, detectar fraudes ou prever a probabilidade de sucesso de decisões de negócios futuras.

Explorando a análise preditiva como um serviço

À medida que a análise preditiva se torna comum e difundida, uma tendência que surge é (compreensivelmente) a maior facilidade de utilização. Indiscutivelmente, a maneira mais fácil de usar os programas de análise de dados é como software — como produto autônomo ou como serviço baseado em nuvem fornecido por uma empresa que ofereça soluções de análise para outras empresas.

Se o negócio de sua empresa é oferecer análise preditiva, você pode fornecer essa capacidade de duas formas principais:

» **Como um aplicativo de software independente com uma interface gráfica de usuário fácil de usar:** O cliente compra o produto de análise preditiva e o utiliza para criar modelos preditivos personalizados.

» **Como um conjunto de ferramentas de software baseado em nuvem que ajuda o usuário a escolher o modelo preditivo a ser usado:** O cliente aplica as ferramentas para atender aos requisitos e especificações do projeto em questão e o tipo de dados ao qual o modelo será aplicado. As ferramentas oferecem previsões rapidamente, sem envolver o cliente no funcionamento do algoritmo em uso ou no gerenciamento de dados. Esses serviços não exigem que o usuário entenda o funcionamento interno dos modelos e serviços fornecidos. Os serviços baseados em nuvem permitem a integração com terceiros sem necessidade de interação com o cliente, e também oferecem um mercado para outros serviços.

Um exemplo pode ser tão simples quanto estas três etapas:

1. **O cliente faz upload de dados para seus servidores ou escolhe dados que já residem na nuvem.**

2. **O cliente aplica alguns modelos preditivos disponíveis a esses dados.**

3. **Então analisa insights e previsões dos resultados da análise ou serviço.**

Agregando dados distribuídos para análise

Uma tendência crescente é aplicar análise preditiva em dados coletados de diversas fontes. A implementação de uma solução típica de análise preditiva em um ambiente distribuído requer a coleta de dados — às vezes, big data — de diferentes fontes; uma abordagem que deve contar com as capacidades de gerenciamento de dados. Os dados precisam ser coletados, pré-processados e gerenciados *antes* de poder ser utilizados para gerar previsões acionáveis.

Os arquitetos de soluções de análise preditiva devem sempre enfrentar o problema de como coletar e processar dados de diferentes fontes de dados. Considere, por exemplo, uma empresa que deseja prever o sucesso de uma decisão de negócios que afeta um de seus produtos avaliando uma das seguintes opções:

» Alocar recursos da empresa para aumentar o volume de vendas.

» Encerrar a fabricação do produto.

» Alterar a atual estratégia de vendas para o produto.

CAPÍTULO 16 **Direcionando para o Big Data** 391

Os arquitetos de análise preditiva devem projetar um modelo que ajude a empresa a tomar essa decisão, usando dados sobre o produto de diferentes departamentos (conforme ilustrado na Figura 16-1):

» **Dados técnicos**: O departamento de engenharia tem dados sobre as especificações do produto, seu ciclo de vida e os recursos e o tempo necessários para produzi-lo.

» **Dados de vendas:** O departamento de vendas sabe o volume de vendas do produto, o número de vendas por região e os lucros gerados.

» **Dados do cliente de pesquisas, resenhas e postagens:** A empresa pode não ter um departamento dedicado para a análise de como os clientes se sentem em relação ao produto. No entanto, existem ferramentas que podem analisar automaticamente os dados postados online e extrair as atitudes de autores, palestrantes ou clientes em relação a um tópico, um fenômeno ou (neste caso) um produto. O processo é conhecido como *análise de sentimento* ou *mineração de opinião*.

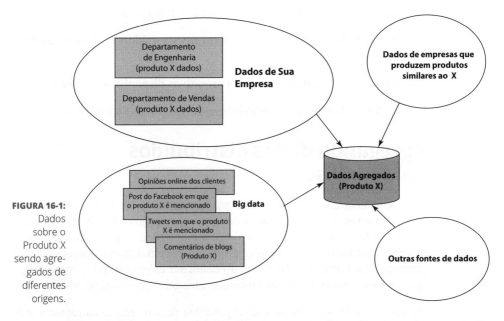

FIGURA 16-1: Dados sobre o Produto X sendo agregados de diferentes origens.

Por exemplo, se um usuário postar um comentário sobre o Produto X que diz "Eu realmente gosto do Produto X e estou satisfeito com o preço", um *extrator de sentimento* rotula automaticamente esse comentário como positivo. Essas ferramentas podem classificar as respostas como "felizes", "tristes", "irritadas", e assim por diante, baseando a classificação nas palavras que um autor usa no texto publicado online. No caso do Produto X, a solução de análise preditiva precisaria agregar avaliações de clientes de fontes externas (como redes sociais e microblogs) com dados derivados de fontes internas da empresa.

A Figura 16-1 mostra essa agregação de dados de várias origens, internas e externas — dos departamentos de engenharia e de vendas (internas) e das análises de clientes coletadas nas redes sociais (dados externos que não são encontrados no armazém de dados) —, que também é uma instância do uso de big data em análise preditiva. Uma ferramenta padrão que pode ser usada para essa agregação é o Hadoop — uma estrutura de big data que permite a construção de soluções de análise preditiva de diferentes fontes. (Mais sobre o Hadoop na próxima seção.)

Análise orientada por dados em tempo real

Entregar insights à medida que novos eventos ocorrem em tempo real é uma tarefa desafiadora, porque muita coisa está acontecendo muito rápido. O processamento moderno de alta velocidade deslocou a busca por insights de negócios do armazenamento de dados tradicional para o processamento em tempo real. Mas o volume de dados também é alto — uma quantidade incrível de dados variados, de várias fontes, gerados constantemente e em taxas diferentes. As empresas estão ávidas por soluções analíticas escaláveis que possam derivar insights em tempo real a partir de uma enxurrada de dados que parecem conter "o mundo e tudo o que ele contém".

A demanda por análise de dados em tempo real *e* geração de previsões de forma rápida está se intensificando. Considere o exemplo da vida real (mencionado anteriormente neste capítulo) de encontrar um anúncio online que corresponde a uma compra que você já estava prestes a fazer. As empresas estão interessadas em soluções preditivas de análise que possam fornecer capacidades como as seguintes:

>> Prever — em tempo real — o anúncio específico que um visitante do site provavelmente clicaria (uma abordagem chamada *posicionamento do anúncio em tempo real*).

>> Especular com precisão quais clientes estão prestes a abandonar um serviço ou produto para direcionar campanhas de retenção (*retenção de clientes e modelagem de rotatividade*).

>> Identificar os eleitores que podem ser influenciados por meio de uma estratégia de comunicação específica, como visita domiciliar, anúncio de TV, telefonema ou e-mail. (Você pode imaginar o impacto nas campanhas políticas.)

Além de incentivar a compra e a voto dentro das diretrizes desejadas, a análise preditiva em tempo real serve como uma ferramenta crítica para a detecção automática de ataques cibernéticos. Por exemplo, a RSA — uma conhecida empresa norte-americana de segurança de computadores e redes — adotou recentemente a análise preditiva e a visualização de big data como parte de uma solução de detecção de ameaças na web. A ferramenta analisa um grande número de sites e atividades de usuários da web para prever, detectar, visualizar e pontuar (classificar) ameaças cibernéticas, como ataques de negação de serviço e atividades maliciosas na internet, como fraude bancária online.

Aplicando Ferramentas de Código Aberto ao Big Data

Esta seção destaca dois importantes projetos Apache de código aberto que são importantes e relevantes para o big data. O mais importante é o Apache Hadoop, um framework que permite armazenar e processar vários conjuntos de dados usando o processamento paralelo em um cluster. O outro projeto é o Apache Spark, que é um mecanismo computacional desenvolvido recentemente responsável pela distribuição, programação e gerenciamento de aplicativos de dados em larga escala em muitos nós em seu cluster. Ele é projetado para ser flexível e relativamente rápido, tentando executar o máximo possível de cálculos na memória (em vez de ir para o disco).

Apache Hadoop

O Apache Hadoop é uma plataforma de software livre e de código aberto para escrever e executar aplicativos que processam uma grande quantidade de dados. Permite um processamento paralelo distribuído de grandes conjuntos de dados gerados a partir de diferentes fontes. Essencialmente, é uma ferramenta poderosa para armazenar e processar big data.

O Hadoop armazena qualquer tipo de dado, estruturado ou não estruturado, de diferentes fontes — e, em seguida, agrega os dados da maneira que você quiser. O Hadoop manipula dados heterogêneos usando o processamento paralelo distribuído — o que o torna uma estrutura muito eficiente para uso em software analítico que lida com big data. Não é de admirar que algumas grandes empresas estejam adotando o Hadoop, incluindo Facebook, Yahoo!, IBM, Twitter e LinkedIn (que desenvolveram componentes do Hadoop para resolver problemas de big data enfrentados internamente).

Antes do Hadoop, as empresas não conseguiam tirar proveito do big data, que não era analisado e era quase inutilizável. O custo de armazenar esses dados em um banco de dados relacional proprietário e criar um formato estruturado em torno dele não justificava os benefícios de analisar esses dados e utilizá-los. O Hadoop, por outro lado, está tornando essa tarefa integrada — a uma fração do custo —, permitindo que as empresas encontrem insights valiosos nos abundantes dados que adquirem e acumulam.

O poder do Hadoop está na manipulação de diferentes tipos — na verdade, qualquer tipo de dados: texto, fala, e-mails, fotos, postagens, tuítes, o que quiser, e o Hadoop se encarrega de agregar esses dados em toda a sua variedade e fornece a capacidade de consultar todos os dados conforme sua conveniência. Você não precisa criar um esquema antes de poder entender seus dados; o Hadoop permite consultar esses dados em seu formato original.

Além de manipular grandes quantidades de dados variados, o Hadoop é tolerante a falhas, usando programas simples que manipulam o agendamento do processamento distribuído em várias máquinas. Esses programas podem detectar falhas de hardware e desviar uma tarefa para outra máquina em execução. Esse arranjo permite que o Hadoop forneça alta disponibilidade, independentemente de falhas de hardware.

O Hadoop usa dois componentes principais para fazer seu trabalho: MapReduce e Hadoop Distributed File System. Os dois componentes trabalham de modo cooperativo:

» **MapReduce:** A implementação do MapReduce no Hadoop baseia-se na pesquisa do Google sobre modelos de programação para processar grandes conjuntos de dados, dividindo-os em pequenos blocos de tarefas. O MapReduce usa um algoritmo distribuído, em um cluster de computadores, para processar grandes conjuntos de dados. Consiste em duas funções:

  • **A função** Map ( ) , que reside no *nó mestre* (computador em rede). Ela divide a consulta ou tarefa de entrada em subtarefas menores, que depois distribui para *nós escravos*, que processam as tarefas menores e passam as respostas de volta para o nó mestre. As subtarefas são executadas em paralelo em vários computadores.

  • **A função** Reduce ( ) coleta os resultados de todas as subtarefas e as combina para produzir um resultado final agregado — que retorna como a resposta para a grande consulta original.

» **Sistema de arquivos distribuídos Hadoop (HDFS)**: O HDFS replica os blocos de dados localizados em outros computadores em seu centro de processamento (para garantir confiabilidade) e gerencia a transferência de dados para as várias partes do sistema distribuído.

Considere um banco de dados de dois bilhões de pessoas e suponha que você queira calcular o número de amigos sociais do Sr. X e organizá-los de acordo com suas localizações geográficas. Essa é uma tarefa difícil. Os dados de dois bilhões de pessoas podem se originar de fontes vastamente diferentes, como redes sociais, listas de endereços de e-mail, postagens, tuítes, históricos de navegação — e isso apenas para nomear alguns. O Hadoop pode agregar essa massa enorme e diversificada de dados para que você possa investigá-la com uma consulta simples.

CAPÍTULO 16 **Direcionando para o Big Data** 395

Você pode usar os recursos de programação do MapReduce para resolver essa consulta. Definir os procedimentos Map e Reduce torna até mesmo esse grande conjunto de dados manejável. Usando as ferramentas que o framework Hadoop oferece, você criaria uma implementação MapReduce que faria o cálculo como duas subtarefas:

» Calcular o número médio de amigos sociais do Sr. X.

» Organizar os amigos do Sr. X por localização geográfica.

Seu programa de implementação MapReduce as executaria em paralelo, gerenciaria a comunicação entre as subtarefas e organizaria os resultados. Dentre os dois bilhões de pessoas, você saberia quem são os amigos online do Sr. X.

O Hadoop fornece uma variedade de processadores Map, o(s) qual(is) você selecionará dependendo de sua infraestrutura. Cada um de seus processadores lidará com um determinado número de registros. Suponha, por exemplo, que cada processador lide com um milhão de registros de dados. Cada processador executa um procedimento Map que produz vários registros de pares de valor-chave <G, N>, onde G (chave) é a localização geográfica de uma pessoa (país) e N (valor) é o número de contatos que a pessoa possui.

Suponha que cada processador Map produza muitos pares na forma <*chave, valor*>, como o seguinte:

Processador Map # 1: `<France, 45>`

Processador Map # 2: `<Morocco, 23>`

Processador Map # 3: `<USA, 334>`

Processador Map # 4: `<Morocco, 443>`

Processador Map # 5: `<France, 8>`

Processador Map # 6: `<Morocco, 44>`

Na fase Reduce, o Hadoop atribui uma tarefa a um determinado número de processadores: execute o procedimento Reduce que agrega os valores das mesmas chaves para produzir um resultado final. Para este exemplo, a implementação de Reduce resume a contagem de valores para cada chave — localização geográfica. Então, após a fase Map, a fase Reduce produz o seguinte:

`<Morocco, 23 +44 +443 = 510>` → `<Morocco, 510>`

`<France, 8 +45 = 53>` → `<France, 53>`

Claramente, o Sr. X é um cara popular, mas esse foi um exemplo muito simples de como o MapReduce pode ser usado. Imagine que está lidando com um grande conjunto de dados no qual deseja realizar operações complexas, como agrupar bilhões de documentos, conforme mencionado no Capítulo 6, em que a operação e os dados são grandes demais para serem manipulados por uma única máquina. O Hadoop é a ferramenta a ser considerada.

As versões mais recentes do Hadoop desvinculam o modelo de programação MapReduce e o Cluster Resources Management, introduzindo uma nova tecnologia chamada Yarn no framework Hadoop.

Apache Yarn

Yarn significa *Yet Another Resource Negotiator*, que é um novo componente na framework Hadoop. Ele é responsável pelo gerenciamento e agendamento do cluster. O gerenciamento de recursos do cluster, como o próprio nome indica, gerencia os recursos (como memória e CPU) dos diferentes clusters, incluindo nós de dados. Em versões recentes do Hadoop, o Yarn assumiu o gerenciamento de recursos do cluster. O MapReduce agora é responsável apenas pelo processamento de dados.

PAPO DE ESPECIALISTA

O Yarn às vezes é chamado de sistema operacional do Hadoop, porque gerencia e garante alta disponibilidade dos recursos do Hadoop.

O Yarn foi lançado para superar as principais limitações de escalabilidade em versões anteriores do Hadoop. Os usuários da versão mais antiga experimentaram grande escalabilidade, problemas de concorrência do rastreador de trabalho e mau funcionamento de um cluster de mais de 3 mil nós de dados. O Yarn lida com a funcionalidade de agendamento de trabalhos como um aplicativo genérico separado, e o mais recente permite a coexistência de diferentes modelos de processamento com o MapReduce. Com o Yarn você pode executar aprendizado de máquina, programas MapReduce e processamento de fluxo de dados.

O Yarn é responsável por duas tarefas principais:

» Responder a uma solicitação do cliente alocando processos (conhecidos como *contêineres*) que serão executados em máquinas físicas
» Gerenciar contêineres que foram alocados para cada aplicativo

O Yarn pode liberar alguns dos contêineres se eles não estiverem sendo usados ou se estiverem com sua capacidade totalmente ocupada e alocar os recursos liberados para outra aplicação por solicitação do cliente. O MapReduce no Hadoop 1.0 contava com um número fixo de processos de Map e Reduce que podiam ser executados em um mesmo nó. Essa não foi a melhor maneira de maximizar a utilização de nós no cluster. Em versões posteriores do Hadoop, o Yarn permite que as aplicações do cliente solicitem recursos de diferentes tamanhos de memória e CPU. Uma aplicação Yarn tem controle total sobre os recursos necessários para realizar seu trabalho.

Ecossistema Hadoop em resumo

A palavra *ecossistema* foi inventada em 1930 pelo botânico Roy Clapham, e se refere a componentes físicos e biológicos que incluem plantas, rochas, minerais, solo, água e seres humanos, entre outros, que interagem como uma unidade. Cada componente tem uma função específica e existe para auxiliar outros componentes. A mesma analogia se aplica ao Hadoop.

A estrutura do Hadoop é composta de componentes que podem interagir uns com os outros e funcionam como uma unidade para fornecer uma solução de análise de dados baseada no Hadoop.

A Figura 16-2 mostra uma visão geral dos componentes de software atualizados disponíveis no Ecossistema Hadoop. Alguns dos componentes, como Spark e Mahout, são explicados mais adiante neste capítulo. O ecossistema do Hadoop está em constante mudança. A Figura 16-2 fornece um panorama dos componentes que você pode adotar no Hadoop para fins de análise preditiva, processamento de dados e processamento semelhante a SQL. O site do Apache mantém uma lista atualizada do ecossistema do Hadoop (conteúdo em inglês): http://hadoop.apache.org

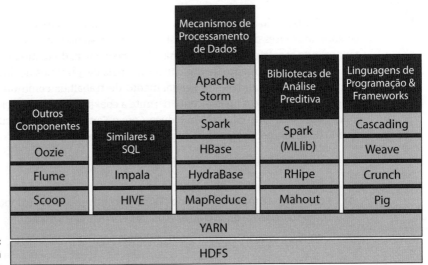

FIGURA 16-2: Ecossistema Hadoop.

Apache Mahout

O Apache Mahout é uma biblioteca de aprendizado de máquina que inclui versões de larga escala de agrupamento, classificação, filtragem colaborativa e outros algoritmos de mineração de dados capazes de suportar um modelo de análise preditiva em grande escala. Uma maneira altamente recomendada de processar os dados necessários para esse modelo é executar o Mahout em um sistema que já esteja executando o Hadoop (consulte a seção anterior). O Hadoop designa uma máquina mestre que orquestra as outras máquinas (como máquinas Map e Reduce) utilizadas em seu processamento distribuído. Na maioria dos casos, o Mahout deve ser instalado no servidor em que será executado (por exemplo, nó mestre).

Imagine que você tenha uma grande quantidade de dados em fluxo — os artigos de notícias do Google — e gostaria de agrupá-los por tópicos usando um dos algoritmos de agrupamento mencionados no Capítulo 6. Depois de instalar o Hadoop e o Mahout, você pode executar um dos algoritmos — como K-means — em seus dados.

A implementação do K-means no Mahout usa uma abordagem do MapReduce, que o torna diferente da implementação normal do K-means (descrito anteriormente no Capítulo 6). O Mahout subdivide o algoritmo K-means nos seguintes subprocedimentos:

>> **KmeansMapper** lê o conjunto de dados de entrada e atribui cada ponto de entrada a sua média mais próxima selecionada inicialmente (representantes de agrupamento).

>> **KmeansCombiner** é o procedimento que executa todos os registros — pares <chave, valor> — produzidos pelo KmeansMapper e fornece somas parciais para facilitar o cálculo dos representantes de agrupamentos subsequentes.

>> **KmeansReducer** recebe os valores produzidos por todas as subtarefas (KmeansCombiners) para calcular os centroides reais dos agrupamentos, que é a saída final de K-means.

>> **KmeansDriver** manipula as iterações do processo até que todos os agrupamentos tenham convergido. A saída de uma determinada iteração, uma saída de agrupamento parcial, é usada como entrada para a próxima iteração. O processo mapeia e reduz o conjunto de dados até que a atribuição de registros e agrupamentos não mostre mais alterações. (Para mais informações sobre K-means, veja o Capítulo 6.)

O Apache Mahout é um projeto desenvolvido recentemente, e sua funcionalidade ainda tem muito espaço para acomodar extensões. Enquanto isso, o Mahout já usa o MapReduce para implementar a classificação, o agrupamento e outras técnicas de aprendizado de máquina — e pode fazê-lo em larga escala.

Instalando o Hadoop

Para uma instalação muito simples do Hadoop, adote a distribuição da Cloudera. O Hadoop Distribution (CDH) da Cloudera é um Apache Hadoop integrado que contém componentes pré-instalados e configurados para um ambiente de produção do Hadoop. O CDH é gratuito e está disponível em diferentes formatos de pacotes Linux, imagens de máquinas virtuais e arquivos tar. Você também pode executar o CDH na nuvem. Tudo no CDH está instalado e pronto para ser usado.Você pode baixar o tipo de imagem que corresponde à sua máquina virtual preferida. Para baixar e começar a instalação do Hadoop, visite www.cloudera.com/downloads.html (conteúdo em inglês), são três modos:

» **Modo totalmente distribuído:** Modo normal com namenodes e datanodes.

» **Modo pseudodistribuído:** Nesse modo pode haver vários mapeadores e redutores, mas todos são executados em uma máquina (sua máquina local) usando o protocolo HDFS.

Esse modo é muito útil para os desenvolvedores imitarem um ambiente do Hadoop para fins de teste.

» **Hadoop no modo autônomo:** Todos os trabalhos serão executados como um mapeador e um redutor em seu sistema de arquivos local (não HDFS). A execução do Hadoop no modo standalone é conhecida por ser um modelo prático para desenvolvedores que permitem que eles gravem e depurem aplicações desenvolvidos no paradigma de programação MapReduce.

Apache Spark

Originalmente desenvolvido na Universidade da Califórnia em Berkeley em 2009, o Apache Spark emergiu rapidamente como um mecanismo de processamento de análise de big data. Ele deve se tornar parte da próxima geração de mecanismos de processamento de análise de dados que podem melhorar e coexistir com o Hadoop em determinadas circunstâncias.

Cloudera (um dos principais componentes na arena de distribuição de big data Hadoop) anunciou que Spark seria a sua seleção padrão. Eles consideram o Spark como substituto do MapReduce no ecossistema do Hadoop em que as cargas de trabalho de análise de dados serão processadas. No ano passado, a IBM endossou e suportou o Apache Spark como: *"O mais importante novo projeto de código aberto em uma década que está sendo definida pelos dados."* A IBM também se comprometeu a instruir mais de um milhão de cientistas de dados na tecnologia Spark.

O eBay usa o Spark para analisar e agregar registros de dados transacionais. O OpenTable usa o Spark para suportar tarefas de transferência e carregamento de extração (ETL) (veja mais no Capítulo 9), ele também está sendo usado para alimentar um sistema de recomendação (veja mais no Capítulo 2) que aproveita o componente do MLliB Spark. Os laboratórios da Elsevier estão avaliando o Spark para construir um pipeline de aprendizado de máquina para suportar o conteúdo como um serviço, e muitas outras empresas estão migrando para adotar o Spark. Então, o que é o Apache Spark?

400   PARTE 5 **Executando o Big Data**

O Apache Spark é um mecanismo de código aberto relativamente rápido para processamento geral em larga escala. É um mecanismo computacional responsável por agendar, distribuir tarefas e gerenciar aplicativos em muitos nós no cluster.

O Apache Spark foi projetado para ser relativamente rápido, suportar paralelismo de dados implícito, servir como uma plataforma geral de cargas de trabalho e fornecer tolerância a falhas.

Spark é uma extensão do paradigma do software MapReduce, e acrescenta o suporte de duas características principais:

» Faz consultas interativas em seus dados, em vez de explorar dados e realizar cálculos que podem levar horas.

» Capacidade de processar fluxos de dados.

A estrutura do Spark executa cálculos de dados complexos na memória, o que o torna, na maioria dos casos, mais eficiente e mais rápido do que os cálculos do MapReduce em execução no disco. Ele facilita a combinação de uma matriz heterogênea de tipos de processamento de dados que podem fazer parte de um pipeline de análise de dados (streaming, consultas interativas e algoritmos interativos de aprendizado de máquina).

O Spark pode ser executado em um cluster Hadoop e integrar diferentes fontes de dados. Ele fornece várias interfaces de programação de aplicações em Java, Scala, Python e SQL.

Por ter a capacidade de suportar vários tipos de processamento de dados e recursos de integração com diferentes fontes de dados, como Cassandra, Amazon S3 ou Hadoop HBase, o Spark ajuda a reduzir a carga de manter ferramentas separadas para tipos de processamento específicos. Na verdade, o Spark foi projetado como uma pilha unificada que encapsula vários componentes integrados.

A elegância do Spark permite que os cientistas de dados combinem e invoquem vários componentes, que são definidos no Spark (como Spark SQL, Spark Streaming e Mllib paro aprendizado de máquina), da mesma forma e com a mesma facilidade que invocar bibliotecas em um projeto de desenvolvimento de software. Por exemplo, um aplicação de software de grande escala para um banco internacional foi desenvolvida usando-se o framework Spark. A aplicação recorre à biblioteca de gráficos fornecida pelo Spark, conhecida como GraphX, para executar cálculos baseados em gráficos (como algoritmos PageRank e Dijkstra) de um grande conjunto de dados modelado como um gráfico. O conjunto de dados foi transmitido ao vivo usando-se a biblioteca de streaming no Spark. A mesma aplicação foi usada por usuários de negócios para realizar consultas nos dados estruturados em gráfico e nos insights descobertos graças à biblioteca do Spark SQL — tudo em uma aplicação de software.

CAPÍTULO 16 **Direcionando para o Big Data** 401

Sob a integração do Spark e a abrangente pilha unificada, a equipe precisou manter apenas uma aplicação de software que oferece vários serviços, incluindo análise, ingestão de fluxos de dados e consultas interativas.

A abstração principal do Spark é baseada em um conjunto de dados distribuídos e resilientes, conhecidos como RDDs, que são criados paralelizando as coleções em seu programa ou fazendo referência a um conjunto de dados em um armazenamento externo.

O termo coleção (também conhecido como *contêiner*), em programação, muitas vezes se refere a um objeto que combina um conjunto de elementos em uma única unidade. Uma coleção é definida e usada para aplicar operações para manipular, armazenar e recuperar dados. Por exemplo, em Java, usando o Spark, você pode paralelizar uma coleção definida em seu programa (linha 3) usando a estrutura Spark. Aqui está um exemplo simples:

1.
```
SparkConf conf = new SparkConf().SetAppName(name).
setMaster(master);
```

2.
```
JavaSparkContext sparkContext = new
JavaSparkContext(conf);
```

3.
```
List<Integer> dataset = Arrays.asList(10, 30, 60, 33);
```

4.
```
JavaRDD<Integer> distributedData = sparkContext.
parallelize(dataset);
```

As linhas 1 e 2 são usadas para inicializar a configuração e o contexto do Spark. Nas linhas 3 e 4, uma coleção de quatro números (dataset) está sendo paralelizada pelo SparkContext e convertida em um RDD chamado distributedData, que pode ser operado em paralelo. Para saber mais sobre as operações que agora podem ser aplicadas ao RDD, visite o site (conteúdo em inglês): `http://spark. apache.org/docs/latest/programming-guide.html#resilient -distributed-datasets-rdds`

Os RDDs também podem ser criados referenciando um conjunto de dados em um armazenamento externo. O Spark cria RDDs a partir do conjunto de dados localizados em qualquer armazenamento suportado pelo Hadoop, incluindo arquivos de texto.

O SparkContext definido em Spark Application Programming Interfaces (API) é usado para criar o arquivo de texto RDD chamando o método textFile. Considere o seguinte:

```
SparkConf conf = new SparkConf().SetAppName(name).setMaster(master);

JavaSparkContext sparkContext = new JavaSparkContext(conf);

JavaRDD<String> distributedFile = sparkContext.textFile("dataset.txt");
```

Os dados no arquivo dataset.txt foram convertidos em um RDD chamado distributedFile, no qual você pode aplicar todas as operações distribuídas, como operações map e reduce.

Para mais informações sobre RDDs, visite o site (conteúdo em inglês): `http://spark.apache.org/docs/latest/programming-guide.html #resilient-distributed-datasets-rdds`

Principais componentes do Spark

Os principais componentes do Apache Spark são:

» **Spark Core.** É o componente principal da estrutura Spark, que consiste na API para criar e aplicar operações nos RDDs. O Spark Core também é responsável por interagir com fontes de dados, agendamento de tarefas, tolerância e recuperação de falhas e gerenciamento de memória.

» **Spark Streaming.** É o componente responsável por permitir que seu aplicativo processe fluxos de dados ao vivo, como registros de dados transacionais. O Spark Streaming foi projetado para oferecer escalabilidade e tolerância a falhas.

» **Spark SQL.** É o componente responsável pela consulta de dados estruturados. Suporta SQL e Hive Query Language (HQL). Ele pode ser usado para executar consultas em uma variedade de fontes de dados e formatos, como tabelas JSON e Hive.

» **Spark MLlib.** O MLlib encapsula um conjunto de aprendizado de máquina, tais como algoritmo de classificação, de agrupamento, de sistemas de recomendação, de avaliação de modelos preditivos e de redução de dimensionalidade.

» **Spark GraphX.** GraphX permite criar gráficos que podem ser de dados urbanos ou gráficos de uma rede social. O componente Graph X também inclui algoritmos que podem ser aplicados para analisar gráficos, como o PageRank.

Além dos recursos do componente, conforme explicado anteriormente, o Spark pode ser executado em vários gerenciadores de cluster, incluindo o Hadoop Yarn, o Apache Mesos e o agendador Spark. O gerenciador do cluster permite que o Spark seja escalado de alguns nós para vários milhares.

Escolhendo um framework

A lenda da ciência de dados e inventor Amr Awadallah cofundou a Cloudera, a distribuição Hadoop mais amplamente utilizada na indústria. Ele estava certo quando disse em uma entrevista publicada na Kdnugget: "Não tenho favoritos entre os projetos em nossa distribuição, amo todos eles igualmente. É o poder combinado desses projetos, a plataforma, onde está o verdadeiro poder."

Acreditamos que novas versões do framework Hadoop, junto de novos componentes, incluindo novas versões do Spark, surgirão e mais tecnologias serão inventadas. Às vezes é difícil acompanhar as novas tendências. Por exemplo, o Hadoop e o Spark coexistem e podem oferecer suporte à sua empresa no fornecimento de uma solução abrangente.

Em reuniões de liderança em uma grande organização em que estávamos avaliando as distribuições do Hadoop, ficamos impressionados com as apresentações de vendas que destacam as tecnologias que estão sendo apresentadas. No entanto, a portas fechadas e junto com os líderes, decidimos nos concentrar nesses pontos que nos ajudariam a fazer nossa escolha:

- » Alta disponibilidade.
- » Tolerância a falhas.
- » Escalabilidade.
- » Disponibilidade de dados.
- » Federação.
- » Suporte a paradigma de multiprogramação, incluindo o MapReduce.
- » Segurança.
- » Privacidade dos dados.

> **NESTE CAPÍTULO**
>
> » Preparando uma arquitetura de alto nível
>
> » Apresentando o mundo da análise como serviço
>
> » Preparando-se para um protótipo rápido de sua prova de valor

Capítulo **17**

Preparando-se para a Análise Empresarial

No mundo da arquitetura empresarial para análise de dados, não há padrões claros. O design de uma arquitetura depende do problema da ciência de dados que está abordando para o seu negócio.

Este capítulo apresenta os requisitos de alto nível que você pode precisar considerar para sua arquitetura empresarial para o big data.

Há também um resumo das ferramentas mais adotadas para análise empresarial, incluindo RapidMiner, KNIME, Google Analytics, IBM Watson e Microsoft Revolution R Enterprise. O final deste capítulo apresenta os fundamentos da construção de um protótipo rápido para implementar os esforços de análise preditiva em sua organização.

Arquitetura Empresarial para Big Data

Em perspectiva, o objetivo de projetar uma arquitetura para análise de dados se resume a construir uma estrutura para captura, classificação e análise de big

CAPÍTULO 17 **Preparando-se para a Análise Empresarial** 405 data com o objetivo de descobrir resultados acionáveis, conforme mostrado na Figura 17.1.

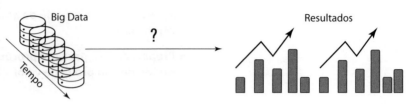

FIGURA 17-1: Pensando na arquitetura que transformará o big data em resultados acionáveis.

Não há uma maneira correta de projetar o ambiente arquitetural para análise de big data. No entanto, a maioria dos projetos precisa atender aos seguintes requisitos para suportar os desafios que o big data pode trazer. Esses critérios podem ser distribuídos principalmente em seis camadas, conforme mostrado na Figura 17-2, e resumidos da seguinte forma:

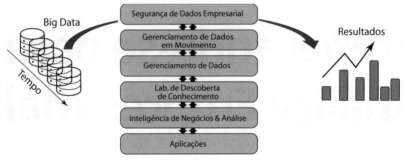

FIGURA 17-2: As camadas da arquitetura de dados corporativos.

» A arquitetura deve incluir uma plataforma de big data para armazenamento e computação, como Hadoop ou Spark, que seja escalonável.

» A arquitetura deve incluir software de grande escala e ferramentas de big data capazes de analisar, armazenar e recuperar big data. Eles podem consistir nos componentes do Spark (discutidos anteriormente neste capítulo) ou nos componentes do ecossistema do Hadoop (como o Mahout e o Apache Storm). Você também pode querer adotar uma ferramenta de grande escala de big data que será usada por cientistas de dados em sua empresa. Essas incluem o Radoop da RapidMiner, IBM Watson e muitos outros.

» A arquitetura deve suportar virtualização, que é elemento essencial da computação em nuvem, pois permite que vários sistemas operacionais e aplicações sejam executados ao mesmo tempo no mesmo servidor. Devido a esse recurso, a virtualização e a computação em nuvem geralmente andam de mãos dadas. Você também pode adotar uma nuvem privada em sua arquitetura. Uma nuvem privada oferece a mesma arquitetura de uma nuvem pública, exceto que os serviços em uma nuvem privada são restritos a um determinado número de usuários por meio de um firewall. O Amazon

Elastic Computer Cloud é um dos principais fornecedores de soluções de nuvem privada e espaço de armazenamento para empresas, e elas podem escalar à medida que crescem.

» A arquitetura pode ter que oferecer análises em tempo real se sua empresa estiver trabalhando com dados rápidos (dados que fluem em fluxos a uma taxa rápida). Em um cenário assim, é preciso considerar uma infraestrutura que possa suportar a derivação de insights a partir de dados quase em tempo real, sem esperar que os dados sejam gravados no disco. Por exemplo, a biblioteca de streaming do Apache Spark pode ser colada com outros componentes para suportar análises em fluxos de dados rápidos.

» A arquitetura deve ser responsável pela segurança do big data, criando um sistema de governança para o fornecimento de acesso a dados e resultados. A arquitetura de segurança de big data deve se alinhar às práticas e políticas de segurança padrão da organização que regem o acesso a fontes de dados.

Se você está procurando por uma ferramenta robusta para ajudá-lo a iniciar a análise de dados sem a necessidade de conhecimento especializado sobre os algoritmos e complexidades por trás da criação de modelos preditivos, experimente o KNIME (www.knime.org), RapidMiner (http://rapidminer.com) ou IBM Watson (www.ibm.com/analytics/watson-analytics), — todos com conteúdo em inglês —, entre outros.

A maioria das ferramentas anteriores oferece uma caixa de ferramentas abrangente e pronta para usar, que consiste em recursos que podem ajudá-lo a começar. Por exemplo, o RapidMiner tem um grande número de algoritmos de diferentes estados do ciclo de vida da análise preditiva, por isso fornece um caminho direto para combinar e implementar rapidamente modelos de análise.

Com o RapidMiner você rapidamente carrega e prepara os dados, cria e avalia modelos preditivos, usa processos de dados em suas aplicações e as compartilha com seus usuários corporativos. Com pouquíssimos cliques, é possível construir um modelo de análise preditiva tão simples quanto o mostrado na Figura 17-3.

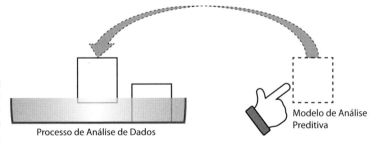

FIGURA 17-3: Análise de arrastar e soltar com o RapidMiner.

O RapidMiner pode ser usado tanto por iniciantes quanto por especialistas, e o RapidMiner Studio é um software de análise de código aberto que tem uma interface gráfica fácil de usar, na qual você pode arrastar e soltar algoritmos para carregamento e pré-processamento de dados, análise preditiva e avaliações de modelo para desenvolver seu processo de análise de dados.

O RapidMiner foi construído para fornecer aos cientistas de dados uma caixa de ferramentas abrangente que consiste em mais de mil operações e algoritmos diferentes. Os dados podem ser carregados rapidamente, independentemente de sua fonte de dados estar no Excel, Access, MS SQL, MySQL, SPSS, Salesforce ou qualquer outro formato suportado pelo RapidMiner. Além do carregamento de dados, da construção de modelos preditivos e da avaliação de modelos, essa ferramenta também fornece ferramentas de visualização de dados que incluem mapas auto-organizáveis ajustáveis e gráficos 3D.

O RapidMiner oferece uma interface de programação de aplicações (API) de extensão aberta que permite integrar seu próprio algoritmo em qualquer canal construído no RapidMiner. Também é compatível com várias plataformas e pode ser executado nos principais sistemas operacionais. Existe uma comunidade online emergente de cientistas de dados que usam o RapidMiner em que é possível compartilhar seus processos e fazer e responder perguntas.

Outra ferramenta fácil de usar amplamente usada no mundo da análise é o KNIME. KNIME significa Konstanz Information Miner. É uma análise de dados de software livre que pode ajudá-lo a criar modelos preditivos por meio de um conceito de pipeline de dados. A ferramenta oferece componentes de arrastar e soltar para ETL (Extração, Transformação e Carregamento) e componentes para modelagem preditiva, bem como visualização de dados. O KNIME e o RapidMiner são ferramentas com as quais você pode armar sua equipe de ciência de dados para começar a criar modelos preditivos com facilidade. Para um excelente caso de uso com KNIME, convidamos você a ler o artigo "The Seven Techniques for Dimensionality Redcution" (As Sete Técnicas para Redução da Dimensionalidade, em tradução livre), publicado em `www.knime.org/files/ knime_seventechniquesdatadimreduction.pdf` (conteúdo em inglês).

RapidMiner Radoop para big data

O RapidMiner Radoop é um produto da RapidMiner que amplia o kit de ferramentas de análise preditiva no RapidMiner Studio para execução em ambientes Hadoop e Spark. O Radoop incorpora MapReduce, Pig, Mahout e Spark. Depois de definir seus fluxos de trabalho no Radoop, as instruções são executadas no ambiente do Hadoop ou Spark, para que você não precise programar modelos preditivos, mas se concentre na avaliação e no desenvolvimento de novos modelos.

Por segurança, o Radoop suporta autenticação Kerberos e se integra ao Apache Ranger e ao Apache Sentry.

Para mais informações sobre o RapidMiner, visite o site (conteúdo em inglês): `www.rapidminer.com`

Análise como um Serviço

Imagine viver em um mundo onde você pode encomendar soluções analíticas personalizadas *à la carte*, conforme ilustrado na Figura 17-4, que atenderão às suas necessidades de negócios e aumentarão seu retorno sobre o investimento (ROI). Nós quase vivemos nesse mundo de *análise como serviço* (AAAS).

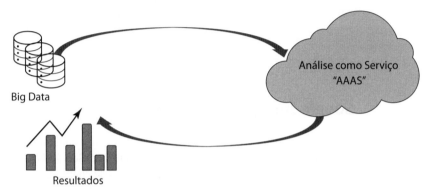

FIGURA 17-4: Serviços de análise baseados em nuvem.

O mundo AAAS chegou e abrange uma série de serviços que incluem armazenamento, implementação, análises baseadas em nuvem, análises baseadas em testes A/B (veja o Capítulo 2), análise de dados em repouso e análise rápida de dados. De acordo com um relatório recente da *Research and Markets*, estima-se que o mercado AAAS cresça de US$5,9 bilhões em 2015 para US$22 bilhões em 2020. Para mais informações sobre o relatório, você pode visitar www.researchandmarkets.com/research/nz612h/global (conteúdo em inglês).

De acordo com o mesmo relatório, os usuários primários da AAAS incluirão varejo, saúde, manufatura e governo. Os principais agentes nesse espaço são a Amazon, Google, Microsoft, IBM e Intel.

Google Analytics

O Google oferece um conjunto de produtos que fornecem serviços de análise: o Google Prediction API, Google Anlytics 360 suite e o Google Big Query. Apresentamos um panorama sobre cada produto que você pode querer adotar em sua arquitetura corporativa.

Google Prediction API

O Google oferece serviços baseados em nuvem paro aprendizado de máquina em larga escala que podem ser integrados a sua aplicação. Os serviços de aprendizado de máquina fornecidos pelo Google consistem em, entre outros, análise de sentimento (também conhecida como mineração de opinião) em dados de clientes, detecção de e-mail de spam, detecção de fraudes, classificação de documentos e e-mails e sistemas de recomendação (veja o Capítulo 2). Usando a Interface de Programação de Aplicações (API) de Transferência de Estado Representacional (REST) (transferência de estado representacional) você pode aproveitar os serviços de nuvem do Google para criar aplicações de software que derivam previsões de rótulos de classe ou valores numéricos. Esse serviço pode ser usado para diferentes formatos e tipos de dados. Recomendamos que comece com o básico "Hello world", do Google Prediction API. em `https://cloud.google.com/prediction/docs/hello_world` (conteúdo em inglês).

Para mais informações sobre preços e outros detalhes, visite `https://cloud.google.com/prediction` (conteúdo em inglês).

Google Analytics 360 suite

Em março de 2016, o Google anunciou o nascimento de uma ferramenta revolucionária no mundo da AAAS. Esse produto, o Google Analytics 360, é pensado para o direcionamento e segmentação de clientes.

O Google Analytics 360 suite é uma versão mais recente do Google Analytics. Consiste em seis produtos. Estes são os três componentes mais relevantes:

» **Google Audience Center:** Esse componente pode ajudar seu departamento de marketing a encontrar clientes em linhas de negócios semelhantes. Ele serve como uma plataforma de gerenciamento de dados (DMP). Nós especulamos que o principal suporte dos dados seja baseado no Gmail, dados de busca e tráfego, e na plataforma Android, que é o sistema operacional móvel dominante.

» **Google Optimize:** Esse produto é uma plataforma de teste A/B baseada em análise (veja o Capítulo 2) que é uma extensão do Google Experiments. Seus profissionais de marketing podem usar esse produto para criar várias versões de seu site, registrar o comportamento dos clientes em seu site e otimizá-lo para segmentar clientes e criar experiências melhores para eles.

» **Google Analytics:** Analisa dados de clientes de diferentes origens para alimentar os produtos de anúncios em suporte a campanhas de marketing.

Google BigQuery

Por meio de um serviço baseado em nuvem chamado Google BigQuery, você pode consultar grandes conjuntos de dados e aplicar análises a seus dados hospedados nas máquinas do Google. O BigQuery permite que você carregue, consulte, visualize e gerencie grandes conjuntos de dados na infraestrutura do Google. O BigQuery oferece uma API baseada em REST que permite fazer chamadas em sua aplicação usando Java, Python ou .NET para consultar seus dados. O BigQuery também oferece uma interface amigável e baseada na web e uma ferramenta de linha de comando.

Para mais informações sobre como começar no BigQuery, visite `https://cloud.google.com/bigquery` (conteúdo em inglês).

IBM Watson

O IBM Watson Developer Cloud oferece uma variedade de serviços que podem fazer parte de seu conjunto de ferramentas de análise. Entre muitos outros serviços de aprendizado de máquina, esses serviços oferecem reconhecimento de entidade e relacionamento, conversão de voz em texto e insights de personalidade que podem extrair um conjunto de recursos do texto das pessoas, capazes de definir suas características de personalidade.

Para obter mais informações sobre os serviços Watson, visite o catálogo de serviços da IBM Watson em (conteúdo em inglês):

`www.ibm.com/smarterplanet/us/en/ibmwatson/developercloud/services-catalog.html`

Os serviços do IBM Watson são acessados por uma API baseada em REST.

O Bluemix é outra plataforma de nuvem da IBM na qual aplicações baseadas em Watson são implementadas. O Bluemix oferece Apache Spark, Big Insights para Apache Hadoop, bancos de dados NoSQL baseados em nuvem, bancos de dados de séries temporais e muitos outros sob a infraestrutura de nuvem da IBM.

Microsoft Revolution R Enterprise

Se você conhece R, pense em Revolution R como um R++, um R maior ou um R para Análise de Big Data. O Revolution R Enterprise foi adquirido recentemente pela Microsoft. Os serviços oferecidos incluem algoritmos de análise preditiva e modelos estatísticos que são compatíveis com a linguagem R e adequados para dados massivos.

O Revolution R Enterprise fornece um R escalonável que permite que programas escritos em R sejam implantados em clusters corporativos, incluindo ambientes do Hadoop. O Revolution R oferece um conjunto de modelos gratuitos e de código aberto conhecido como Microsoft R Open. Ele contém os pacotes R mais atualizados da R Foundation for Statistical Computing, e fornece um mecanismo R de alto desempenho baseado no processamento de vários segmentos. O Revolution R Enterprise é outro produto da Revolution R que fornece algoritmos R distribuídos, conhecidos como ScaleR, que serão necessários no ciclo de vida da ciência de dados. Para mais detalhes, visite `www.revolutionanalytics.com` (conteúdo em inglês).

Preparando-se para a Prova de Valor

Esta seção aborda brevemente as etapas necessárias para construir um protótipo para um modelo preditivo de prova de conceito e uma de prova de valor. (Para mais detalhes sobre como construir um modelo preditivo, consulte os Capítulos de 8 a 11.)

Prototipagem para análise preditiva

Um bom modelo precisa de um protótipo como prova de conceito. Para construir um protótipo para sua modelo de análise preditiva, comece definindo um potencial *caso de uso* (cenário desenhado a partir das operações típicas de seu negócio) que ilustra a necessidade de análise preditiva.

Adaptando o modelo ao tipo de decisão

As decisões de negócios assumem diversas formas. Quando você se compromete a construir um modelo de análise, preocupa-se com dois tipos principais:

» **Decisões estratégicas** muitas vezes não são bem definidas e focam apenas o quadro geral. As decisões estratégicas têm impacto no desempenho de longo prazo de sua empresa — e se correlacionam diretamente com a missão e os objetivos dela. Os gerentes seniores geralmente são aqueles que tomam decisões estratégicas.

» **Decisões operacionais** concentram-se em respostas específicas a problemas existentes e definem ações futuras específicas. As decisões operacionais geralmente não exigem a aprovação de um gerente, embora geralmente tenham um conjunto padrão de diretrizes para os tomadores de decisão usarem como referência.

As duas classes de decisões requerem diferentes modelos de análise preditivas:

» O diretor financeiro de um banco pode usar as tendências gerais de análise do mercado bancário que exigem uma resposta ampla da empresa (estratégica).

» Um funcionário do mesmo banco pode usar um modelo analítico preditivo para determinar a capacidade de crédito de um determinado cliente que está solicitando um empréstimo (operacional).

Com esses dois principais tipos de decisões em mente, você pode identificar colegas em sua empresa que tomam decisões operacionais ou estratégicas. Então pode determinar qual tipo de decisão mais necessita de análise preditiva — e projetar um protótipo apropriado para o seu modelo.

412   PARTE 5 **Executando o Big Data**

Definindo o problema para o modelo abordar

O objetivo básico de um modelo de análise preditiva é aprimorar sua empresa. Você pode descobrir que um protótipo de seu modelo funcionará melhor se aplicá-lo a exemplos operacionais e vincular esses resultados à solução de problemas de negócios abrangentes e de alto nível. Aqui está uma lista de etapas gerais a seguir:

1. **Concentre-se nas decisões operacionais de sua empresa que podem ter um grande impacto em um processo de negócios. Uma das maiores razões para isso é que as decisões operacionais são do tipo com maior probabilidade de serem implementadas em um sistema automatizado.**

2. **Selecione os processos que afetam diretamente a lucratividade e a eficiência gerais.**

3. **Faça entrevistas individuais com os tomadores de decisão cujo apoio deseja cultivar para o seu projeto. Pergunte sobre:**

   - O processo pelo qual eles passam para tomar decisões.

   - Os dados que eles usam para tomar decisões.

   - Como a análise preditiva iria ajudá-los a tomar as decisões certas?

4. **Analise as histórias que você coletou das entrevistas, procurando insights que definam claramente o problema que está tentando resolver.**

5. **Escolha uma história que defina um problema de um escopo pequeno que seu modelo de protótipo deve ser capaz de resolver. Reduzir para um protótipo é mais difícil do que parece. No exemplo a seguir, o modelo completo pode enviar a promoção ideal para cada cliente, e o modelo de protótipo pode se concentrar apenas em lidar com uma promoção.**

   Por exemplo, suponha que você tenha entrevistado um especialista em marketing que está tentando decidir para quais clientes enviar um anúncio de um produto específico. Ele tem um orçamento limitado para a campanha publicitária e precisa ter alta confiança na decisão. Se a análise descritiva puder ajudar a focar a campanha e gerar a confiança necessária, você terá um problema apropriado a ser abordado por seu protótipo.

Definindo seus objetivos

Uma maneira eficaz de declarar seus objetivos de negócios com clareza é na forma de uma lista de decisões do usuário. Em seguida, execute seu protótipo para gerar previsões e pontuações para cada decisão possível. Por exemplo, no exemplo anterior do Produto X, você poderia listar seus objetivos como uma gama de possíveis decisões de negócios a serem avaliadas:

- » Aumentar o volume de vendas do Produto X.
- » Encerrar a fabricação do Produto X.
- » Alterar a estratégia de marketing por trás do Produto X:
  - Aumentar anúncios em uma localização geográfica específica.
  - Aumentar anúncios para clientes específicos.

O modelo preditivo avaliará essas decisões de acordo com sua probabilidade futura de lucratividade bem-sucedida. A saída pode indicar, por exemplo, que a empresa tem uma chance de 80% de aumentar o lucro aumentando o volume de vendas do Produto X.

Encontre os dados corretos

Depois de ter declarado claramente o objetivo comercial e o problema que deseja resolver, a próxima etapa é coletar os dados que seu modelo preditivo usará. Nesta fase você deve identificar sua(s) fonte(s) de dados. Por exemplo, se estiver desenvolvendo um protótipo para prever a decisão certa sobre um produto específico, precisará coletar dados internos e externos para esse produto. Você não deve restringir o tipo ou a fonte de dados, desde que sejam relevantes para o objetivo de negócios.

Se, digamos, sua empresa está considerando o lançamento de um novo carro esportivo híbrido, você pode entrar em contato com o departamento de vendas e coletar informações sobre os dados de vendas gerados por produtos similares. Pode entrar em contato com o departamento de engenharia para descobrir quanto custam os componentes (que tal usar baterias mais duradouras?), bem como os recursos e o tempo necessários para produzir o produto (serão necessários ajustes?). Você também pode incluir dados sobre decisões anteriores tomadas sobre um produto similar (digamos, um conversível de grande potência introduzido há alguns anos) e seu resultado (as condições de mercado e os preços do combustível reduziram as vendas).

DICA

Você pode querer considerar o uso de big data relacionado ao produto em questão. Por exemplo, faça o download de comentários de clientes sobre produtos da empresa, tuítes ou publicações do Facebook em que os produtos são mencionados. Uma maneira de fazer isso é usar interfaces de programação de aplicações (APIs) fornecidas por essas empresas. Por exemplo, se quiser reunir tuítes que contenham uma palavra específica, o Twitter fornece um conjunto de APIs que você pode usar para fazer o download de tais tuítes, mas há um limite para a quantidade de dados que se pode capturar gratuitamente. Em alguns casos, talvez seja preciso pagar para continuar baixando os dados necessários do Twitter.

Quando você tiver determinado os dados mais relevantes e a fonte mais útil para obtê-los, comece a armazenar os dados que pretende usar em seu modelo preditivo. Os dados podem precisar passar por algum pré-processamento, para o qual você usaria as técnicas mencionadas no Capítulo 9.

Projete seu modelo

Para um protótipo, sua entrada pode ser uma matriz de dados (veja o Capítulo 6) que representa fatores conhecidos derivados de dados históricos.

Essa matriz de dados, quando analisada, pode produzir uma saída semelhante a esta:

57,6% dos clientes declararam que estavam insatisfeitos com o produto.

O produto requer, em média, três horas para ser produzido.

O sentimento positivo sobre o produto é de 80%.

As entradas para o modelo de protótipo podem incluir dados históricos sobre produtos semelhantes, as decisões correspondentes tomadas sobre eles e o impacto dessas decisões em seus processos de negócios. A saída do protótipo seriam previsões e suas pontuações correspondentes como ações possíveis para alcançar os objetivos definidos.

Para obter um protótipo utilizável, é preciso empregar uma mistura de técnicas para construir o modelo. Por exemplo, você poderia usar o algoritmo DBSCAN ou K-means como um dos algoritmos de agrupamento de dados, e poderia usá--lo para construir agrupamentos como estes:

» Produtos que foram extintos e o impacto dessa decisão no lucro.

» Produtos que foram aumentados em volume e o impacto dessa decisão no lucro.

» Produtos cuja estratégia de marketing foi alterada e o impacto dessa decisão.

Então você poderia usar algoritmo de classificação, como uma árvore de decisão ou Naïve Bayes (veja o Capítulo 7), que classificaria ou preveria valores ausentes (como o valor do lucro de vendas) para o produto em questão (Produto X).

Teste seu modelo de análise preditiva

Esta seção apresenta o teste de seu modelo usando um conjunto de dados de teste semelhante a seu conjunto de dados de treinamento. (Veja o Capítulo 10 para mais informações sobre como testar e avaliar seu modelo.)

Identifique seus dados de teste

Para avaliar seu modelo de análise preditiva, é necessário executar o modelo sobre alguns dados de teste que ainda não foram vistos. Você pode executar o modelo ao longo de vários conjuntos de dados históricos como entrada e registrar quantas previsões do modelo estão corretas.

Execute o modelo nos dados de teste

Avaliar seu modelo preditivo é um processo iterativo — essencialmente tentativa e erro. Modelos efetivos raramente resultam de apenas um primeiro teste. Se seu modelo preditivo produzir 100% de precisão, considere esse resultado bom demais para ser verdade, e suspeite de algo errado com seus dados ou seu algoritmo. Por exemplo, se o primeiro algoritmo usado para construir seu protótipo for o classificador Naïve Bayes e você não estiver satisfeito com as previsões fornecidas quando executar os dados de teste, tente outro algoritmo, como o classificador de vizinho mais próximo (veja o Capítulo 6). Continue executando outro algoritmo até encontrar aquele que seja mais consistente e confiável de prever.

Durante os testes você pode descobrir que precisa rever os dados iniciais usados para construir o modelo de protótipo. Talvez seja necessário encontrar dados mais relevantes para sua análise.

LEMBRE-SE

Considere adicionar à sua lista de verificação antes de fechar o ciclo de vida do protótipo:

» Sempre verifique se as etapas envolvidas na construção do modelo estão corretas.

» A comparação da saída do modelo no conjunto de dados de teste com os resultados reais ajudará você a avaliar a precisão de seu modelo.

Quanto maior a confiança nos resultados de seu modelo preditivo, mais fácil será para as partes interessadas aprovarem sua implantação.

Para garantir que seu modelo seja preciso, você precisa avaliar se o modelo atende aos objetivos de negócios. Os especialistas em domínio podem ajudá-lo a interpretar os resultados de seu modelo.

6
A Parte dos Dez

NESTA PARTE...

Aprenda recursos importantes de venda.

Conheça passos simples.

Encontre fornecedores populares.

> **NESTE CAPÍTULO**
>
> » Destacando metas, prevendo as necessidades de negócios e gerenciando inventários
>
> » Alocando ativos e recursos da empresa de forma eficaz
>
> » Tomando decisões melhores e informadas, e explorando novas oportunidades
>
> » Navegando em riscos ocultos e aumentando os retornos do investimento

Capítulo **18**

Dez Razões para Implementar a Análise Preditiva

A concorrência nos negócios é feroz e global, o que leva as empresas a empregarem tudo o que estiver a seu alcance para sobreviver e prosperar. Em tal ambiente, as empresas estão buscando aumentar suas receitas, ao mesmo tempo mantendo o custo operacional ao mínimo.

A análise preditiva é um facilitador de negócios que ajuda a realizar a própria essência de aumentar o retorno sobre os investimentos das empresas. Se implementada com sucesso, aumentará os lucros de sua empresa. Ela o ajudará a transformar seus dados em informações valiosas, que você poderá capitalizar, e lhe dará a vantagem competitiva de que precisa para superar sua concorrência.

A análise preditiva permite que as empresas usem os dados massivos que acumularam de suas operações como um recurso refinado para impulsionar seus negócios.

Identificando Objetivos de Negócios

A análise preditiva pode ajudá-lo a resolver muitos problemas de negócios de forma mais eficaz, mas o passo crucial para essa vantagem é identificar objetivos de negócios específicos para que você possa escolher as ferramentas analíticas adequadas para alcançá-los.

O processo é duplo: as metas de negócios definidas ajudam a construir seu projeto de análise preditiva, e o modelo concluído ajuda a avaliar o sucesso de sua empresa em atingir seus objetivos. No centro desse processo está o desenvolvimento de seu modelo preditivo, executando dados reais — tanto históricos quanto recebidos.

Defina metas de projeto atingíveis em um período de tempo relativamente curto, e que sejam mensuráveis — medidas concretas em direção à visão geral da empresa e à missão global. Dependendo de suas estratégias atuais e de em qual fase do desenvolvimento de mercado sua empresa está, seus objetivos de negócios podem mudar — e é por isso que é importante avaliar as metas de seu projeto periodicamente e ajustá-las de acordo. Aqui estão alguns exemplos:

» Se está buscando aumentar sua base de clientes, então seu modelo de análise preditiva deve ajudá-lo a executar campanhas de marketing direcionadas para conquistar novos clientes.

» Se deseja reduzir os custos operacionais de seus negócios, seu modelo de análise preditiva deve ajudá-lo a equilibrar a carga de trabalho entre departamentos, distribuir recursos, competências e matérias-primas com eficiência e prever com precisão a demanda do produto.

» Se procura identificar fraudes, o modelo deve ser projetado para avaliar com rapidez e precisão se uma transação é fraudulenta — e reagir de acordo.

DICA

As indústrias que já usam a análise de dados para detectar fraudes incluem saúde, finanças e seguros.

Conhecendo Seus Dados

A qualidade de seus modelos preditivos depende da qualidade e relevância de seus dados. A análise preditiva explora seus dados através de algoritmos e técnicas bem definidos, extrai os dados, pesquisa padrões ocultos ou tendências desconhecidos e descobre fatos valiosos sobre seu negócio. Mas para que isso aconteça, é preciso fornecer bons dados ao modelo.

Os dados podem ser um grande impulsionador da análise preditiva. Para garantir que seus dados sejam o melhor recurso possível, sua organização precisa saber:

» Quais dados são necessários para uma determinada análise.
» Onde estão localizados os dados.
» Como colocar os dados em uso no modelo analítico.
» Como as previsões do modelo podem fortalecer os negócios.

LEMBRE-SE

O volume de dados não substitui a relevância; você quer que seus dados relevantes tenham um histórico amplo. Eles devem se estender por um período extenso de tempo para que você possa acompanhar as alterações e identificar qualquer sazonalidade em seu negócio.

A má qualidade dos dados — geralmente dados incompletos ou irrelevantes — pode distorcer os resultados de suas previsões, levar a muita energia desperdiçada e fazer com que seus especialistas possam distinguir entre padrões reais e sinais falsos e ruídos nos dados.

LEMBRE-SE

É óbvio que a criação de modelos preditivos requer bons dados. No entanto, o processo de modelagem exige que você resolva quaisquer problemas com seus dados, o que, por si só, é um ganho muito importante.

O modelo o ajuda a melhorar a qualidade dos dados, e quanto melhores os dados, mais úteis são as previsões. Quanto melhores as previsões, melhor você conhece seus dados. Um alimenta o outro.

Conhecer seus dados levará a uma melhor análise preditiva. Felizmente, estabelecer um projeto de análise preditiva levará a um melhor conhecimento de seus dados. No decorrer desse processo, a saída de seu modelo ajuda a descobrir relacionamentos que desconhecia em seus dados — dando-lhe uma base muito mais sólida para embarcar na jornada da análise preditiva.

Organizando Seus Dados

Transformar seus dados em conhecimento — e transformar esse conhecimento em decisões acionáveis — é a principal promessa da análise preditiva.

Dados brutos precisarão passar por extração, limpeza e transformação antes que o modelo possa usá-los para criar previsões úteis.

DICA

É importante limpar seus dados de erros, inconsistências e valores ausentes. E assegurar-se de que tenha registros suficientes, abrangendo um período extenso de tempo e incluindo todos os campos necessários exigidos pela análise.

Além dos dados históricos, no entanto, seu modelo preditivo precisa de alguma entrada atualizada, e você pode precisar derivar dados de pontos de dados existentes. Para analisar e avaliar o desempenho de uma ação, por exemplo, calcule uma média móvel de 200 dias do preço da ação.

LEMBRE-SE

O pré-processamento de seus dados é um pré-requisito para modelar a análise de dados, assim como a criação de amostra de seus conjuntos de dados. Você precisará de pelo menos dois conjuntos de dados:

» Um *conjunto de dados de treinamento* para executar experimentos enquanto cria seu modelo. Esse conjunto de dados geralmente inclui dados históricos com entradas e saídas conhecidas.

» Um *conjunto de dados de teste* consistindo em dados que o modelo não viu antes. Esse conjunto de dados ajuda a evitar o sobreajuste do modelo ao conjunto de dados de treinamento (veja o Capítulo 15).

Organizar seus dados é mais um desafio quando eles vêm de várias fontes. É essencial examinar de perto cada fonte de dados quanto à qualidade e relevância.

DICA

Quando os dados chegam de várias fontes, a integração e a consolidação de dados são cruciais para o sucesso de seu modelo. Os modeladores precisam de um conjunto de dados limpo e pronto para ser usado em seu projeto de modelagem.

Satisfazendo Seus Clientes

A concorrência global leva as empresas a baixarem os preços para atrair novos clientes. As empresas se esforçam para agradar seus clientes e conquistar novos, e estes exigem cada vez mais produtos de alta qualidade a preços mais baixos. Em resposta a essas pressões, as empresas se esforçam para oferecer o equilíbrio certo de qualidade e preço, na hora certa, através do meio certo, para as pessoas com maior probabilidade de comprar.

A experiência dos clientes com um produto, se divulgada através do poder da internet — essencialmente um vasto meio de comunicação — pode consolidar ou arruinar um negócio.

A internet é uma via de mão dupla. Empresas coletam informações valiosas sobre seus clientes por meio de dados transacionais que incluem:

» Contagem do número de itens comprados pelos clientes.
» Métodos de rastreamento de pagamento usados.

- » Identificação dos dados demográficos dos clientes.
- » Coleta de respostas dos clientes para pesquisas preenchidas.

Para completar a imagem, outras fontes de informação vêm de operações da empresa — por exemplo, a quantidade de tempo que os clientes gastam nos sites da empresa e os históricos de navegação dos clientes.

Todos esses dados podem ser combinados e analisados para responder a algumas questões importantes:

- » Quais são os dados demográficos de seus clientes?
- » O que impulsiona as vendas de seus produtos?
- » Como sua empresa pode melhorar a experiência do cliente?
- » Como você pode reter clientes existentes e atrair novos clientes?
- » O que seus clientes gostariam de comprar em seguida?
- » O que você pode recomendar para um determinado cliente?

Qualquer informação que possa esclarecer como os clientes pensam e sentem pode fornecer um insight para compreendê-los e antecipar suas necessidades.

A análise preditiva pode, ainda, ajudar a melhorar a experiência de seus clientes aprimorando processos como estes:

- » Criação de campanhas de marketing de sucesso.
- » Construção de programas para recompensar a fidelidade dos clientes.
- » Criação de sistemas de recomendação.
- » Redução de custos operacionais.
- » Oferecer serviços e produtos relevantes para seus clientes.

A análise preditiva também pode ajudar você a se concentrar na identificação de segmentos significativos em sua base de clientes — e a fazer previsões precisas sobre seus comportamentos futuros. Ela permite que você ofereça produtos relevantes com preços competitivos, crie campanhas de marketing direcionadas e desenvolva estratégias para reter seus clientes e atrair novos.

Muitas empresas online utilizam análise preditiva para gerenciar as relações com os clientes. Elas coletam informações sobre seus clientes, identificam os atributos que são os melhores preditores dos comportamentos destes e usam essas informações para fazer recomendações em tempo real. O resultado é que os clientes recebem atendimento e atenção especializados e personalizados, desde marketing e vendas cruzadas até a retenção de clientes.

CAPÍTULO 18 **Dez Razões para Implementar a Análise Preditiva**   423

Reduzindo Custos Operacionais

A análise preditiva é uma ferramenta eficaz para mais do que apenas gestão de clientes. Ela pode ajudá-lo a reduzir custos de várias maneiras e em diferentes níveis da organização — planejamento de recursos, aumento da retenção de clientes, gerenciamento de estoques —, e isso é apenas o começo.

A análise preditiva é especialmente útil para reduzir custos operacionais nestas áreas:

» Equilíbrio da carga de trabalho entre os departamentos.

» Alocação efetiva de competências e matérias-primas disponíveis.

» Estimativa precisa da demanda por seus produtos.

» Posicionamento correto de seus produtos na guerra de preços da concorrência.

» Compra de matérias-primas e cobertura contra flutuações de mercado.

» A manutenção preditiva ajudará você a resolver os problemas antes que eles ocorram, permitindo economizar tempo e dinheiro, evitando qualquer tempo de inatividade.

» Geração de melhores previsões de suas necessidades de estoque e gerenciamento de recursos com eficiência.

Os modelos preditivos reduzem os custos operacionais, ajudando a decidir quando fazer novos pedidos, aumentar as campanhas de marketing, como avaliar corretamente seus produtos, gerenciar inventários e obter uma visão clara (e uma compreensão sólida) das cadeias de suprimento e demanda.

Ao tomar decisões mais precisas que antecipam corretamente suas necessidades de negócios, você obtém uma vantagem sobre as empresas que gerenciam suas operações como um jogo de adivinhação.

Aumentando o Retorno sobre os Investimentos (ROI)

A análise preditiva pode ajudá-lo a aumentar o retorno sobre o investimento (ROI) através de:

» Campanhas de marketing direcionadas.

» Avaliação e gerenciamento de risco aprimorados.

> Redução dos custos operacionais.

> Tomada de decisões acionáveis.

Ao implementar a análise preditiva, as empresas podem avaliar com precisão o estado atual do negócio, otimizar suas operações e competir de forma mais eficaz para ganhar participação de mercado. Ao pontuar os resultados preditivos de eventos futuros e usar essas informações em seu benefício, as empresas podem melhorar sua receita e o desempenho dos negócios como um todo. A implementação de modelos preditivos bem-sucedidos pode ajudar as empresas a minimizarem o risco e aumentarem a receita em todos os setores.

Ao embarcar em seus projetos de análise preditiva, certifique-se de documentar tudo de forma meticulosa e metódica. É igualmente importante estabelecer uma linha de base antes do lançamento para que possa medir com precisão o ROI após o lançamento. Você pode calcular a melhoria no ROI medindo os aprimoramentos dos processos de negócios e a melhoria da produção geral como resultado da implementação da análise preditiva.

Automatizar a análise preditiva e estendê-la a todas as áreas de negócios são duas formas importantes e estratégicas de aumentar o ROI. Compartilhar e coordenar os resultados da análise crítica realizada por qualquer departamento com resultados obtidos por outros departamentos aumenta os benefícios desses projetos analíticos. Entre os diferentes departamentos, surgem sinergias que podem ser capitalizadas.

Aumentar o número de decisões de negócios bem-sucedidas sempre leva a um melhor desempenho. Decisões informadas — respaldadas por pontuações preditivas precisas — aumentam a confiança da administração nas decisões que resultaram da implementação de modelos de análise preditiva. Uma melhor tomada de decisão, com base em informações mais precisas, é a essência da análise preditiva.

Ganhando Acesso Rápido à Informação

A análise preditiva permite que as empresas tomem decisões mais inteligentes, algumas das quais ocorrem em tempo real. Ela permite que as empresas aprimorem todos os aspectos da tomada de decisões — incluindo a confiança nas decisões baseadas em insights derivados da análise aprofundada de informações confiáveis.

A análise preditiva ajuda sua organização a prever eventos futuros com confiança e tomar decisões ideais para melhorar os resultados de negócios. Isso automaticamente proporciona a sua organização uma vantagem sobre os concorrentes que ainda usam adivinhações para gerenciar suas operações.

Os modelos de análise preditiva são capazes de avaliar cenários complexos e tomar decisões em tempo real rapidamente — e com mais precisão —, antecipando suas necessidades de negócios. Quanto mais esses resultados se acumulam, mais você aumenta a confiança no modelo e sua capacidade preditiva.

A automação dessa tomada de decisão, apoiada por testes completos e aprimorada pelo feedback da implementação operacional, permite uma maior consistência das decisões que exigem precisão. O efeito é evitar a análise subjetiva ou apego emocional, que muitas vezes pode levar a decisões tendenciosas.

A obtenção de informações acionáveis a partir da análise oferece uma resposta mais rápida em ambientes comerciais e condições externas que mudam rapidamente. Esse processo capacita sua empresa com a agilidade de se posicionar melhor, aproveitando as oportunidades de negócios emergentes, gerenciando riscos e reduzindo custos.

Empresas que adotam a análise preditiva enfrentam uma mudança cultural que afeta todas as áreas do negócio. Tomar decisões mais informadas proporciona a confiança necessária para adotar essas decisões e desenvolver melhores planos estratégicos. O maior resultado é que elas se tornam mais eficientes, aumentam sua rentabilidade e posicionam-se para desempenhar um papel mais competitivo no mercado.

Tomando Decisões Informadas

A análise preditiva, desenvolvida e aplicada adequadamente, transforma seus dados em insights importantes e permite que você aja tomando decisões informadas em várias áreas de sua empresa — com base em uma ampla análise de seus dados. Maior precisão na previsão de eventos futuros é uma vantagem em si — em parte porque pode ser aplicada a muitas áreas.

Às vezes o objetivo final de um modelo preditivo é a automação de certas decisões de negócios. Um exemplo é um sistema de negociação automatizado que faz negociações em tempo real em seu nome, gerencia seu portfólio (dinheiro e ativos) e qualquer alavancagem financeira que você possa ter. O objetivo é tomar a melhor decisão o mais rápido possível — automaticamente —, levando em consideração os muitos complexos fatores que afetam a gestão do dinheiro em resposta à dinâmica do mercado existente.

Negócios também podem usar análise preditiva para construir um modelo que analisa vários aspectos, não só de uma decisão particular, mas também suas consequências e possíveis cenários — e, em seguida, sugerir a melhor decisão para as circunstâncias.

Os resultados dos modelos podem ajudar uma empresa a tomar decisões que afetam muitos aspectos do negócio, desde o gerenciamento da cadeia de suprimentos até a identificação de oportunidades e orçamentos.

As empresas utilizam modelos de análise preditivas para identificar estratégias eficientes que sejam efetivas e otimizadas para lidar com eventos futuros de forma automática, e suas ações são guiadas por estratégias baseadas em conhecimentos adquiridos a partir de uma análise minuciosa e exaustiva.

Um modelo preditivo funcional leva à tomada de decisões informadas guiadas pela análise de dados. Se o modelo faz bem seu trabalho, seus resultados são reforçados através de testes — e validados pelo feedback gerado em resposta à sua implementação. Então, quando confrontada com novos eventos, a empresa pode confiar em modelos que foram construídos para lidar com eles — especialmente se os eventos são sem precedentes e se desdobram em tempo real.

Ganhando Vantagem Competitiva

Tomar decisões com confiança baseadas no modelo de análise preditiva pode proporcionar a sua empresa uma vantagem sobre a concorrência, permitindo:

- » Explorar novas oportunidades.
- » Navegar pelos riscos ocultos.
- » Recomendar as melhores escolhas para seus clientes.
- » Adaptar-se rapidamente a um ambiente de negócios em mudança.
- » Reduzir os custos operacionais.

LEMBRE-SE

Acumular dados não é suficiente por si só. Minerar esses dados para extrair informações perspicazes, descobrir padrões ocultos e relacionamentos e tomar decisões informadas permitirá que você gere vantagens competitivas para seus negócios.

A análise preditiva também desempenha um papel importante no seu planejamento, proporcionando agilidade necessária para se manter à frente de seus concorrentes. Você não pode mais se dar ao luxo de confiar apenas em experiências passadas e intuições de executivos para administrar seus negócios. Em vez disso, a análise preditiva o ajuda a transformar sua abundância de dados em uma variedade de insights acionáveis e decisões informadas (algumas delas feitas em tempo real).

Melhorando o Negócio

A análise preditiva é capaz de proporcionar a sua empresa a liberdade de tomar uma abordagem dispersa para melhorar o desempenho, impulsionando várias áreas do negócio:

- » Maior venda cruzada.
- » Retenção e aquisição de clientes.
- » Agilidade no processo de planejamento.
- » Gestão de inventários.
- » Cálculo preciso de risco.
- » Alocação efetiva de recursos.

Como o modelo de análise preditiva também pode melhorar a confiabilidade dos dados de negócios e a agilidade das respostas às condições emergentes, as empresas vivenciam uma série de melhorias:

- » Decisões de negócios melhores e mais precisas.
- » Melhor compreensão dos processos de negócios internos e condições de mercado externo.
- » Melhor gestão das relações com os clientes.
- » Resposta melhor e mais rápida às janelas de oportunidades em tempo real.

NESTE CAPÍTULO

> » Criando uma equipe de análise preditiva
>
> » Preparando seus dados
>
> » Estimulando a mudança em sua organização
>
> » Construindo modelos implementáveis
>
> » Avaliando seu modelo
>
> » Atualizando seu modelo e mais

Capítulo **19**

Dez Passos para Construir um Modelo de Análise Preditiva

Este capítulo discute as melhores práticas na construção de modelos de análise preditiva. Você descobrirá a importância de definir os objetivos de seu negócio desde o início — e de recrutar os líderes de seu negócio a defenderem seu projeto.

Criando uma Equipe de Análise Preditiva

Para criar sua equipe de análise preditiva, você precisará recrutar analistas de negócios, cientista de dados e tecnólogos de informação. Seja qual for a área de especialização deles, os membros de sua equipe devem ser curiosos, engajados, motivados e entusiasmados, para mergulhar de cabeça e fazer o que for preciso para que o projeto — e o negócio — tenham sucesso.

Recrutando especialistas no negócio

Analistas de negócios atuam como seus especialistas de domínio (veja o Capítulo 15): eles oferecem a perspectiva baseada no negócio em que os problemas são resolvidos — bem como insights valiosos em questões relacionadas ao negócio. A experiência e o conhecimento do domínio que têm proporcionam uma sabedoria intuitiva sobre quais abordagens podem ou não funcionar, por onde começar e no que prestar atenção para que tudo continue funcionando.

LEMBRE-SE

Um modelo é tão relevante quanto as perguntas que você o utiliza para responder. Um conhecimento sólido de seu negócio pode lhe colocar na direção certa. Use as perspectivas de seus especialistas para determinar:

» Quais são as perguntas certas? (Quais aspectos de seu negócio você quer aprimorar com a análise preditiva?)

» Quais são os dados corretos a serem incluídos na análise? (Seu foco deve ser a eficiência dos processos do negócio? Os dados demográficos de seus clientes? Qual corpo de dados se destaca como o mais crítico?)

» Quem são os interessados no negócio e como eles podem se beneficiar dos insights obtidos a partir de seu projeto de análise preditiva?

Contratar membros da equipe analítica que entendam de sua área de negócios ajudará você a focar a construção de suas soluções de análise preditiva a partir dos resultados de negócio desejados.

Turbinando as habilidades em TI e matemática

Cientistas de dados podem desempenhar um importante papel na conexão entre o mundo dos negócios e dos dados e o mundo da tecnologia e dos algoritmos, adotando metodologias bem estabelecidas comprovadamente bem-sucedidas. Eles são muito importantes no desenvolvimento dos modelos reais, e suas visões afetarão o resultado de todo seu projeto. Esse papel requer expertise em estatística, tal como conhecimento de análise de regressão/não regressão e análise de agrupamento. (*Análise de regressão* é um método estatístico que investiga as relações entre variáveis.) O papel também requer a capacidade de escolher corretamente as soluções técnicas certas para o problema do negócio e a capacidade de articular o valor de negócio do resultado para os interessados.

Seus cientistas de dados devem ter conhecimento avançado de algoritmos e de técnicas, como aprendizado de máquina, mineração de dados e processamento de linguagem natural.

Então você precisa que os especialistas em TI apliquem as habilidades técnicas na implementação, no monitoramento, na manutenção e na administração dos sistemas de TI necessários. O trabalho deles é garantir que toda a infraestrutura e os ativos estratégicos de TI estejam estáveis e disponíveis para viabilizar a missão da empresa. Um exemplo disso é garantir que a rede de computadores e a base de dados funcionem em harmonia juntos.

Depois que os cientistas de dados selecionaram as técnicas apropriadas, eles podem (com os especialistas em TI) supervisionar o design geral da arquitetura do sistema e aprimorar sua performance em resposta a diferentes ambientes e volumes de dados.

Além dos aspectos usuais — os especialistas de negócios, modeladores matemáticos e estatísticos e cientistas de computação —, você pode querer turbinar sua equipe com especialistas de outras disciplinas, como Física, Psicologia, Filosofia ou artes liberais para gerar novas ideias e novas perspectivas.

Determinando os Objetivos do Negócio

Para proporcionar a seu projeto de análise preditiva sua melhor chance de sucesso, certifique-se de determinar os objetivos específicos de seu negócio antes de começar. A empresa está aumentando sua linha de produtos? Almejando novos clientes? Alterando seu modelo geral de negócios? Seja qual for o foco principal, preste especial atenção a como seu projeto impactará positivamente nos lucros. Essa perspectiva prática ajudará você a recrutar os interessados do negócio na defesa de seu projeto — o que, por sua vez, gerará a confiança de que precisa para ir adiante.

Na fase inicial do projeto, sua equipe analítica deve coletar as informações relevantes do negócio através de reuniões com os interessados para compreender e registrar suas necessidades de negócio — e a opinião deles sobre as questões que o projeto pretende resolver. O domínio dos interessados e suas primeiras impressões podem:

» Ajudar a equipe a avaliar as possíveis soluções.
» Identificar objetivos atingíveis e quantificáveis.
» Oferecer uma perspectiva prática para priorização dos objetivos do projeto.

Preparando Seus Dados

Este passo na construção de seu projeto de análise preditiva é tão crucial quanto inevitavelmente demorado e tedioso: a preparação dos dados. Os passos reais necessários variam de um projeto para outro, pois eles dependem do estado inicial de seus dados e dos requisitos de seu projeto.

LEMBRE-SE

Você precisará elaborar uma estratégia de como lidar com essas questões comuns dos dados:

- » Quais variáveis você quer incluir na análise?
- » Como checará a correção de certos valores de campo?
- » Como lidar com valores ausentes em seus dados?
- » Você incluirá ou excluirá os valores atípicos?
- » Você normalizará alguns campos? Quais?
- » Você precisará derivar novas variáveis a partir dos dados existentes?
- » Você precisará incluir dados de terceiros?
- » Seus dados abrangem registros e variáveis suficientes?

Criando Amostras de Seus Dados

Para garantir que possa medir com acurácia a performance do modelo de análise preditiva que está construindo, separe os dados históricos de seu negócio em conjuntos de dados de treinamento e de teste:

- » **O conjunto de dados de treinamento:** Esse conjunto de dados abrange a maioria (cerca de 70%) dos dados. Você o usará para treinar o modelo preditivo.
- » **O conjunto de dados de teste:** Este representa um percentual menor (cerca de 30%) dos dados, que são usados para testar e medir a performance do modelo. É um conjunto de dados independente que o modelo ainda não viu.

Dividir os dados históricos em um conjunto de dados de treinamento e um de teste ajuda a proteger contra o sobreajuste do modelo aos dados de treinamento (veja mais sobre isso no Capítulo 15). Você quer que seu modelo identifique sinais, padrões e relações verdadeiros, e que evite os falsos, que podem ser atribuídos aos ruídos nos dados. A essência do sobreajuste é a seguinte: quando o modelo é ajustado para um conjunto de dados específico, há uma chance maior de que quaisquer padrões ocultos só sejam verdadeiros para aquele conjunto de dados. O mesmo modelo pode não ter um bom desempenho em outro conjunto de dados. Use seu conjunto de dados de teste para ajudar a eliminar esses padrões específicos do conjunto de dados (que são considerados, em sua maioria, ruído), e seu modelo preditivo se tornará mais preciso.

DICA

Para um melhor desenvolvimento do modelo, certifique-se de que seu conjunto de dados de teste e de treinamento sejam similares o bastante para minimizar inconsistências na qualidade, relevância e tempo abrangido dos dados. Uma maneira comum de obter uma representação verdadeira de dados similares em ambos os conjuntos de dados é escolher essas amostras aleatoriamente.

Evitando o "Lixo Entra, Lixo Sai"

Mais dados não significa necessariamente dados melhores. Um projeto de análise preditiva de sucesso requer, antes de tudo, dados relevantes e acurados.

Manter a simplicidade não é burrice

Se está tentando enfrentar uma decisão de negócios complexa, você pode ter que desenvolver modelos igualmente complexos. Lembre-se, porém, de que um modelo complexo demais pode degradar a qualidade das preciosas predições que você está buscando, tornando-as mais ambíguas. Quanto mais simples for seu modelo, mais controle você terá sobre a qualidade dos resultados do modelo.

Limitar a complexidade do modelo depende de saber quais variáveis escolher antes mesmo de começar a construí-lo — e essa consideração leva diretamente às pessoas dentro do domínio de conhecimento. Os especialistas em seu negócio são a melhor fonte para percepções de quais variáveis terão impacto direto no problema de negócio que está tentando resolver. Você pode, ainda, decidir empiricamente quais variáveis deve incluir ou excluir.

Use essas percepções para garantir que seu conjunto de dados de treinamento inclua a maior parte (se não todos) dos dados possíveis que espera usar para construir o modelo.

A preparação de dados insere a parte boa

Para garantir a alta qualidade dos dados como um fator no sucesso do modelo que está construindo, a preparação e a limpeza dos dados pode ser de enorme ajuda. Ao examinar seus dados, preste atenção especial aos:

» Dados coletados automaticamente (por exemplo, de formulários web).
» Dados que não passaram por triagem minuciosa.

- » Dados coletados por meio de processo controlado.
- » Dados que podem ter valores fora da faixa, erros de entrada de dados e/ ou valores incorretos.

Erros comuns que levam ao temido cenário de "lixo entra, lixo sai" incluem estas gafes clássicas:

- » Incluir mais dados do que o necessário.
- » Construir modelos mais complexos do que o necessário.
- » Selecionar variáveis ou atributos que são preditores ruins em sua análise.
- » Usar dados que carecem de qualidade ou relevância suficiente.

Gerando Vitórias Rápidas

Uma abordagem *iterativa* para construir o modelo — testando uma versão do modelo, ajustando-o em decorrência de seus resultados e depois experimentando a versão melhorada — permitirá avaliar as variáveis e os algoritmos usados em seu modelo e escolher as que melhor se adaptam à sua solução final. Construir seu modelo de forma iterativa o ajuda a tomar algumas decisões e fazer escolhas:

- » Determinar se deve incluir outros tipos de dados.
- » Determinar se deve agregar alguns dos campos de dados.
- » Identificar claramente um plano de lançamento.
- » Identificar quaisquer lacunas nos dados cedo o bastante para aprimorar os processos envolvidos.
- » Avaliar a escalabilidade de seu modelo para transações e volumes de dados maiores.

Você pode mostrar o valor da análise para seu negócio implementando um pequeno projeto piloto e demonstrando vitórias rápidas. Entregar uma solução específica pode proporcionar o apoio necessário para construir soluções de escalas maiores e modelos mais poderosos. Gerar vitórias rápidas no início do processo possibilitará que você compreenda as questões prementes do negócio, e quando você apresentar as soluções para esses problemas, poderá reforçar o apoio dos interessados. Sucesso gera sucesso — e isso não ocorre da noite para o dia. Ao estabelecer um histórico de sucessos para seu modelo, você pode ajudar a incentivar a mudança cultural necessária para uma adoção disseminada da análise preditiva dentro de sua organização.

Promovendo a Mudança em Sua Organização

Uma performance passada impressionante não garante um futuro igualmente impressionante para uma organização. Não é suficiente observar como as coisas têm sido feitas até o momento. Em vez disso, as organizações devem analisar como a análise preditiva pode transformar a forma como vêm operando em resposta ao ambiente em constante e rápida mudança. Para que isso aconteça, os líderes precisam de uma grande mudança na forma de pensar e operar seu negócio. Seu projeto de análise preditiva é um bom lugar para que eles comecem essa mudança.

Concordo, a velha guarda — os líderes tradicionais que administram suas organizações baseados em instintos — pode ter a mente um pouco fechada no início, relutante em adotar novas tecnologias e confiar nas predições e recomendações delas decorrentes, e você deveria esperar algum grau de resistência organizacional à implantação de seu novo modelo, especialmente quando um sistema analítico detecta uma grande mudança nas tendências — ou uma crise maior do que a antecipada —, o que favorece que os líderes do negócio não confiem nas recomendações do sistema e confiem na análise histórica. Se os administradores da empresa não estiverem dispostos a agir com base nas recomendações do modelo preditivo, o projeto fracassará.

LEMBRE-SE

Criar mudanças culturais que promovam o uso de análise preditiva para direcionar decisões de negócios não é essencial apenas para o sucesso de seu projeto, mas também — se você construiu bem o modelo — para o sucesso de seu negócio. Você tem que construir não apenas um modelo que funcione, mas também uma cultura dentro da empresa que defenda o uso de análise preditiva como um aspecto de inteligência de negócios.

Depois de demonstrar que seu programa analítico é capaz de orientar com eficiência a organização na direção do atingimento de seus objetivos, certifique-se de comunicar claramente — e divulgar amplamente — esses resultados dentro da organização. A ideia é aumentar a conscientização e o apoio para o programa. Instruir os interessados sobre os benefícios da análise preditiva envolve enfatizar a possível perda de oportunidades e de vantagem competitiva se essa ferramenta não for desenvolvida e implementada. Manter o foco nesses valores de negócio pode ter um impacto positivo e direto na criação de uma mudança cultural que favoreça a análise preditiva.

O processo de instruir e treinar pode levar tempo para gerar frutos, e a maioria das mudanças organizacionais requer tempo para serem implementadas e adotadas. Certifique-se de recrutar membros de equipes de negócios que tenham tanto a compreensão quanto experiência em lidar com mudanças organizacionais e no desenvolvimento de estratégia de comunicação interna.

Construindo Modelos Implementáveis

A fim de garantir uma implementação de sucesso do modelo preditivo que está construindo, você precisará pensar sobre a implementação logo no início. Os interessados no negócio têm que opinar na versão final do modelo. Assim, no início do projeto, certifique-se de que sua equipe discuta a precisão necessária do modelo pretendido e como melhor interpretar seus resultados.

Modeladores de dados devem entender os objetivos do negócio que o modelo visa alcançar, e todos os membros da equipe devem estar familiarizados com a métrica em que o modelo será julgado. A ideia é garantir que todos estejam falando a mesma língua, trabalhando para atingir os mesmos objetivos e usando a mesma métrica para avaliar os benefícios do modelo.

Lembre-se de que o ambiente operacional do modelo provavelmente será diferente do ambiente de desenvolvimento. As diferenças podem ser significativas, desde configurações de software e hardware, a natureza dos dados, até a área ocupada pelo modelo em si. Os modeladores têm que saber todos os requisitos necessários para uma implementação de sucesso na produção antes de construírem um modelo que realmente funcione nos sistemas de produção. Limitações de implementação podem se tornar obstáculos entre o modelo e sua implementação.

Entender as limitações de seu modelo também é crucial para garantir seu sucesso. Preste atenção especial nestas limitações típicas:

» O tempo que o modelo demora para rodar.
» Os dados de que o modelo precisa; fontes; tipos e volume.
» A plataforma em que o modelo está.

LEMBRE-SE

Idealmente, o modelo tem uma chance maior de ser implementado quando:

» Descobre alguns padrões dentro dos dados que anteriormente eram desconhecidos.
» Pode ser facilmente interpretado pelos interessados no negócio.
» Os padrões recém-descobertos realmente fazem sentido para o negócio e oferecem uma vantagem operacional.

Avaliando Seu Modelo

Seu objetivo, é claro, é construir um modelo analítico que possa de fato resolver os objetivos do negócio para os quais foi construído. Espere passar algum tempo avaliando a acurácia das predições do modelo para provar seu valor no processo de tomada de decisão — e para os lucros.

Avalie seu modelo a partir destes dois ângulos distintos:

» **Negócio:** O analista de negócio deve avaliar a performance do modelo e a acurácia de suas predições em termos de quão bem ele cuida dos objetivos do negócio. Os insights derivados do modelo tornam mais fácil para você tomar decisões? Você está gastando mais ou menos tempo em reuniões por causa desses novos insights?

» **Técnico:** Os cientistas de dados e profissionais de TI devem avaliar o algoritmo usado e as técnicas e métodos estatísticos aplicados. O algoritmo escolhido é o ideal para o propósito do modelo? Os insights sendo gerados são rápidos o suficiente para gerar vantagens acionáveis?

Além de examinar atentamente os dados usados, selecionar as variáveis com mais poder preditivo, e o algoritmo aplicado, o teste mais crítico é avaliar se o modelo atende às necessidades do negócio e se ele acrescenta valor ao negócio.

Teste seu modelo em um ambiente de teste que mais se pareça com o ambiente de produção. Estabeleça a métrica para avaliar o sucesso do modelo no início do projeto. Especificar a métrica no início torna o modelo mais fácil de ser validado depois.

Atualizando Seu Modelo

A implementação com sucesso do modelo em produção não significa que é hora de relaxar. Você precisará monitorar atentamente sua acurácia e performance ao longo do tempo. Um modelo tende a se degradar com o tempo (alguns mais rápido que outros), e uma nova infusão de energia é necessária regularmente para manter o modelo sempre afiado. Para manter seu sucesso, um modelo precisa ser revisto e reavaliado à luz de novos dados e de circunstâncias mutáveis.

Se as condições mudarem de modo a não mais se adequar ao treinamento original do modelo, então você terá que retreiná-lo para as novas condições. Essas novas condições exigentes incluem:

» Uma mudança geral no objetivo do negócio.
» A adoção — e a migração — de tecnologias mais novas e mais poderosas.
» O surgimento de novas tendências no mercado.
» Evidências de que a concorrência está ganhando terreno.

Seu plano estratégico deve incluir ficar alerta a qualquer necessidade emergente para atualizar seu modelo e levá-lo ao próximo nível, mas atualizar seu modelo deve ser um processo contínuo. Você precisa continuar ajustando entradas e saídas, incorporando novos fluxos de dados, retreinando o modelo para as novas condições e continuamente refinando seus resultados. Tenha os seguintes objetivos em mente:

» Fique atento às mudanças nas condições retreinando e testando seus modelos regularmente. Aperfeiçoe-o sempre que necessário.
» Monitore a precisão de seu modelo para identificar qualquer degradação em sua performance ao longo do tempo.
» Automatize o monitoramento de seu modelo desenvolvendo aplicações personalizadas e que reportem e acompanhem a performance do modelo.

Automatizar o monitoramento, ou envolver outros membros da equipe, pode diminuir quaisquer preocupações que um cientista de dados pode ter sobre a performance do modelo e pode aprimorar o uso do tempo de todos.

O monitoramento automático poupa tempo e ajuda você a evitar erros no acompanhamento da performance do modelo.

Índice

SÍMBOLOS

ε, 133

A

abordagem
 híbrida, 39
 iterativa, 434
ad networks, 47
agrupamento, 67, 95, 258
agrupamento de dados, 117–118, 258
 clusters, 121
 marketing, 122
 medicina, 122
 ordem pública, 122
 processamento de imagens, 121
 recuperação de informação, 122
agrupamento espacial baseado em Densidade de aplicações com ruído, 310
agrupamento k-means, 126–150
agrupamento lógico, 229–230
ajuste de curva, 377
ajuste de um modelo, 375
alcançável por densidade, 134
alcance por densidade, 134
algoritmo, 10, 124–150, 230, 242
 Apriori, 136–150
 baseado em densidade, 133
 de agrupamento, 121, 206, 399
 de aprendizado profundo, 107
 de classificação, 152, 288
 de colônia de formigas, 148
 de extração de atributos, 108
 de redução de dimensionalidade, 312

do vizinho mais próximo, 129–150
flock-by-leader, 269
K-means, 125
métodos baseados em entropia, 230
métodos estatísticos, 230
ou algoritmo de agrupamento de dados, 119
perceptron multicamada (MLP), 107–108
word2vec, 108
a lógica do Cisne Negro, 24
AlphaGo, 67, 189
Alpha House, 63
alvo, 287
Amazon, 22, 26, 39, 63–64
American Cancer Society Surveillance Research, 100
analisar, 23
análise
 benefícios, 195
 como um serviço, 390, 409
 conceito, 1
 de cluster, 430
 de componente principal, 299
 de componentes principais, 222
 de conteúdo, 74
 de emoção, 50
 de não regressão, 430
 de regressão, 340, 430
 de sentimento, 60, 105, 206, 392, 409
 de sequência biológica, 181
 de texto, 50, 167, 206, 229
 orientada a usuário, 63, 64
 orientada por dados, 62
 ou data-driven, 62
 ou user-driven, 63
 preditiva, 8, 51
 probabilística, 170
 supervisionada, 381
 vantagens, 12

animação digital, 140
antecedente, 136–150
aprendizado
 de máquina, 42, 51, 66, 185, 200
 estruturado profundo, 185
 não supervisionado, 289, 307
 supervisionado, 289, 307
arquitetura empresarial, 405
árvore de decisão, 100, 106, 160, 261, 357
assistência médica, 97
ataques de negação de serviço, 394
atípico, 24, 370, 372
atribuindo variáveis, 334
atributos, 10, 118, 165, 226, 227, 287. Veja também características
 classificação, 230
 de dados, 81
 derivados, 221
 extração, 229
 intervalos, 81
 nominais, 81
 ordinais, 81
 ou variáveis, 118
autoencoder, 188
auto-MPG, 340
avaliação
 de crédito, 152
 de trabalhos, 50

B

back-testing, 379
banco mundial
 experimento, 74
Barack Obama, 46
big data, 69
Bing, 76–88
busca
 contextual, 76–88
 corporativa, 74
 semântica, 74–75

Índice   439

C

call to action ou chamada para ação, 49
camada
  de entrada, 182
  de saída, 182
capacidades analíticas, 80–88
características, 36
caso de negócios, 194
caso de uso, 412
categorias de dados, 58
categorização, 95
  de notícias, 50
causalidade de Granger, 107
centroide
  de agrupamento, 125
  de cluster, 125–150
cesta de dados, 136–137
cisnes negros, 24
classe
  Setosa, 287
  Versicolor, 287
  Virginica, 287
classificação, 351
  de dados, 151
classificador, 299
  binário, 167
classificadores, ou
  modelos de classificação, 151
clientes
  causas perdidas, 44
  certos, 44
  não perturbe, 44
  persuasíveis, 44
cluster, 118, 309, 397
clustering. Veja agrupamento de dados
clusters sociais online, 141
coleta
  explícita de dados, 36
  implícita de dados, 36
colônias de formigas, 147
companheiros de bando, 140
comportamento
  de grupo auto-organizável, 147
  futuro, 159

compressão
  com perdas de dados, 112
  sem perda de dados, 112
compressão sem perda de dados, 112
conhecimento de domínio, 366
conjunto de dados, 118
  de teste, 422, 432
  de treinamento, 245, 422, 432
  Iris, 287
consequente, 136–150
core points, 134
critérios de medição, 14
custo de aquisição, 41

D

dado atitudinal, 59
dados
  abertos, 115
  atípicos, 370
  comportamentais, 58, 60
  controlados, 80, 80–88
  de amostra, 165
  de microarranjo de expressão gênica, 122
  demográficos, 61
  derivados, 221
  desafios, 366
  descrição de, 97
  desestruturados, 53, 67
  de teste, 159, 297
  de treinamento, 159, 297
  dimensionalidade dos, 222
  dinâmicos, 57
  discretos, 218
  distribuídos, 391
  escassez, 209
  estáticos, 57
  estruturação, 231
  estruturados, 52
  excesso, 209
  identificando, 218
  incompletos, 70
  inconsistentes, 71
  limitações, 367
  limpando, 219
  linearmente separáveis, 310

  processando, 218
  redução de ruído, 374
  reduzindo a dimensionalidade, 221
  ruidosos, 70
  transacionais, 62
  variedade de, 71, 73
  velocidade de, 72, 73
  visualização, 252
  volume de, 73
dashboard, 196, 265
data flocks, 267
DBscan, 110, 133, 310, 415
DDoS, 137–150
decisões orientadas por dados, 97
decomposição em valor singular, 224
Deep Blue, 67
dependências, 282
desaparecimento do gradiente, 187
descoberta de conhecimento em base de dados
  ou KDD, 67
detecção de atípicos, 325
diagnóstico médico, 167
distância euclideana, 127–150
distribuição de frequência, 219
Dow Jones Industrial Average (DIJA), 107

E

e-commerce, 27, 48
eleições
  e Twitter, 104
  presidenciais, 156
entropia, 164
erro absoluto médio, 293
erro percentual absoluto médio, 349
escore preditivo, 198
  usos típicos, 199
especialista de domínio, 372
especialistas do domínio de conhecimento, 219
estados, 177
estatística, 51, 66
  descritiva, 66, 219

inferencial, 66
estruturas de dados
    fatores, 338
    matrizes, 338
    tabelas de dados, 338
    vetores, 336, 338
etapa de pré-classificação, 100
experiência online do cliente, 46
extração, 64
extração de atributo, 185, 229, 299–302
    e seleção de atributo, 119
extrator de sentimento, 392

F

Facebook, 71, 141
fase
    de aprendizagem, 158
    de descoberta, 156–157
    de predição, 158–159
    de preparação, 108
ferramenta, 208, 252, 394
    analítica, 16
FICO Score, 152, 198
filtragem
    baseada em conteúdo, 28
    baseada em item, 28
    colaborativa, 22, 28, 33, 37
filtragem colaborativa
    baseada em usuário, 32
flock by leader, 267
floresta aleatória, 303
fluxo de cliques, 77–88
frequência de termo (TF), 123
frequência do termo-inverso da frequência nos documentos (TF-IDF), 124–150
função, 183
    de ativação, 183
    kernel, 168
    logística, 183
    sigmoide, 183

G

ganho de informação, 165
Gary Kasparov, 67
General Motors, 114

geocodificação, 106
Go, 67
Google, 76–88
    Analytics, 409
    Charts, 270
    Finance, 108
    Flu Trends, 98
GPOMS (Google Profile of Mood States), 106
gradiente, 187
gráfico
    de barras, 88
    de dispersão, 300
grafo, 86
gravidez, 101
grupo banco mundial, 74

H

Hadoop, 138–150, 393, 394, 399
hero image, 48
House of Cards, 63
humor público, 107

I

IBM Content Analytics, 75
IBM Watson, 67–68, 75, 411
indexação semântica latente, 225–226
influenciadores, 24
insights prospectivos, 390
inteligência
    artificial, 187
    de enxame, 84, 149
    de negócios, 58–59, 79–88, 95
    ou business inteligence, 58
interação social, 87
    online, 143
interface de programação de aplicações (API), 141
interpolação, 377
itemsets frequentes, 136–150
iterar o modelo ao longo de seu ciclo de vida, 15

J

Jeremy Ginsberg, 98

K

K-means, 110, 309, 316, 415
K-means, algoritmo, 124–150
k-vizinho mais próximo, 28

L

Lee Sedol, 67–68
lei da gravidade, 139
limite, 129–150
limpeza de dados, 16
linearmente separáveis, 310
lógica Fuzzy, 107

M

Mahout, 398
mala direta, 43
manutenção preditiva, 137–150
MapReduce, 395
máquina
    de Boltzmann Restrita (RBM), 187–188
    de vetores de suporte, 103, 106, 167, 289
marketing
    direcionado, 41
    segmentado, 201
matplotlib, 285
matriz
    de confusão, 294, 362
    de dados, 118, 122
    de distâncias, 129–150
mean shift, 310, 328
medida de similaridade, 118–119
mercado de ações, 106
métodos
    de classificação, 230
    estatísticos, 155
mineração
    de dados (DM), 8, 42, 51, 67, 80–88
    de opinião, 60, 105, 392, 410
    de regras de associação, 135–150
    de texto, 124–150
MinPts, 134

modelação
de risco, 152
modelagem
de dados, 92
de resposta, 42
de rotatividade, 200–201
preditiva, 25, 42
uplift, 44–45
modelo, 9, 24
associativo, 96
avaliando, 247
de agrupamento, 309
de análise preditiva, 9
de árvore de decisão, 230
de classificação, 151, 259
de decisão, 96
de Markov, 176
desenvolvendo, 244
de teste, 102
ensemble, 92, 106, 169, 242–243
implementação, 248
monitorando e mantendo, 249
oculto de Markov, 179
preditivo, 244, 365
testando, 244
modularidade, 232–233
mudanças climáticas, 156

N

Naïve Bayes, 100, 170
Nature, revista, 98
Netflix, 33, 63–64
Newton, 139
nível, 338
nó, 162
normalização, 88
notação de vetor, 336, 338
numpy, 283

O

objetivos de negócios, 216
objeto de dado, 81–88
ontologia, 75
operador, 56
filtro, 56
stemmer, 56
tokenizer, 56

OpinionFinder, 106
otimizar, 24

P

pago por clique, 41
palavra-chave
busca baseada em, 74
parâmetro de regularização, 297–299
partes interessadas no negócio, 14
pensamento estratégico, 203
perfil de dados, 219–220
personalização, 46
persuasíveis, 44
peso, 183
pesquisa de mercado, 20
pesquisas ad hoc, 196
planilha, 82–88. Veja também tabela
plataforma de gerenciamento de dados, 210
ponderação, 124
ponto
central, 134
de borda, 134
de ruído, 134
posicionamento do anúncio em tempo real, 393
precisão, 36, 38
preços de ações e notícias, 107
predição
baseada em classificação, 102
de Markov de segunda ordem, 176–177
de primeira ordem de Markov, 176, 176–177
Predictive Model Markup Language, 249
preditor, 139, 152
preparação de dados, 16
prever, 23
problema
cold-star partida a frio, 34
cold-start, 40
processamento analítico online (OLAP), 80–88
processo
de identificação, 218

de tomada de decisão, 64
iterativo, 15
professor Abdelghani Bellaachia, 100
Prognóstico e Gestão de Saúde de Máquinas (PHM), 113
propagação
negativa, 187
positiva, 186
prototipagem, 211
Python, 276, 307

R

R, 123, 329, 339
aprendendo, 334
atribuindo variáveis, 334
função, 339
RapidMiner, 123–124
RapidMiner Studio, 55
recomendações
personalizadas, 49
reconhecimento
de fala, 181
de imagem, 167
de padrões, 121
recuperação de informação, 50
rede neural, 100, 107, 182
camada de entrada, 182
camada oculta, 182
neurônios, 182
propagação negativa, 187
propagação positiva, 186
redes de crenças profundas, 188
redes neurais, 155, 184
convolucionais (CNN), 107, 188
redirecionamento, 47
redução de dimensão, 81
redução de dimensionalidade, 221, 299, 403
regra
da probabilidade, 180
de aglomeração, 265
de associação, 135–150
regressão, 155, 340
linear, 181
logística, 296
rel8ed.to, 115

representante
- do agrupamento, 119, 124
- do cluster, 119, 124–150

requisitos do usuário, 217

resultados analíticos, 258

resumo de documentos, 50

retenção de clientes e modelagem de rotatividade, 393

retipagem, 337

revoada de pássaros, 84

rotatividade, 217

roteiro, 137–150

rótulo, 287

RStudio, 339
- instalação, 332

ruído, 241

S

sazonalidade, 241, 368

scipy, 284

Sebastian Wernicke, 63

segmentação
- de imagens, 121–122
- de mercado, 120

segurança nacional, 156

seleção
- abordagens, 228
  - embedded, 229
  - filters, 228
  - wrappers, 228
- de atributos, 227
- de features, 64
- de termos, 124
- de variáveis, 219

séries temporais, 107, 181

similaridade, 128–150, 149
- de item, 30
- do cosseno, 29, 32

simulação, 93, 265

sistema de recomendação, 25, 28, 38
- baseado em conteúdo, 36, 39
- filtragem baseada em conteúdo, 28
- filtragem colaborativa, 28
- híbrido, 39
- precisão, 38

site de viagens, 48

small data, 69. Veja também smart data

smart data, 69, 81–88

sobreajuste, 168, 189, 223–224, 227, 234, 241–242, 297, 378, 422, 432

Society of Industrial and Applied Mathematics, 100

solução Unstructure Information Management (UIM), 75

Spark, 394, 400

stop words, 56

streams, 141

suavização de dados, 373

subajuste, 241

sumarização, 67
- de dados, 97

superfície de decisão, 301

suposição, 380
- de Markov, 176

T

Tableau, 80–88, 270

tags, 36
- semânticas, 75–88

Target, 101

taxa de influência, 87

técnica
- de agrupamento [clusterização], 139
- de análise preditiva, 140
- de ponderação, 124–150

TED Talk, 63

tendências
- em marketing, 197
- em vendas, 197

teorema de Bayes, 171, 180
- evidência, 171

teoria
- da probabilidade, 176
- dos grafos, 86

termo de erro, 181

testando, 244

TF
- frequência do termo, 55

TF-IDF (term frequency-inverse document frequency)

frequência do termo-inverso da frequência nos documentos, 55

TF (term frequency), 55

The New York Times, 101

tm, pacote de mineração de texto, 123

Twitter, 83, 141
- para detectar terremotos, 102
- Streaming APIs, 141

U

Uber, 72

unidade lineares retificadas (ReLU), 188

Unstructured Information Management Architecture (UIMA), 75

upsell, 243

usuários de rede social, 141

utilização de bicicletas, 109

V

validação
- cruzada, 108, 186, 245, 306, 383

validade dos dados, 70

valor
- atípico, 71, 220, 261
- ausente, 369
- de similaridade, 118, 130–150
- do tempo de vida do cliente (CLV), 199
- esperado, 161

variância, 246

variáveis, 219
- preditoras, 380

variável dependente, 287

vazamento de memória, 137–150

viés, 183, 246

visualização, 252
- de big data ferramentas, 270
- de dados interativos, 253

vizinhança de usuário, 34–35

W

Washington Post, 105

X

xadrez, 67

Y

Yahoo Finance, 108
Yarn, 397